《论语》生态文明思想研究

刘 伟 著

山东大学出版社
SHANDONG UNIVERSITY PRESS
·济南·

图书在版编目(CIP)数据

《论语》生态文明思想研究/刘伟著.—济南：山东大学出版社，2022.11

ISBN 978-7-5607-7728-3

Ⅰ.①论… Ⅱ.①刘… Ⅲ.①《论语》—生态文明—思想评论 Ⅳ.①B222.25

中国版本图书馆 CIP 数据核字(2022)第 256975 号

策划编辑　李　港
责任编辑　楚洋洋
封面设计　王秋忆

《论语》生态文明思想研究

LUNYU SHENGTAI WENMING SIXIANG YANJIU

出版发行　山东大学出版社
社　　址　山东省济南市山大南路 20 号
邮政编码　250100
发行热线　(0531)88363008
经　　销　新华书店
印　　刷　济南华林彩印有限公司
规　　格　720 毫米×1000 毫米　1/16
　　　　　17.25 印张　317 千字
版　　次　2022 年 11 月第 1 版
印　　次　2022 年 11 月第 1 次印刷
定　　价　62.00 元

国家社会科学基金一般项目“宗教生态学视域下《论语》生态文明思想研究”成果，项目批准号:13BZJ007;优秀等级结项。

内容提要

本书从宗教生态学之视角对《论语》中的生态文明思想进行了全面贯通性研究，在探究宗教生态学学科意义的基础上，深入讨论了《论语》所蕴含的生态文明思想及其对中国模式的历史渊源及未来发展之影响。全书主要分为三部分：第一部分从中、西、马不同角度选取有代表性的观点，厘清宗教的含义与特征，对“生态”“生态文明”“宗教生态学”的基本内涵和基本理念进行重新界定；第二部分从人与自然环境、个体与家族、个体与社会切入，重点分析《论语》文本的宗教思想，阐述《论语》生态思想的哲学基础、主要内容及其文化渊源；第三部分从生态文明思想之角度，阐述中国模式的历史必然与未来发展。

序

刘伟是中央民族大学哲学与宗教学院的博士，师从赵士林先生，也是我的学生。在读博士之前，他曾在基层公务员岗位上工作十余年，读博期间，便以此经历为基础写了一部小说《拾级而上》(新世界出版社 2010 年版)，足以证明他有比较扎实的文学功底。博士毕业后，他便到高校工作。虽然是半路出家，但他立志学术，敬业勤奋，笔耕不辍，很快完成了从公务员到高校教师的角色转变。天道酬勤，不到十年的时间，他主持完成了两项国家社科基金项目，从普通讲师快速成长为教授、博士生导师，可喜可贺！这部著作是他主持的第一个国家社科基金项目之最终成果，主要是从宗教生态学之视角对《论语》中的生态文明思想进行全面贯通性研究，在探究宗教生态学学科意义的基础上，比较深入地讨论了《论语》所蕴含的生态文明思想及其对中国模式的历史渊源及未来发展之影响。总体而言，这是一部全面、系统地探究《论语》生态文明思想之力作。

学术研究，见仁见智，能够形成一己之见，难能可贵。本书的创新之处，主要有三：

其一，在学科建设方面，为构建宗教生态学奠定理论基础。宗教生态学作为宗教学的一个分支，与宗教哲学、宗教史学、宗教心理学、宗教人类学、宗教社会学等具有同等重要的地位。但在国内，学界关注甚少。随着人们对生态环境的日益重视，从宗教的视野下探求宗教经典中的生态思想必将成为热点；将宗教学与生态学相结合，构建宗教生态学亦是大势所趋。本书对宗教生态学的概念及其内涵进行了重新界定，深入讨论了宗教生态学的研究视角、研究内容、指导思想等，从而为宗教生态学成为宗教学的分支学科提供了有力的学理支撑。

其二，在《论语》文本研究方面，首开《论语》生态文明思想全面研究之先河。

本书从《论语》文本的宗教价值、《论语》中的祭祀活动切入，分析《论语》的宗教思想；从人与自然环境、个体与家族、个体与社会切入，解读《论语》中的生态思想；从“乐感文化”切入，阐释《论语》宗教思想和生态文明思想之历史渊源。这就使《论语》中的生态文明思想更为系统和条理，富有层次感和多面性，也进一步深化和拓展了当前的研究。

其三，在理论与实践相结合方面，为中国模式的形成与发展提供了理论支持。《论语》承载着中华民族的价值理想，有许多值得借鉴的内涵与因素。本书从宗教生态学之视角来审视，认为中国模式的形成与《论语》里的生态文明思想息息相关。在《论语》生态思想影响下所形成的“皇权与相权博弈的政治传统”“农工商共生的经济传统”“儒释道互补的文化传统”是中国模式形成的历史渊源；历史传统所蕴藏的“一元主导、多元共生”的生态理念也势必影响着中国模式之未来发展。

儒学是中华优秀传统文化的主干，深刻影响着中国人的价值观念和行为方式，不仅是象牙塔的学问，还是“百姓日用而不知”的为人之学。对儒学元典《论语》中的生态文明思想之研究，不仅有助于深化对儒学学理的认识，而且也有助于在“两个结合”的时代背景下全面思考儒学如何“接地气”的问题，从而为弘扬民族精神、加快中华优秀传统文化创造性转化、创新性发展提供启迪。

诚然，本书还有诸多可商榷之处，有些观点虽然新颖，但依然是粗线条的勾勒，缺乏深刻全面系统的论证。希望刘伟能够不忘初心，持之以恒，做更为全面和深入的思考，为成“一家之言”不懈努力。

是为序。

牟钟鉴

2022年10月

目　录

绪 论

儒家思想的研究，从古至今，长久不衰，无论是对孔孟圣贤等儒家代表人物的品味剖析，还是对“十三经”等儒家文献的阐释解读，都始终是学界同人关注的热点，绵延相继，乐此不疲，意义深远，成就颇丰。儒家思想如同高山，无论从山之阳去常规探索，还是从山之阴另辟蹊径，虽有所得，却很难登上顶峰。颜回在赞叹孔子思想时说：“仰之弥高，钻之弥坚。瞻之在前，忽焉在后。夫子循循然善诱人，博我以文，约我以礼，欲罢不能。既竭吾才，如有所立卓尔。虽欲从之，末由也已。”（《论语·子罕》）[①]“仰之弥高，钻之弥坚”，既是孔子深邃思想的写照，也是对儒家思想的形象概括。儒家思想如同无尽的宝藏，任何人都可以从多种角度、多个层面去研究、去探讨、去争辩，但都很难挖到底，形成唯一的定论。“横看成岭侧成峰，远近高低各不同”，这或许正是儒家思想魅力之所在。同时，任何学术研究，都不可能完全与时代脱节，都会受到研究者所处时代的影响，对儒家生态思想的探讨亦是如此。从20世纪后期开始，环境问题日益受到世界的普遍关注，经济快速发展能否与周围环境协调并进、走两者“共赢”的道路成为学界热议的话题。实践证明，长期占据主导地位的“主客二分”的西方哲学思想，在协调人类与周围环境的关系上越来越受到质疑。英国著名历史学家汤因比早在20世纪70年代就明确预言，21世纪是东亚文化的世纪，更是中国文化的世纪。他说：“东亚有很多历史遗产，这些都可以使其成为全世界统一的地理和文化上的主轴。依我看，这些遗产有以下几个方面：第一，中华民族的经验。在过去二十一个世纪中，中国始终保持了迈向全世界的帝国，成为名副其实的地区性国家的榜样。第二，在漫长的中国历史长河中，中华民族逐步培育

① 本书引用《论语》篇章以杨伯峻译注的《论语译注》（中华书局1980年版）为依据。

起来的世界精神。第三，儒教世界观中存在的人道主义。第四，儒教和佛教所具有的合理主义。第五，东亚人对宇宙的神秘性怀有一种敏感，认为人要想支配宇宙就要遭到挫败。我认为这是道教带来的最宝贵的直感。第六，这种直感是佛教、神道与中国哲学的所有流派(除去今天已灭绝的法家)共同具有的。人的目的不是狂妄地支配自己以外的自然，而是有一种必须和自然保持协调而生存的信念。"[①]在汤因比看来，长期统一的政治格局、"天人合一"的生态理念、仁民爱物的社会伦理、以天下为己任的世界精神等应该成为21世纪世界的主轴。对此，池田大作也持相同的看法："从两千年来保持统一的历史经验来看，中国有资格成为实现统一世界的新主轴。"[②]具体到生态而言，孔子可以说是儒家生态思想的开拓者和先行者。"孔子是儒家生态哲学的开创者。孔子虽然没有明确提出'生态哲学'这个概念，如同他并没有提出'哲学'这一概念一样；但是，在他的思想言论中包含着丰富的生态意识，并影响到后来儒学的发展。儒家的'天人合一'之学是从孔子开始的，孔子的'天人合一'之学与生态哲学有极大关系。孔子不仅是提倡人间关怀的人文主义始祖，而且是主张人与自然和谐相处从而得到人生乐趣的伟大思想家。"[③]由此，以孔子思想为核心的儒家文化蕴藏着丰富的生态意蕴，尽管没有现代学科意义上的生态之名，却有生态思想之实。大而观之，以儒释道为主干的中国传统文化是一种与宇宙保持和谐共生的文化，只有这种文化才能协调和解决人类与自然环境的紧张关系，从而最终达到人与自然的和谐统一。为此，自20世纪末期以来，中外学者逐渐重视从"儒家思想"这座宝藏中探求经济发展与环境保护和谐共赢的"良方"。

第一节　国内外研究的现状

从儒家思想中寻求智慧来解决现实中人类与自然环境关系日益紧张的问题，关于这方面的研究，海外学者起步较早，率先迈开了探索的步伐。"海外学者首先掀起了中国儒家思想生态领域的研究，他们的研究使中国儒家思想在一

① [英]阿·汤因比、[日]池田大作：《展望21世纪——汤因比与池田大作对话录》，荀春生等译，国际文化出版公司1985年版，第287页。

② [英]阿·汤因比、[日]池田大作：《展望21世纪——汤因比与池田大作对话录》，荀春生等译，国际文化出版公司1985年版，第295页。

③ 蒙培元：《孔子天人之学的生态意义》，《中国哲学史》2002年第2期。

个新的意义领域内得到诠释。从某种意义上说，中国儒家获得了全新的发展起点。”[①]随着两岸学术交流的不断深入，尤其是随着改革开放的逐渐深化、经济发展与环境保护的矛盾日趋紧张，大陆学者也日益重视从儒家思想中寻求解决生态问题的智慧，涌现了一批比较有分量的成果，如刘湘溶的“生态三部曲”：《生态伦理学》（湖南师范大学出版社 1992 年版）、《生态意识论》（四川教育出版社 1994 年版）、《生态文明论》（湖南教育出版社 1999 年版）。[②] 从著作方面来看，其主要以“生态”或“儒家生态思想”为核心展开探讨，大致分为三个层面：一是从宏观上围绕生态文明思想进行探讨。刘湘溶的《生态文明论》从宏观层面对生态文明思想进行了分析，将“生态”概念从一般的科学概念和环保概念提升到人类生存与发展的高度，即人类文明的高度，赋予了“生态”概念以新的生命。[③]从这个角度而言，把生态学中的“生态”概念借用或移植到人文社科领域进行研究，无疑具有开创性的意义。余谋昌的《生态哲学》（陕西人民教育出版社 2000 年版）从生态学世界观的角度，围绕什么是生态哲学、生态哲学的基本问题和基本结构，从生态哲学的本体论、生态认识论、生态学方法论和生态价值论等层面进行了比较深入的探讨，认为生态哲学是一种“哲学转向”，是从传统机械论哲学转向一种新的整体论哲学。[④] 二是从生态环境保护之视角对儒家思想所蕴含的生态理念进行检讨。张云飞的《天人合一：儒学与生态环境》（四川人民出版社 1995 年版）从生态学、哲学、伦理学之视角对儒家的环境意识进行宏观讨论，并从“克己复礼——儒家环境意识的历史源头”“辨类重养——自然保护的生态学基础”“物我合一——自然保护的对象和类型”“尊君民本——自然保护的主体和环境管理原则”“重农顺时——自然保护的经济基础和生态农学”“以赞稽物——自然保护的理想和目标”等层面展开了深入检讨。[⑤] 陈业新的《儒家生态意识与中国古代环境保护研究》（上海交通大学出版社 2012 年版）认为，儒家生态意识由其发生的哲学基础（“天人合一”论）、生态学知识基础（生态系统论）、儒家合理利用与保护生态资源的主张、《周易》“三驱”礼的生态保护意义等内容

---

① 郑丹凤：《海外学者对儒家生态思想的研究》，《鄱阳湖学刊》2010 年第 2 期。

② 鉴于这三部著作都是围绕“生态”这一核心问题从伦理、哲学和文明的角度进行探讨，笔者将其概括为“生态三部曲”。

③ 参见刘湘溶：《生态文明论》，湖南教育出版社 1999 年版，“序言”第 2 页。

④ 参见余谋昌：《生态哲学》，陕西人民教育出版社 2000 年版，“内容提要”。

⑤ 参见张云飞：《天人合一——儒学与生态环境》，四川人民出版社 1995 年版，“目录”。

构成。[1] 乔清举的《儒家生态思想通论》(北京大学出版社 2013 年版)认为,儒家哲学在本质上是生态的,它从未把人和自然分割开来,它的"天命之谓性"、"天人合一"、天道即是人道的基本认识奠定了服从自然秩序的存在模式;它的"与天地万物为一体"的道德追求把道德共同体扩展到了一切生物和非生物;它所提倡的尊重生命,让生命完成自己的生长周期、实现自己的本性的处世方式肯定了一切生物的内在价值;它对于保护动物、植物、山河、大地提出了系统的认识并采取了切实的措施。[2] 对此,有学者评价说,《儒家生态思想通论》搜集且引用了大量很少被人引用的六经类和史书类的相关材料,为阐明儒家生态哲学的丰富性提供了充分的证据,提出了不少独到的见解,弥补了基于儒家生态哲学而展开并与西方生态哲学对话的阙如,在国内外儒家生态思想研究方面是一部不多见的有价值的学术著作。[3] 三是从某一具体问题切入兼论儒家生态思想。如陈炎等的《儒、释、道的生态智慧与艺术诉求》(人民文学出版社 2012 年版),从生态观之角度重新解读儒、释、道三家的思想,探索其中所包含的丰富的生态智慧以及与其相关的审美倾向、艺术特征。[4] 除了专著之外,还出现了一些比较有分量、有影响的学术论文。如蒙培元的《中国哲学生态观的两个问题》(《鄱阳湖学刊》2009 年第 1 期)与《再谈中国生态哲学的几个问题》(《鄱阳湖学刊》2016 年第 5 期)、杜维明的《存有的连续性:中国人的自然观》(《世界哲学》2004 年第1 期)、曹得宝的《习近平生态文明思想与儒家生态智慧》(《中华环境》2021 年第 6 期)、赵光辉的《"天人合一"生态阐释的回眸与省思》(《齐鲁学刊》2022 年第4 期)等。其中,有两部论文集值得关注,即安乐哲等主编的《儒学与生态》(江苏教育出版社 2008 年版)和伍鸿宇主编的《儒家思想与生态文明》(台湾学生书局 2011 年版),前者刊出了杜维明、成中英、卢荣灿、罗泰勒等中外知名学者对儒家生态思想的探讨,后者是第五届儒学国际学术研讨会论文集,两者都在学术界引起了较大反响。

从研究的内容来看,这些探究主要以儒家伦理为核心,从本体论、社会伦理关系等多个层面对儒家生态思想展开探讨。其大致可以分为四个层面:基于宇

① 参见陈业新:《儒家生态意识与中国古代环境保护研究》,上海交通大学出版社 2012 年版,"内容摘要"。

② 参见乔清举:《儒家生态思想通论》,北京大学出版社 2013 年版,第 7 页。

③ 参见蒙培元、张斯珉:《儒家生态哲学体系的探索与建构——评〈儒家生态思想通论〉》,《新乡学院学报》2015 年第 5 期。

④ 参见陈炎等:《儒、释、道的生态智慧与艺术诉求》,人民文学出版社 2012 年版,第 11 页。

宙自然观的探究、基于"天人合一"思想的探究、基于"仁"的生态意蕴的探究、基于"乐山乐水"的探究以及与相关思想的比较研究。

一、基于宇宙自然观的探究

这方面的探讨属于"本体论"的范畴，旨在探寻儒家思想对宇宙起源的认识，从非神创的视角对儒家思想与生态问题进行检讨。如杜维明在《存有的连续性：中国人的自然观》一文中认为，存有的连续性思想直接导向了有机整体的宇宙观。他说："在中国神话里没有犹太-基督教版的创世神话；对他们来说，该神话不是创世神话。但中国人与整个人类历史上的千万个民族一样，把存有的连续性看作是真实的，是不显自明的。正是这个基本的信念，使得这个所谓的自发自生的生命进程具有包容万物的特征。严格说来，中国人接受宇宙乃一有机体进程之说，并不是因为他们不知道在宇宙之外还有上帝而不得已而为之；相反，他们正是看到宇宙乃是不断的创造力的象征，才拒绝接受那些诸如宇宙乃上帝之意志的机械论、目的论及有神论等。中国人并不缺少创世神话，而是执着于相信存有的连续性。这使得自然在他们眼中乃是一种和谐，这种和谐孕育了一切'非人的宇宙功能'。"[①]在杜维明看来，儒家的伦理是非神性的，是"自然"的生成。这种"自然"既非神所为，也非人所为，而是宇宙运行的结果，是"自发自生"的，因此便具有包容万物的特性。当然，杜维明并没有明确指出"自然"的具体内涵。玛丽·塔克尔(Mary Evelyn Tucker)认为中国哲学的重要概念之一——"气"属于生态哲学的范畴，并分析了"气"对生态哲学做出的七个方面的具体贡献：(1)显示了本土宗教的基于自然的和相互关联的世界观基础的延续。在后来的宗教传统中，这种本土宗教依然存在。换言之，在其与后来的各种宗教传统内部和自然切近中，有一种本土宗教传统中早先宗教世界观的综合，气即反映了这种综合。后来的各种宗教传统倾向于强调在自然之上的超越(transcendence)。儒学中的这种综合，反映了内在与超越的独特交织。(2)对于理解不同生命形式的同与异，气哲学提供了一种宇宙论的基础。(3)它鼓励一种关于人心与自然之间关联的认知，由此，为所有生命形式的互惠和关系提供了基础。对于一种完备的环境伦理学来说，气哲学建立了一种重要的根据。(4)它提示了一种说明宇宙中变化和转化的方式，这些变化和转化承认宇宙的生命力(vitality)和能动性(dynamism)以及人类与这一过程的特殊关系。

① [美]杜维明：《存有的连续性：中国人的自然观》，刘诺亚译，《世界哲学》2004年第1期。

(5)它肯定了人类在宇宙展开和转化过程中的角色。气哲学成为避免寂静主义(quietism)和确认在世界之中的行动的基础。(6)气哲学具有社会和政治伦理学意义,对于产生仁政和人道社会来说是至关重要的。(7)气哲学具有一种被称为"实学"的经验主义的含义。通过对历史、农业、自然历史、医学和天文学等学科的学习,气哲学有助于鼓励"格物"。[①] 玛丽·塔克尔从宗教、哲学、伦理、政治等多个维度分析了"气"所具有的独特性以及在生态方面的本体论意义。除了从宇宙论、本体论探讨儒家生态思想外,还有学者注意到"人"在宇宙间的地位、关系及其作用,这既是儒学思想里所固有的,也是生态学所关注的内容。如成中英认为儒学是包容性的人本主义,天地人在道和太极的本体宇宙论上三位一体,人是自然的完成者(consummator)而不是征服者,是自然的参与者而不是掠夺者。[②]

二、基于"天人合一"思想的探究

"天人合一"思想是中国传统文化的一个显著特征。邵雍在《皇极经世·观物外篇》中说:"学不际天人,不足以谓之学。"从目前研究的现状来看,作为儒家生态伦理的核心理念,"天人合一"的探究无疑是最热的话题。"较为集中的是以生态伦理学的视角来探讨'天人合一'问题,在此问题上的争论也较为集中,主要表现在'天人合一'能否理解为人与自然的和谐及'天人合一'能够解决当今社会的环境问题。"[③]其大致分为以下几个方面:

第一,探究儒家之道与自然的关系。蒙培元认为,"天人合一"是中国生态哲学的理论基础。他说:"中国的生态哲学是与中国哲学一脉相承的,是因为中国生态哲学要解决一个根本问题,即人与自然的关系问题。在这一点上,中国生态哲学与中国哲学是一致的,都是主张人与自然的和谐统一,用中国哲学的话说,就是'天人合一'。"[④]有学者认为,人既然从自然中而来就能够与自然相沟通,并能从自然现象中体悟人生哲理。艾凡赫(Philip J.Ivanhoe)在《早期儒家

① 参见[美]玛丽·塔克尔:《气的哲学:一种生态宇宙论》,[美]安乐哲等主编:《儒学与生态》,彭国翔、张容南译,江苏教育出版社 2008 年版,第 163 页。

② 参见[美]成中英:《儒家人格中宇宙论、生态学和伦理学的三位一体》,[美]安乐哲等主编:《儒学与生态》,彭国翔、张容南译,江苏教育出版社 2008 年版,第 179～197 页。

③ 林晓希:《近三十年来"天人合一"问题研究综述》,《燕山大学学报》(哲学社会科学版)2014 年第 4 期。

④ 蒙培元:《再谈中国生态哲学的几个问题》,《鄱阳湖学刊》2016 年第 5 期。

思想与环境伦理》一文中指出："在《论语》和《孟子》中，我们可以找到影响后期儒家环境思想以及对发展充分的环境伦理具有现代作用价值的重要主题和思想。或许在这些著作中发现的早期儒家自然思想的最典型特征就是'天人相类'。""孔子乐于见到不停歇的流水，他将之视为道的不止的运行过程的象征，或者是治世所需的坚定的不间断的努力。从这些和其他的例子，我们看到了孔子的信仰，他认为自然以自身为例证并为我们提供了重要的伦理道德榜样。同时，这些例子也说明了孔子将自然视为美学愉悦或者我称为'形而上愉悦'的来源。对孔子和其他早期儒家思想家来说，人类在自然中是相当无拘束的；他们在自然的特征中找到了道德的灵感、欢愉和舒适。"①

第二，探寻人与自然"合一"的可能性与现实性。王正平认为，中国"天人调谐"思想明确肯定人是自然界的产物，人的生命与万物的生命是统一的，而不是对立的，人与天地万物和谐交融，"并育而不相害"，"仁者以天地万物为一体"，把整个自然界看作一个统一的生命系统，追求的根本价值目标是人"与天地参"，"辅相天地之宜"，实现人与自然的和谐协调发展。② 周桂钿认为，中国古代的"天人合一"是在多种意义上讲的，既有上天与皇帝的精神感应，也有人与自然界的和谐统一；既包含神秘的神学目的论的内容，也包含人与自然和谐关系的意思，其中也有人应该顺应自然界的养身之道。神灵的天与皇帝精神感应的"天人合一"已经过时，不再适用了。自然界与人类和谐统一的"天人合一"正是现代所需要的，应该加以新的解释，用于现实，解决现代社会的一些实际问题。③

第三，探寻"天人合一"与建设和谐社会的关系。"天人合一"对和谐社会建设是否具有价值，这方面的探讨出现了两种截然不同的观点。多数学者认为，"天人合一"思想从根本上有利于和谐社会、和谐世界的建设。徐春根认为，"天人合一"思想包含着丰富的整体和谐、彼此协调、天下一体的智慧，这对于人类正确处理人与自然、人与人、人与社会的关系，构建和谐世界或社会具有重要的深层参考价值。按照"天人合一"思想的内在逻辑，单独一物、一人、一地、一国的和谐是不可能持久而安全的和谐，因为各种不同的事情（事物）不可能是孤立独存的，彼此之间必然相互接触、相互影响，人类应敬畏、热爱、取法大自然，保

① 转引自郑丹凤：《海外学者对儒家生态思想的研究》，《鄱阳湖学刊》2010 年第 2 期。

② 参见王正平：《"天人调谐"：中国传统的生态伦理智慧》，《自然辩证法研究》1995 年第 12 期。

③ 参见周桂钿：《释"天人合一"——兼论传统价值观的现代意义及其现代转换》，《山东社会科学》2002 年第 1 期。

护人类共同的家园,构建饱含仁爱情怀的和谐世界或社会。[①] 与此不同的是,也有学者对“天人合一”能否促进和谐社会、和谐世界建设持怀疑乃至否定态度。高晨阳认为,“天人合一”观可以作为解决当前环境危机的文化依据是当前学术界比较流行的观点,但这一看法并不准确,“天人合一”作为实践理性的体现,与具体知识无涉,不能给人类摆脱目前环境危机提供具体的解决方案,不能成为解决环境危机的“直接性的文化依据”。[②] 肖巍结合中国古代环境状况认为,“天人合一”在形式上(或字面上)或可理解为保护环境,但实质上(或实践上)并未能阻止中国古代环境状况恶化的趋势,因而指望这样一种观念来拯救工业化造成的环境危机是不可靠的。[③] 也有学者虽然没有明确否定“天人合一”的现实价值,但提出对“天人合一”思想应作现代性转化才能为现代社会所用。方克立认为,“天人合一”虽然是处理人与自然关系的正确思想原则,但产生于农业文明时代的中国传统“天人合一”观也有着严重的历史局限性,把它现成地拿到今天来运用,指望它能解救人类面临的生态危机,显然是不现实的。它要对人类未来有所贡献,应进行现代性转化,把它从前主体性的“天人合一”转化为后主体性的“天人合一”。[④]

第四,探寻人的道德修养在“天人合一”中的作用。多数学者认为,人类自身的道德修养在“天人合一”的关系中具有重要意义,有助于人与自然的和谐。泰勒认为,儒家道德修养的要求对于“天人合一”的实现、人与自然和谐的实现具有重要的意义。儒家对于道德修养追求的同时还可能使人们放弃对自然的开发与掠夺;开发自然的思想遭到拒绝,因为它与儒家对自我道德发展的关注是矛盾的。[⑤] 郑丹凤提出,儒家思想对于人的因素的注重是无碍于其生态性的;相反,儒家思想对于人的道德修养的追求,对于实现天人合一、实现自然的和谐有着重要的意义。[⑥]

第五,探寻“礼”在“天人合一”关系中的地位与作用。米切尔·卡尔顿(Michael G. Kalton)认为:“礼是行为模式和生活之道的向导和规范,它适合生

---

① 参见徐春根:《论中国“天人合一”思想的内在逻辑前景》,《自然辩证法研究》2007年第2期。

② 参见高晨阳:《论“天人合一”观的基本意蕴及价值——兼评两种对立的学术观点》,《哲学研究》1995年第6期。

③ 参见肖巍:《“天人合一”并没有改善中国古代环境状况》,《哲学研究》2004年第4期。

④ 参见方克立:《“天人合一”与中国古代的生态智慧》,《社会科学战线》2003年第4期。

⑤ 参见 R. L. Taylor, *The Confucian Way of Contemplation: Okada Takehiko and the Tradition of Quiet-Sitting*, Columbia: University of South Carolina Press, 1998。

⑥ 参见郑丹凤:《海外学者对儒家生态思想的研究》,《鄱阳湖学刊》2010年第2期。

命并能够使遍及系统的生命最优化。对礼的研究能够为各种不同文化和社会的人类关系行为提供灵活的洞见；同时，这一研究以平等地衡量人类与地球整个生命系统的恰当关系作为开端——并且允许有新的回答。这里的关键点在于礼不仅包括并且超出人类圈，还要求一种最终适合整个地球的适度。这种观念常常作为无望的空想而被拒绝接受。但是我认为，对礼的细致的研究揭示出这一观念是客观的、见解独到的并且实际的；它具有人类生命在20世纪末设想的维度和部分所需的独有气质。”①

三、基于“仁”之生态意蕴的探究

“仁”不仅仅是儒家伦理思想的重要概念，而且具有比较强的生态意蕴。有学者指出“仁”是儒家生态思想的核心。蒙培元认为，从最广泛的意义上说，“仁学”是一种深层生态学。仁是有宇宙论根源的，这个根源不是别的，就是天即自然界的生命创造。这种宇宙论哲学就是“生”的哲学。仁即来源于自然界的“生生之道”。仁与生的关系体现了人与自然界的内在联系。它不仅肯定了人的主体性，而且肯定了自然界的生命价值。② 韩晓燕认为，在《孔子家语》中“自然之天”是孔子生态伦理思想的理论前提，“仁”是其生态伦理思想的核心理念，“天人和谐”则是孔子生态伦理思想的旨归。③ 罗泰勒指出，儒家提倡的“仁”是人与宇宙联系的中心，儒学关注人类与宇宙的内在关联，当人性得以实现时，“仁”作为人性之核心亦成为宇宙之中心。因此，“成仁”就是要超越人类自身，这是儒家生态学的根源所在；儒家的仁就是生态学。④ 有学者提出，从“爱人”到“爱物”是“仁”有等差的拓展。余谋昌认为，儒学发展到董仲舒，就其生命道德哲学而言，可以看作是完成了“仁”从“爱人”到“爱物”的扩展。这类似于当代生态伦理学主张把人类的道德关怀从对人扩展到对生命和自然界。⑤ 有学者指出“仁”学思想易知易行，具有较强的生态实践性。张建国、王绪琴认为，孔子仁学思想首先为人与人的关系建立了道德原则，而这一道德原则的内在可推衍性，又使得

---

① 转引自郑丹凤：《海外学者对儒家生态思想的研究》，《鄱阳湖学刊》2010 年第 2 期。

② 参见蒙培元：《仁学的生态意义与价值》，《中国哲学史》2007 年第 1 期。

③ 参见韩晓燕：《从〈孔子家语〉看孔子的生态伦理思想》，《郑州航空工业管理学院学报》(社会科学版)2008 年第 4 期。

④ 参见[美]罗泰勒：《民胞物与：儒家生态学的源与流》，[美]安乐哲等主编：《儒学与生态》，彭国翔、张容南译，江苏教育出版社 2008 年版，第 39～57 页。

⑤ 参见余谋昌：《东方传统思想中有关生态伦理的论述》，《哲学动态》1994 年第 2 期。

利用“仁”的道德原则对人与自然的关系进行建构成为可能。虽然孔子仁学思想并不能为现代生态伦理提供一个极其直接和完善的道德原则，但其易知易行的特点，在实践层面上具有较强的可操作性，对于现代生态伦理的重建有积极的借鉴意义。① 有学者指出儒家生态思想主张节用爱物。任婵媛认为，在人与自然关系问题上，儒家看到了人与自然环境之间、自然界的种种生物之间是一种和谐共生的关系，因而主张尊重自然规律，“仁”不仅是爱人，而且还要爱物。儒家主张人应节制欲望，以便合理地开发利用自然资源，使自然资源的生产和消费进入良性循环状态。② 齐姜红认为，人类赖于大自然而生存，必须从大自然里索取其衣食之资。孔孟主张索取的基本原则是“取之有道”，而“取之有道”的基本要求是“取之以时”“取之有度，用之有节”。③

四、基于“乐山乐水”的探究

《论语·雍也》云：“知者乐水，仁者乐山。”对此，有学者从生态角度进行了阐释。涂平荣认为，孔子把“乐山乐水”的生态伦理情怀与君子仁人志士的培养有机结合在一起，把人伦道德与生态道德融通起来。这种生态伦理情怀一直影响着后世许多文人墨客对山水的热爱和讴歌，对成仁取义精神境界的向往和追求。④ 逯雪梅认为，《论语》中的生态观是作为“乐”的前提条件，通过“天人合一”的宇宙观表达出来。同时，它也是儒家“仁”与“和”哲学思想在现实层面的体现。作为“乐”这种人生精神境界前提的“天人合一”思想的最高境界乃是既要实现人类自身的和解，又要实现人类同自然的和解。对当今人类生存环境日益恶化、生态破坏严重的现实而言，后者的意义尤为深远。而人类自身的和解正是人类与自然和谐关系形成的重要前提。⑤

另外，还有学者从其他不同角度对儒家生态思想进行了检讨。如蒙培元对《周易》哲学的生命意义进行了分析，认为在《周易》哲学中世界就是一个生生创造的过程，六十四卦是一个生命的网络；生命的存在问题和生命的价值问题在

---

① 参见张建国、王绪琴：《孔子仁学思想对现代生态伦理的建构及其意义》，《自然辩证法通讯》2009年第6期。

② 参见任婵媛：《儒家思想与当今的生态环境问题》，《才智》2008年第2期。

③ 参见齐姜红：《孔孟儒家的生态伦理思想》，《管子学刊》2008年第1期。

④ 参见涂平荣：《孔子的生态伦理思想探微》，《江西社会科学》2008年第10期。

⑤ 参见逯雪梅：《从“乐”看〈论语〉的生态思想》，《齐齐哈尔大学学报》（哲学社会科学版）2006年第3期。

生生不息的世界里是统一的;《周易》三才之道所透显的生命、生态哲学,对于现代社会具有非常重要的意义。[①] 曹得宝从“坚持人与自然和谐共生与儒家‘天人合一’思想”“‘绿水青山就是金山银山’理念与儒家生态经济思想”等层面对习近平生态文明思想与儒家生态智慧做了对比分析,认为两者有融通之处。[②]

综上所述,对儒家生态文明思想的研究虽然成果颇丰,角度也比较多样,既有蜻蜓点水、大而化之的宏观探讨,也有集中一点、深挖细掘的微观解读,更有古今对比的深入分析。如果从本书的视角来审视,目前的研究还有许多需要进一步拓展和完善的地方,主要体现在以下几个方面:

其一,研究视角相对单一,主要从儒家伦理思想之视角进行切入。无论是“天人合一”思想的检讨,还是“仁”“礼”等儒家核心概念的阐释,多是从伦理层面展开。即便是从“本体论”层面探讨,最终也往往拘泥于伦理范畴。

其二,研究重点相对集中,多是围绕“天人合一”思想进行探讨。具体到《论语》而言,也是从“子钓而不纲,弋不射宿”(《论语·述而》)、“智者乐水,仁者乐山”(《论语·雍也》)、“伤人乎? 不问马”(《论语·乡党》)等有限的章句来分析,对《论语》中其他章句的生态思想检讨则鲜有涉及。

其三,研究缺乏系统性。对儒家思想中比较重要的概念如“天人合一”“仁”“礼”等以及《论语》中某些章句的解读,多是从微观出发,从宏观上缺乏系统性。具体到《论语》而言更是如此,仅就某些章句进行阐释,从总体上缺乏宏观的分析与把握。

其四,研究的理论基础有僵化倾向。生态学源于自然科学领域,借用到人文社科领域来,主要从人与自然环境的关系来加以探讨,其主旨无非是人要重视自然、保护自然,做到人与自然和谐发展,从本质上并没有跳出人类中心主义的窠臼。自然是物,是人改造和征服的对象,只不过是不要过度地向自然索取而已。这仍然是自然科学领域的理论基础。在既定的理论框架下,儒家生态文明思想的研究多是深化对这个理论的诠释,缺乏创新意识。实际上,儒家传统既有人文性亦有宗教性。“只要我们不是简单地将儒学非此即彼地划入‘人文主义’和‘宗教’范畴的其中之一,那么,我们仍然可以看到儒家传统之中同时具有‘人文主义’和‘宗教’的成分,仍然可以从‘人文主义’和‘宗教’这两个向度入

---

① 参见蒙培元:《〈周易〉哲学的生命意义》,《周易研究》2014 年第 4 期。

② 参见曹得宝:《习近平生态文明思想与儒家生态智慧》,《中华环境》2021 年第 6 期。

手去刻画儒家传统的某些特征。”[①]从“人文性”之视角探讨儒家的生态思想比较多，而从“宗教性”视角的探讨则少之又少。“宗教性”的体现就是把自然界当作有思维、有灵性、能够与人互动的对象，不只是与人对立。这就需要从“宗教性”与“人文性”相结合的层面去审视儒家的生态文明思想。只有这样，儒家生态文明思想才能更加全面和系统。

第二节　研究的必要性和可行性

本书从宗教生态学之视角，解读儒家元典《论语》中所体现的儒家生态文明思想，非常必要，也切实可行。

一、研究的必要性

从本书之视角来审视，对《论语》文本的生态文明思想研究，需要进一步深化拓展的领域主要体现在以下几个方面：

第一，从宏观上来看，当前研究缺乏宗教生态学的学术视野。宗教生态学发端于西方，在20世纪被中国学术界所关注，但时至今日，在中国宗教研究领域尚未出现一部专著，更没有形成一门独立的学科。因此，从宗教生态学的视阈对《论语》文本的研究至今鲜有人涉及。

第二，从“儒学”与“儒教”之争来看，虽然至今尚未定论，也许会永远争论下去，但对阵双方都认可儒学或者说儒家传统具有宗教性。[②] 由此，作为儒家元典的《论语》具有宗教性也越来越受到学界的关注。从宗教的角度对《论语》文本进行研究，多是在西方学者的“宗教”定义下对《论语》的个别篇章进行诠释，这往往会削足适履、顾此失彼。同时，这也缺乏整体性，很难在宗教层面对整部《论语》进行宏观上的理解与把握。

第三，生态文明思想内涵丰富，具有较强的逻辑关系，是一个完整的系统。在此视阈下，对《论语》文本中的生态文明思想进行分析，就会发现文本中所体现的生态文明思想并非杂乱无章，而是有着非常清晰的内在逻辑。而目前此方

① 彭国翔：《儒家传统：宗教与人文主义之间》，北京大学出版社2007年版，第10页。

② 参见张志刚：《“儒教之争”反思——从争论线索、焦点问题到方法论探讨》，《文史哲》2015年第3期。

面的探讨多是限于一隅，难有整体观念。这或许是对文本误读或过度阐释的根本原因。

以上三点，既是《论语》文本研究存在的薄弱环节，也是本书所尝试解决的主要问题。

二、研究的可行性

本书是在学界同人研究的基础上展开探讨，既有古人的真知灼见、前辈的开拓积累，也有今人的创新引领。总体上来说，主要有以下三点：

其一，所运用的理论比较成熟。本课题所借鉴的理论，从大的方面来看主要包括两大理论，即宗教学和生态学。宗教学属于人文社科领域，生态学则属于自然科学领域，都形成了比较成熟的理论体系，思想观点具有前瞻性、指导性和实践性，得到学界公认。

其二，《论语》文本相关思想的检讨具有比较深厚的积累。从不同视角、不同层面对《论语》文本进行诠释在学界一直乐此不疲，见仁见智，成果颇丰。围绕《论语》所阐释的宗教思想、生态思想等与本书相关的探讨也有了一定积淀。所有这些都为本书提供了比较丰厚的给养，也为本书向深处挖掘与拓展奠定了坚实的基础。

其三，现实实践的迫切需要。学术研究具有两个方面的功能：一方面，要为了学术而学术，传承圣贤先哲精神，弘扬传统文化，为中华民族繁衍相续、生生不息提供智力支持与精神保证；另一方面，要为实践而学术，在现代视阈下，从理论层面对古人的智慧重新诠释和创新，以此为社会现实服务。这两者各有千秋，也各有价值，同等重要。党的十八大报告将生态文明建设提到前所未有的战略高度，以此为契机，从和谐发展、科学发展到绿色发展，生态文明日益受到社会的重视，实现“人类可持续发展与自然生态环境相协调”已经成为中国乃至世界的共识。复兴儒学、从儒家思想中寻求生态文明建设的智慧日益受到关注。“复兴儒学并不是没有批判的文化复古，而是重拾我们的文化传统进而改造儒家学说使其适应现代社会的过程。”[①]为此，我们应从《论语》中探求古人在生态方面的智慧，进行理论层面的梳理与总结，从而为生态文明建设实践提供理论支持。这既是学术研究的使命，也是社会实践的需要。由此，本研究的提

① 余仕麟、余彦：《复兴儒学的根本意义：寻回民族魂》，《西南民族大学学报》（人文社会科学版）2015年第12期。

出既有学术层面的积累，也符合现实需要，具有较强的理论价值和实践意义。

第三节　研究的主要内容

英国著名历史学家汤因比在20世纪就明确指出，所谓的“文明”，是指具有一定的时间与空间联系的某一群人类，这个整体一般包括若干同样类型的国家；文明形态具有三个侧面，即政治、经济、文化，其中文化是文明的精髓，而政治、经济则是次要的成分；文明形态最深厚的基础是宗教，各大文明实际上就是按照宗教的性质来划分的。[①] 文明是以宗教为基础，包括政治、经济、文化等多个层面。可以说，宗教孕育了文明，政治、经济、文化等都具有宗教的元素。“真正的文明实质上是一种精神秩序，因而其准则并非物质财富，而是精神洞见。文明所追求的是一种 Theoria，即一种对实在的直觉，所谓的实在既表现于形而上的思维，又反映为艺术创作和道德行为的结果。”[②]而这种“精神秩序”，往往来源于宗教传统。“中国文明的最高境界在于，对宇宙规律的洞见和儒家的伦理观；这种境界在印度文明那里表现为，对绝对存在的洞见和圣人的道德观；希伯来文明的最高境界则在于，对理智世界的洞见和哲学的伦理观。由此可见，凡有生机的文化都有精神的动力。一般说来，这种动力来自宗教传统。”[③]基于此，本书从宗教生态学之视角出发，解读《论语》中所体现的儒家生态文明思想，阐述其在当今时代所具有的意义与价值。总的思路是，首先厘清“宗教”“生态学”“生态文明思想”等代表性的观点及其内涵，对宗教的本质、宗教生态学、生态文明思想等本书重要概念进行界定；其次以此为基础，从“《论语》的宗教思想”“哲学思想与生态思想”“《论语》中的生态文明思想”等不同层面对《论语》中所蕴含的宗教思想以及生态文明思想做系统分析解读；再次追根溯源，检讨生态文明思想的文化渊源；最后，从生态文明的视角，对中国改革开放以来所形成的中国模式进行分析，并对中国模式的未来发展提出建议。具体内容分为七章：

第一章，主要阐述评析“宗教”的内涵，界定“宗教”的基本含义与主要特征。

---

① 参见[英]阿诺德·约瑟夫·汤因比、G.R.厄本：《汤因比论汤因比：汤因比与厄本对话录》，王少如、沈晓红译，上海三联书店1997年版，“译者的话”第5～6页。

② [英]道森等：《论秩序》（*Essays in Order*，Image Books），纽约1939年版，第239页，转引自吴之清：《贝叶上的傣族文明——云南西双版纳南传上座部佛教社会研究》，人民出版社2008年版，第14页。

③ 张志刚：《宗教学是什么》，北京大学出版社2002年版，第116～117页。

从中、西、马不同角度，选取有代表性的观点，对宗教的定义进行梳理评析，认为超自然力或神祇存在是宗教的本质、宗教实践活动是宗教的必备要素、人与神正常沟通是宗教存在的前提，并从本书的角度对宗教的含义和特征进行界定。

第二章，主要对“生态”“生态文明”“宗教生态学”基本内涵和基本理念进行界定，提出在根本上，人与自然环境具有一体性；在发展过程上，人与世界万物具有共生性；在相互关系上，人类具有优先性。同时，对宗教生态思想进行梳理并对宗教生态学进行重新界定。

第三章，主要阐述《论语》的宗教思想。首先，对儒学与西学的关系、儒学的宗教性进行阐述；其次，从社会作用、元典传承、传播范围等角度阐述《论语》文本的宗教价值；最后，从社会功能、外在形式、内在情感、具体行为等层面对《论语》的祭祀活动进行分析。

第四章，主要阐述哲学思想与生态思想的关系。从早期阶段的“人属于神”、中期阶段的“人神合一”和后期的“人神相分”等层面进行分析，并阐释不同阶段的哲学思想中所蕴含的生态理念，即“人融于自然”“天人合一”“主客分离”。

第五章，主要阐述《论语》中的生态文明思想。《论语》中的生态文明思想即人与自然环境的“万物一体”、个体与家族的“法祖齐家”、个体与社会的“和合共生”，“人天相通”“人物相类”“人时相应”“取之有度”是“万物一体”的基本内涵；“缅怀先祖，报本反始”“孝悌为本，凝聚血统”“重在品德，巩固姻亲”是“法祖齐家”的基本内涵；“尊重”“平等”“包容”“关爱”是“和合共生”的基本内涵。

第六章，主要阐述生态文明思想的文化渊源。“信仰层次——精神超越而不迷失”“社群行为——行为中庸而不极端”“个体行为——生活务实而不虚幻”是“乐感文化”的主要特征；“中”（恰如其分）、“和”（包容共生）、“乐”（自然向上）是“乐感文化”的基本精神。

第七章，主要从生态文明思想的角度，阐述中国模式的历史必然与未来发展。“安身立命”关系到群体的共同信仰，也是宗教的必然要求；“多元共生”关系到社会治理，也是生态文明思想的重要体现。这两者对中国模式的形成与发展具有重要意义。“皇权与相权博弈的政治传统”“农工商共生的经济传统”“儒释道互补的文化传统”是中国模式的历史渊源；“一元主导、多元共生”的生态意蕴主导中国模式未来之发展。

由此，本书重点解决以下三个方面的问题：

第一，在学科建设方面，为构建宗教生态学奠定理论基础。宗教生态学作为宗教学的一个分支，与宗教哲学、宗教史学、宗教心理学、宗教人类学、宗教社会学等具有同等重要的地位。但在国内，至今没有引起学界的重视。"'宗教生态平衡'论在提出之后的数年内引发热议，但目前学界的关注度有所回落。"①随着人们对生态环境的日益重视，从宗教的视野下探求宗教经典中的生态思想必将成为热点；把宗教学与生态学相结合，构建宗教生态学亦是大势所趋。为此，本书从学理层面，检讨宗教生态学的研究视角、研究内容、指导思想等，为学科建设奠定理论基础。

第二，在《论语》文本研究方面，使元典中的生态文明思想更加条理和系统。从《论语》文本的宗教价值、《论语》中的祭祀活动切入，分析《论语》的宗教思想；从人与自然环境、个体与家族、个体与社会等切入，解读《论语》中的生态文明思想；从"乐感文化"切入，阐释《论语》宗教思想和生态文明思想的历史渊源。由此，使《论语》中的生态文明思想更加清晰、更加系统，也使《论语》文本的研究不断向新的领域拓展。

第三，在理论与实践相结合方面，为中国模式的形成与发展提供学理支持。从宗教生态学的视角来审视，中国模式的形成，不仅具有现实基础，而且具有深刻的历史渊源。"一元主导、多元共生"的生态思想应成为中国模式未来发展的趋势。

---

① 王皓月：《由宗教学期刊看近十年宗教学"三大体系"建设》，《世界宗教研究》2020年第5期。

第一章　宗教定义再认识

作为现代意义上的“宗教”一词，是舶来品，由外国学者提出。“我们所说的‘宗教’一词，来源于西文‘religion’。”[①]不过，也有学者认为“宗教”一词古已有之。“事实上，不但‘宗’、‘教’是古代汉语中常用的词汇，即使‘宗教’连用而作为一个整词，在中国历史上也是其来有自，绝非清末民初的‘日产’。”[②]即便如此，学界一般认为现代意义上的“宗教”概念仍然以“religion”为圭臬。“即便‘宗教’一词古已有之，其涵义并不对等于英文中的‘religion’。经过清末民初以来围绕西方‘宗教’的争论，在现代汉语的语境中，‘宗教’一词已经基本上成为英文‘religion’一词的中文对应物。其原先即用来指称儒、释、道的历史，已经被人们遗忘了。”[③]换言之，现代意义上的“宗教”与我国古代的“宗教”所指并不一致。自从“宗教学”作为一门学科确立以来，“宗教”的定义一直是仁者见仁，智者见智，没有形成统一的定论。“如果要求人们就‘宗教是什么’的问题，作出一个揭示其本质的概括论断，下一个科学的界说，情况大概就完全不同了。人们往往会对自认为生来熟悉的宗教说不出个所以然来。即使是对宗教问题进行过专门研究的专家，也常常感到这是一个非常棘手、一言难尽的问题。而且，越是对古往今来的各种宗教有比较广泛的了解，越是感到难以找到一个适合于一切宗教的揭示其本质的科学定义。”[④]正如美国实用主义哲学家和宗教心理学家威廉·詹姆斯所说：“宗教的定义有那么多，彼此的歧异又那么大，已经足以证明，

---

① 吕大吉：《宗教学通论新编》，中国社会科学出版社 1998 年版，第 53 页。

② 彭国翔：《儒家传统：宗教与人文主义之间》，北京大学出版社 2007 年版，第 5 页。

③ 彭国翔：《儒家传统：宗教与人文主义之间》，北京大学出版社 2007 年版，第 6 页。

④ 吕大吉：《宗教学通论新编》，中国社会科学出版社 1998 年版，第 51 页。

‘宗教’一词不可能代表单一的原则或单一的本质，它毋宁是个集合名称。”[①]尽管如此，这并不妨碍学者定义“宗教”的热情，涌现出许多关于“宗教”的定义。“据有人统计，对宗教本质的表述或者说赋予宗教的意义，约有二百多种。”[②]“众所周知，这个词语极其难以界定。至少，最近几十年来，出现了一系列令人眼花缭乱的定义；然而其中没有一种能够获得普遍的接受。”[③]不同定义之间，要么相近，要么相左，甚至相互否定。“每个宗教定义，从其出发不久，都会激起另一个断然否定它的定义。看来，世界上有多少宗教，就会有多少宗教的定义，而坚持不同宗教定义的人们之间的敌意，几乎不亚于信仰不同宗教的人们。”[④]宗教定义的多样性，如同宗教本身一样，充满着智慧与魔力，吸引着人们去探索。

第一节　宗教定义梳理

学界对宗教的定义多种多样，难以统一，但有代表性、有影响力的定义也不是很多。从宏观上来看，大致分为三类：西方学者对宗教的定义、马克思和恩格斯对宗教的定义以及中国学者对宗教的定义。西方学者是宗教学科的奠基者，率先对“宗教”进行定义，学术性、权威性和影响力都比较大，引领学术潮流亦在情理之中。马克思和恩格斯对宗教的定义，从辩证唯物主义和历史唯物主义的视角切入，对中国学者影响较大，成为中国大陆学者研究宗教的主要理论基础。中国学者对宗教的定义，是在吸收借鉴前两者的基础上，结合中国历史传统提出的具有自身特点的定义。从长远来看，这也是中国宗教学术界发展之趋势。

一、西方学者对宗教的定义

宗教学作为现代科学范畴的一门学科，是西方学者率先提出的。围绕“宗教是什么”“宗教的概念”等基础性的问题，西方学者从不同视角进行阐释，提出了许多独到、新颖、有价值的见解，引起学术界的普遍关注。比较有代表性的主要有缪勒的“无限者的信仰说”、泰勒的“精灵或灵魂信仰说”、弗雷泽的“取悦神

① ［美］威廉·詹姆斯：《宗教经验种种》，尚新建译，华夏出版社 2005 年版，第 16 页。

② 李申：《宗教论》第 1 卷，中国社会科学出版社 2006 年版，第 8 页。

③ ［加拿大］威尔弗雷德·坎特韦尔·史密斯：《宗教的意义与终结》，董江阳译，中国人民大学出版社 2005 年版，第 17 页。

④ ［英］麦克斯·缪勒：《宗教的起源与发展》，金泽译，上海人民出版社 2010 年版，第 13 页。

灵的手段说”、施米特的“知觉与崇拜说”、詹姆斯的“个人宗教说”、奥托的“直觉性体验说”、涂尔干的“社会需要说”和康德的“道德宗教观”。

(一)缪勒:“无限者的信仰说”

近代西方宗教学的奠基人麦克斯·缪勒认为,宗教是对某种无限存在物的信仰。1873年,他在皇家协会演讲时说:“如果我们说把人与其他动物区分开的是宗教,我们指的并不是基督徒的宗教或犹太人的宗教,而是指一种心理能力或倾向,它与感觉和理性无关,但它使人感到有‘无限者’(the Infinite)的存在,于是神有了各种不同的名称,各种不同的形象。没有这种信仰的能力,就不可能有宗教,连最低级的偶像崇拜或物神崇拜也不可能有。只要我们耐心倾听,在任何宗教中都能听到灵魂的呻吟,也就是力图认识那不可能认识的,力图说出那说不出的,那是一种对无限者的渴望,对上帝的爱。”①后来,他在《宗教的起源与发展》一书中对此定义又做了进一步明确,认为“宗教乃是领悟无限的主观才能”或者是“潜能”。② 缪勒对宗教的定义包含主客观两个方面的要素:其一,作为客体的“无限者”是宗教的核心。这个“无限者”可以被称为“神”,可以被称为“上帝”,或者其他名字,但不管以什么命名,都是超自然力,是“宗教”的核心要素。换言之,没有“无限者”也就没有宗教。其二,作为主体的个人,具备较强的心理能力是宗教存在的前提,没有这种信仰能力,就不可能感受到超自然力的存在。个体的心理感知能力与“无限者”相辅相成,两者缺一,则不能成为宗教。简言之,宗教是“人”与“神”(超自然力)沟通的产物。“人”与“神”沟通的前提是“神”的存在,基础则是“人”的心理感知能力。

(二)泰勒:“精灵或灵魂信仰说”

英国著名人类学家爱德华·泰勒在其著作《原始文化》中认为宗教起源于“万物有灵观”,是对“精灵”或者“灵魂”的信仰。他首先对当时流行的宗教定义(当时普遍认为原始部落没有宗教)③进行了质疑,他说:“在系统地研究原始社会宗教的时候首先提出的就是宗教本身的定义。假如在这个定义中为宗教要求信仰上帝或死后的审判,崇拜偶像,有祭祀的习俗或其他某些或多或少地流传的学说或仪式,那么,无疑会把许多部族从宗教的范畴中排除出去。而且,如

① [英]麦克斯·缪勒:《宗教学导论》,陈观胜、李培茱译,上海人民出版社2010年版,第10~11页。

② 参见[英]麦克斯·缪勒:《宗教的起源与发展》,金泽译,上海人民出版社2010年版,第14~15页。

③ 参见[英]爱德华·泰勒:《原始文化》,连树声译,上海文艺出版社1992年版,第405页。

此狭隘的定义具有这样的缺点，即它把宗教跟其独特的发展等同起来，而不是跟作为基础的深刻的动机统一起来。”①在泰勒看来，仅仅把宗教限定为信仰上帝、崇拜偶像、有祭祀习俗或者宗教仪式，那么就会把原始部落宗教排除在外，这与现实并不相符。为此，他认为宗教的核心应该是“万物有灵观”。“万物有灵观的理论分解为两个主要的信条，它们构成一个完整学说的各部分。其中的第一条，包括着各个生物的灵魂，这灵魂在肉体死亡或消灭之后能够继续存在。另一条则包括着各个精灵本身，上升到威力强大的诸神行列。神灵被认为影响或控制着物质世界的现象和人的今生和来世的生活，并且认为神灵和人是相通的，人的一举一动都可以引起神灵高兴或不悦；于是对它们存在的信仰就或早或晚自然地甚至可以说必不可免地导致对它们的实际崇拜或希望得到它们的怜悯。这样一来，充分发展起来的万物有灵观就包括了信奉灵魂和未来的生活，信奉主管神和附属神，这些信奉在实践中转为某种实际的崇拜。”②从泰勒的“万物有灵观”包含的主要内容可以得知，每个单独的个体都有灵魂，而且灵魂是不灭的；超自然力的神灵是存在的，是整个世界的掌控者；人与神灵可以沟通，崇拜是一种沟通的方式。“万物有灵观”的核心要素主要包括神灵、灵魂和仪式（崇拜）。“神灵”即超自然力，是万事万物的主宰，也能够满足人在现实世界的需要；“灵魂”是每个个体在现实世界存在的根据，没有灵魂，人就会死去，无法生存；“仪式”是存在于个体身上的灵魂与超自然力的神灵相互交通的渠道，没有仪式，神与人不能进行交流。

（三）弗雷泽：“取悦神灵的手段说”

英国著名人类学家詹姆斯·乔·弗雷泽认为，宗教是对超人力量讨好并祈求和解的一种手段。他在《金枝——巫术与宗教之研究》中说：“我说的宗教指的是：相信自然与人类生命的过程乃为一超人的力量所指导与控制的，并且这种超人的力量是可被邀宠或抚慰的。这样说来，宗教包含理论和实践两大部分，就是：对超人力量的信仰，以及讨其欢心、使其息怒的种种企图。这两者中，显然信仰在先，因为必须相信神的存在才会想要取悦于神。但这种信仰如不导致相应的行动，那它仍然不是宗教而只是神学。用圣雅各的话说：‘信心若没有

① ［英］爱德华·泰勒：《原始文化》，连树声译，上海文艺出版社1992年版，第412页。

② ［英］爱德华·泰勒：《原始文化》，连树声译，上海文艺出版社1992年版，第414～415页。

行为就是死的。'"[①]弗雷泽提出了作为宗教的两个关键因素:信仰和实践。其具体包含四个方面的含义:其一,人必须信仰超自然力(神灵),虔诚地相信其存在,这是宗教存在的前提。如果不相信超自然力的存在,其他将无从谈起。其二,超自然力(神灵)能够控制整个世界以及人类的命运,人的生老病死、灾祸福祉都由其掌控,是世界的主人。"宗教认定世界是由那些其意志可以被说服的、有意识的行为者加以引导的,就这一点来说,它在基本上是同巫术以及科学相对立的。巫术或科学都当然地认为,自然的进程不取决于个别人物的激情或人性,而取决于机械进行着的不变的法则。"[②]从根本上来说,整个世界无论是否按照原来既定的规则去发展,如同巫术或者科学所认为的那样,最终的决定力量是超自然力,而不是人类。其三,人与超自然力(神灵)能够沟通,沟通的方式则是实践。弗雷泽认为实践的方式主要有两种:一是宗教仪式行为,即向神灵唱赞歌、献祭、祈祷等举行宗教仪式。二是践行神性的行为,即按照神的品性去做事和对待他人,或者说在现实世界里学习、模仿神具有的高贵品质,以仁爱之心对待他人。"宗教实践并不总是非要举行仪式不可,也就是说它并不一定要贡献祭物、背诵祷词及采取其它外表形式。这些形式的目的仅仅是为了取悦神。如果这位神喜欢仁爱、慈悲和贞洁更甚于带血的祭品、赞歌和香火,那么他的信徒们使他高兴的最好的做法,就不是拜倒在他脚下,吟诵对他的赞词,或用贵重礼物摆满他的庙宇,而是以廉洁、宽厚、仁慈去对待芸芸众生。因为这样做人们就会尽人类的柔弱心灵之可能去模仿神性的完美无缺。"[③]其四,超自然力(神灵)具有意识和人格,能够与人合作。"统治世界的力量,究竟是有意识的和具有人格的,还是无意识的、不具人格的?宗教,作为一种对超人力量的邀宠,所认定的是两个答案中的前者。因为所有的邀宠做法都暗示着那位被讨好者是一个具有意识或人格的行为者,他的行为在某种程度上是不定的,可以被劝说来按照人们所希望的方向改变,只要这种劝说审慎地投合他的兴趣、口味和感情。人们绝不能向那些被看成是无生命的东西讨好,也不会讨好那些在特殊情况下已知其行为确实被绝对限定的人。"[④]通过"实践",即人对神的"迎合"或"抚

---

① [英]J.G.弗雷泽:《金枝——巫术与宗教之研究》,汪培基等译,商务印书馆 2012 年版,第 88~89 页。

② [英]J.G.弗雷泽:《金枝——巫术与宗教之研究》,汪培基等译,商务印书馆 2012 年版,第 90~91 页。

③ [英]J.G.弗雷泽:《金枝——巫术与宗教之研究》,汪培基等译,商务印书馆 2012 年版,第 89 页。

④ [英]J.G.弗雷泽:《金枝——巫术与宗教之研究》,汪培基等译,商务印书馆 2012 年版,第 90 页。

慰”，神与人达到一种默契，其结果或者是神灵按照人的意愿行事，或者是人接受神灵的惩罚。

（四）施米特："知觉与崇拜说"

奥地利著名宗教人类学家威廉·施米特，也是天主教神父，认为宗教在主观上是个体对超自然力的知觉，客观上是对超自然力的崇拜。他说："宗教的定义，有主观与客观之别。从主观来说，宗教是人系属于一个或多个超世而具有人格之力的知或觉；根据这种知识或感觉，人与此力有一种相互的交际。从客观来说，宗教即是表现这主观宗教之一切动作的综合，如祈祷、祭献、圣事(sacraments)、礼仪、修行、伦理的规条等。"[①]施米特眼中的宗教，是主观与客观的结合体，既有个体对超人力量的知觉，又有实践活动。其基本内涵体现在三个方面：第一，个体必须具有对超自然力"知"或"觉"的能力。"知"即感知，"觉"即觉悟，感知或觉悟是人认识、理解直至膜拜超自然力的前提，并且通过感知或觉悟能够做到与超自然力进行正常交流。第二，"一个或多个超世而具有人格之力"是说超自然力不是唯一的，而是多样化、多层次的神灵集合体。超自然力具有人的意识或行为，人们通过"知"或"觉"都能感受到超自然力的存在，并能与之进行沟通交流乃至合作。第三，客观上的宗教仪式如祈祷、献祭等，是主观思想外化的形式，也是人们与超自然力沟通的主要方式。如果没有宗教仪式，仅有主观上对超自然力的感知就不能说是宗教。

（五）詹姆斯："个人宗教说"

美国实用主义哲学家和宗教心理学家威廉·詹姆斯认为，宗教的本质是个人的体验。他说："我现在请你们武断地接受宗教的定义，对我们来说，宗教意味着个人独自产生的某些感情、行为和经验，使他觉得自己与他所认为的神圣对象发生关系。这个关系或许是道德的，或许是物质的，或许是仪式的，因此，那些神学、哲学和教会组织，显然都是从我们所说的宗教中派生出来的。"[②]这个定义包含两层含义：第一，宗教之所以成为宗教，其核心力量是个人，而不是组织或集体。"独自"是个人的行为，而非集体或组织的行为。詹姆斯说："个人宗教，至少在某种意义上，证明比神学或教会中心论更根本。教会一经建立，便间接地依存于传统。可是，无论哪个教会，其创立者的力量最初都来源于他们个

---

① [奥]施米特：《比较宗教史》，肖师毅、陈祥春译，辅仁书局1948年版，第2页。

② [美]威廉·詹姆斯：《宗教经验种种》，尚新建译，华夏出版社2005年版，第19页。

人与神的直接感通。不仅基督、佛陀、穆罕默德这等超人的创教者如此，而且一切基督教派的组织者都莫过于此。所以，连那些仍旧坚持个人宗教残缺不全的人，似乎也承认它是最原始的东西。”①很显然，詹姆斯从创教者的角度来阐释个人在宗教中的核心作用。每个单独的个体都是对宗教的神秘体验或者感知。“在他看来，人在不受其他外界因素影响的心理状态下，对神圣对象所产生的纯净的情感和体验，就是宗教；在此定义下的宗教不是社会文化，而是个体的神秘经验。”②第二，个人宗教不同于制度宗教。制度宗教与个人宗教显然是宗教两种不同的划分方式。制度宗教关注的是崇拜、献祭等宗教仪式以及教会组织，而个人宗教所关注的则是个人的内心倾向。这两者显然是不同的。对此，詹姆斯做了进一步解释。他说：“我们一开始便注意到一种广泛的分界，将宗教领域分为两个方面：一方面是制度宗教；另一方面是个人宗教。正如萨巴蒂埃(M. P.Sabatier)所说的，宗教的一支最注意神，另一支则最注意人。崇拜和献祭，感动神性的程序，神学、典仪和教会组织，都是制度宗教的本质要素。假如我们仅限于讨论制度的宗教，那么，就必须把宗教界定为一种外部技术，即赢得神宠的技术。反之，比较注重个人的宗教部分，关注中心是人自己的内心倾向，他的良心，他的功过，他的无助，他的不全备。虽然上帝的宠眷——无论失还是得——仍是宗教生活的一个本质特征，而且神学也在其中扮演重要的角色，但是这种个人宗教所激发的行为不是仪式的行为，而是个人行为。个人独自料理宗教事务，而教会组织，包括它的牧师、圣礼，以及其他媒介，统统降到次要地位。宗教关系直接由心到心，由灵魂到灵魂，直接发生到人与上帝之间。”③由此，詹姆斯肯定了个人的“内心倾向”在宗教中的主导地位，但也没有完全否定教会组织、宗教仪式等这些制度宗教中的本质要素的作用，只是认为这些因素所起的作用不能与个人的作用同处在一个水平线上。“假如用最广泛的方式总结我们所看到的宗教生活的特性，应该包括以下几个信条：1.可见世界是更广阔的精神世界的一部分，前者的主要意义是从后者获得的；2.与这个更高的世界达成融洽或和谐的关系，是我们的真正目的；3.祈祷或与世界精神——这个精神无论是‘上帝’，还是‘法则’——的内心交感，是产生实际作用的过程，精神能量在现象世界流动并引发结果，无论心理的还是物质的。宗教也包含以下心理特

① [美]威廉·詹姆斯：《宗教经验种种》，尚新建译，华夏出版社2005年版，第18页。
② 单纯：《宗教：定义层面的反思》，《科学与无神论》2003年第4期。
③ [美]威廉·詹姆斯：《宗教经验种种》，尚新建译，华夏出版社2005年版，第17页。

性:4.一种新的热情像天赐的礼物一样进入生活,其形式或者是感情的迷恋,或者激发真诚和英雄气概;5.安全的保障与平和的性情,而且,与他人的关系上,友爱的情感占优势。"[①]詹姆斯指出了宗教生活所追求的是可见世界与非可见世界达成融洽和谐,祈祷是个人沟通这两个世界的重要方式,安全与和谐的人际关系、平和的性情都是非常重要的因素。简言之,詹姆斯明确指出了个人的内心倾向或者说个人对宗教的感知、体悟是宗教的本质,也是宗教之所以成为宗教的核心因素,同时,也以鲜明的态度肯定了除此之外的其他因素,如宗教组织、宗教仪式、教徒之间的关系等在宗教中的作用。

(六)奥托:"直觉性体验说"

1917年,德国神学家和宗教学者鲁道夫·奥托发表了《论神圣》,把信仰者个人对神圣物的"直觉性体验"说成是宗教的本质。他认为,"神圣"即"神圣者"(the holy),是一个宗教领域特有的解释范畴与评价的范畴,任何一种宗教的真正核心处都活跃着这种东西,没有这种东西,宗教就不再成其为宗教。但是,"神圣"一词包含道德因素和理性因素,必须把这些东西剔除,显示"神圣"的非理性因素,才能正确反映宗教的核心。为此,他根据拉丁语numen创造了一个新词,即"numinous"(神秘的)来命名,而"numinous"既可以指某一独特的"神秘的"价值范畴即被感受为客观的外在于自我的"神秘者",又可指某种确定的"神秘的"心态。两者密不可分:前者是后者"直感"的神秘对象,后者则是前者以"情感的形式被反映到心灵中"来的东西。[②] 奥托对宗教的定义主要有三层含义:其一,神圣是一种特殊的价值,这种价值不能用常规的理性去把握,只能用直感去领会,而直感往往会因人而异。"将神圣归于一种价值范畴,是奥托所做的一种折中,他希望神圣的经验是一种不可以归入纯粹主观或客观的东西,它是一种价值意义上的东西,只能被唤起。因此,作为一种不能归类的'价值',神圣本身也就具有了一种神秘的性质。于是,作为一种具有自主性价值判断的神圣,在本质上就具有一种非理性(或超理性),这些是不能用理性来认知和把握的。在这个意义上,它不能被简化为伦理和道德,也不能过于强调其合理的方

① [美]威廉·詹姆斯:《宗教经验种种》,尚新建译,华夏出版社2005年版,第294页。

② 参见[德]鲁道夫·奥托:《论"神圣"》,成穷、周邦宪译,四川人民出版社1995年版,"中译者序"第3~4页。

面，只有通过'直感'去领会非理性因素。"[①]其二，"神秘者"是"完全相异者"，不能限于普通意义上理解。"如果从宗教含义看，'神秘'便是——姑且给予一个也许是最为鲜明的表达用语——'完全相异者'。这个'相异者'完全超出了通常的、可理解与熟悉的范围，因而完全落到'辨察'(canny)的领地之外并与之相对峙，使心灵充满了茫然的惊奇与惊愕。"[②]这种"完全相异者"是抽象的，需要人去"体悟"。"东方人的'空'，正如西方神秘主义者的'虚无'一样，都是这个'完全相异者'的神秘的表意符号。"[③]其三，"神秘者"与"感知者"是理性与非理性的平衡。宗教始终处于理性与非理性相互交织的平衡状态，既不能完全"唯理"，也不能完全"神秘"。主要原因在于神秘者与感知者是统一的，神秘者的理性与感知者非理性是统一的，走向任何一个极端都是不可能的。"奥托强调'神秘'在'神圣'概念的核心地位，但并未因此而走向神秘主义，相反，他十分重视理性因素的地位作用。在他看来，宗教非理性成分的持续的、生动的活动可以使宗教不会有变为'唯理主义'之虞；由于它同时浸淫着理性的因素，它又没有堕落为盲信或仅仅一种神秘物，没有变成蒙昧主义或神秘主义。"[④]

（七）涂尔干："社会需要说"

法国社会学家涂尔干认为，宗教的本质在于社会需要。他在《宗教生活的基本形式》中说："宗教是一种与既与众不同、又不可冒犯的神圣事物有关的信仰与仪轨所组成的统一体系，这些信仰与仪轨将所有信奉它们的人结合在一个被称为'教会'的道德共同体之内。教会作为构成宗教的第二个要素，不仅在宗教定义中找到了一席之地，而且同第一个要素一样不可或缺；这充分说明，宗教观念与教会观念是不可分离的，宗教明显应该是集体的事物。"[⑤]"本书呈现给读者的总的结论是：宗教明显是社会性的。宗教表现是表达集体实在的集体表现；仪式是在集合群体之中产生的行为方式，它们必定要激发、维持或重塑群体中的某些心理状态。"[⑥]涂尔干对宗教的看法，可以从三个层面来理解：第一，宗

① 张友庭：《宗教的神秘观念及其非理性因素——奥托与他的〈论神圣〉》，《西北民族研究》2009年第3期。

② [德]鲁道夫·奥托：《论"神圣"》，成穷、周邦宪译，四川人民出版社1995年版，第31页。

③ [德]鲁道夫·奥托：《论"神圣"》，成穷、周邦宪译，四川人民出版社1995年版，第35页。

④ 吴福友：《"神圣"之永恒魅力——对〈论神圣〉一书的解读》，《宗教学研究》2005年第2期。

⑤ [法]爱弥尔·涂尔干：《宗教生活的基本形式》，渠东、汲喆译，上海人民出版社2006年版，第42页。

⑥ [法]爱弥尔·涂尔干：《宗教生活的基本形式》，渠东、汲喆译，上海人民出版社2006年版，第8页。

教必须有一个神圣的事物，这个事物具有独特性和神圣性，“与众不同”又不能冒犯。“独特性”意味着单独、唯一、特殊；“与众不同”意味着不能冒犯、地位尊贵，必须虔诚对待。换言之，“神圣事物”亦即超自然力，是唯一的、独特的、地位尊贵而且必须虔诚对待的。第二，宗教是信仰、仪轨和宗教组织的“三合一”。这三种要素紧密联系且缺一不可，去掉任何一个都不能成为宗教。比如，涂尔干认为巫术不是宗教，原因在于巫术没有教会（指宗教组织），而宗教有教会。“不管我们在什么地方观察宗教生活，都会发现有一个确定的群体作为宗教的基础……巫术就完全不同了。确实，巫术信仰也经常或多或少地带有些普遍性；这种信仰也往往会在广大民众中传播开来，甚至对某些民族来说，巫术的追随者同宗教的追随者在数量上也差不了多少。然而，这并没有使所有巫术的追随者结合起来，也没有使他们联合成群体，过一种共同的生活。不存在巫术教会……宗教与教会的观念却是无法分离的。从这一点，我们就可以看出巫术与宗教之间的根本差异。”[①]第三，宗教是群体的宗教、教会的宗教，也是社会的宗教，具有鲜明的社会性。“真正的宗教信仰总是某个特定集体的共同信仰，这个集体不仅宣称效忠于这些信仰，而且还要奉行与这些信仰有关的各种仪式。这些仪式不仅为所有集体成员逐一接受，而且完全属于该群体本身，从而使这个集体成为一个统一体。每个集体成员都能够感到，他们有着共同的信念，他们可以借助这个信念团结起来。集体成员不仅以同样的方式来思考有关神圣世界及其与凡俗世界的关系问题，而且还把这些共同观念变成为共同的实践，从而构成了社会，即人们所谓的教会。”[②]由此，涂尔干所定义的宗教可以简要概括为：信奉神灵或者超自然力；宗教仪式以及宗教组织是宗教的构成要素，宗教组织必不可少；社会性是宗教最重要的特征。

（八）康德：“道德宗教观”

德国古典哲学创始人康德对宗教的认识是一个动态的过程，从“三大批判”（《纯粹理性批判》《实践理性批判》《批判力批判》）到《单纯理性限度内的宗教》，康德在逐步演进中完成了他的以道德为核心、以信仰为形式、以基督教为普遍性宗教的“道德宗教观”。“康德通过第一批判回答了‘我能够知道什么’的问题

---

① [法]爱弥尔·涂尔干：《宗教生活的基本形式》，渠东、汲喆译，上海人民出版社 2006 年版，第 39～40 页。

② [法]爱弥尔·涂尔干：《宗教生活的基本形式》，渠东、汲喆译，上海人民出版社 2006 年版，第 39 页。

并以此作为视角审视了宗教，得出我们无法确知上帝是否存在，奠定在知识基础之上的传统神学是注定要失败的。通过第二批判，康德回答了‘我应当做什么’的德性问题，并以此作为基础，认为道德应该是宗教赖以建立的基础，只有在道德的基础之上，宗教才是可能的。通过这一批判，康德得出目的论正是理解上帝的关键，因目的论能把人与自然统一起来。但不应以自然目的论，而应以道德目的论，只有从道德目的论的角度才能理解上帝是一个最高的存在者，才能理解人是创造的最后目的。原因就在于实践理性优于思辨理性。康德在第三批判中对宗教的思考，其实是综合了第一、第二批判，并试图在此基础上重新理解宗教。第三批判如仅从论证宗教的道德基础这一点来说，仅是宗教的道德基础的完善；但第三批判贵在采取了一个综合实践理性与思辨理性的角度来审视宗教，这已接近于从完整的人性立场去理解宗教。康德的三大批判最后都以宗教问题作为归宿，宗教问题成为三大批判的共同指向，而这一指向所蕴涵的问题就是宗教的合理性基础应是什么的问题，它不可能是知识，而只能是道德且只能是康德所改造了的道德。经过三大批判，萦绕在康德思维深处的宗教问题也已渐趋成熟，宗教自身的合理性问题也进入了康德的思维领域——‘我可以希望什么？’康德对这一问题的思考形成他的《单纯理性限度内的宗教》。”①康德的“道德宗教观”可以从以下四个方面来理解：第一，道德是宗教的核心。康德的宗教观是以道德为核心的，道德是宗教存在的内在依据。“既然道德是建立在人这种自由的存在物的概念之上的，人这种存在物又正因为自由而通过自己的理性使自己受无条件的法则制约，那么，道德也就既不为了认识人的义务而需要另一种在人之上的存在者的理念，也不为了遵循人的义务而需要不同于法则自身的另一种动机……因此，道德为了自身起见，（无论是在客观上就意愿而言，还是在主观上就能够而言）绝对不需要宗教，相反，借助于纯粹的实践理性，道德是自给自足的……为使这种至善可能，我们必须假定一个更高的、道德的、最圣洁的和全能的存在者，惟有这个存在者才能把至善的两种因素结合起来……因此，道德不可避免地要导致宗教。这样一来，道德也就延伸到了人之外的一个有权威的道德立法者的理念。在这个立法者的意志中，（创世的）终极目的也就是那种同时能够并且应该是人的终极目的的东西。”②为了保证至

① 徐文俊、林进平：《康德对宗教合理性基础的批判与建构》，《哲学研究》2001年第3期。

② ［德］伊曼努尔·康德：《康德论上帝与宗教》，李秋零编译，中国人民大学出版社2004年版，第287～289页。

善，亦即德性和幸福的统一，必须假设上帝的存在，这是导致宗教产生的原因。可见，宗教的存在是以道德为前提，道德亦即宗教的核心因素。“康德在《宗教》（即《单纯理性限度内的宗教》）这本书中的基本观点已不仅仅停留在道德应是宗教的基础的观点上，而是进一步指出，道德应构成宗教的基本框架，应是宗教的本质。”[①]第二，承认超自然力是万物存在的最终依据。在康德看来，超自然力就是“上帝”。“有某种东西绝对必然地实存着。这种东西就其本质来说是唯一的，就其实体来说是单纯的，就其本性来说是一种精神，就其持存来说是永恒的，就其状态来说是不变的，就所有可能的东西和现实的东西来说是最充足的。这就是一个上帝。”[②]“上帝”是唯一的、至纯的、精神的、永恒的、不变的，是万事万物最终存在的根据。无论是“质料上超自然的”（神直接创造）还是“形式上超自然的”，最终的根据都隶属于上帝。“由于大自然的力量及其因果规律包含着大自然的一种秩序的根据，这种秩序就其把多种多样的和谐综合为一种必然的统一而言，导致诸多完善在一个根据中的结合成为规律，所以人们也就可以鉴于不同的自然结果的美好和有用性而把它们看做是隶属于根本的自然秩序的，并借此把它们看做是隶属于上帝的。与此相反，由于在一个整体中还有某些完善并不是由于惟一的一个根据的丰饶性成为可能的，而是需要不同的为此目的可以统一起来的根据，所以又有某些艺术的安排会是一种规律的原因，而据此发生的结果则隶属于大自然偶然的、艺术的秩序，借此隶属于上帝。”[③]尽管康德是为了保证至善的实现才假设了上帝，但这也证明了康德眼中的宗教必须需要超自然力量“上帝”的存在，如果没有“上帝”，宗教就很难成为宗教。“宗教（从主观上来看）就是把我们的一切义务都认作是上帝的诫命”[④]，而超自然力量正是任何宗教存在的必要条件。由此可见，康德眼中的宗教并非标新立异，只是把道德作为本质、把超自然力量作为道德实现的最终保证而已。“当上帝凭借自己的意志而成为一个事物的根据时，我把该事物对上帝的依赖性称之为道德的，而把其余一切依赖性都称之为非道德的。如果我据此断言，上帝包含着事

---

① 林进平、刘卓红：《宗教何以可能——从〈单纯理性限度内的宗教〉看康德的宗教观》，《世界宗教研究》2003年第4期。

② ［德］伊曼努尔·康德：《康德论上帝与宗教》，李秋零编译，中国人民大学出版社2004年版，第49～50页。

③ ［德］伊曼努尔·康德：《康德论上帝与宗教》，李秋零编译，中国人民大学出版社2004年版，第65页。

④ ［德］伊曼努尔·康德：《康德论上帝与宗教》，李秋零编译，中国人民大学出版社2004年版，第420页。

物内在可能性的最终根据自身，则每一个人都将轻而易举地理解，这种依赖性只能是非道德的；因为意志没有使任何东西成为可能，而是仅仅包含着已经被假定为可能的东西。如果上帝包含着事物存在的依据，那我就承认，这种依赖性在任何时候都是道德的，也就是说，事物之所以实存，乃是因为上帝想要它们存在。”[①]第三，承认信仰和宗教仪式是宗教的重要因素。康德强调信仰以及现实中诸如祈祷等宗教仪式都是以道德为基础，并且认为这些都是构成宗教的重要因素。“由于实践理性优于思辨理性，所以在构成宗教的两大要素中，道德对信仰就具有优先性。正如不能因为实践理性优于思辨理性而取消思辨理性一样，康德并没有因为道德优于信仰而取消信仰，并进一步把宗教还原为道德。康德对待道德与信仰这种微妙的态度也微妙地体现在他对待祈祷、礼拜、弥撒、圣餐等宗教仪式的态度上。一些学者认为，康德是反对基督教的祈祷、礼拜等宗教仪式的，但真实情形并不是这样。因如同康德并不是盲目地反对信仰，而是反对不道德的信仰一样，康德所要反对的也不是祈祷等本身，而是那些不以道德为基础，不以增进道德为目的的祈祷等外在形式。”[②]第四，基督教是普遍的宗教。康德认为，基督教完全符合他所定义的宗教理念，也是合理的、普遍的宗教。换言之，基督教是康德心目中的理想宗教。他说：“如果有人问，迄今为止已知的全部教会历史的哪个时代是最好的时代，那么，我毫不犹豫地要说，就是现在这个时代。也就是说，人们可以让真正的宗教信仰的种子，如同它现今在基督教界虽然只是由一些人播种、但毕竟已经公开地播了种一样，完全不受阻碍地日益萌发起来，以便由此期待不断地接近那个把所有的人永远联合起来的那个教会，它构成上帝不可见的国在地上可见的体现。”[③]“康德在论述宗教存在的合理性的同时，已逼问出宗教的理念，认为宗教是以道德为内核，信仰为外衣的综合体，道德为内核，使宗教具有了普遍性；信仰为外衣，则使宗教具有了世俗的种种形态。康德以此来指涉历史与现实中的宗教，认为基督教是最接近他的宗教理念，是具有普遍意义的、合理的宗教。”[④]

---

① [德]伊曼努尔·康德：《康德论上帝与宗教》，李秋零编译，中国人民大学出版社 2004 年版，第 59 页。

② 林进平、刘卓红：《宗教何以可能——从〈单纯理性限度内的宗教〉看康德的宗教观》，《世界宗教研究》2003 年第 4 期。

③ [德]伊曼努尔·康德：《康德论上帝与宗教》，李秋零编译，中国人民大学出版社 2004 年版，第 398 页。

④ 林进平、刘卓红：《宗教何以可能——从〈单纯理性限度内的宗教〉看康德的宗教观》，《世界宗教研究》2003 年第 4 期。

综上,从缪勒的“无限者的信仰说”、泰勒的“精灵或灵魂信仰说”、弗雷泽的“取悦神灵的手段说”、施米特的“知觉与崇拜说”、詹姆斯的“个人宗教说”、奥托的“直觉性体验说”,到涂尔干的“社会需要说”、康德的“道德宗教观”,可以看出,不同学者对宗教的看法千差万别,角度不一,论述不同,侧重点也不一样。如涂尔干突出宗教组织,强调宗教的社会性;詹姆斯、奥托则突出心理因素,认为个体的“感知”“体验”非常重要。尽管如此,但这些观点也有共同之处。其一,都承认超自然力是宗教存在的核心要素。缪勒的“无限者”、泰勒的“精灵”与“灵魂”、弗雷泽的“神灵”以及康德的“上帝”,都是超自然力的代名词,只不过是换个说法而已。詹姆斯、奥托、涂尔干虽然没有明确地给超自然力命名,但对宗教的定义也是以超自然力的存在为前提。其二,都承认人与超自然力能够正常交通。无论是通过外在的宗教仪式,还是通过个人内在的情感,都能够实现人与神灵的沟通交流,从而实现个体对神灵的期望。其三,都承认超自然力量的威力。这种威力只有神灵所有,人是无法做到的。这也是人祈求神灵的重要原因。

二、马克思、恩格斯对宗教的定义

马克思、恩格斯在其著作中对宗教问题多有论述,如《德国农民战争》(1850 年)、《德国的革命与反革命》(1851 年)、《流亡者文献》(1874—1875 年)、《哥达纲领批判》(1875 年)、《反杜林论》(1876—1878 年)、《自然辩证法》(1873—1883 年)、《布鲁诺・鲍威尔和早期基督教》(1882 年)、《启示录》(1883 年)、《路德维希・费尔巴哈与德国古典哲学的终结》(1886 年)、《社会主义从空想到科学的发展・英文版序》(1892 年)、《论早期基督教的历史》(1894 年)等。在这些著作中,马克思、恩格斯从不同的层面、不同的角度对宗教进行了论述。在“宗教是什么”的问题上,对中国大陆影响比较大且有代表性的观点主要有三种.第一种是“颠倒的世界观”。马克思在《〈黑格尔法哲学批判〉导言》中说:“这个国家、这个社会产生了宗教,一种颠倒的世界意识,因为它们就是颠倒的世界。宗教是这个世界的总理论,是它的包罗万象的纲要,它的具有通俗形式的逻辑,它的唯灵论的荣誉问题,它的狂热,它的道德约束,它的庄严补充,它借以求得慰藉和辩护的总根据。”[①]第二种是“反映论”。恩格斯在《反

① 马克思:《〈黑格尔法哲学批判〉导言》,《马克思恩格斯选集》第 1 卷,人民出版社 2012 年版,第 1～2 页。

杜林论》中指出："一切宗教都不过是支配着人们日常生活的外部力量在人们头脑中的幻想的反映，在这种反映中，人间的力量采取了超人间的力量的形式。"[①]第三种是"鸦片论"。马克思认为，"宗教里的苦难既是现实的苦难的表现，又是对这种现实的苦难的抗议。宗教是被压迫生灵的叹息，是无情世界的情感，正像它是无精神活力的制度的精神一样。宗教是人民的鸦片"[②]。从宏观上看，"颠倒的世界观""反映论""鸦片论"主要有四层含义：

第一，宗教是人们不能正确认知世界的体现。"颠倒的世界观""幻想的反映"都意在说明宗教是人们错误认知的体现。这种错误的认知意味着社会存在与社会意识的关系"颠倒"了，是社会存在决定社会意识，而不是像宗教所认为的"社会意识决定社会存在"。

第二，宗教是整个世界现实存在的基础。"总理论""包罗万象的纲要"说明宗教已经渗透到现实生活的方方面面，是人们尤其是教徒生活的最终依据。"而对宗教徒来说，与日常生活关系最密切的是宗教所提供的人生观、价值观，尤其是道德观。宗教吸收了人类社会为维持群体生存而在悠久的历史中发展起来的某些有普遍意义的伦理道德观念，在信徒思想中树立起一套规范性的道德观念、价值标准，这些与对超自然力量的信仰结合在一起，成为信徒自我意识的另一种表现形式。"[③]

第三，超自然力是虚幻的存在，是宗教存在的根本。这种超自然力是外部力量的"幻想的反映"，也是宗教存在的根本。尽管这种外部力量在恩格斯看来不是超自然力，而是物质的力量，但这种外部力量被采用了超人间的形式，成为宗教存在的最终依据。

其四，宗教的社会作用是负面的，是对人们精神的麻醉。"马克思的意思是说：在现实苦难世界里，被压迫生灵往往找不到摆脱苦难处境的现实道路，很容易相信宗教的说教，希望在来世天堂的幻想幸福中寻求苦难的解脱。而对来世天堂的追求，实际上是被压迫生灵无可奈何的一声叹息，但这也包含了他们对现实生活的不满。"[④]列宁也曾指出："宗教是一种精神上的劣质酒。"[⑤]无论是

① 恩格斯：《反杜林论》，《马克思恩格斯选集》第3卷，人民出版社2012年版，第703页。

② 马克思：《〈黑格尔法哲学批判〉导言》，《马克思恩格斯选集》第1卷，人民出版社2012年版，第2页。

③ 赵复三：《究竟怎样认识宗教的本质》，《中国社会科学》1986年第3期。

④ 吕大吉：《西方宗教学说史》，中国社会科学出版社1994年版，第513页。

⑤ 列宁：《社会主义和宗教》，《列宁全集》第12卷，人民出版社2017年版，第131页。

"鸦片"还是"劣质酒",都是人们用以麻醉自己的物品。在马克思主义者看来,宗教的主要作用是对人们的精神进行麻醉,让人们放弃对现实苦难的反叛或者抵抗。对此,有学者指出这种看法关注的是宗教负面功能,没有看到宗教的正面作用。"就马克思的'宗教是人民的鸦片'这句话而言,虽然它之重视宗教的社会功能是非常正确和非常深刻的,但是,既然它关注的主要的是宗教的负功能,并且因此而对宗教的正功能缺乏应有的重视。"①对"宗教是人民的鸦片",有学者认为这句话的翻译本身存在问题,并且指出"鸦片"并不能按照"毒品"来理解。英译本保留了原文的意思,作"opium of the people",而不是"opium for the people"。这里指明的是"鸦片是人民已有的"。马克思在《〈黑格尔法哲学批判〉导言》中说"宗教是人民的鸦片",是把宗教比作不能治病的镇痛剂,指出它并不能真正使人民从阶级社会的苦难中解脱出来,止此而已;此处所用"鸦片"的含义与后来视鸦片为毒品是不同的。② 尽管如此,但马克思在此用"鸦片"比喻宗教的主旨在于说明宗教的负面作用,这一点应该不存在争议。

简言之,马克思、恩格斯论述宗教的理论基础是唯物主义,不承认超自然力量的真实存在,总体上对宗教是否定的。"颠倒的世界观""反映论""鸦片论"在中国大陆非常流行,新中国成立后长期占据主导地位。改革开放以后,这种状况虽然得到极大改变,从"鸦片论"逐步过渡到"适应论","坚持我国宗教中国化方向,积极引导宗教与社会主义社会相适应"③,整个社会也逐渐认识到宗教的积极作用,但这些观点的影响并没有完全消除。

三、中国学者对宗教的定义

"中国宗教学的形成是20世纪中国现代学术史上的一个重要突破,但宗教学真正系统化、专业化全面发展,则是1978年以来中国改革开放的产物与成果。"④因此,大陆学者对"宗教是什么"这一根本性的问题也是在这一历史时期进行了比较深入的探讨、辩论,乃至争鸣,形成了诸多宗教的定义。比较有代表性且能够得到学术界基本认可的,首推吕大吉的"宗教四要素说"。这一论断提出之后,便引起学术界的关注。虽有争鸣甚至批驳,但赞成者居多数。正如牟

① 段德智:《宗教学》,人民出版社2010年版,第30页。

② 参见赵复三:《究竟怎样认识宗教的本质》,《中国社会科学》1986年第3期。

③ 习近平:《坚持我国宗教中国化方向》,《习近平谈治国理政》第4卷,外文出版社2022年版,第263页。

④ 卓新平主编:《中国宗教学30年(1978—2008)》,中国社会科学出版社2008年版,"序言"第1页。

钟鉴所说:"四要素说首见于《通论》,一经提出便在学界迅速传播流行,得到许多学者和读者的认同。"[①]从后来的发展看,"宗教四要素说"也得到全国高校的普遍认可,吕大吉著的《宗教学通论》[②]被确定为宗教学专业以及哲学专业的基础教材。除此之外,其他学者虽然也从不同角度提出了宗教的定义,但无论是影响还是认可程度,都难以与"宗教四要素说"相提并论。除了吕大吉的"宗教四要素说",从目前来看,比较有影响的还有李申的"宗教社会现象说"和段德智的"宗教综合说"。

(一)吕大吉:"宗教四要素说"

1989 年,中国社会科学出版社出版了吕大吉的《宗教学通论》,该书比较系统地阐述了"宗教四要素说"。该书出版之后,便引起宗教学界的普遍关注,成为讨论的焦点。牟钟鉴说:"《通论》是我国宗教学说史上的开山之作,是第一部拥有严整体系的宗教学上乘之作,具有划时代的意义。我国已故宗教学前辈权威罗竹风先生在该书出版不久的一次学术会上指出:'这部书对于中国的宗教学术研究具有里程碑的性质',这是分量很重的评语,《通论》可以说是当之无愧的。该书不久又在台湾发行了繁体字版,受到当地学界的欢迎和重视。"[③]《宗教学通论》之所以引起学界的关注与重视,主要原因在于吕大吉为"宗教"下了一个比较全面的定义,提出了"宗教四要素说"。1998 年,吕大吉在《宗教学通论新编》(中国社会科学出版社 1998 年版)中,对宗教的定义又做了局部修改,使"宗教四要素说"最终定型。吕大吉认为:"宗教是关于超人间、超自然力量的一种社会意识,以及因此而对之表示信仰和崇拜的行为,是综合这种意识和行为并使之规范化、体制化的社会文化体系。"[④]

围绕这一定义,吕大吉对"宗教四要素"进行了阐述,认为"宗教观念""宗教体验""宗教行为""宗教体制"是任何宗教都必须具备的,也是宗教主要构成要素。

首先,"宗教四要素"是宗教的基本元素。"宗教作为一种社会化的客观存在具有一些基本要素。我们把这些要素分为两类:一类是宗教的内在因素;一

① 吕大吉:《宗教学通论新编》,中国社会科学出版社 1998 年版,"序"第 4 页。

② 吕大吉:《宗教学通论》,中国社会科学出版社 1989 年版。该书首次提出并阐述了"宗教四要素说"。

③ 吕大吉:《宗教学通论新编》,中国社会科学出版社 1998 年版,"序"第 1～2 页。

④ 吕大吉:《宗教学通论新编》,中国社会科学出版社 1998 年版,第 79 页。

类是宗教的外在因素。宗教的内在因素有两部分:1.宗教的观念或思想;2.宗教的感情或体验。宗教的外在因素也有两部分:1.宗教的行为或活动;2.宗教的组织和制度。一个比较完整的成型的宗教,便是上述内外四种因素的综合。"①

其次,"宗教四要素"处于不同的层次。"从逻辑上看,四个要素在宗教体系中实际上有四个层次。处于基础层或核心层的是宗教观念(主要是神道观念)。只有在有了宗教神道观念的逻辑前提下,才有可能产生观念主体对它的心理感受或体验。因此,我们把宗教的感受或体验作为伴生于宗教神道观念的第二个层次。宗教崇拜的行为(巫术、祭祀、祈祷、禁忌等)显然是宗教观念和宗教体验之外在的表现,属于宗教体系的第三个层次。宗教的组织与制度则是宗教观念信条化、宗教信徒组织化、宗教行为仪式化、宗教生活规范化和制度化的结果,它处于宗教体系的最外层,对宗教信仰者及其宗教观念、宗教体验和宗教行为起着凝聚固结的作用,保证宗教这种社会现象作为结构的一部分而存在于社会之中。"②

简言之,"宗教四要素说"承认超自然力、宗教仪式的重要地位,提出宗教组织是宗教的组成部分,而且认为宗教是"社会文化体系",针对的是相对比较成熟的宗教。吕大吉对宗教的定义之所以受到学界的普遍关注和支持,原因固然很多,但笔者认为主要归结为以下两点:

第一,"宗教四要素说"拓宽了宗教研究的理论视野。围绕"宗教是什么",从宗教观念、宗教体验、宗教行为、宗教体制等对宗教的本质进行了阐述,而且整部《宗教学通论》的理论框架和范畴体系都是以此为基础进行建构。这在宗教学研究方面是一个大胆的创新,拓宽了宗教研究的视野。正如作者所说:"我们相信,宗教四要素说将会为各种具体宗教史的研究提供一种认识论和方法论,为宗教史研究开辟更广阔的研究空间,使它的内容更充实,形式更完整。"③另外,宗教研究视野的开拓,也体现在从理论上对"宗教"正面功能的肯定。这一点,在当时也弥足珍贵。由于长期受"反映论""鸦片论"的影响,在当时话语体系中对宗教的认识多是负面的,正面肯定的少之又少。即便有所认可,也是"批判地"看待。不仅是社会层面,学术研究亦是如此。"宗教四要素说"从学术理论上肯定了宗教的正面作用,可谓是带头"吃螃蟹",开辟了客观研究宗教的学术新风。

---

① 吕大吉:《宗教学通论新编》,中国社会科学出版社 1998 年版,第 76 页。

② 吕大吉:《宗教学通论新编》,中国社会科学出版社 1998 年版,第 77 页。

③ 吕大吉:《宗教学通论新编》,中国社会科学出版社 1998 年版,第 86 页。

第二,“宗教是社会文化体系”的提出在当时的背景下使人们对宗教的认识耳目一新。“宗教四要素说”彰显的是“宗教是一种社会文化形态”,即“宗教是文化”。“宗教是人类社会发展到一定历史阶段的产物。宗教的四要素及其综合构成的宗教整体都是人类的创造,是人性升华和放射,并客观化、对象化而形成的社会文化体系。”[①]当时,针对“鸦片论”,宗教学术界已经掀起了一场“第三次鸦片战争”[②]。1989 年,钱学森在致《宗教》杂志(南京大学宗教研究所主办)的一封信中说:“宗教也是我们社会主义文化事业的一部分。”[③]由此,人们开始对新中国成立以来对宗教的认识进行反思,但是,“鸦片论”在思想领域以及学术领域仍然占据主导地位,在管理层面也是如此。吕大吉提出并系统阐述了“宗教是一种文化形态”,一改当时一贯从意识形态领域看待宗教的僵化模式,无疑是为宗教的正面功能张目。其不仅对学术界,而且对政府管理层面如何管理宗教也产生了极大影响。“‘宗教文化论’的提出和论证不仅对宗教学界的思想解放产生了重大作用,而且也为我国的宗教和宗教工作带来了生机和光明。既然宗教是一种社会文化体系,既然中国宗教在其漫长的历史演进中,以信仰的形式,承载着中华民族的人生智慧、伦理道德和价值追求,则它们在中华文化发展战略中,便享有崇高的地位,便有望发挥无可替代的社会功能和文化功能。”[④]2007 年,吕大吉又发表了论文《宗教是一种社会文化形式》,进一步阐述了“宗教是文化”的观点,并认为这一提法有助于“宗教学术研究、宗教管理实践和宗教自身的建设与发展”[⑤]。这种说法并不为过,在后来的实践中得到了印证。正因为“宗教是文化”观点的提出,“鸦片论”逐渐失去了市场,人们对宗教的看法基本上突破了政治意识形态藩篱,对宗教的正面功能给予了认可。在政府管理层面,也逐渐摆脱了“鸦片论”的束缚,提出了“积极引导宗教与社会主义社会相适应”,即从“鸦片论”(完全否定宗教)到“适应论”(正面肯定宗教的积极作用)。2015 年 5 月,习近平在中央统战工作会议上发表重要讲话,明确指出宗教工作本质上是群众工作,要全面贯彻党的宗教信仰自由政策,依法管理宗教

---

① 吕大吉:《宗教学通论新编》,中国社会科学出版社 1998 年版,第 689 页。

② 20 世纪 80 年代,宗教学界针对“鸦片论”掀起的一场学术争论,被学界戏称为“第三次鸦片战争”。参见汪维藩的《学者论宗教——从钱学森的一封信谈起》,《金陵神学志》2009 年第 4 期。

③ 汪维藩:《学者论宗教——从钱学森的一封信谈起》,《金陵神学志》2009 年第 4 期。

④ 段德智:《作为一种文化形态与一种意识形态的宗教——对我国宗教本质属性争论的一个反思》,《马克思主义与现实》2013 年第 4 期。

⑤ 吕大吉:《宗教是一种社会文化形式》,《社会科学战线》2007 年第 6 期。

事务，坚持独立自主自办原则，积极引导宗教与社会主义社会相适应。积极引导宗教与社会主义社会相适应，必须坚持中国化方向，必须提高宗教工作法治化水平，必须重视发挥宗教界人士作用，引导宗教努力为促进经济发展、社会和谐、文化繁荣、民族团结、祖国统一服务。[①] 由此可见，新一届中央领导集体继续坚持并深化了"适应论"。简言之，"宗教文化论"的提出，不仅具有学术价值，而且具有较强的现实价值，它改变了新中国成立之后尤其是"文革"期间形成的对宗教彻底否定的偏见，使整个社会能够客观认识宗教、对待宗教，扬长避短，发挥宗教在社会主义建设中的积极作用。从这个角度来审视，这也是《宗教学通论》得到普遍关注和认可的重要原因。

（二）李申："宗教社会现象说"

李申在其著作《宗教论》第1卷中认为宗教是一种社会现象。他说："宗教是企图用非现实的力量和非现实的方式，解决现实问题的一种社会现象。"[②]他认为，"非现实的力量"就是"超自然的力量"，或称"超人间的力量"，人们所幻想的这样一种存在，就是神祇；"非现实的方式"，就是非逻辑相关或者非直接相关的方式；"社会现象"是指参与其中的人达到一定的规模，而且持续的时间要达到一定的程度，它不是个人或者极少数人的行为，也不是一次性的，或者转瞬即逝的行为；借助非现实的力量或者用非现实的手段，是宗教解决现实问题的基本方式，也是宗教最本质的特征。[③]

在论及宗教是社会现象而不是文化现象时，李申认为："宗教不仅是一种文化现象。如果从广泛的意义上，把人类所创造的一切都看作是文化，那么，这种说法也是可以的。如果在与政治、经济、军事对立的意义上谈论文化，则宗教就绝不只是一种文化。它曾经站在社会生活的顶巅，指导过，也从事过政治、经济、军事等各个方面的活动。'宗教战争'、'神学政治'，都是人们熟悉的词汇。但是没有'文化战争'、'文化政治'之类的词汇，因为文化的东西之间，无法兴起战争；文化也无法指导政治。从这个意义上，宗教不仅仅是文化现象。所以在本书的定义中，没有把宗教说成是'文化现象'，而说它是一种'社会现象'。"[④]显

---

① 参见中共中央文献研究室编：《习近平关于社会主义政治建设论述摘编》，中央文献出版社2017年版，第163～165页。

② 李申：《宗教论》第1卷，中国社会科学出版社2006年版，第46页。

③ 参见李申：《宗教论》第1卷，中国社会科学出版社2006年版，第46～48页。

④ 李申：《宗教论》第1卷，中国社会科学出版社2006年版，第48页。

然，李申并不赞成吕大吉的"宗教是文化"的观点。他把"宗教"定位于"社会现象"，笔者将其归纳为"宗教社会现象说"。对李申的"宗教社会现象说"可以从以下两点来认识：

第一，超自然力或神祇是宗教的核心要素和本质特征。没有神祇，就不是宗教。对此，李申的态度非常明确。"神道设教，是一般宗教的本质特征。"①"宗教不可少的要素只有两个：第一是对神祇的信仰以及由人所创造出来的神的意志的表达，这就是神道；二是把神的意志向民众进行传播，也就是设教。假如只有人所创造出来的神的意志的表达，而无人将它传播，就不是宗教。假如传播的不是神意的表达，而是一种非神意的观念，也不是宗教，而是世俗的教育。"②"信仰神祇，是各种宗教共同的特征。"③在此基础上，他进一步指出信仰超自然力或者神祇是宗教的本质特征。"神道设教的前提是神道的存在，或者确切地说，是神道的被创造出来。而就我们目前所知的宗教来看，其共同特征可说就是对神祇的信仰，而不论这种神祇在不同宗教中采取什么形式。其他特征，都是从对神祇的信仰中派生的，或者是此有而彼无的，因而不是宗教的本质特征。"④

第二，"宗教是一种社会现象"的提法有助于更加深刻地认识宗教。"宗教文化论"使人们摆脱了"鸦片论"，对宗教有了重新的定位和认识。在此之前的"宗教道德论"⑤，以及之后李申的"宗教社会现象说"，都是从新的视野去认识宗教、理解宗教。单就"宗教道德论"和"宗教文化论"而言，鉴于"道德""文化"都是含义非常丰富、范围比较广的概念，将"宗教"列为其一未尝不可，但难免有些宽泛。况且，"道德""文化"在普通语境中往往是正面的、褒义的，而宗教的社会功能既有积极的一面也有消极的一面，正面与负面并存，将其定义为"道德"或者"文化"，常常会引起歧义。事实上，吕大吉的"宗教四要素说"自提出以来，质疑的声音一直存在，把宗教界定为文化也是争议的热点，而把宗教限定为社会现象，就避免了带有褒贬的评价色彩。因为社会现象比较中性，无褒义或贬义

---

① 李申：《宗教论》第1卷，中国社会科学出版社2006年版，第42页。

② 李申：《宗教论》第1卷，中国社会科学出版社2006年版，第44页。

③ 李申：《宗教论》第1卷，中国社会科学出版社2006年版，第45页。

④ 李申：《宗教论》第1卷，中国社会科学出版社2006年版，第44页。

⑤ 宗教学家罗竹风、哲学史专家严北溟等在20世纪80年代曾就"宗教道德"问题进行探讨，其提出的一系列观点被称为"宗教道德论"。参见汪维藩：《学者论宗教——从钱学森的一封信谈起》，《金陵神学志》2009年第4期。

之倾向，把宗教列为其一，相对道德、文化来讲比较客观，也更让人接受。

（三）段德智："宗教综合说"

与其他学者从宗教的本质或者宗教的某一角度来为宗教下定义相比，段德智则认为应该全面、完整地来认识宗教。"我们不能将宗教的定义理解成一个简单的判断，而应当把它理解成一个判断的体系或概念的系统。"①在评价宗教学界讨论宗教概念的状况时，段德智说："讨论宗教概念的必要性不仅来自上述逻辑学和语言学方面的问题，而且还来自宗教学研究或宗教研究方面长期存在的种种混乱。这种混乱不仅长期存在于西方宗教学界和宗教研究中，而且也长期存在于我国宗教学界和宗教研究中。"②随之，他分析了具体的原因："由此看来，人们对于宗教定义理解的缺失主要在于两个方面的问题：一是认识的浅薄性；二是认识的片面性或单向度性。"③在此基础上，他提出："如果我们从宗教要素的层面看，我们不妨将其定义成一个以宗教信仰为'始基'的宗教意识、宗教行为和宗教组织的统一体；如果从宗教与社会（世俗社会）的辩证关系看，我们不妨将其定义成一种既具有超越性又具有内在性、既具有社会本质和文化本质又具有社会功能和文化功能的一种与世俱进和与时俱进的不断变动、不断生成的社会意识和社会组织。"④笔者将其概括为"宗教综合说"，主要内涵包括以下几点：

其一，宗教信仰是宗教的核心。"从宗教的要素看，宗教信仰乃宗教的最为内在、最为本质的规定性。离开了对作为超越者和无限者的宗教信仰对象的信仰，就既无所谓宗教观念（宗教神话和宗教理论）、宗教体验和宗教情感，又无所谓宗教行为、宗教组织和宗教制度。"⑤承认超自然力量的存在，是宗教的根本。

其二，宗教是以宗教信仰为核心、其他要素为辅助且相辅相成、有机统一的整体。"宗教毕竟不限于宗教信仰，它必定是宗教信仰与宗教观念的统一，宗教信仰与宗教情感和宗教体验的统一，宗教意识与宗教行为的统一，宗教意识和宗教行为与宗教组织和宗教制度的统　。不仅没有宗教观念的宗教信仰、没有宗教情感和宗教体验的宗教信仰和宗教意识是不可想象的，而且没有宗教行

---

① 段德智：《宗教学》，人民出版社 2010 年版，第 32 页。
② 段德智：《宗教学》，人民出版社 2010 年版，第 29 页。
③ 段德智：《宗教学》，人民出版社 2010 年版，第 30 页。
④ 段德智：《宗教学》，人民出版社 2010 年版，第 32 页。
⑤ 段德智：《宗教学》，人民出版社 2010 年版，第 30 页。

为、宗教组织和宗教制度的宗教意识也是不可想象的。”[①]宗教信仰是核心要素，而宗教观念、宗教意识、宗教行为、宗教组织、宗教制度等其他要素都是必不可少的，而且是有机统一、相辅相成、缺一不可，是一个整体。

其三，宗教是与世俗社会互动共存、开放的社会组织。“宗教在任何时候，在任何情况下，都不是一种绝对孤立、绝对封闭的社会意识和社会现象，它对于世俗社会始终保持着这样那样的关联性和开放性……宗教正是在世俗化神圣、神圣化世俗的辩证运动中向前发展的。”[②]“关联性”和“开放性”是宗教的本质属性，“关联性”旨在说明宗教与世俗社会的密切联系，宗教离不开社会；“开放性”则强调宗教与世俗社会的互动，宗教并非世外桃源、与世隔绝，而是要面向社会公众开放，满足社会需要。

其四，宗教是一个动态的、不断变化的系统。“我们虽然可以对宗教作静态的逻辑的考察和分析，但是，宗教本身却不是那种完全静态的东西，犹如一尊不动的石像，而是一种动态的东西，一种与世俱进和与时俱进的东西，一种充满生机的随着人类社会的演进而不断演进的东西。”[③]宗教是运动变化的，不是一成不变的，应该从社会的发展、时代的变化中去认识、理解和把握宗教。

简言之，段德智的“宗教综合说”可以说是比较全面的，既有对宗教本质的限定，也有对宗教功能的把握，更有对宗教自身发展的理解。与其他学者的定义相比，这个定义有两个比较鲜明的特点：一是明确提出宗教是与世俗社会密切联系、互动共存的，把神圣与世俗结合起来；二是宗教是不断变化的、动态的有机系统。宗教各个要素之间相辅相成、有机统一，宗教在社会发展、时代变过的进程中也在不断发生变化。

第二节　宗教定义评析

围绕宗教定义，西方学者、马克思和恩格斯以及中国学者提出了诸多有代表性的看法，仁者见仁，智者见智，各有特色，也各有道理。当然，这些定义相互之间不可避免地存在差异。“宗教学的发展表明，对宗教的界说不同，研究的视

① 段德智：《宗教学》，人民出版社 2010 年版，第 30～31 页。
② 段德智：《宗教学》，人民出版社 2010 年版，第 31 页。
③ 段德智：《宗教学》，人民出版社 2010 年版，第 31 页。

角、取向、方法与结果等往往会呈现极大的差异。”[①]如果抛开差异，分析这些定义共同点的话，笔者认为主要体现在三个方面：超自然力（神祇）是宗教的本质；宗教实践活动是宗教的必备要素；人与超自然力（神祇）能够正常交通且能够达成共识是宗教存在的根本保证。

一、宗教本质：超自然力（神祇）存在

承认超自然力或者神祇的存在，是宗教的本质，是“宗教”之所以成为“宗教”的最核心要素，也是宗教与非宗教的最根本区别。“自从现代意义上的宗教学诞生以来，各个派别的宗教学家对宗教的本质进行了长期广泛的探讨，提出了纷繁多样的企图概括宗教本质的界说或定义。或许可以这样认为，有一百名宗教理论家就会有一百种宗教本质说。总起来看，这些表面上歧异甚大的宗教定义，归根结底都或隐或显地把对‘异己力量’的信仰作为宗教的本质核心或根本。”[②]这里的“异己力量”就是“超自然力”或“神祇”的代名词。无论是缪勒的“无限者信仰说”、泰勒的“精灵信仰说”、弗雷泽的“取悦神灵的手段说”、施米特的“知觉与崇拜说”、詹姆斯的“个人宗教说”、奥托的“直觉性体验说”、涂尔干的“社会需要说”，还是吕大吉的“宗教四要素说”、李申的“社会现象说”以及段德智的“宗教综合说”，都认为“超自然力”是宗教的核心要素。尽管说法不同，如“无限者”“精灵”“神圣者”“神圣事物”“非现实的力量”等，但实质上都是指“超自然力”。即便康德的“道德宗教”，也是在以道德为核心的基础上假设了一个最终依据——上帝。需要特别说明的是，马克思和恩格斯的“宗教观”虽然重点在于阐释宗教的负面功能，如“颠倒了的世界观”“幻想的反映”“现实的苦难的抗议”“人民的鸦片”等，但并没有彻底否定超自然力的存在，而是明确提出“人间的力量采取了超人间的力量的形式”。这就意味着在马克思、恩格斯看来，超人间的力量尽管不是真实的，但在宗教中是存在的，也是必不可少的。正如恩格斯所说：“宗教按它的本质来说就是抽掉人和大自然的整个内容，把它转给彼岸之神的幻影，然后彼岸之神大发慈悲，又反过来使人和大自然从它的丰富宝库中得到一点东西。”[③]“彼岸之神”无疑就是“超自然力”的代名词。

---

① 王晓朝：《宗教学基础十五讲》，北京大学出版社 2003 年版，第 9 页。

② 赵志毅：《宗教本质新论》，《世界宗教研究》1995 年第 4 期。

③ 恩格斯：《英国状况 评托马斯·卡莱尔的〈过去和现在〉1843 年伦敦版》，《马克思恩格斯全集》第 3 卷，人民出版社 2002 年版，第 517 页。

二、宗教必备要素：宗教实践活动

从宏观上来看，宗教实践活动大致上分为两类：一类是取悦超自然力量的有组织的群体活动。这类活动比较多，如献祭、礼拜、忏悔、节庆等，主要目的是向超自然力量示好，让其满意，期望给带来福祉或免除灾难。“群体性”“制度化”“稳定性”是这类活动的特点。“群体性”是指活动的主体是多人参加，集体举行，并形成一定的规模。“制度化”是指这类活动一般比较规范，活动的参加人员、受祭拜的神祇、日期、场所、活动程序等，都有比较详细的规定，对群体所有成员都具有约束力。“稳定性”是指这类活动相对比较固定，一旦形成，一般不能随意更改。有些活动是宗教经典明文规定的，长期沿袭，相对稳定，如各种宗教的重大节日等。另一类是信众的自身修炼。信众认为，如果按照神祇的要求，遵循一定程序和方法，在他人指导下或者自行修炼，就能够实现祈福、免灾、长寿、与超自然力量沟通等。这类活动既有群体性的，如集体一起修炼，也有单独的个体行为。其随意性、松散性比较强，基本靠参与者的自我约束。

从学者对宗教的定义来看，多数学者都把宗教实践活动作为宗教的必备要素。如弗雷泽明确引用圣雅各的话“信心若没有行为就是死的”，来说明宗教行为对宗教的重要性；施米特认为“客观上的崇拜行为”与“主观上对超自然力的知觉”是相辅相成、浑然一体的，两者不可分离；詹姆斯认为宗教仪式是人与神灵发生关系的重要方式之一，也是不可缺少的；涂尔干认为宗教是信仰、仪轨和宗教组织的“三合一”，缺一则不成为宗教；吕大吉把“宗教行为”列为“宗教四要素”中的第三要素，且处于第三层次；段德智明确把宗教定义为以宗教信仰为始基的宗教意识、宗教行为和宗教组织的统一体，等等。有些学者虽然没有明确把宗教实践活动作为宗教的必备要素，但仍然承认宗教实践活动是不可或缺的。如缪勒的“无限者信仰说”虽然强调的是个体对“无限者”的感知能力，但这种感知能力在现实生活中也是宗教实践活动的一部分；泰勒的“万物有灵观”仍然承认实践中的崇拜对宗教的重要意义；康德虽然提出了道德宗教，把道德作为宗教的核心，但他仍然承认祈祷等宗教仪式对宗教的重要性。因此，宗教实践活动是宗教的必备要素。

三、宗教存在的根本保证：人与超自然力正常沟通且能够形成共识

无论何种宗教，超自然力都是存在的，与其正常沟通且能够达成共识是宗

教存在的根本保证。

首先，人与以神为代表的超自然力能够正常沟通。缪勒强调人能够听到“灵魂的呻吟”，泰勒认为“神灵和人是相通的”，弗雷泽认为“人能够取悦神”，施米特的“主观的感知”与“客观的实践”，詹姆斯的“人与神圣对象能够发生关系”，奥托的对“神圣者”的“直觉性体验”，涂尔干的“教会实践”，康德的“实践信仰”等，都旨在说明人与超自然力能够直接或者通过某种方式进行正常交流。马克思所说的“它的唯灵论的荣誉问题，它的狂热，它的道德约束，它的庄严补充，它借以求得慰藉和辩护的总根据”“宗教是被压迫生灵的叹息”等，也从另一个角度体现了这一点。如果人与超自然力各行其道、不相交集，那么也就不会有宗教的存在。

其次，人与以神为代表的超自然力能够形成共识。追求的目标、各自的权利和义务、交流的方式和渠道等，人与超自然力在正常沟通的基础上能够达到共识。一旦形成，双方各尽其责，按约定执行。如果神想要的人不能满足，人想要的神不能够帮助实现，双方意见发生分歧，行为相左，那么，从大的方面讲，宗教也就不会存在；从小的方面来看，神的地位就会动摇，甚至被其他神灵所替代。具体而言，人与超自然力量“正常沟通且能够达成共识”，可以从以下四个方面来理解。其一，沟通方式制度化、常规化。任何宗教一旦形成，人与神交流的方式相对来讲就比较稳定，制度化、常规化的特点就非常明显，如宗教仪式、宗教禁忌等。尽管不同的宗教会有所不同，但就每一个具体宗教而言，这些方式会因袭相传、相对稳定，形成之后改变的余地和空间就非常小。其二，双方的权利义务相对明确。人为神供奉祭品、香火、鲜花等物质上的利益，并辅助跪拜、唱诵、祈祷等其他让神高兴或欣慰的仪式，神则要为人解决现实的苦难（如降雨除旱、祛除疾病、救灾等已经发生的而人又难以解决的事情）和满足未来的希望，如赐福、免灾、平安、长寿或者灵魂的归宿等还没有发生的事情。简言之，人通过践行宗教实践活动以换取神的保护与帮助，神则是通过保护和帮助人来享受人的心灵的归宿和现实世界的供奉。其三，双方的地位相对清晰。人与神的地位是不对等的，人处于被动、服从的地位，神则处在主动、决定的地位。一般而言，人的命运掌控在神的手里，神不能被人控制。这也是宗教与巫术的主要差别。“弗雷泽认为巫术与宗教在性质上是不同的。巫术企图命令和控制超自然力量，宗教则与之祈求。”[①]对巫术来说，人通过某种法术来役使神灵，让神

① 吕大吉：《宗教学通论新编》，中国社会科学出版社1998年版，第295页。

灵为人服务，主动权完全在人的手里。而宗教则恰恰相反，多数宗教一般是“一神教”或者“一神为主”的“多神教”。神对人在现实世界的命运以及未来的灵魂归宿起着主导作用，人是无法做到的，只有按照神的要求去做，才能有好的结局。当然，人与神的地位不对等，并不是说人没有选择权。恰恰相反，选择何种神作为自己信奉的对象，一般来说都是自由的，可以根据个人的意愿去选择，神灵一般不能直接决定。其四，人与神合作更有益于人类。从经验世界来看，通过宗教这种形式，神能够为人实现“生之所依、死之所归”①提供精神的慰藉和灵魂的寄托，让人的心灵得以安顿。正如雷维尔所说：“宗教，就是通过人类心灵与神秘心灵相联结的情感而带来的人类生活的决定作用，人类心灵既能够认识到神秘心灵对世界及其自身的支配，也能够在自身与神秘心灵息息相通时感到无比的快乐。”②

第三节　本书之宗教定义③

基于上文分析，本书给宗教下的定义为：宗教是指特定的群体在特定的历史时期，为了特定的目的，对虚拟世界的超自然力和现实世界中的物体或现象，进行信仰和膜拜的一种特定的社会现象。

一、基本内涵

宗教的基本内涵，主要包括六个层面：宗教的主体是特定的，是人而且是群体；宗教的目的是特定的，即生之所依和死之所归；宗教的发生是特定的，是社会历史的产物；宗教的客体是特定的，即超自然力或异己力量；宗教的行为是特定的，即内心信仰与顶礼膜拜；宗教的属性是特定的，即社会现象。

（一）宗教的主体是特定的：是人而且是群体

“宗教的主体是特定的”是说宗教是人类所特有的，而且是一种群体行为，

① 这是笔者对宗教的功用进行的概括，详细论述见下文。

② 转引自[法]爱弥尔·涂尔干：《宗教生活的基本形式》，渠东、汲喆译，上海人民出版社2006年版，第26～27页。

③ 本节内容曾发表于《世界宗教文化》2011年第4期，在此基础上又做了修改。参见刘伟：《浅析“宗教”》，《世界宗教文化》2011年第4期。

体现出一种群体性，是群体活动，而非一般意义上的单独的个体行为。

宗教是人类所特有的，宗教的主体是人类，而不是动物。首先，从宗教的起源来看，以神祇为代表的超自然力具有人格化、抽象化的特征，从根本上来讲，是人创造了宗教。恩格斯在《反杜林论》中分析宗教的产生时说："在历史的初期，首先是自然力量获得了这样的反映，而在进一步的发展中，在不同的民族那里又经历了极为不同和极为复杂的人格化……但是除自然力量外，不久社会力量也起了作用，这种力量和自然力量本身一样，对人类来说是异己的，最初也是不能解释的，它以同样的表面上的自然必然性支配着人。最初仅仅反映自然界的神秘力量的幻想的形象，现在又获得了社会的属性，成为历史力量的代表者。在更进一步的发展阶段上，许多神的全部自然属性和社会属性都转移到一个万能的神身上，而这个神本身又只是抽象的人的反映。这样就产生了一神教。"①在恩格斯看来，自然力量和社会力量经过"人格化""抽象化"之后就成了最高的神。这个最高神的本质是自然属性和社会属性的综合体，也体现了人的属性，而不是动物的属性。人创造了宗教，不是宗教创造了人。"各家宗教起源说虽各有缺陷，但都通过自己的材料归纳和理论分析，揭示了宗教是人创造的，在认识、心理和社会的不同层面上都能找到它的产生依据。"②无论宗教起源的真实状况究竟如何，但不可否认的是，宗教是人类特有的现象。从目前研究的资料可以得出结论：宗教是人的宗教，动物不存在宗教。"动物没有宗教，人类诞生的初期也没有宗教，宗教是原始人类发展到具备了一定的想象能力、思考能力和敬畏、依赖的情感以及必要的社会组织而后才产生的。"③其次，宗教自从产生以来，便与人类的生活息息相关，基本涵盖了人类生活的方方面面。马克思说："宗教是这个世界的总理论，是它的包罗万象的纲要。"④"总理论""包罗万象的纲要"说明宗教已经渗透到人类现实生活的每一个角落，尤其影响人们的精神生活和价值追求。正如卓新平在《宗教的科学研究·总序》中所说："宗教反映出人的精神生活，是人类文明的重要现象，也是人类社会的一个基本组成部分。宗教作为人类历史发展的产物，与'人性'、人的'社会性'和'精神性'有着密切关联，展示出人的精神世界之丰富、复杂，并对世界大多数人的宇宙观、人生观、

① 恩格斯：《反杜林论》，《马克思恩格斯选集》第3卷，人民出版社2012年版，第703～704页。

② 金泽：《宗教人类学导论》，宗教文化出版社2001年版，第95页。

③ 牟钟鉴、张践：《中国宗教通史》，社会科学文献出版社2003年版，第1页。

④ 马克思：《〈黑格尔法哲学批判〉导言》，《马克思恩格斯选集》第1卷，人民出版社2012年版，第2页。

价值观形成重大影响。"[1]最后，从对超自然力形象的塑造上来看，都带有人的因素。人类按照自身的面貌特征、思维模式以及行为方式来塑造自己心目中的神灵。无论是何种神灵，都或多或少地带有人的特点。同一个神灵，由于地区不同、族群差异，形象也不完全相同，归根到底就在于族群之间的文化传统、社会习俗存在差异。"对于那些将宗教完全看作是人类活动的自然体现的人来说，所有宗教无一例外，都是具有启迪意义的；因为所有宗教都以其特有的方式表达了人性，能够帮助我们更好地理解人性的一个方面。"[2]

宗教的主体是群体，而且是不断变化、具有鲜明地域特点的群体。首先，宗教是群体行为。任何宗教都是由单独的个体聚集而成，表现为群体的行为，具有鲜明的群体特点。个体只有宗教信仰，但不能形成宗教。其次，宗教群体始终处于变动的状态。宗教群体形成之后，就进入了一个动态变化的过程。在某一历史时期，可以是相对稳定的，变化不大。但从长远来看，任何宗教群体从产生、发展到衰落、解散，都有一定的历史过程，不是静态的，而是动态的；不是一成不变的，而是在不断地发生变化。这个历史过程既包括从小到大，也包括从大到小。宗教群体从产生、发展到解散、灭亡是一个复杂变化的过程，不仅是单纯的上升或下降，中间会有反复。最后，具体的宗教群体都有鲜明的地域色彩或族群特征。不同的宗教，所联系的群体都有自身特点，此群体不同于彼群体，尽管都是由人组成，但无论是外在的行为模式还是内在的主观信仰都与其他群体有明显的不同，如回族人信奉伊斯兰教，藏族人信奉藏传佛教。即便是同一种宗教，不同宗教派别之间所联系的群体也会有所差异。物以类聚，人以群分。宗教模式下的群体由于宗教信仰、文化背景等存在差异，便形成了或明显、或隐晦但实质不同的群体。可以说，每一个宗教所联系的群体都具有独特性，与其他宗教群体存在差异。

（二）宗教的目的是特定的：生之所依和死之所归

从价值趋向上看，宗教追求的目的是特定的。无论是佛教主张的"对众生的解脱"，道教追求的"长生不死、得道成仙"，还是基督教宣称的"原罪""救赎"，表面上看目的迥异、各不相同，但如果从宏观上来审视，任何宗教追求的目的无外乎两种："现世目的"和"来世目的"。"现世目的"是为了解决信仰者在现实世

---

① ［美］J.M.英格：《宗教的科学研究》，金泽等译，中国社会科学出版社 2009 年版，"总序"第 1 页。

② ［法］爱弥尔·涂尔干：《宗教生活的基本形式》，渠东、汲喆译，上海人民出版社 2006 年版，第 22 页。

界中遇到的困难，助其摆脱“生之困境”。由于受主客观等多种因素制约，任何人都会遇到自己不能解决的难题，陷入某种“困境”，依靠自身的力量又难以摆脱，加入某种宗教，就是为了摆脱这种现实世界的困境。这种困境与信仰者的生存有关，因此我称之为“生之困境”。如有的人因为贫困，有的人因为事业受挫，有的人因为感情受到打击等，或皈依佛门，或信奉基督，或遁入道观。主要目的就是借助宗教来解脱现实世界的困境，寻找心灵的安慰或精神的寄托。“来世目的”是指为了解决信仰者在未来世界中遇到的困难，助其摆脱“死之困境”。人在肉体消灭之后，灵魂归属便遇到了“困境”，灵魂要到哪里去？是到天堂或是到地狱，还是在人间继续轮回？灵魂遇到的这种“困境”人是无法解决的。加入宗教，就是为灵魂寻求最终的归属。因此，笔者将这种困境称为“死之困境”。“现世目的”是为了解决信仰者的“生之困境”，实现“生之所依”，在现实世界活着有所依靠；“来世目的”是为了解决信仰者的“死之困境”，实现“死之所归”，让自己的灵魂在未来的世界里找到最终归属。这两者是所有宗教追求的主要目的。笔者曾在《试析历史上我国北方萨满教信仰群体宗教信仰的特点及成因》一文中指出，任何宗教主要作用在于帮助人们解决生死问题，即解决“生之所依、死之所归”的现实难题。“生之所依”与“死之所归”分别代表了个体在“今生”和“来世”面临的两大难题，为了解决这两大难题，信仰者解决的办法之一就是借助宗教。[①] 当然，在具体实践中，“现世目的”和“来世目的”并不能截然分开，信仰者加入某种宗教既有“现世目的”，也有“来世目的”，两者交织在一起。但无论如何，帮助信仰者实现“生之所依”和“死之所归”是任何宗教所追求的最基本也是最主要的目的。

（三）宗教的发生是特定的：社会历史产物

从宗教产生的时代背景来看，宗教产生的原因比较复杂，任何具体宗教的产生都发生在特定的历史时期，有其特定的时代背景。如果从宏观上来审视，任何宗教的产生应具备以下三个方面的要素：一是有物质基础。从客观环境来审视，生产力发展到一定阶段，为宗教的产生提供了客观的物质基础。二是有社会需求。宗教的产生满足了当时人们的某种精神需求和现实愿望。三是有合适的时机。从当时的具体条件来看，某些看似偶然的事件为宗教的产生提供了最佳的契机。笔者认为这三种因素是任何具体宗教产生所必需的条件。“客

① 参见刘伟：《试析历史上我国北方萨满教信仰群体宗教信仰的特点及成因》，《理论月刊》2010 年第1 期。

观物质水平”“社会需求”“历史时机”这三种因素相互交织，共同促进了宗教的产生。无论是早期的原始宗教（部落宗教），还是后来比较成熟的宗教，如佛教、道教、伊斯兰教、基督教等，这三个因素都是必不可少的。下面以原始宗教为例来进行分析。

首先，原始宗教是生产力发展到一定历史阶段的产物，有一定的物质基础。目前的研究资料表明，宗教是人类经过一定的历史阶段之后才来到世间，并不是伴随着人类的诞生而与生俱来。“人类产生之初不可能有任何宗教观念。虽然唯物史观、人类学和考古学的方法、民族学的方法，都不能为宗教的产生提供出一个绝对正确的肯定性的答案，但却可以提供一个绝对正确的否定性的答案：宗教不是与人类相伴而生的，在人类出现于世之后的漫长历史年代里，没有、也不可能有任何宗教观念和宗教活动。”[①]人类产生之后，经过长期的发展演变才有了宗教。学术界比较认可的说法是，宗教产生在原始社会后期，具体时期学界还存在争议。有学者认为原始宗教产生在旧石器时代晚期之后。“迄今的考古研究表明，在旧石器时代中期以前的人类进化的数以百万年计的漫长岁月里，没有发现任何宗教活动的遗迹。只是到旧石器中晚期以后，才逐渐出现了宗教活动的迹象。”[②]也有学者认为，原始宗教产生在旧石器时代中期。“人类已经有三百万年以上的历史，而目前世界各地考古学发现的最早的宗教遗迹是在旧石器时代中期，距今有10万多年，而多数具有明显宗教特征的遗迹则发现于旧石器晚期以后。同人类全部漫长的历史相比，宗教只能算作晚生的事物。”[③]还有学者另辟蹊径，认为原始宗教是原始社会氏族制度的伴生物。“综合各方面的资料，可以得出一个结论：宗教发端于原始时代的氏族制社会，是随着氏族制的形成而产生的；人类最早的宗教是原始氏族的伴生物，是作为氏族制的上层建筑而出现的。”[④]尽管观点不同，但都说明一个事实：宗教并不是人类的伴生物，而是生产力发展到一定阶段的产物。

其次，原始宗教的产生有社会需求，满足了当时人们的某种精神需要和现实愿望。在原始宗教中，“自然崇拜”是普遍的信仰。缪勒把这种“自然崇拜”称之为“拜物教”。他说：“大家如果查阅一下近百年来有关宗教史的书籍，就会发

---

① 吕大吉：《宗教学通论新编》，中国社会科学出版社1998年版，第461页。

② 金泽：《宗教人类学导论》，宗教文化出版社2001年版，第47页。

③ 牟钟鉴、张践：《中国宗教通史》，社会科学文献出版社2003年版，第1页。

④ 吕大吉：《宗教学通论新编》，中国社会科学出版社1998年版，第469页。

现大多数著作至少有一个显著的共同点，即认为拜物教是宗教的最低形式，因为不能想象比此更低的事物可以享有这个名称，所以可以有把握地说：拜物教是所有宗教的起点。”[①]“拜物教”主要崇拜的对象是自然界的物体或现象。从目前学界所能证实的资料来看，原始宗教是任何民族都具有的，而且多是自然崇拜。“把自然现象、自然力和自然物当成某种神秘力量和神圣事物，对之进行宗教性的祭祀崇拜活动，早在人类社会的原始时代就始开其端了，而且普遍出现于世界各地区、各民族的原始宗教之中。这一历史事实，早已得到各派宗教学者、文化人类学者和民族学者的普遍承认。”[②]费尔巴哈认为，原始宗教所信奉的对象源于自然界，让人有依赖感。他在《宗教的本质》一文中做了精彩分析：“如果把宗教理解为无非就是人的依赖感——人的一种感觉或意识：认为要是没有另外一个与自己不同的东西，自己就存在不了，就不能存在，认为自己的存在并不是靠自己，那么，这种主张倒是完全正确的。这个意义之下的宗教与人关系非常密切，就好像光之于眼睛、空气之于肺、食品之于胃一样。宗教就是我之为我的崇拜和信奉。而我首先就不是一个离开光、离开空气、离开水、离开土、离开食物而存在的东西，而是一个依赖自然的东西。这种依赖，在动物和野蛮人身上，是一种不自觉的、没有考虑到的依赖；进而意识到它，表象它，崇拜它，信奉它，就是进入宗教。因此一切生命都依季节的变迁为转移；但是只有人用戏剧式的观念、用过节的行动来庆祝这种变迁。这样一些只不过表示和表明季节变迁或月亮盈亏的节日，就是人类最古老的、最初的、本来的宗教信仰。”[③]这种依赖感具有精神与物质的双重性，既有精神需求也有物质需求，如祈求自然界的神灵保佑丰产丰收。由于生产力水平低下，面对强大的自然力量，人类没有能力改变或者从根本上改变现实世界中所面临的困境，只能祈求依赖自然界的神灵保佑，具有很强的实用性。牟钟鉴认为，中国原始宗教与世界各地原始宗教的主要共同性之一就是实用性：“人们崇拜神灵的目的主要不是为了精神的解脱，而是为了让神灵帮助解决现实生产和生活中遇到的难题，达到消灾免祸、治病去邪、人丁兴旺、五谷丰登、六畜兴旺、社会安宁的目的。”[④]

最后，原始宗教在产生的时候都发生过一些特定的事件，有合适的时机。

---

① [英]麦克斯·缪勒：《宗教的起源与发展》，金泽译，上海人民出版社 2010 年版，第 35 页。

② 吕大吉：《宗教学通论新编》，中国社会科学出版社 1998 年版，第 511 页。

③ [德]路德维希·费尔巴哈：《宗教的本质》，《费尔巴哈哲学著作选集》下卷，荣震华等译，商务印书馆 1984 年版，第 437 页。

④ 牟钟鉴、张践：《中国宗教通史》，社会科学文献出版社 2003 年版，第 75 页。

由于受当时认知水平的限制，原始社会的人们当对现实世界发生的自然现象无法进行解释时，便有了宗教观念，产生了宗教。牟钟鉴在论述“物活论”发展为“神灵观”时说得非常清楚：“人们在自然界面前显得极其脆弱渺小，逐渐产生出对自然物和自然力的神秘感、依赖感和敬畏感，认为万物万象背后都有一个活生生的主宰，它们像人一样有灵魂但能力又远远高于人类，可以给人类赐福或降祸，这便是神灵，人们必须对神灵顶礼膜拜，才能获得它们的护佑。这样，物活论发展为神灵观，原始的自然宗教便出现了。”[①]从以上分析可以看出，客观物质条件、社会需求、历史时机共同促进了原始宗教的产生。从宏观而言，这也是其他宗教产生的必要条件。

（四）宗教的客体是特定的：超自然力或异己力量

宗教的主体是人，宗教的客体则是“超人”，即具有普通人所不具备的超强能力的人或其他的事物。换言之，客体是虚拟世界中的超自然力和现实世界里的被赋予神圣意义的物体或现象。具体来讲，超自然力主要指“上天”“神灵”“鬼魂”等；“现实世界里的物体或现象”主要指日月星辰、风雨雷电、山川湖海、动物植物等。其中，信奉超自然力是宗教的基础信仰和核心，信奉现实世界里的物体或现象则是其信仰的辅助和补充。现实世界里的物体或现象具有信仰群体约定俗成、值得信奉的特质。这种特质的主要体现就是这些物体或现象具有神圣性。如日月崇拜、山石崇拜等，这些自然物体都被信奉的人们赋予了神圣意义。

超自然力或异己力量的种类。根据信奉客体的特点，可以把信奉的对象分为“虚幻的”“半虚幻半现实的”“现实的”三大类。第一，虚幻的偶像。其主要指“上天”和“神”。这里的“神”是指一切超自然的、至高无上的、完全神性的偶像。这类偶像在现实生活中并不存在，只存在于信仰群体所虚构的世界里，如佛教中的释迦牟尼、道教中的玉皇大帝和基督教中的上帝等。尽管释迦牟尼和耶稣在现实世界中生活过，但经过后人的神化，成为所在宗教至高无上的神，掌控万事万物、法力无边，无所不能、无所不在、无所不知，完全具备了神的性质。因此，笔者将其放在虚幻的偶像中。第二，半虚幻半现实的偶像。其主要指“魂灵”，即已经离世的现实世界里杰出的历史人物、与信仰群体有密切关系的人物、为信仰群体所熟知的具有特殊意义的人物。这类偶像因为在现实世界生活

---

① 牟钟鉴、张践：《中国宗教通史》，社会科学文献出版社2003年版，第5页。

过，死后被后人所神化。信仰群体对其行为事迹比较熟悉，对其辉煌功绩了如指掌，对其局限性也心知肚明。从某种意义上来看，这些偶像具有“半神半人”的性质，如中国人家族祭祀中的祖先、萨满教中的萨满、民间信仰中的关公和财神等。第三，现实的偶像。其主要指自然界中存在的事物和自然现象，如太阳、月亮、风雨雷电、火、石等。对这些现实世界中的自然事物和现象的信仰与崇拜，主要存在于原始宗教中。简言之，虚幻的偶像具有神性特点，至高无上，法力无边，神秘感较强，人性较弱；半虚幻半现实的偶像，与人类自身有密切的联系，既呈现一定的神性，有法力，使人敬畏，又体现出人性，神秘感较弱；现实的偶像，在现实世界中存在，与人类的生产生活密切联系，对人类的生存发展有很大影响。这种偶像崇拜主要存在于原始社会或文明程度不高的群体社会，随着生产力的提高、科学技术的进步，这类偶像的神秘面纱逐渐被揭开，影响力也逐渐衰微。比如，自然崇拜中的日月星辰、山川河岳的崇拜，在目前来看影响力渐趋衰微。

超自然力或异己力量具有人性，与人类联系密切。虚拟世界的超自然力虽然具有人类所不具备的能力，但其身上都有人的元素，或者说人性，人格特征比较明显。比如，神灵一般具有人的喜怒哀乐的感情，有人的相貌；即便图腾崇拜中的某些动物，在被塑造成崇拜的对象时，也带有人的某种元素，或具有人相貌中的某一部分，或带有人的某种道德品性。这就意味着虚拟世界的超自然力都是人类按照自身的情感、相貌、品行加工创造的，虽然是“非人”的，但都具有人性。现实世界中的物体或现象虽然是自然界自存的产物，在外形上不能改变，但其内在精神或所具有的功能都或多或少地被赋予人的某些特点。比如，中国传统信仰中的龙王爷，平时的形象是龙首人身，降雨的时候恢复龙身，言行举止都具有人的特点。因此，无论是超自然力还是某些神圣的现象或事物，或外部特征，或内在精神，或两者兼而有之，都具有人的特性，与人联系密切。

超自然力或异己力量具有超凡能力，在一定程度上能够满足人们的需求。超自然力和现实世界特定的物体或现象之所以被信奉，最根本的一点就在于具有超凡的力量，或者说具有神性，非人所能为。

（五）宗教的行为是特定的：内心信仰与顶礼膜拜

宗教的行为包括信众群体以及信徒个人的行为，大致可以分为两个层面：主观内心的信仰和客观外在的膜拜。主观内心的信仰主要体现为“个体对特定偶像所持的一种肯定的心理态度”。信仰是内心的，从心灵深处相信偶像的存在，相信偶像的威力，相信偶像会看到自身的行为并进行监督，同时也相信如果按照偶像所要求的去做，偶像就能够满足自身的愿望。这种信仰可以是坚信不疑、非常虔诚，也可以是半信半疑，不管信仰程度如何，前提是都相信偶像的存在。客观外在的膜拜主要体现在行为上，表现为一系列的外在活动。膜拜是外在的，是内心信仰的外在化。膜拜指人跪在地上举双手虔诚地行礼，比崇拜更为虔诚和郑重。这种客观外在的方式，主要是向所信奉的偶像表达一种服从、虔诚和向其归属的愿望。内心信仰与外在膜拜密切联系、不可分割。只有信仰而不膜拜，或者为了暂时的目的只是膜拜而不信仰，像“临时抱佛脚”，这都不是严格意义上的宗教行为。

（六）宗教的属性是特定的：社会现象

宗教是一种特定的社会现象。社会现象很多，宗教只是其中一种。吕大吉从文化的角度解释宗教有其合理之处，也具有很强的现实意义。但是，宗教不仅仅是文化。“宗教是一种文化现象，但又不仅仅是文化现象。它不完全是一种与神圣的、终极对象联系在一起的生活方式。宗教还必须被看做是一种社会组织，正如杜尔凯姆(Durkheim)所指出的，它把那些分享同一种信仰实体的人们联合组成一个教会。”①不过，笔者认为，与一般的社会现象不同，宗教是一种特定的社会现象。“特定”有两层含义：一是指宗教无时不在，时间上具有长久性；二是指宗教无处不在，空间上具有广布性。

宗教无时不在。这是指宗教在时间上具有持久性。宗教自产生之后，便伴随着人类社会的发展而发展，从原始社会开始，历经奴隶社会、封建社会、资本主义社会和社会主义社会等不同的社会发展阶段。正如麦克斯·缪勒所说：“哪里有人类生活，哪里就有宗教。”②不仅如此，宗教在人类社会中将长期存在。“宗教是有他的必要，并且还是永有他的必要，因为我们指出的那个问题是个永远的问题，不是一时的问题。盖无常是永远的，除非不生活，除非没有宇宙，才能没有无常；如果生活一天，宇宙还有一天，无常就有，这问题也就永远存在，所以我们可说宗教的必要是永远的。”③即便在社会主义社会，宗教也将长期存在。“宗教有其发生、发展和消亡的过程，在社会主义社会中将长期存在，我们不能

① ［美］J.M.英格：《宗教的科学研究》，金泽等译，中国社会科学出版社2009年版，第296页。
② ［英］麦克斯·缪勒：《宗教的起源和发展》，金泽译，上海人民出版社1989年版，第5页。
③ 梁漱溟：《梁漱溟全集》第1卷，山东人民出版社2005年版，第432页。

用行政力量去消灭宗教,也不能用行政力量去发展宗教。"①

宗教无处不在。这是指宗教在空间上具有广布性。从信仰群体上来看,世界上大多数人都具有宗教信仰。卓新平在《宗教的科学研究·总序》中说:"宗教的存在迄今仍对世界上大多数人产生着广泛而深入的影响。据统计,当前全世界信仰各种宗教的人数已达50余亿,占世界总人口的85%,其中信仰基督宗教的人数近22亿,占世界总人口的三分之一;世界穆斯林人数约13亿,为全球总人口的五分之一;此外,印度教有8亿多人、佛教3亿多人,新兴宗教1亿多人,其他各种民族宗教、本土宗教亦教派林立、信徒众多。"②从具体影响的范围来看,宗教无所不在,渗透到社会生活的方方面面。早期的宗教,是人类一切文明产生的源泉,尽管后来随着社会的发展,其他文明逐渐从宗教中分离开来,但这些文明的宗教底色却永远难以抹去。无论是文化、民族、政治还是经济,都带有宗教的影子。正如吕大吉所说:"宗教是一种历史悠久、影响深广的社会现象,人们对它从小就耳濡目染,非常熟悉。"③"历史悠久、影响深广"正是宗教无时不在、无处不在的另一种诠释。

二、基本特征

从"宗教是一种特定的社会现象"的角度定义宗教,可以看出宗教具有存在的长期性、形式的多样性、分布的广泛性、功用的独特性、实践的统一性等五个方面的鲜明特征。

(一)存在的长期性

从形成发展上看,宗教具有长期性。宗教作为人类社会特有的现象,历经千年,形式各异,此消彼长,但自产生之日起便与人类的生产生活紧密相连,或明或暗,成为人类社会永远不能抹去的底色。正如孙亦平所说:"宗教是人类社会特有的一种文化现象,它早在人类迈入文明社会之前,就牢牢地扎根于人类的精神世界之中。千百年来,人类创造了各种信仰形式,宗教信仰无疑是其中最重要、最有影响力的一种。"④宗教的消亡依然是一个长期的过程。从目前的实际情况来看,宗教还没有消亡的任何迹象。李平晔认为:"宗教是人类社会发

---

① 叶小文:《当前我国的宗教问题——关于宗教五性的再探讨》,《世界宗教文化》1997年第1期。

② [美]J.M.英格:《宗教的科学研究》,金泽等译,中国社会科学出版社2009年版,"总序"第1页。

③ 吕大吉:《宗教学通论新编》,中国社会科学出版社1998年版,第51页。

④ 孙亦平主编:《西方宗教学名著提要》,江西人民出版社2002年版,第10页。

展到一定阶段的历史现象，有其发生、发展和消亡的客观规律。作为一种意识形态，宗教具有较强的适应性，这是决定宗教长期性的内在根据。作为一种社会现象，宗教有着赖以存在的社会根源、自然根源、认识根源和心理根源，这是决定宗教长期性的外部条件……宗教的最后消亡可能比阶级、国家的消亡还要久远。只有当人与人、人与社会、人与自然的关系得到合理解决，才谈得上宗教消亡的问题。"①就具体的宗教而言，任何具体宗教从其孕育、产生、发展、变化乃至消亡，都有一个相对较长的历史过程，一般都在上百年，有的历经千年而不衰，如基督教、佛教、伊斯兰教等。"佛教、基督教、伊斯兰教是三大世界性宗教，它们产生于一两千余年的古代，但至今仍然存在，并保持着相当旺盛的生命力，各自在世界上众多国家拥有数量庞大的信众。"②

（二）形式的多样性

从宗教的外在表现形式来看，宗教具有多样性。根据宗教信仰群体信奉的客观对象，可以分为基督教、佛教、道教、伊斯兰教、印度教等。根据宗教发展的历史阶段，可以分为原始宗教、民族宗教和世界宗教。根据宗教发生的具体时代，可以分为传统宗教和新兴宗教。根据不同的标准，可以把具体的宗教划分为多种样式。不同的民族，宗教信仰可能相同，也可能不同。不同地域的群体，也可以信奉相同的宗教。同一地域的群体，也可以信奉不同的宗教。宗教种类繁多，形式各异，令人目不暇接。"宗教在历史上的各个时期和世界上的各地区、各民族展现出了非常丰富的多样性。每一个把宗教作为整体进行综合研究的学者，都会面临世界宗教中的大量现象，其数量之大令人难以想象，花样之多令人瞠目结舌。"③

（三）分布的广泛性

从宗教的分布上来看，宗教具有广泛性。从人口众多的亚洲、非洲到人口较为稀少的大洋洲，从经济科技高度发展的发达国家到较为落后的发展中国家，从繁华的国际都市到偏远的田园乡村，宗教基本上遍布世界各地，潜移默化地融入人们的生活。毋庸置疑，在世界上大多数国家或地区都能够找到宗教的影子。正如犹家仲在为《宗教中的理性》所写的前言中所说："宗教将永远伴随着人类的生活……时至今日，科学发达至如此进步，以至于人类断然宣称：'人

① 张志刚主编：《宗教研究指要》，北京大学出版社2005年版，第396页。
② 吕大吉：《宗教学通论新编》，中国社会科学出版社1998年版，第624页。
③ 吕大吉：《宗教学通论新编》，中国社会科学出版社1998年版，第87页。

定胜天。'政治家们竭力向人类表达改善民生的愿望与决心，且已经取得不小的进步。宗教却始终与人类如影随行。对此，桑塔亚纳从人性的角度给予了最明确的回答。他说：'只要有宗教影响，其中就必定存在着某种人性以及人们不可或缺的东西，它成了普遍接受的道德法则，成了艺术和哲学的依据，也许还是人类最大的快乐的源泉。'"①

（四）功用的独特性

宗教明显具有社会功能，对信众来讲具有很强的实用性。这种实用性不仅包括现实愿望，也包含精神需求。李申认为，人们信奉神祇都有非常具体的目的，即恳求神祇帮助解决自身难以解决的问题。"神祇需要祭祀，祭祀又要采取一定的仪式，并且仪式非常隆重和繁琐，就是为了讨好神祇。而讨好神祇的目的，就是为了让神祇帮助自己解决自己无力解决的问题……而人们为神奉献，则一定要求回报。小到一件具体事情的成功，大到永恒的幸福：灵魂永生天堂。"②具体来说，宗教的功用非常独特，即"生之所依"和"死之所归"，既关注"生"的问题，也关注"死"的问题。宗教最独特的功用在于不仅让信仰者感到"生之所依"，活着有所依靠，更重要的是让信仰者感到死后灵魂有所归属，即"死之所归"。无论何种宗教，都会给予信仰者"死"后一种明确的解释，既有现世关怀也有终极关怀，两者密切联系，不可分割。这是宗教独特的功用，是其他社会现象所不具备的。"一切宗教都给人以特别的希望……如果后世人们在根本上有什么宗教信仰的话，那么他们要么回归到古代权威，要么自动地依附于某种全新的、给人以极大希望的信仰，即那些被某个新近的天才传播，被皈依者狂热拥抱的信仰。因此每种现存的、健康的宗教都有其突出的风格。它的力量在于那特殊的、令人惊奇的启示，以及这种启示内容带给生活的偏见。它所展示的远景及它所提出的神秘存在于另一个生活世界中；这另一个生活世界——不管我们是否期望完全地进入到其中——就是我所说的信仰某一宗教的真正含义。"③

（五）实践的统一性

从实践上来看，宗教具有统一性。这种统一性主要体现在"主体与客体的

① ［美］乔治·桑塔亚纳：《宗教中的理性》，犹家仲译，北京大学出版社 2008 年版，"译者前言"第 1～4 页。

② 李申：《宗教论》第 1 卷，中国社会科学出版社 2006 年版，第 177 页。

③ ［美］乔治·桑塔亚纳：《宗教中的理性》，犹家仲译，北京大学出版社 2008 年版，第 5～6 页。

统一、现世与来世的统一、肉体与灵魂的统一”。宗教的主体是人，客体是以神为代表的超自然力量或其他具有神性的物体或现象。在宗教的世界里，人与神可以交流，生与死可以转换，现世与来世可以沟通，没有不可逾越的鸿沟。在宗教这个模式下，人通过信仰和膜拜等特定的方式，祈求神灵解决今生与来世中的困境，让人感到生有所依，死有所归，人与神实现了沟通和交流，从而达到了人与神的统一，现实世界与未来世界的统一，肉体与灵魂的统一。

第二章　生态、生态文明与宗教生态学

生态、生态文明与宗教生态学是相互联系而又截然不同的概念。本章的重点是对这三个概念的内涵与外延进行探讨，厘清三者之间的根本联系与本质区别，并从本书的视角进行界定。

第一节　生态的基本内涵与基本理念

“生态”一词源于古希腊语 οικοs，原意指“住所”或“栖息地”，后被用于生态学领域，一般指一切生物的生存状态、生物之间以及生物与环境之间的关系。随着环境问题日益受到全球关注，人们逐渐意识到自然生态环境与经济发展、社会进步、幸福生活休戚相关，“生态”一词也逐渐从自然科学领域运用到人文科学和社会科学领域，交叉研究日益增多，如生态哲学、生态文学、生态心理学等。把生态与文明结合起来，更是成为当今世界关注的热点。即便如此，对“生态”一词的界定多是沿用自然科学领域的含义，鲜有学者从自然科学、人文科学和社会科学三者结合的角度，对生态的基本含义、基本理念做系统阐释。①

---

① 从多学科交叉之视角进行生态研究，比较有代表性的著作有刘湘溶的“生态三部曲”，即《生态伦理学》(湖南师范大学出版社 1992 年版)、《生态意识论》(四川教育出版社 1994 年版)、《生态文明论》(湖南教育出版社 1999 年版)；余谋昌的《生态哲学》(陕西人民教育出版社 2000 年版)、《生态文明论》(中央编译出版社 2010 年版)。这些著作并未从人文科学和社会科学的视角对“生态”内涵做比较详细、全面和系统的界定和阐释。

一、生态的基本内涵

生态的含义与生态学密切相关。1858 年，索瑞（Henry Thoreau）首次使用“生态学”（ecology）一词，但并没有下一个确切的定义。1866 年，海克尔（Ernst Haeckel）在其著作《普通生物形态学》中引用了这个词语，并明确“生态学”是研究生物有机体与其栖息场所之间相互关系的一门学科。① 在此基础上，有学者对此做了进一步界定：“‘生态’意为生物在自然界的生存状态。这里的自然界是指地球表面生物及其组合与环境的统一体；生存状态包括适应进化的历史和协调存在的格局。”②换言之，在自然科学领域，生态学主要考察的是生物的生存状态以及与周围环境的关系。正如美国科学史家唐纳德·沃斯特在《自然的经济体系：生态思想史》中所说：“它（生态学思想）的近代历史始于18 世纪，当时它是以一种更复杂的观察地球的生命结构的方式出现的：是探求一种把所有地球上活着的有机体描述为一个有着内在联系的整体的观点，这个观点通常被归类于‘自然的经济体系’。这个短语产生了一整套思想，尔后又形成了今天这门学科。”③生态的主体是生物，即地球上有生命的一切物体，在具体实践中主要是指动物和植物。生态研究的客体是生物生存的状态，包括生物之间以及生物与自然环境之间的关系。生物的生存状态多从整体、静态的视角分析，属于相对静止的状态，或者说是暂时平衡的状态。生物之间、生物与环境之间则是从局部、动态的视角分析，属于变化的状态，或者说是相互博弈的状态。具体来讲，在“生态学”领域，“生态”的内涵主要包含两个层面：

第一，从主体来看，生态的主体是地球表面的一切生物，即动物、植物以及微生物，当然也包括人类。在生态学产生以后的初期阶段，生态学关注的重点是除人类之外的生物的生存状态，如个体生态、种群生态、群落生态、系统生态等。随着人类对自然环境的过度开发利用，环境问题日益受到重视。生态学便产生了一个分支学科——应用生态学，开始关注人类与自然环境的关系，如农业生态、污染生态、景观生态、城市生态、全球生态以及生物多样性保护和可持续发展等。

---

① 参见林文雄主编：《生态学》，科学出版社 2007 年版，第 1 页。

② 林文雄主编：《生态学》，科学出版社 2007 年版，第 1 页。

③ ［美］唐纳德·沃斯特：《自然的经济体系：生态思想史》，侯文蕙译，商务印书馆 1999 年版，第 14 页。

第二，从客体来看，生态研究的对象是生物的生存状态、生物之间的关系、生物与所处环境之间的关系等方面。生存状态及其相互之间的关系，是静态与动态的统一体，既有相对稳定的静态层面，也有稳中有进、不断变化发展的动态层面。这两者密不可分。

基于上述分析，如果从人文科学和社会科学的视角来审视，借鉴生态学的理念，可以对“生态”做一尝试性的界定：

所谓“生态”，是指人类与其他物种在现实世界中生存与发展的状态，包括人类与所处环境、人类与其他物种以及其他物种之间所发生的静态与动态相对统一的关系。

与自然科学领域中的“生态”含义相比，这个定义有以下三个比较鲜明的特点。

第一，突出了人类的中心地位。人类从产生以来尤其在进入文明社会之后，逐渐成为地球的主人，对自然环境及其他物种产生了非常重要的影响。有些物种的灭绝、植被的破坏、环境的恶化都与人类的活动密切相关。因此，生态必须把人类纳入，而且放在重要的位置。当然，这并不是宣扬人类中心主义，但也不能因为人类中心主义所带来的负面影响而不敢主张人类在生态中的主体地位。尽管有学者提倡“生物中心论”，如著名生态学家托马斯·柏励认为，因为“人类就其本质来说优于其他物种这一观点是毫无根据的，这不过是人类为自己谋利益的一种荒谬的偏见”，因此应该“予以摒弃”。人的这种“自命不凡”不仅是一种“错觉”，而且是我们人类毁灭性行为的祸根。人与自然不存在统治与被统治、征服与被征服的关系，而是相互依存、和谐共处、相互促进的关系。[①] 诚然，提倡物种平等或以“生物”为中心取代以“人类”为中心，是时代发展的必然趋势，也无可厚非。但是，我们也应该清醒地看到，如果没有人类，这个世界就没有任何意义。与其他物种相比，人类更具有积极性、主动性和创造性，是整个自然界的灵魂。正如王阳明在回答“人心与物同体”时说：“可知充天塞地中间，只有这个灵明，人只为形体自间隔了。我的灵明，便是天地鬼神的主宰。天没有我的灵明，谁去仰他高？地没有我的灵明，谁去俯他深？鬼神没有我的灵明，谁去辨他吉凶灾祥？天地鬼神万物离却我的灵明，便没有天地鬼神万物了。我的灵明离却天地鬼神万物，亦没有我的灵明。如此便是一气流通的。如何与

---

① 参见[美]托马斯·柏励：《〈走向生态纪元〉序言》，李世雁：《走向生态纪元》，辽宁人民出版社2004年版，第2页。

他间隔得?”[①]人是世界万物的灵明,世界万物是人的肉体,人与世界万物密不可分。没有人,世界也就没有了灵魂,成为“死”的世界。美国当代哲学家和神学家蒂利希说:“我——自我与世界的相互依赖,就是基本的本体论结构,它包含了其他的一切……没有世界的自我是空的,没有自我的世界是死的。”[②]由此,以人类为中心并不是传统意义上的人类中心主义,而是把人类与其他物种同等对待,处在平等的地位,在此基础上,从人类的生存发展之视角,重新审视和定位人类与其他物种共生共存的和谐关系。

第二,把社会环境纳入关注的范围。人类所处的环境不仅包含自然地理环境,还包括社会环境。自然地理环境是生态关注的对象,也是生态研究的重点,应放在首要位置。这是“硬”环境。与此相对应,以自然地理环境为物质基础所形成的社会环境,如文化背景、风俗习惯、宗教信仰等,这些都是“软”环境。自然地理环境与社会环境都与人类密不可分,都应予以关注。

第三,突出了静态与动态的相对统一。人类社会的发展是动态的进程,始终处于变化之中,是共时性与历时性的统一。因此,人类与其所处的环境以及其他物种的关系也是动态与静态的统一。生态研究,既要从静态的角度去审视,也要从动态的视角去考量,因为任何事物都在不断变化,只有做到静态与动态两者结合,才能在静态中理解现在、在动态中把握未来,从而更加全面、客观地理解生态的本质与内涵。

二、生态的基本理念

一般来说,在生态学领域,生态研究遵循“层次观”“整体论”“系统学说”“协同进化”等基本理念[③]和巴里·康芒纳在《封闭的循环》中提出的生态学“四大法则”[④]。以此为鉴,结合人文科学和社会科学领域研究的特点,生态研究应遵循“整体观”“动态观”“层次观”“共生观”。

(一)在人类与自然地理环境的关系上,应坚持整体观

生态学认为:“每一高级层次都具有其下级层次所不具有的某些整体特征。

---

① 陈荣捷:《王阳明〈传习录〉详注集评》,重庆出版社 2017 年版,第 308 页。

② [美]蒂利希:《存在与上帝》,刘小枫主编:《20 世纪西方宗教哲学文选》,杨德友、董友等译,上海三联书店 1991 年版,第 827 页。

③ 参见孙振钧、周东兴主编:《生态学研究方法》,科学出版社 2010 年版,第 3～4 页。

④ 参见林文雄主编:《生态学》,科学出版社 2007 年版,第 10～11 页。

这些特征不是低级层次单元特性的简单叠加，而是由低层次单元以特定方式组建在一起时产生的新特征。所以，由若干低层次单元所组成的高层次单元实际上就是高一级的新的整体……整体论要求始终把不同层次的研究对象作为一个生态整体来对待，注意其整体的生态特征。”①这是强调生态系统的整体性。以此为鉴，人类与自然地理环境的关系不单是表面上的泾渭分明、各行其道，在根源上是一个整体。联合国《世界自然宪章》（1982 年）宣告：“a）人类属于自然的一部分，生命依赖于自然系统功能的持续发挥，从而确保能量和营养的供给。b）文明根源于自然，它塑造了人类的文化，并影响了所有的艺术和科学的成就；与自然协调一致的人类生活将赋于人类在开发创造力和休息、娱乐方面的最佳机遇。”②换言之，人类来源于自然、根植于自然，人与自然环境原本一体。这就要求我们要从整体上去理解和把握人类与自然环境的关系，而不是仅仅站在人类的角度去看待两者的关系。

（二）在人类与其他物种共同发展的过程上，应坚持动态观

任何事物都具有时空的规定性，都有过去、现在和将来，始终处于变化的状态之中。这种变化的状态不仅体现在人类与其他物种自身，也体现在相互之间的关系及其共同发展的进程中，因为人类与其他物种之间的关系、物种相互之间的关系也都在不断变化发展之中。因此，生态研究应坚持历史、现状和未来的统一，从动态中去理解，不能仅从现实的状态去审视。在考察人类与其他物种及其所处环境时，应考虑这种变动因素，注意相互之间的互动性。“自然世界中的一切物种，包括人类在内的一切物种，都是从其它物种传下来的，因而，物种进化论方法强调生与变，突出自然宇宙、生命世界的生变运动。”③“变”不仅指自身变化，而且包含着与他者之间在互动过程中的变化状态。换言之，人类与其他物种在共同的发展过程中，并非各行其道、泾渭分明，而是自觉或不自觉地与他者发生关系，在变动中相互影响着各自的发展历程。在考察人类与他者的关系时，应在动态的过程中去把握，用动态的、发展的眼光去观察、去分析，绝不能墨守成规、一成不变，用静止的眼光看问题。

---

① 孙振钧、周东兴主编：《生态学研究方法》，科学出版社 2010 年版，第 4 页。

② ［美］J. A.麦克尼利等：《保护世界的生物多样性》，薛达元译，中国环境科学出版社 1991 年版，第 174 页。

③ 唐代兴：《生态化综合：一种新的世界观》，中央编译出版社 2015 年版，第 189 页。

（三）在各物种内部结构与外部相互关系上，应坚持层次观

“生命物质有从大分子到细胞、器官、机体、种群、群落等不同的结构层次。生态学研究机体以上的宏观层次……宏观层次的研究方向主要有景观生态和全球生态，主要解决全球性的环境变化问题。”①这说明任何物种之间以及物种本身内部都具有分层的特性，不同层次之间的界限相对清晰。地球上的所有物种包括人类，就群体而言，在内部结构上也都具有层次性；在外部相互之间的关系上，人类与其他物种以及各物种之间的关系，也都具有分层的特征。这种分层比较直接的体现就是在错综复杂的关系中，总会有占据主要地位的关系和不占据主要地位的关系，亦即主导关系和非主导关系。层次观的本质是系统各个组成部分的共性与个性的差异。具体到某一个层次而言，属于该层次的部分具有相似性或一般的共性；不同层次而言，每一个层次都有其他层次所不具有的个性。这种共性与个性的统一，就要求针对不同的层次应具有多样性、差异性的思维，不能“一把尺子量到底”“一刀切”。

（四）在人类与其他物种的生存与发展的关系上，应坚持共生观

“各种生命层次及各层次的整体特性和系统功能都是生物与环境长期协同进化的产物。协同进化是普遍存在的现象……协同进化的观点应是生态学研究中由设计方案到解释结果全过程的指导原则。”②协同进化强调的是物种之间的共生性，任何物种的生存都与其他物种休戚相关。从人类与其他物种及其所处的自然环境而言，这种协同进化的关系一直存在，只不过在过去没有引起人们的足够重视而已。“我们是一个生物共生的行星上的共生生物，只要我们留意，就能发现共生现象是无处不在的。对许多不同种类的生命来说，与其他生物间相互的机体接触是一种没有商量余地的需要。”③共生性意味着自然界是人类生存的根本基础，其他物种是人类生存与发展的保障，从这个角度来说，相对其他物种而言，人类对自然界的依赖程度会更强。“生命对在我们皮肤之外或之内的千百万个物种间物质与能量的相互依赖，其复杂性是令人难以置信的。这些地球盟友是我们的亲戚、祖先，也是我们的一部分。它们使我们的物质循环起来，带给我们水和食物。没有这些‘他者’，我们不能生存。我们共生的、互

---

① 孙振钧、周东兴主编：《生态学研究方法》，科学出版社 2010 年版，第 3 页。

② 孙振钧、周东兴主编：《生态学研究方法》，科学出版社 2010 年版，第 4 页。

③ [美]林恩·马古利斯：《生物共生的行星：进化的新景观》，易凡译，上海科学技术出版社 2009 年版，第 2 页。

相作用的、互相依赖的过去是通过活力之水连接起来的。”①

第二节 生态文明的基本内涵

随着工业文明所带来的副作用日益显现，环境保护成为世界关注的焦点，如何保护好人类赖以生存的生态环境以及维持人类的可持续发展成为世界性的难题。为此，与农业文明、工业文明不同的生态文明，逐渐被认为是人类社会将来发展的主要方向。“作为对现代工业文明的革命性替代，生态文明代表着人类社会与文明的未来。”②也有学者认为，“生态文明”不仅代表着人类社会发展的方向，也是最高的文明形态。“生态文明就是人类在改造自然以造福自身的过程中为实现人与自然之间的和谐所做的全部努力和所取得的全部成果，它表征着人与自然相互关系的进步状态。生态文明既包含人类保护自然环境和生态安全的意识、法律、制度、政策，也包括维护生态平衡和可持续发展的科学技术、组织机构和实际行动。如果从原始文明、农业文明、工业文明这一视角来观察人类文明形态的演变发展，那么可以说，生态文明作为一种后工业文明，是人类社会一种新的文明形态，是人类迄今最高的文明形态。作为人类文明的一种高级形态，生态文明是人与自然关系的一种新颖状态，是人类文明在全球化和信息化条件下的转型和升华。人类本身就是自然生态的组成要素之一。”③简言之，生态文明是农业文明、工业文明发展的必然归属。

生态着重强调一种生存的状态，关注的是现实物质层面。文明是人类在认识世界和改造世界的过程中经过历史的积淀所形成的思想观念、价值取向、文化传统，关注的是精神层面。生态文明是生态与文明的结合体，是物质与精神的统一。生态文明旨在解决人类的生存发展与所处环境之间的紧张关系。“生态文明的基本内涵可以从三个方面去理解：一是人与自然的关系，二是生态文明与现代文明的关系，三是生态文明建设与时代发展的关系。生态文明体现了人与自然的和谐关系。生态文明是认识自然、尊重自然、顺应自然、保护自然、

---

① ［美］林恩·马古利斯：《生物共生的行星：进化的新景观》，易凡译，上海科学技术出版社 2009 年版，第 100 页。

② 郇庆治：《推进生态文明建设的十大理论与实践问题》，《北京行政学院学报》2014 年第 4 期。

③ 俞可平：《科学发展观与生态文明》，《马克思主义与现实》2005 年第 4 期。

合理利用自然，反对漠视自然、糟践自然、滥用自然和盲目干预自然，人类与自然和谐相处的文明。生态文明是现代人类文明的重要组成部分。生态文明是物质文明、政治文明、精神文明、社会文明重要基础和前提，没有良好和安全的生态环境，其他文明就会失去载体。”[①]因此，“生态文明”的基本内涵主要体现在三个方面：在本源上，人与自然环境的一体性；在发展过程上，人与世界万物的共生性；在相互关系上，人类具有优先性。

一、在本源上，人与自然环境的一体性

张世英认为，中西哲学在“人生在世结构”上存在明显差异，西方哲学是“主客二分”，而中国哲学则是“天人合一”。[②] “主客二分”的在世结构，强调的是人类的主体性，人是主体，其他是客体，一切万物都为我所用，为了人类可以做出牺牲，从而在根本上造成了人与自然环境相对立的紧张关系。工业文明正是这种哲学观的集中体现。“在过去两千五百年的人类思想历程中，曾产生过两类截然不同的人本主义：一种是‘排他性人本主义’（exclusive humanism），这种人本主义拔高了人类这一物种，将其置于宇宙的主人和统治者的位置；另一种是‘包容性人本主义’（inclusive humanism），这种人本主义强调作为其存在理由的它所具有的协调能力。西方自从进入现代，基本上是在‘排他性人本主义’这一路线上行进。”[③]这种“排他性人本主义”就是“主客二分”哲学观的典型体现。随着工业文明的飞速发展，人类的生存环境逐步恶化，人类未来的生存与发展面临严峻挑战。“农业文明的生产力低下，但它与自然环境的关系是温情友好的，它是一种自发的循环经济，它的轻微污染可以随时被自然界消纳。西方工业文明在创造巨大物质财富和推动科技飞速发展的同时，也带来自然资源的过度开发和自然生态的严重破坏，已形成全球性危机，并且危机还在日益加剧。森林在消失，物种在速减，大气、土地、河流、海洋在污染，淡水在枯竭，气候在变暖，冰山在融化，自然灾害在递增。古人随时可以享受的蓝天白云、青山绿水，对于今天人类已是一种被追逐的高级奢侈品。还有核污染时刻在威胁着人们的健康。美丽的地球已经变得千疮百孔。”[④]重新审视工业文明，思考人类未来

---

① 谷树忠、胡咏君、周洪：《生态文明建设的科学内涵与基本路径》，《资源科学》2013 年第 1 期。

② 张世英：《“天人合一”与“主客二分”》，《哲学研究》1991 年第 1 期。

③ [美]成中英：《儒家人格中宇宙论、生态学和伦理学的三位一体》，[美]安乐哲等主编：《儒学与生态》，彭国翔、张容南译，江苏教育出版社 2008 年版，第 181 页。

④ 牟钟鉴：《新仁学构想——爱的追寻》，人民出版社 2013 年版，第 119 页。

发展之路成为全球共识。人们已经清醒地认识到，工业文明已是穷途末路，必须转换到生态文明这条道路上来。生态文明是对工业文明的扬弃和超越，也是人类社会未来发展的必由之路。“任何一种对生态文明（建设）的概念性界定，都会包含或呈现对于生态文明的性质、目标与表征的某种理解或愿景。而无论如何具体定义，生态文明都意味着对现代工业文明的一种生态化扬弃或超越，从而凝聚为能够充分考虑并尊重自然生态规律及其客观要求的人类文明性（社会化）生存及其各种样态（成果），集中体现为人与自然、社会与自然、人与人之间的和平、和谐与共生。”[①]而生态文明的基本哲学观不是西方的“主客二分”，而是东方的“天人合一”。这种“天人合一”的哲学观强调人与万事万物同为一体。“大人者，以天地万物为一体者也。其视天下犹一家，中国犹一人焉。若夫间形骸而分尔我者，小人矣。大人之能以天地万物为一体也，非意之也，其心之仁本若是。”[②]人与万物同为一体，对万物的怜悯爱惜发自本心，是天生所具有，非外力所强加。“是故见孺子之入井，而必有怵惕恻隐之心焉，是其仁之与孺子而为一体也。孺子犹同类者也，见鸟兽之哀鸣觳觫，而必有不忍之心焉，是其仁之与鸟兽而为一体也。鸟兽犹有知觉者也，见草木之摧折而必有怜恤之心焉，是其仁之与草木而为一体也。草木犹有生意者也，见瓦石之毁坏而必有顾惜之心焉，是其仁之与瓦石而为一体也。”[③]朱熹认为《大学》乃“大人”之学[④]，王阳明承袭了这种说法，并赋予了新的含义，用“大人”来指那些能够体验和把握到自身与万物一体的人。之所以如此，因为“大人”能够体悟到“仁”心。蒙培元认为中国哲学是“生”的哲学，而且是互相联系的有机整体。“在中国哲学看来，自然界是一个生命有机体，以生命创造为其根本的存在方式和性能，而生命之间是相互依存的关系，构成和谐的有机系统。”[⑤]简言之，生态文明的哲学基础是人与自然环境根本上的一体性，两者同根同源，不可割裂，不是紧张对立，而是相互依存、有机融通。

---

① 郇庆治：《推进生态文明建设的十大理论与实践问题》，《北京行政学院学报》2014 年第 4 期。

② 王阳明：《王阳明全集》，吴光等编校，浙江古籍出版社 2010 年版，第 1015 页。

③ 王阳明：《王阳明全集》，吴光等编校，浙江古籍出版社 2010 年版，第 1015 页。

④ 参见朱熹：《四书章句集注》，中华书局 2011 年版，第 3 页。

⑤ 蒙培元：《生的哲学——中国哲学的基本特征》，《北京大学学报》（哲学社会科学版）2010 年第 6 期。

二、在发展过程上，人与世界万物的共生性

自从有了人类，整个地球失去了以往的宁静与平衡。人类逐步占领了地球并当仁不让地成为主人。在发展过程中，自觉不自觉地都是以人类的发展为中心，只是程度不同而已。从宏观来看，整个世界分为东西方两大文明，这两大文明在人类发展的理念上有明显差异。东方文明注重人与世界万物的共生共存，人类的发展与自然环境的承载能力相协调，注重生存环境的保护，不过度开发和利用自然资源，如“弋不射宿”“钓而不纲”“不涸泽而渔”“不焚林而猎”等。而西方文明则更加看重人类自身的发展，把人类的需要放在绝对的中心地位，不太注意自然环境的承受能力。《圣经·创世纪》曰：“神说：‘我们要照着我们的形像，按着我们的样式造人，使他们管理海里的鱼、空中的鸟、地上的牲畜和全地，并地上所爬的一切昆虫。’神就照着自己的形像造人，乃是照着他的形像造男造女。神就赐福给他们，又对他们说：‘要生养众多，遍满地面，治理这地；也要管理海里的鱼、空中的鸟，和地上各样行动的活物。’”这段话是说世界上万事万物都是神和人管理的对象。“万物是神与人共同管理的对象。神创造了万物，但管理万物的任务却由神和人共同负责。万物当中由人管理的只是一部分，即‘天上飞的’、‘地上跑的’、‘水里游的’和地及其上面的一切植物。其余的没有明确由人来管理，当然是由神来管理。万物是神创造的，神对万物具有‘所有权’，人按照神的旨意来管理万物中的一部分，行使一部分‘管理权’（或者说‘经营权’）。”[①]世界上的万物既然都是神与人管理的对象，人代表神去管理万物，那么在现实世界中人就拥有了对万物的处分权，可以根据需要去占有和使用，不用考虑万物的感受。尤其是工业革命以来，现代社会的生产生活方式更加助长了这种理念，对万物的索取达到了无以复加的地步。从长远来看，这已经从根本上威胁到了人类的未来生存。“我对科学发展的方式有所关注，这种发展已经达到能威胁人类本身生存的程度了。”[②]因此，人类这种对待万物的理念必须改弦易辙，从工业文明转向生态文明，人类要做到与万物共生共存。在人类自身的发展过程中也要保持万物的自身生存与发展以及自然资源的承载能力，只有这样，人类的未来才有希望。因此，冈田武彦提出：“如果我们想要使

① 刘伟：《〈创世纪〉前三章文本分析》，《吕梁高等专科学校学报》210年第3期。

② [美]罗泰勒：《民胞物与：儒家生态学的源与流》，[美]安乐哲等主编：《儒学与生态》，彭国翔、张容南译，江苏教育出版社2008年版，第48页。

科学完全符合人类社群的需求，那么，我们就必须让每个人（不管是科学家还是非科学家）都认识到人类生命的重要性。谈到人类生命的重要性，我们必须认识到自己的生命和其他生命是同等重要的。我们生活于同一个世界，相互尊重生命是一个必要前提。依我之见，儒家思想为这种观点提供了一个合适的基础。其‘天人合一’观就是这种观点的核心。简而言之，一个人只有与他人共在才能生存下来。而想与他人共处就必须遵循社会规则。儒家伦理的基础是要具有恻隐之心。如果我们将这个观念拓展开来，便可以将整个自然囊括在内。”①

三、在相互关系上，人类具有优先性

人类中心主义过分强调一切以人为主，根本不考虑其他万物的感受以及自然界的承载能力。为此，生态文明反对人类中心主义，提高自然万物的主体地位，主张人与万物共同主宰这个世界。“文明的主体是人，但生态文明强调人的自觉与自律，强调人与自然环境的相互依存、相互促进、共处共融……不仅人是主体，自然也是主体；不仅人有价值，自然也有价值；不仅人有主动性，自然也有主动性；不仅人依靠自然，所有生命都依靠自然。因而人类要尊重生命和自然界，人与其他生命共享一个地球……在生态文明的意义上，这个‘本’，首先就是要保持对自然的敬畏之心。”②生物中心主义者泰勒（Paul W. Taylor）在《尊重自然：一种环境伦理学理论》一书中提出了四条基本原则：第一，人类与其他生物一样，都是地球生命共同体的一个成员；第二，人类与其他物种一起，构成了一个相互依赖的系统，每个生物的生存和福利的好坏不仅决定于其环境的物理条件，也决定于它与其他生物的关系；第三，所有生物都把生命作为目的的中心，因此每个都是以自身方式追求自身善的独特的个体；第四，人类并非天生就优于其他生物。③ 诚然，这种尊重万物的理念没有错，但这种理念矫枉过正，走向了另外一个极端。过去，我们是以人类为绝对中心，尤其进入工业化之后，忽视甚至不予考虑其他万物的生存与发展，“涸泽而渔”“焚林而猎”“杀鸡取卵”等为了人类自己而不顾自然环境的行为俯拾皆是，也造成了严重后果。这是不容

---

① [美]罗泰勒：《民胞物与：儒家生态学的源与流》，[美]安乐哲等主编：《儒学与生态》，彭国翔、张容南译，江苏教育出版社 2008 年版，第 48～49 页。

② 郑文丰：《生态文明的基石：人对大自然的敬畏之心》，《贵阳日报》2009 年 8 月 26 日。

③ 参见[美]泰勒：《尊重自然：一种环境伦理学理论》，雷毅等译，首都师范大学出版社 2010 年版，第62～63 页。

回避的现实。现在,为了纠正这种错误做法,又走向了另外一个极端,把自然万物与人类的发展“绝对平等”。实质上,这是一种理想,在现实世界很难做到。人类的生存与发展永远都要优越于自然界的其他事物,这是客观事实。因此,“生态文明”所强调的并不是彻底地、绝对地把自然万物的地位与人类绝对等同,而是仍然要保护人类生存发展的优先权。当然,这种优先权并不是像过去那样以牺牲他者为代价,而是与自然万物和谐共处、共生共存、共同发展,实现人类与他者的共赢,从而更加有利于人类的未来发展。

第三节　宗教生态学的基本界定[①]

宗教生态学是宗教学借鉴生态学中的相关理念研究具体宗教的一门新兴的交叉学科。“宗教生态学”一词最早出现在 20 世纪 60 年代中期。瑞典人类学家和宗教史学家赫尔特克兰茨在研究美国肖肖尼部落印第安人以及某些北方民族的生活时得出结论,认为周围环境(包括自然条件、地形、群落生境、气候以及人口和自然资源)对文化的许多方面包括宗教信仰和仪式,产生很大影响。[②] 简言之,宗教生态学研究的核心是探讨具体宗教与生态环境之间的互动关系。一方面,宗教受周围生态环境的制约和影响;另一方面,宗教的发展反过来也会影响周围的环境。二者之间的关系是立体的、动态的、密切联系的,而不是平面的、静止的、割裂的。以此为发端,学界围绕宗教生态学或宗教生态思想进行了比较广泛深入的探讨。

一、宗教生态思想之梳理

赫尔特克兰茨提出了“宗教生态学”的概念,研究的内容界定在“宗教与周围环境之间的关系及其相互之间的影响”。赫尔特克兰茨所指的“宗教”,主要限于宗教组织,指某一个或某几个具体的宗教,没有涉及具体的个人;所指的“周围环境”,在当时主要限于自然地理环境。在随后的发展过程中,许多学者认为周围环境不仅包括自然地理环境而且还应该包括人文社会环境。学界以

---

① 本节内容曾发表于《世界宗教文化》2019 年第 6 期,在此基础上又做了修改。参见刘伟:《宗教生态学刍议》,《世界宗教文化》2019 年第 6 期。

② 参见[俄]克拉斯尼科夫:《宗教生态学》,李国海译,《现代外国哲学社会科学文摘》1999 年第 10 期。

此为基础，围绕宗教生态学进行了较为广泛深入的研究，使赫尔特克兰茨的理论得到不断拓展和创新。第一，对"周围环境"的研究范围，从单纯的自然地理环境延伸到社会环境。赫尔特克兰茨主要着眼于自然地理环境对宗教的影响，社会环境只是间接因素。对此，有学者认为无论是自然地理环境还是社会结构都与宗教联系密切，应该把宗教、自然地理环境和社会环境结合起来进行综合考察。日本民族学和生态学家梅棹忠夫 1957 年发表了《文明的生态史观序说》一文，提出"生态学的比较宗教论"，将宗教看作人类生活现象的一部分，研究"宗教与其他各种生活现象的关系"，关注宗教现象的生态学或人类学意义。[①] 第二，对周围环境与宗教关系的研究，从自然地理环境对宗教的单向影响延伸到双向互动。赫尔特克兰茨只是研究周围环境对宗教的影响，并没有论及宗教对周围环境的影响。在此基础上，学者做了进一步拓展，研究宗教与周围环境的互动关系。美国历史学家怀特从宗教对生态环境影响的角度切入，明确指出犹太-基督教信仰应对环境破坏承担主要责任。[②] 赖品超从宗教与周围环境的互动着眼，认为宗教与生态关怀之间有着一种辩证的关系，宗教传统资源可能有助于促进环保工作。[③] 第三，把文化从"周围环境"中抽出，对文化与宗教的关系进行研究。在论及社会环境对宗教的影响时，赫尔特克兰茨只是把文化作为其中一部分，并没有单独论及文化与宗教的关系。一般而言，宗教是文化的一部分，但由于宗教的特殊性，宗教与文化往往并提。对此，牟钟鉴提出"宗教生态论"，以宗教系统的生成与变化、宗教系统与周围环境的互动关系、不同宗教之间的关系及其发展态势为基础，重点探讨宗教与文化之间的关系及其不同文化系统对宗教构成模式的影响。[④] 第四，具体宗教之间互动共存得到关注。赫尔特克兰茨主要关注周围环境对宗教的影响，对不同宗教之间的共存关系并没有予以重视。在同一地区，可能存在多种宗教，在大致相同或者相近的生态环境下不同宗教的互动共存成为学者关注的热点。段琦认为，宗教生态就是指各种宗教的社会存在状况，类似自然界的生态，其正常状态应该是彼此制约而达

① 参见[日]梅棹忠夫：《文明的生态史观——梅棹忠夫文集》，王子今译，上海三联书店 1988 年版，第 62～100 页。

② 参见[美]林恩·怀特：《我们生态危机的历史根源》，刘清江译，《比较政治学研究》2016 年第 1 期。

③ 参见赖品超：《宗教与生态关怀》，《江海学刊》2002 年第 3 期。

④ 参见牟钟鉴：《宗教生态论》，《世界宗教文化》2012 年第 1 期。

到总体平衡，即各类宗教各得其所，各有市场，从而满足不同人群的信仰需要。[①] 陈晓毅以贵州青岩古镇为例，采用田野调查的方式对该地区儒教、佛教、道教、天主教、基督教等历史发展脉络和混融共生的状态进行研究，提出宗教生态系统的“三层楼结构”。[②] 简言之，学界关注的重点在于宗教与周围生态环境之间以及不同宗教之间的关系。可归结为三点：其一，此处的“宗教”主要限定于已经形成的具体的宗教组织，不包括单独的个体。其二，宗教与生态的关系，主要限定在宗教组织与周围的自然地理环境、人文环境。以研究宗教与自然地理环境为主，研究的主要目的在于宗教如何与地理环境相协调，保护自然资源，促进人与自然的和谐共存、协调发展。其三，不同具体宗教之间的关系，主要探讨不同宗教之间在碰撞、磨合、共存的过程中，彼此之间的相互影响、相互促进及其演变。需要指出的是，以上研究都是对赫尔特克兰茨的“宗教生态学”概念的深化，从群体的角度探讨宗教与生态环境之间的关系，并没有涉及个体。总之，这些研究极大地拓宽了宗教生态学研究的理论视野，尤其在周围环境与宗教、文化与宗教及宗教之间互动共存等方面相对初期的宗教生态学理论有了突破性进展。不过，从人文学科视域下对生态内涵的探讨还存在不足，需要系统深入讨论。

二、宗教生态学之界定

根据以上分析，传统的宗教生态学研究角度并不全面，存在一定的局限性。笔者认为，宗教生态学或宗教生态思想研究不仅包括宗教组织这一群体，还应该包括单独的个体；不仅研究宗教组织与周围环境之间的关系，还应该研究单独的个体与宗教构成因素如超自然力量、宗教活动、宗教仪式等之间的关系；不仅研究不同宗教组织之间的关系，还应该包括在宗教信仰的前提下不同个体之间的关系。[③] 由此，笔者尝试性地对宗教生态学做如下界定：宗教生态学是借鉴现代生态学的基本理论和原则，对宗教系统的生成与变化、宗教系统与周围环境的互动状况、具体宗教之间互动共存、个体与宗教组织的关系以及宗教中的生态思想等进行全方位、多角度、深层次研究的一门交叉学科。

---

① 参见段琦：《宗教生态失衡与中国基督教的发展》，中国统一战线理论研究会民族宗教理论甘肃研究基地秘书处编：《当代中国民族宗教问题研究》第 4 集，甘肃民族出版社 2009 年版，第 140 页。

② 参见陈晓毅：《中国式宗教生态：青岩宗教多样性个案研究》，社会科学文献出版社 2008 年版。

③ 参见刘伟：《孟子的宗教生态思想——从宗教生态学之视角》，《孔子研究》2015 年第 5 期。

（一）宗教生态学研究的内容

宗教生态学研究的内容主要涵盖宗教系统的生成与演化、宗教系统与周围环境的关系、具体宗教之间的互动共存、个体与宗教组织的关系以及宗教中所蕴含的生态思想。从目前学界关注的内容来看，“宗教所蕴含的生态思想或生态智慧”成为探讨的重点，或从宗教理论层面，或从某一具体宗教层面，或探讨生态伦理，或探讨环保智慧等，其他方面则鲜有论述。从宏观层面来看，宗教生态思想研究属于静态层面，而具体宗教之间互动共存、个体与宗教组织之间的关系则属于动态层面，只有做到静态与动态的统一，宗教生态学研究的内容才能成为体系，也更加系统全面。具体来说，宗教生态学研究的内容主要包含五个方面。第一，宗教系统的生成与演化研究。从宗教自身出发，研究宗教产生、发展、演变的历史及其规律，探究宗教产生的根源、宗教的内生机制以及宗教未来的发展趋势。这既包括微观上的具体宗教，也包含宏观上的一般意义的宗教。第二，宗教系统与周围环境的互动状况研究。“周围环境”包括自然地理环境和社会环境。从“周围环境→宗教”和“宗教→周围环境”两个向度探寻两者的互动模式及其演变规律。第三，宗教之间的互动共存状况研究。“世界上的宗教是多种类多层次的，看似无序杂多却有类属序列。”[①]探究同一地区、同一时期不同宗教组织共同生存的状况、相处模式及其发展演变规律。第四，个体与宗教组织之间的关系研究。信徒是宗教组织的构成要素，作为单独的个体与所在宗教的关系因宗教组织的不同会有所差异。从宗教组织对个体信徒的教化、信徒对宗教组织的皈依等层面对不同宗教进行比较探讨。第五，宗教所蕴含的生态思想研究。在人类与生态环境的关系方面，不同宗教的教义、教规、宗教仪式等都有不同的理解与阐释，按照宗教发展的历史进程，探析不同宗教所蕴含的生态思想或生态智慧。总之，宗教生态学主要突出宗教与自然环境、社会环境互动的研究，探寻宗教与文化的互动关系及其发展规律，总结宗教系统生成与演化模式，推动宗教学理论研究不断向纵深拓展。

（二）宗教生态学研究遵循的基本理论和原则

在生态学领域，生态研究遵循“层次观”“整体论”“系统学说”“协同进化”等基本理论[②]和巴里·康芒纳提出的“四大法则”[③]。宗教生态学是宗教学与生态

---

① 牟钟鉴：《当代中国特色宗教学十二论》，人民出版社 2018 年版，第 169 页。

② 参见孙振钧、周东兴主编：《生态学研究方法》，科学出版社 2010 年版，第 3～4 页。

③ 参见林文雄主编：《生态学》，科学出版社 2007 年版，第 10～11 页。

学相交叉的学科，结合生态学原则和宗教学自身特点，宗教生态学研究应遵循“整体观”“动态观”“层次观”“协同进化观”。

第一，宗教与周围环境的关系研究遵循整体观。生态学认为，“每一高级层次都具有其下级层次所不具有的某些整体特征。这些特征不是低级层次单元特性的简单叠加，而是由低层次单元以特定方式组建在一起时产生的新特征。所以，由若干低层次单元所组成的高层次单元实际上就是高一级的新的整体……整体论要求始终把不同层次的研究对象作为一个生态整体来对待，注意其整体的生态特征。”①这是强调生态系统的整体性。以此为鉴，宗教与周围环境的关系从根本上来看是一个整体，坚持整体观是宗教生态研究的鲜明特点。“宗教生态论的宗教关系整体结构理论，弥补了宗教社会学家分别关注宗教与社会之间某些联系、某些功能（进化论、功能论、冲突论、补偿论等）局限，而能从整体上全面研究某种社会大系统中宗教之间、宗教与社会的复杂多层关系，把握其关系结构方式，使人们对特定宗教的位置和作用看得更加清楚。”②在宗教与周围环境的关系上，要看到两者在根源上的一体性，从整体的视角进行切入研究。

第二，具体宗教历史演化过程研究遵循动态观。如前所述，生态学认为，任何事物都具有时空的规定性，都有过去、现在和将来，始终处于变化的状态之中。“自然世界中的一切物种，包括人类在内的一切物种，都是从其它物种传下来的，因而，物种进化论方法强调生与变，突出自然宇宙、生命世界的生变运动。”③“变”不仅指自身变化，而且包含与他者在互动过程中的变化状态。这种变化状态不仅体现在具体宗教的自身发展上，也体现在不同宗教之间的关系上。不同宗教在发展过程中，并非各行其道、泾渭分明，而是自觉或不自觉地与他者发生关系，在变动中相互影响。“宗教生态论与宗教个案研究、宗教历史与现状研究不同，它的重心不在阐明各种宗教自身的状况与发展，它侧重在宗教关系及其态势的考察上。”④因此，具体宗教历史演化过程研究应坚持历史、现状和未来的统一，不仅从现实的状态去审视，还要从动态的视角去探寻；考察不同宗教之间互动的状态，也应考虑这种变动因素，注意相互之间的互动性。

---

① 孙振钧、周东兴主编：《生态学研究方法》，科学出版社 2010 年版，第 4 页。

② 牟钟鉴：《当代中国特色宗教学十二论》，人民出版社 2018 年版，第 167 页。

③ 唐代兴：《生态化综合：一种新的世界观》，中央编译出版社 2015 年版，第 189 页。

④ 牟钟鉴：《当代中国特色宗教学十二论》，人民出版社 2018 年版，第 158 页。

第三，宗教组织内部结构以及与外部关系研究遵循层次观。“生命物质有从大分子到细胞、器官、机体、种群、群落等不同的结构层次。”①任何物种之间以及物种本身内部都具有分层的特性，不同层次之间的界限相对清晰。地球上所有物种包括人类，就群体而言，在内部结构上都具有层次性；在相互之间的关系上，人类与其他物种以及各物种之间的关系，也都具有分层的特征。这种分层比较直接的体现就是在错综复杂的关系之中，总会有占据主要地位的关系和占据次要地位的关系，亦即主导关系和从属关系。层次观的本质是系统各个组成部分的共性与个性的差异。从具体单个层次来说，属于该层次的部分具有相似性或一般的共性；不同的层次则有其鲜明的个性。具体到宗教而言，“层次观”也非常明显。“宗教生态系统是立体化的多层次的生命系统，从世界宗教生态到地区宗教生态，再到国家民族宗教生态，再到地方或教别宗教生态，一直到教团和家庭，大系统隶属小系统，母系统派生子系统，层层套叠，错综交叉，收缩扩张，起伏兴衰，既需要分别考究，又需要整合综论。”②从单个具体宗教来说，任何宗教组织内部都有分层的特征。“宗教组织在社会中出现之后，其内部构成便自发或自觉地形成一定的秩序，其成员便逐渐分化为不同的角色，构成不同的层次。”③比如，“道教、佛教、基督教、伊斯兰教这些创建性宗教在创建之前，其成员总是较少的。成员之间的关系也比较单纯、平等，但随着成员的增多，组织的扩大，原始时代的平等关系逐渐变质，走向科层化、等级化”④。在外部关系上，各宗教之间也具有层次性。这种层次性主要表现为宗教之间的亲疏远近，而亲疏远近判定的依据则是以文化来源为据。比如，从历史渊源上来说，相对于佛教而言，基督教与伊斯兰教的关系更近一些，因为基督教与伊斯兰教都滥觞于犹太教，源自希伯来文明。从中国传统社会来看，道教与儒教的关系比佛教的关系近，也更密切。⑤ 原因在于道教与儒教都同属于中华文明，而佛教则源自印度文明。另外，如果从全球视野来看，宗教生态系统的层次性也比较明显。因此，研究宗教内部结构以及与其他宗教的外部关系应遵循层次观，注意区分“共性”与“个性”、“主导关系”与“从属关系”以及“亲疏远近”关系。

第四，同一区域内的不同宗教研究遵循“协同进化观”。“各种生命层次及

---

① 孙振钧、周东兴主编：《生态学研究方法》，科学出版社 2010 年版，第 3 页。

② 牟钟鉴：《当代中国特色宗教学十二论》，人民出版社 2018 年版，第 168 页。

③ 吕大吉：《宗教学通论新编》，中国社会科学出版社 1998 年版，第 353 页。

④ 吕大吉：《宗教学通论新编》，中国社会科学出版社 1998 年版，第 356 页。

⑤ 参见[美]杜维明：《儒教》，陈静译，上海古籍出版社 2008 年版。

各层次的整体特性和系统功能都是生物与环境长期协同进化的产物。协同进化是普遍存在的现象……协同进化的观点应是生态学研究中由设计方案到解释结果全过程的指导原则。”①协同进化强调物种之间的共生性，任何物种的生存都与其他物种休戚相关。“现在，既然在整个地球的历史中，生命的互动关系不断形成又不断解散，那么，既稳定又短暂的共生就是普遍的。这类进化论的故事亟待广为传播。”②就同一区域不同宗教之间的关系而言，这种协同进化的关系一直存在。比如，“黔中古镇”青岩宗教种类繁多，被誉为“宗教联合国”，经历了单一宗教（苗族-布依族原始民族宗教）、两教并举（汉苗布民族宗教—儒释道）、三教融合（民族宗教—儒释道——神教系统的天主教和基督教）到多教共存（民族宗教—儒释道——一神教—民间信仰）的协同进化过程，最终形成了多元同构、共生共存的生态格局。③ 因此，同一地区的不同宗教都会直接或间接地发生联系，相互影响，相互制约，有协同进化的客观条件和基础，在研究中应坚持“协同进化观”。

（三）宗教生态学的理论基础与实践可能

从目前来看，重视和促进宗教生态学既有理论基础，也有较强的实践意义，符合宗教学研究领域学科多样化发展的趋势。

第一，从学科发展上看，重视和促进宗教生态学是宗教学研究领域学科多样化的必然要求。宗教学与生态学都肇始于 19 世纪中后期，属于新兴学科。一般认为，生态学开始于 1866 年海克尔的《普通生物形态学》，宗教学发端于 1893 年麦克斯·缪勒的《宗教学导论》。宗教学产生后，不断与其他学科相结合，借鉴其他学科的理论和方法对宗教进行研究，出现了一系列交叉学科。“西方的比较宗教学从 19 世纪 70 年代作为人文学科成立以来，出现了一批又一批的宗教学大家，他们各树一帜，推动这门学问不断向前发展，并逐渐分化出宗教人类学、宗教史学、宗教心理学、宗教社会学、宗教现象学等分支学科，至今仍在向纵深发展，方兴未艾。”④改革开放以来，随着宗教“鸦片论”的渐弱、“宗教文化

---

① 孙振钧、周东兴主编：《生态学研究方法》，科学出版社 2010 年版，第 4 页。

② ［美］林恩·马古利斯：《生物共生的行星：进化的新景观》，易凡译，上海科学技术出版社 2009 年版，第 8 页。

③ 参见刘振宁、马益英：《青岩多元同构格局的学理价值探析——基于宗教多样性的维度》，《贵州大学学报》（社会科学版）2011 年第 5 期。

④ 金泽：《宗教学理论研究》，卓新平主编：《中国宗教学 30 年（1978—2008）》，中国社会科学出版社 2008 年版，第 26 页。

论”的兴起，我国的宗教学也进入了发展的快车道，从文化学、哲学、心理学、人类学、社会学、现象学、历史学、民族学等不同学科的视角来研究宗教，相继出现了一系列的分支学科，主要有宗教文化学、宗教哲学、宗教心理学、宗教人类学、宗教社会学、宗教现象学、宗教史学、民族宗教学①等，使宗教学研究的范围不断向纵深拓展。这些分支学科为宗教生态学提供了理论借鉴和方法参考，同时，宗教生态学也能够补充“宗教人类学、宗教社会学、宗教文化学等学科的不足”，“使宗教史学和宗教现状的研究开出新的境界”②。重视和促进宗教生态学，可以使宗教学研究领域与理论体系更加丰富和完备。

第二，从理论上来看，重视和促进宗教生态学有较为扎实的学理基础。一方面，生态学和宗教学是宗教生态学直接的理论来源。宗教生态学研究所采用的理论，主要以宗教学理论为基础，同时借鉴生态学的相关理论，如“整体观”“层次观”“系统观”“动态观”等，并做到两种不同学科理论的有机融合。另一方面，围绕宗教与生态，如“道教与生态”“佛教与生态”“基督教与生态”“民间宗教与生态”等，学界进行了比较广泛深入的探讨，有了较为深厚的学理基础。在“道教与生态”研究方面，乐爱国的《道教生态学》构建了道教生态学的基本框架并进行了系统探讨，奠定了道教生态学的理论基础。③“乐爱国先生的大作着重从人与自然关系来考察道教对生态学的可能贡献，奠定了‘道教生态学’研究的里程碑，提出‘道教生态学’作为一门学科的研究纲领。”④在“佛教与生态”研究方面，魏德东认为“佛教蕴含着丰富的生态思想，具有独特的生态观，为生态平衡的重建提供了有价值的思想资源”⑤。吴言生从深层生态学的角度探讨了佛教生态观的内涵及其实践意义。⑥ 在“基督教与生态”研究方面，梁卫霞认为：“基督教生态伦理在创造教义的基础上重新解释了上帝与受造整体的关系以及自然在神学中的地位，为人与自然关系的重建奠定了形而上学基础和道德基础。基督教生态伦理提出了建构人与自然关系的新型伦理原则，为中西生态伦理的发展和完善提供了一定启发。”⑦在“伊斯兰教与生态”研究方面，孙力从可

---

① 参见牟钟鉴主编：《民族宗教学导论》，宗教文化出版社2008年版。

② 牟钟鉴：《当代中国特色宗教学十二论》，人民出版社2018年版，第167页。

③ 参见乐爱国：《道教生态学》，社会科学文献出版社2005年版。

④ 谢清果：《生态学研究的道教视角——兼评乐爱国的〈道教生态学〉》，《宗教学研究》2006年第1期。

⑤ 魏德东：《佛教的生态观》，《中国社会科学》1999年第5期。

⑥ 参见吴言生：《深层生态学与佛教生态观的内涵及其现实意义》，《中国宗教》2006年第6期。

⑦ 梁卫霞：《基督教生态伦理的理论基础和精神资源》，《学习与探索》2011年第1期。

持续发展与生态伦理、伊斯兰文化与生态伦理文化、伊斯兰生态文化与回族社会的协调发展以及伊斯兰生态文化的创新、转换与发展等层面，全面分析了伊斯兰教的生态文化与西北地区社会、经济可持续发展的交互作用。[①] 在“民间宗教与生态”研究方面，萨满教和闽台地区民间宗教研究比较集中。色音认为在萨满教体系中有一套调适生态平衡、协调人与自然以及植物之间和谐关系的生态调控机制，其生态环境观中蕴含着人只能适应环境、与环境和谐共生才能维持人类自身美好生活的朴素的生态哲学观念和生态伦理思想。[②] 俞黎媛从生态位概念和理论的视角对闽台地区神灵崇拜作了生态学分析。[③] 上述研究为重视和促进宗教生态学奠定了较为深厚的学理基础。

第三，从应用层面来看，宗教生态学是理论性和实践性的有机统一。宗教生态学既是一门理论学科，也具有较强的实践性。“宗教生态论是研究宗教生命系统动态运行机制理论，把宗教看作活的文化，目的是促成宗教关系和谐。”[④] 一方面，宗教生态学作为宗教学的分支，使宗教学研究视域更加开阔，可以丰富和发展宗教学理论；另一方面，研究宗教与生态的关系、发掘宗教所蕴含的生态思想，可以为现实宗教的发展以及构建生态文明社会提供思想资源，也可为人类解决所面临的生态危机提供借鉴，更好为社会现实服务。正如牟钟鉴所说：“宗教生态论将使中国社会主义者获得正确处理宗教问题的整体观、动态观和驾驭全局的能力，努力创建多元通和的中国模式、中国经验，使各种宗教在宪法、法律范围内，在社会生活的不同领域，各得其所，各尽其职，以自己的方式为社会和谐发展服务，进而为改善世界的宗教生态、推动文明对话尽一分力量。”[⑤]

---

① 参见孙力：《伊斯兰生态文化与西北回族社会可持续发展》，宁夏人民出版社 2006 年版。

② 参见色音：《萨满教与北方少数民族的环保意识》，《黑龙江民族丛刊》1999 年第 2 期。

③ 参见俞黎媛：《闽台地区神灵崇拜的生态学分析》，《福建师范大学学报》(哲学社会科学版)2008 年第 3 期。

④ 牟钟鉴：《当代中国特色宗教学十二论》，人民出版社 2018 年版，第 158 页。

⑤ 牟钟鉴：《当代中国特色宗教学十二论》，人民出版社 2018 年版，第 174～175 页。

第三章 《论语》的宗教思想

《论语》作为儒学的元典，探讨其宗教思想必然涉及儒学，儒学的宗教性探讨也必然涉及与西学的关系。为此，本章重点从儒学与西学的关系、儒学的宗教性、《论语》文本的宗教性以及《论语》的祭祀活动等方面进行阐述，以期管中窥豹，检讨《论语》所蕴含的宗教思想。

第一节 儒学再认识

弘扬传统文化，必然要面对儒学。如何认识儒学与西学的关系、如何认识儒学的宗教性，这是本书首先要解决的问题。前者关系到对传统文化的重新定位，后者关系到对儒学的重新认知。

一、儒学与西学的关系

在中国传统社会，儒学一直占据主导地位，尽管也存在与西学的交流碰撞乃至融合的问题，比如佛教、基督教的传入等，但随着佛教的本土化、基督教的"入乡随俗"，总体趋势是被本土文化所吸纳、融合，最终成为传统文化的组成部分或者辅助元素。五四以来，随着以"德先生"(民主)、"赛先生"(科学)为标志的西方文化的传入，以儒学为标志的传统文化逐渐让位于西方文化。尽管在这期间不乏倡导儒学复兴的呼声，如梁漱溟的"文化三路向说"、熊十力的"体用说"，但势单力薄、人微言轻，在当时全盘西化的浪潮中并没有引起重视。进入21世纪之后，这种"西风压倒东风"的局面开始有所转变，不仅民间复兴儒学的呼声越来越高，而且中央高层也开始重视中华优秀传统文化。与此相配合，教育部开始有计划、有系统地把中华优秀传统文化教育正式纳入国民教育体系。王学典在《近代儒学研究十大热点报告》一文中指出，中国共产党正面肯定儒学。新一届中央领导集体履职以来，先后就儒学及中国传统文化发表一系列肯定性讲话。这些讲话着重从儒学资源出发，阐述对当代中国及世界问题的认识，标志着中国共产党人对儒学的认识发生了历史性转折。[①] 如果从宏观上来审视，对待儒学与西学的关系，呈现两种倾向：全盘西化的"媚外主义"和以中拒西的"复古主义"。"在五四新文化运动及其后相当一段时期，由于对中西文化的讨论往往与现实的社会政治情势纠缠在一起，人们往往容易为'非此即彼'的二值逻辑思维方式所支配，难以对中西文化的优劣采用一种较客观的、平静的心态，其结果，不是提倡'全盘西化'，就是主张'以中拒西'。"[②]从实践来看，这两种倾向都不可避免地会走向两个极端，即文化虚无主义或文化复古主义。这都不利于传统文化的发展。对待以儒学为骨干的传统文化，既要反对五四以来的唯西学马首是瞻、对本土文化丧失自信的文化虚无主义，又要反对进入21世纪以来彻底排外、唯我独尊的文化复古主义。"全盘西化"已经被历史证明不足取，一味吹捧西学、看不起本土文化，最终的结果是失去了民族自尊心、自信心，丢掉了民族魂。复古主义虽然还没有形成潮流，但种种迹象表明，这种矫枉必先过正的复古思潮已初露端倪。很显然，这两种极端的做法都不是客观理性的态度，从根本上也不利于传统文化的弘扬。"'一切惟泰西是举'固然难以建立中国思想传统的主体性，试图不与西方思想传统发生关系，从 20 世纪以来已经建立的现代中国学术中剔除任何'西学'的因素而回到传统'旧学'的形态，同样是既不健康也不可能的思路，只能落入'断港绝河'。"[③]因此，对儒学与西学的关系应坚持客观、务实的态度，既要承认并汲取西学的精华，又要结合当今时代有所鉴别地传承优秀传统文化。具体到本书而言，就是要以西学"宗教生态"的理念，观照《论语》中的生态思想。在客观阐释西学相关理念的基础上，结合儒学的历史传统及其特殊性质，探讨在当今社会儒学思想的时代价值。简言之，对待西学与儒学应保持平和宽容的学术心态，以儒学为主体，以西学为参照，紧跟

---

① 参见王学典等：《近年儒学研究十大热点》，2015 年 9 月 28 日，http://www.rujiazg.com/article/id/6382/。

② 胡伟希：《20 世纪西方哲学东渐史：中国本土文化视野下的西方哲学》，首都师范大学出版社 2007 年版，第 149 页。

③ 彭国翔：《儒家传统：宗教与人文主义之间》，北京大学出版社 2007 年版，第 12 页。

时代，从传统资源中寻求儒学的当代价值，使儒学从高堂庙宇里走出来，从曲高和寡的“象牙塔”里走出来，既要有学理研究的“小众”之学，又要有经世致用、成为百姓日用而不知的“大众”之学，只有这样，儒学在当代社会的复兴才有价值和意义。

二、儒学的宗教性

儒学是不是儒教一直是学界争论的话题，至今难以定论。总体而言，这种争论是在西方文化语境下进行的。“儒学是否是哲学，是否是宗教，一直在争论，其背后是西方哲学与宗教的概念在支配讨论，概念理解不同，持论也就不同。从西方发达的宇宙论和知识论看儒学，儒学便不像哲学，只是一种伦理学说而已，只有老子和道家略为接近哲学。从西方基督教的‘上帝观’与‘救赎论’看儒学，儒学便不是宗教；但从有的西方学者提出的‘宗教性’与‘终极关怀’作为衡量宗教的标准来看，则儒学便可视为宗教。”[①]从宏观上看，大致可以分为两种观点。一种是以任继愈、何光沪、李申等为代表，认为儒学具有宗教的特质，主张儒学是儒教。任继愈在20世纪80年代相继发表了一系列文章，如《论儒教的形成》《儒家与儒教》《儒教的再评价》等，明确指出儒学是宗教。[②] 这种观点引起学界的强大反响，掀起了一场儒学与儒教的激烈争论，受到诸多学者的质疑。尽管如此，任继愈仍然坚持自己的观点：“这个看法是否成立，还有待于进一步探讨。有人不承认宋明理学是宗教，不承认董仲舒的天人感应的神学目的论是宗教，认为儒家有功，因为它抵制了宗教，事实上它本身就是一种宗教。”[③]其实，儒学是儒教的看法在任继愈之前就有学者论及。牟宗三在《中国哲学的特质》一书中明确指出：“一个文化不能没有它的最基本的内在心灵。这是创造文化的动力，也是使文化有独特性的所在。依我们的看法，这动力即是宗教，不管它是什么形态。依此，我们可说：文化生命之基本动力当在宗教。了解西方文化不能只通过科学与民主政治来了解，还要通过西方文化之基本动力——基督教来了解。了解中国文化也是同样，即要通过作为中国文化之动力之儒教来了解。”[④]很显然，牟宗三认为中国文化的原动力就是儒教。另一种观点主张儒

① 牟钟鉴：《新仁学构想——爱的追寻》，人民出版社2013年版，第181页。

② 参见任继愈：《论儒教的形成》，《中国社会科学》1980年第1期；《儒家与儒教》，《任继愈宗教论集》，中国社会科学出版社2010年版，第484～493页；《儒教的再评价》，《社会科学战线》1982年第2期。

③ 任继愈：《儒家与儒教》，《任继愈宗教论集》，中国社会科学出版社2010年版，第492页。

④ 牟宗三：《中国哲学的特质》，吉林出版集团有限责任公司2010年版，第101页。

学是人文之学，不是儒教，但带有宗教性。这一观点在学界较为普遍。如徐复观、陈来等。他们认为，儒学在孔子之前就基本完成了从宗教性到人文性的转化，到孔子时期，只是强化了儒学的人文性，而非宗教性。如陈来在《古代宗教与伦理——儒家思想的根源》一书中认为，西周文化所造就的中国文化的精神气质是后来儒家思想得以产生的源泉和基体，而西周文化是夏朝之前的巫觋文化、夏商时期的祭祀文化逐步理性化的结果，体现的是礼乐文化。这种理性化不仅具有对巫觋文化排斥的一面，而且它的理性化更带有一种人文的理性化的倾向。[①] 需要指出的是，在坚持儒学人文性的前提下，陈来仍然承认儒学具有宗教性："这种人文实践的理性化，并不企图消解一切神圣性，礼乐文化在理性化的脱巫的同时，珍视地保留着神圣性与神圣感，使人对神圣性的需要在文明、教养、礼仪中仍得到体现。礼乐文化所提供的这种文化结构及其功能，是很难用现代社会学的分化观念加以衡量的。"[②]儒学具有宗教性，其本质在于儒学具有一种超越精神。"如果儒学是宗教，那么其性能又如何评价？从基督教的超越主义看，'儒学是宗教'便意味着它同样具有超越精神，是一种高层次的思想文化。"[③]简言之，无论是主张儒学是宗教的"儒教论"，还是主张儒学不是儒教的"人文论"，两者在"儒学具有宗教性"这一点上基本是一致的，只是强调的程度不同而已。"具有宗教性的人文主义，较之世俗的人文主义，既符合儒家传统的精神方向与特质，或许也更为圆满。"[④]

三、儒学之定位

在当前乃至今后一个时期，西学与传统文化尤其是西学与儒学的争论不会停止，但是，两者的位置正在悄然发生变化。原来是"西风压倒东风"，现在是西风未艾、东风乍起而且势头渐猛，能否达到"东风压倒西风"还需要时间检验。但是，儒学逐渐回归大众视野却是不争的事实。能否实现这一目标，关键在于儒学能否像传统社会那样融入日常生活，潜移默化地指导并影响人们的言行举止。因此，本书的主要目的之一就是以西学的理念为参照，探讨儒学在当代社

---

① 参见陈来：《古代宗教与伦理——儒家思想的根源》，生活·读书·新知三联书店 2009 年版，第 9～13 页。

② 陈来：《古代宗教与伦理——儒家思想的根源》，生活·读书·新知三联书店 2009 年版，第 14 页。

③ 牟钟鉴：《新仁学构想——爱的追寻》，人民出版社 2013 年版，第 181 页。

④ 彭国翔：《儒家传统：宗教与人文主义之间》，北京大学出版社 2007 年版，第 11 页。

会的具体价值及其实践路径。只有把儒学与当今现实社会结合起来，为受到日益关注的生态问题的解决提供切实可行的具体路径，儒学才能接地气，从而被时代所接受。

儒学的宗教性是儒学的特质之一，也是儒学回归现实社会比较切实可行的一种路径。在当今中国，以汉族为主体的中国人面临信仰迷乱甚至缺失等问题。从某种程度上来说，主流价值观并未在人们的心灵中占据所期望的主导地位，佛教、道教等宗教信仰逐渐弱化了宗教的神秘色彩，成为实用主义、功利主义、现实主义的奴婢。在某些地区，寺庙售卖信仰、民众购买信仰成为特有的"风景"。功德箱问题日益受到社会的关注，成为政府职能部门努力解决的宗教领域突出问题之一。[①] 天主教、基督教发展较为迅速，但由于历史等多种原因，许多自发的基层组织并未得到官方认可，地下教会、家庭教会没有取得合法地位，民众的信仰在不稳定性的状态中上下波动。而且，天主教、基督教并未成为民众(少数民族除外)信仰的主流。[②] 伊斯兰教等其他宗教由于具有民族性，只是在本族群范围内传播，发展相对比较稳定，对汉族这一族群影响甚微。基于上述原因，汉族这一族群的信仰成为当今时代所要解决的重要课题。从历史上看，儒学的传播、发展与演化是以汉族为主体展开的，不可否认，汉族这一族群的信仰是以儒家思想为核心或底色。"儒教代表了中国封建社会发达的文化，是一个包罗万象的体系，它不仅综合了自先秦以来的儒家思想，也广泛吸收了佛教、道教和其他一些学术流派的精神成果。它尊天命而又重人事，讲求治国平天下的道理以及处世为人的准则，教导人们如何自觉地克制情欲和物质生活要求，即宋儒所说的用'天理之正'去克服'人欲之私'。"[③]可以说，儒学的宗教性在传统社会是汉族人信仰的基础，也是底色。正因如此，在当前提出复兴传统文化、以儒学为核心重建汉族人的信仰既是现实的需要，也具有历史根据。因此，本书坚持"儒学具有宗教性"这一立场，认为儒学的宗教性能够为汉族人重建信仰提供精神资源。由此，作为儒学的元典《论语》具有宗教性质和宗教思想，不仅为人们提供为人处世、修齐治平的理念与规则，而且也为人们奉献了信

---

① 国家宗教局 2015 年的工作部署中，依法解决"功德箱"问题成为工作重点之一，参见《任务解读 2015》，《中国宗教》2015 年第 1 期。

② 2012 年，北京大学课题组专门对汉族地区的宗教信仰进行了抽样调查，认为信仰佛教的人群要远远大于天主教、基督教。参见卢云峰、张春泥：《当代中国基督教现状管窥：基于 CGSS 和 CFPS 调查数据》，《世界宗教文化》2016 年第 1 期。

③ 任继愈：《儒教的再评价》，《任继愈宗教论集》，中国社会科学出版社 2010 年版，第 500 页。

仰的圭臬。《论语》在信仰重建、生态文明建设方面具有非常重要价值，需要深入挖掘与检讨。

第二节 《论语》文本的宗教价值

《论语》是一部语录体散文集，由孔子弟子及再传弟子编纂而成，主要记录孔子及其弟子的言行，较为集中地反映了孔子的思想，是儒家学派的经典著作之一，被西方人称为“东方的《圣经》”。这是比较普遍的看法。如果从宗教之视野来审视，《论语》不仅是一部儒家学派的经典，而且是一部宗教经典，带有较强的宗教色彩。从宏观上来看，任何一部宗教经典，比如基督教的《圣经》、伊斯兰教的《古兰经》，在塑造群体理想、建立社会规范、约束个体行为等方面都具有不可替代的重要地位，而且诠释不断，传承不衰。以此来审视，《论语》自从问世以来，对中国人的影响远远超过了一般文化典籍，具有宗教经典的历史地位。颜炳罡指出：“《论语》作为‘圣人之至教，王者之大化’，而成为中华文化经典中的经典，借助于孔子‘至圣先师’的历史地位，《论语》成为真正意义上的‘圣经’。两汉以下，大凡识字的中国人没有不知道《论语》的，稍有文化的中国人没有不读《论语》的，大凡中国人没有不受《论语》直接或间接影响的。经过几千年的浸润、熏习、陶冶，《论语》成为中国人价值取向的根据、生活的向导。”[①]

一、在社会作用上，《论语》具有宗教元典之功能

（一）信仰层面：主张天命观

在《论语》里，“天”“命”“天命”出现多次，据统计，除复音词“天下”“天子”“天道”之外，单说“天”字，出现了十八次，其中，除去他人说的，孔子说了十二次。“命”字出现了二十一次，孔子讲“命”有五次。“天命”一词出现了三次。[②]“天”“命”“天命”在不同篇章中出现，意义也不尽相同。对这些词的理解，尤其是对“天”的理解，历来多有争议。如果从宗教的视角来审视，大致可以分为两类：一类认为这些词不具有神圣性，是自然之天、道德之天、义理之天等，如郭沫

---

① 唐明贵、刘伟：《论语研探》，中国社会科学出版社 2014 年版，“序”第 1 页。

② 唐明贵、刘伟：《论语研探》，中国社会科学出版社 2014 年版，第 68 页。

若的“自然之天”①、徐复观的“道德之天”(道德的超经验的性格)②。另一类则恰恰相反,认为这些词具有神圣性,认为“天”是世间的最高主宰,也是超自然力量。如牟宗三认为“天”是“人格神”(Personal God)③,赵法生认为“天”是主宰、决定一切的“至上神”。④ 一般而言,在整个20世纪的中国大陆,前一种观点占据了主流。即便现在,这种观点依然盛行,只不过后者的声音渐渐强劲。如果仅仅凭借前者,我们无法认识到一个全面的孔子,也无法真正了解孔子的思想。对此,赵法生做了比较深刻的分析:“20世纪的中国思想史研究中,孔子的天命观与终极关怀问题在很大程度上被悬置了起来,这与这一时期的时代思潮密切相关。在20世纪中国的大部分时间里,宗教成了愚昧与落后的代名词,受此影响,激进主义的革命思想家们将孔子看作是一个力图将历史车轮拉回到奴隶制时代的可怜虫,对于他的天命信仰问题不屑一顾;保守主义学者则怀着一颗爱护孔子的拳拳苦心,极力淡化宗教性在孔子思想体系中的地位以突出其思想中的人文主义内涵,以证明孔子思想的进步性。然而,随着‘文革’结束以后民族理性的逐步恢复,人们对于儒学的认识逐步趋于客观,孔子思想中的宗教性面向也随之显露了出来。宗教性面向在孔子学说中居于重要地位,舍弃了这一面向,我们便无法理解孔学的真精神,也无法厘清孔子人文主义思想的来源与特征,那样,我们只能得到一个残缺不全的孔子。”⑤事实证明,仅从非神圣性的视角来认识《论语》中的“天”“命”“天命”这些关键词,很难令人信服。《论语》虽然是一部综合性著作,集哲学、政治、教育、文学等多种思想于一体,但是它的宗教性韵味非常浓厚,最集中的体现就是主张“天命观”。一方面,“天”是超自然力量,决定政权的更替、个体的命运、对人进行奖惩,是世间万物的最终根源;另一方面,人可以知“天”、畏“天”,可以与“天”进行沟通。

“天”是超自然力量,是“至上神”。“天”对人间的一切能够选择、决策、奖励、惩罚,具有“人格神”的特征。“孔子的天命观承继了西周的天命观,即天是历史中的上帝,是拟人化的神,是自然界的主宰。”⑥主要体现在以下几个方面:其一,“天”是政权更替的最终决定者。“咨!尔舜!天之历数在尔躬,允执其

① 参见郭沫若:《青铜时代》,中国人民大学出版社2005年版,第34页。
② 参见徐复观:《中国人性论史》,华东师范大学出版社2005年版,第54页。
③ 参见牟宗三:《中国哲学的特质》,吉林出版集团有限责任公司2010年版,第41页。
④ 参见赵法生:《论孔子的信仰》,《世界宗教研究》2010年第4期。
⑤ 赵法生:《孔子的天命观与超越形态》,《清华大学学报》(哲学社会科学版)2011年第6期。
⑥ 张守东:《论孔子的天命观》,《中国政法大学学报》2008年第1期。

中。四海困穷，天禄永终。”(《论语·尧曰》)这是尧对他的继任者舜进行的告诫。要想做到政权稳固，就必须“允执其中”，如果“四海困穷”，政权就会被上天终结。由此可知，政权的最终决定权在于“天”。这与“皇天无亲，惟德是辅”具有根本的一致性。表面上是要求执政者要以黎民百姓的福祉为本，推行仁政，实质上却显示出“天”是政权存续的最终决定者。其二，“天”是个体命运的决定者。“死生有命，富贵在天。”(《论语·颜渊》)“言人死生短长，各有所禀之命，财富位贵则在天之所予，君子但当敬慎而无过失，与人结交恭谨而有礼。”[①]颜回去世，孔子连呼“天丧予！天丧予！”(《论语·先进》)“天生德于予，桓魋其如予何？”(《论语·述而》)“文王既没，文不在兹乎？天之将丧斯文也，后死者不得与于斯文也；天之未丧斯文也，匡人其如予何？”(《论语·子罕》)“天下之无道也久矣，天将以夫子为木铎。”(《论语·八佾》)无论是颜回的去世，还是桓魋的追杀，抑或是个体的命运，在孔子看来，都是上天的安排，非人力所能及。“在这里，从个体的‘死生’到人生之‘富贵’，都表现了一种超出个体之驾驭能力的归向，也都指向了一个共同的根源，这就是冥冥之中之最高主宰的‘天’及其所规定的‘命’。对个体来说，它既表现先天的禀赋，又表现为后天的际遇、限制，甚至连生命之寿夭长短这些个体所完全无法驾驭、又无从掌控的趋势也都属于‘命’。”[②]其三，“天”可以对人进行奖惩。王孙贾问曰：“与其媚于奥，宁媚于灶，何谓也？”子曰：“不然；获罪于天，无所祷也。”(《论语·八佾》)在孔子看来，人若得罪了上天，向神灵祈祷是没有用的。豁免权在“天”的手里，由“天”来决定。子见南子，子路不高兴。孔子发誓说：“予所否者，天厌之！天厌之！”(《论语·雍也》)人在世间做了不该做的事情，上天知道后会加以惩罚。孔子以“天厌之”立誓，可见天在孔子与弟子心目中的地位之高，也是是非曲直的最终裁判者。其四，“天”是人类与世间万物得以生存的最终根源。“天何言哉？四时行焉，百物生焉，天何言哉？”(《论语·阳货》)“以孔子为代表的儒家学者都认为，人及其世界的一切都是天地创生的，人来源于天地，源于自然。孔子云：‘天何言哉？四时行焉，百物生焉。’‘百物生焉’，当然人在其中。”[③]这种对人类最大的福祉，“天”并没有述说，只是让人去体察。在这里，天的人格神特征也非常明显。虽然学界多把此句中的“天”解释为“自然之天”，但天的神圣色彩依然非常浓厚，

① 阮元校刻：《十三经注疏·论语注疏》，方向东点校，中华书局2021年版，第291页。

② 丁为祥：《命与天命：儒家天人关系的双重视角》，《中国哲学史》2007年第4期。

③ 颜炳罡：《人伦日用即道：颜炳罡说儒》，孔学堂书局有限公司2014年版，第97页。

因为天是人类与世间万物存在的最终依据。

人可以知天、畏天，能够与天进行沟通。其主要体现在以下几个方面。一是人能够知天命。既然天是人类与世间万物的主宰者、个体命运的决定者，从总体趋势而言人不能从根本上改变天命，只能知天命、顺天命。所以，孔子说："五十而知天命。"（《论语・为政》）"不知命，无以为君子也。"（《论语・尧曰》）徐复观认为："孔子'五十而知天命'的'知'，是'证知'的知，是他从十五志学以后，不断地'下学而上达'，从经验的积累中，从实践的上达中，证知了道德的超经验性。"[①]任何宗教都要求人们遵照神的指示去实践，遵循约定俗成的社会道德规范，神的意志与社会道德的旨归在本质上是一致的。知天命在于认识天命、顺应天命，不违背天命，使行为合乎社会道德，从而达到上天的要求。二是人要畏天命。畏，含有畏惧、害怕之意。人有畏惧之心，就会有禁忌之虞，就不会目空一切、为所欲为。"君子有三畏：畏天命，畏大人，畏圣人之言。小人不知天命而不畏也，狎大人，侮圣人之言。"（《论语・季氏》）李泽厚认为，"此处三畏似均宜作'敬畏'之'畏'解，它是'敬'的极度形态"[②]。也有学者将其解释为"畏敬"，认为孔子的"畏"是境域中本源发生处身情态之"畏"，"敬"则是次生的"意发之和"。[③] 此种说法是"畏"在前而"敬"在后，但笔者认为这是对非神圣性事物而言，先有惧怕，然后再达到恭敬。对神圣事物，并不一定是这样。此句中的"天命"，是"天"为人类所制定的规则。这种规则带有很强的神圣性，非人力所能改变。对天命，"畏"是以"敬"为前提，没有恭敬之心，也就谈不上畏惧之感。人只有在"敬"天的前提下，才能真正有畏惧之心；心有所畏，行有所止，有所为有所不为，从而实现上天对人的要求。三是在特定情况下人能够与天进行交流。一方面，人不能欺骗天。子疾病，子路使门人为臣。病间，曰："久矣哉，由之行诈也！无臣而为有臣。吾谁欺？欺天乎！且予与其死于臣之手也，无宁死于二三子之手乎！且予纵不得大葬，予死于道路乎？"（《论语・子罕》）"此章言孔子不欺也。"[④]显然，在孔子的语境中，"不欺"的对象是"天"。另一方面，天能够知人。子曰："莫我知也夫！"子贡曰："何为其莫知子也？"子曰："不怨天，不尤人，下学而上达。知我者其天乎！"（《论语・宪问》）此言虽然是反问句，其实在孔子心

① 徐复观：《中国人性论史》，华东师范大学出版社2005年版，第54页。
② 李泽厚：《论语今读》，生活・读书・新知三联书店2008年版，第495页。
③ 参见陈天庆：《试论"君子三畏"——孔子天命思想的存在意义》，《江苏社会科学》2009年第1期。
④ 阮元校刻：《十三经注疏・论语注疏》，方向东点校，中华书局2021年版，第220页。

中，只有“天”才最了解自己。人的行为，天能够看到。所以，人不能欺骗天，也不要怨天尤人，只要尽力而为，因道行事，就可以得到天的理解和支持。

（二）社会层面：倡导基本规范

任何宗教经典，不仅约束信众的个体行为，而且对整个社会的运行都有明确的指导理念，这些理念落实到实践层面就是社会治理的基本规范。具体到《论语》而言，《论语》里所倡导的基本规范对整个传统社会的政治、法律和社会生活起到了明确的指导作用，产生了重要影响。

在政治层面，《论语》成为治国理政的理论基础。这主要体现在：《论语》成为国家诏令制定的理论来源、“大一统”思想被推崇。第一，历代执政者都把引用《论语》中的某些章句作为颁布政令的理论依据。据《汉书・武帝纪》，汉武帝元朔元年（前 128 年），发布了《举孝廉诏》，其中引用“夫十室之邑，必有忠信；三人并行，厥有我师”之句。对此，颜师古注曰：“《论语》称孔子云：‘十室之邑，必有忠信如丘者焉。’又曰：‘三人行，必有我师焉。择其善者而从之，其不善者而改之。’故诏引焉。”“这是《论语》经文首次较为完整的出现在皇帝诏书中，实开后世皇帝征引《论语》缘饰诏令之先河。”[①]再如，唐玄宗李隆基在所颁布的公文中多次引用《论语》，以作为推行政令的依据。有学者统计，在《全唐文》里，玄宗在《赐隐士卢鸿一还山制》（卷二十一）、《春郊礼成推恩制》（卷二十四）、《南郊推恩制》（卷二十五）、《出宫人诏》（卷二十六）、《缓征诏》（卷二十七）、《整饬民风诏》（卷二十七）、《劝选人勤学业诏》（卷二十八）、《遣萧嵩往泰州致祭山川诏》（卷三十）、《令蕃客国子监观礼教敕》（卷三十四）、《戒州县抚民敕》（卷三十五）、《褒赐韦坚等敕》（卷三十六）、《答张九龄请西幸改期宣付史馆批》（卷三十七）、《起义堂颂序》（卷四十一）等中多次征引《论语》，内容涉及教育、举贤才、祭祀、丧礼、恤民等诸多方面。[②] 第二，孔子的“大一统”思想逐渐得到后人尊崇，在传统社会根深蒂固。“天下有道，则礼乐征伐自天子出；天下无道，则礼乐征伐自诸侯出。自诸侯出，盖十世希不失矣；自大夫出，五世希不失矣；陪臣执国命，三世希不失矣。天下有道，则政不在大夫。天下有道，则庶人不议。”（《论语・季氏》）孔子认为，制定礼乐、决定征伐这样影响全国的大事应当由一国之君来决定，不能“陪臣执国命”，这是“大一统”思想的肇始。孟子提出了天下“定于一”（《孟子・梁惠王》），荀子主张“四海之内若一家，通达之属莫不从服”（《荀子・

① 唐明贵、刘伟：《论语研探》，中国社会科学出版社 2014 年版，第 195～196 页。

② 参见唐明贵、刘伟：《论语研探》，中国社会科学出版社 2014 年版，第 196～197 页。

议兵》),《公羊传·隐公元年》出现了“大一统”,后经董仲舒阐发,提出了政治上、思想上要“大一统”,成为西汉治理国家的主要指导思想。自此以后,“大一统”的理念植根于中华民族的内心深处,成为人们衡量政治有序、天下有道的主要标志。所以在中国古代社会,虽然统一与分裂交相更替,有短暂的分裂,如魏晋南北朝、五代十国,但总的来说,统一是中华民族历史发展的主流,是不可逆转的总趋势;割据分裂的局面虽然不时出现,但它始终无法为人们所认可,始终不能被承认为正常、合理的政治状态,也始终被中华文化所排拒。[①]

在法律层面,《论语》是法律制定的指导思想。“汉代以降,随着儒家思想的独尊地位的确立,引儒入法,使法律条文儒家化,使儒家经义法律化,遂成为整个中国法律思想的特点……及至唐代,法律已完全儒家化。在这场纳儒入法的儒家化过程中,作为儒家重要经典的《论语》的作用也不容忽视,其经文中所体现出来的法律精神及原则也被直接或间接地纳入了法律条文中。”[②]“道之以政,齐之以刑,民免而无耻;道之以德,齐之以礼,有耻且格。”(《论语·为政》)用行政法律来约束公众,用刑罚来惩治违法犯罪,公众只是为了不被惩罚而保持行为上不违法,内心却没有因违法带来的羞耻感;如果用德行来引导公众,用礼来教导公众,公众就不但在行动上遵守法律,而且发自内心地服从法律。“不教而杀谓之虐。”(《论语·尧曰》)事先不进行教育,对犯了罪的人直接杀戮,这就是暴虐。上述两章都主张德礼教化胜于法律,要先教化后惩戒,可以说是“德主刑辅”思想的雏形。后经董仲舒的大力提倡,“德主刑辅”逐渐成为传统社会立法的指导思想。“两汉直至明清,各代都十分明确地把‘德主刑辅’作为立法的指导思想,强调立法必须符合封建伦理道德的要求。”[③]

在社会生活层面,《论语》成为教化世人的准绳。这从历代传承的启蒙书籍、家训中可以看出来。梁简文帝在《诫当阳公大心书》中云:“汝年时尚幼,所缺者学,可久可大,其唯学欤!所以孔丘言:吾尝终日不食,终夜不寝,以思,无益,不如学也。若使墙面而立,沐猴而冠,吾所不取。立身之道,与文章异,立身先须慎重,文章且须放荡。”[④]简文帝引用《论语》告诫儿子要重视学习。《颜氏家训》也多次引用《论语》阐述为学交友之道。“君子必慎交游焉。孔子曰:‘无友

① 参见黄朴民:《论中华文化与国家统一》,《光明日报》2003年5月27日。

② 唐明贵、刘伟:《论语研探》,中国社会科学出版社2014年版,第216页。

③ 唐明贵、刘伟:《论语研探》,中国社会科学出版社2014年版,第216页。

④ 严可均辑:《全梁文》卷十一,商务印书馆1999年版,第113页。

不如己者。'颜、闵之徒,何可世得!但优于我,便足贵之。"(《颜氏家训·慕贤第七》)司马光在《训俭示康》中说:"吾本寒家,世以清白相承。吾性不喜华靡,自为乳儿,长者加以金银华美之服,辄羞赧,弃去之。二十忝科名,闻喜宴独不戴花。同年曰:'君赐不可违也。'乃簪一花。平生衣取蔽寒,食取充腹,亦不敢服垢弊以矫俗干名,但顺吾性而已。众人皆以奢靡为荣,吾心独以俭素为美。人皆嗤吾固陋,吾不以为病,应之曰:'孔子称"与其不逊也,宁固";又曰"以约失之者鲜矣";又曰"士志于道而耻恶衣恶食者,未足与议也。"'古人以俭为美德,今人乃以俭相诟病,嘻,异哉!"[①]在此,司马光引用《论语·述而》《论语·里仁》的经文,告诫司马康要崇尚节俭、不要奢侈。尤其是清代秀才李毓秀以《论语·学而》中的"弟子入则孝,出则悌,谨而信,泛爱众,而亲仁,行有余力,则以学文"为主线所作的《训蒙文》,后经贾存仁修订更名为《弟子规》,对孩子进行启蒙教育,广为流传。经过300多年的传播,《弟子规》已经成为教育子女敦伦尽分、防邪存诚、养成忠厚家风的必读书目,对现代青少年思想品德的熏陶以及人际和谐交往仍然具有现实意义。

(三)个体层面:塑造理想人格

在对个体理想人格的塑造上,《论语》提出君子人格,要求人通过学习修身,力争做"君子"。《论语》开篇曰"学而时习之,不亦说乎?有朋自远方来,不亦乐乎?人不知,而不愠,不亦君子乎",便提出了"君子",《论语》最后一章则以"不知命,无以为君子也;不知礼,无以立也;不知言,无以知人也"作结,又提出了"君子",首尾呼应,并非巧合,而是编定者有意为之。其目的在于告诫人们要通过学习孔子之道,做"君子"。"'君子'是整部《论语》关注的中心,也是孔子梦寐以求的理想人格。在《论语》中,'君子'一词共有107处之多,而涉及到'圣人'或'圣'者只有5处。可见,孔子谈论最多的是'君子'而不是'圣人'。"[②]如何才能做君子?或者说,君子的具体标准是什么?《论语》大致提出了四条标准:以谋道弘道为人生理想、保持仁爱、遇事荣辱不惊、存敬畏之心。

其一,君子要以"谋道"作为人生理想。"君子谋道不谋食。耕也,馁在其中矣;学也,禄在其中矣。君子忧道不忧贫。"(《论语·卫灵公》)对此,江熙引董仲舒注并曰:"'遑遑求仁义,常患不能化民者,大人之意也。遑遑求财利,常恐匮乏者,小人之意也。'此君子小人谋之不同者也。虑匮乏,故勤耕。恐道阙,故勤

① 王人恩编著:《古代家训精华》,甘肃教育出版社1997年版,第154～155页。

② 余卫国:《中国知识分子的理想人格——〈论语〉理想人格新论》,《学术论坛》2005年第3期。

学。耕未必无饿，学亦未必得禄。禄在其中，恒有之势是未必。君子但当存大而遗细，故忧道不忧贫也。”[①]君子一生所追求的，“就是要卫道弘道，使道常在世间”[②]。

其二，君子要心存仁爱，依道行事。“富与贵，是人之所欲也；不以其道得之，不处也。贫与贱，是人之所恶也；不以其道得之，不去也。君子去仁，恶乎成名？君子无终食之间违仁，造次必于是，颠沛必于是。”(《论语·里仁》)朱熹对此注解道：“盖君子之不去乎仁如此，不但富贵、贫贱、取舍之间而已也。言君子为仁，自富贵、贫贱、取舍之间，以至于终食、造次、颠沛之顷，无时无处而不用其力也。然取舍之分明，然后存养之功密；存养之功密，则其取舍之分益明矣。”[③]人们追求富贵，舍弃贫贱，是人的本性，但对君子有特殊要求，那就是无论是追求富贵还是摆脱贫贱，都要依道而行，不能违背道义，实质上就是不要违背仁爱的本心。

其三，君子要笑看人生，宠辱不惊。人生无常，总是充满变数。作为君子，应当宠辱不惊，始终保持一颗平常心、一颗进取心。“君子坦荡荡，小人长戚戚。”(《论语·述而》)张栻注曰：“正己而不求诸人，故坦荡荡。徇欲而不自反，故长戚戚。坦荡荡非谓放怀自适，无所忧虑之谓也，谓求之在己而无必于外，故常舒泰云耳。”[④]君子行有不得，皆反求诸己，从自身找原因，省察自身不足，有则改之，无则加勉，做到这一点，还有什么可担心的呢？“君子泰而不骄，小人骄而不泰。”(《论语·子路》)杨伯峻译为：“君子安详舒泰，却不骄傲凌人；小人骄傲凌人，却不安详舒泰。”[⑤]君子遇强不惧，遇弱不欺，泰然平和，从不倚势凌人，小人则恰恰相反。“君子道者三，我无能焉：仁者不忧，知者不惑，勇者不惧。”子贡曰：“夫子自道也。”(《论语·宪问》)邢昺注解道：“仁者乐天知命，内省不疚，故不忧也。知者明于事，故不惑。勇者折冲御侮，故不惧。”[⑥]有仁爱之心，有解疑释惑之智，有临危不惧之勇，这是君子所应该具备的理想素质，所以孔子谦虚地说自己做不到。司马牛问君子。子曰：“君子不忧不惧。”曰：“不忧不惧，斯谓之君子已乎？”子曰：“内省不疚，夫何忧何惧？”(《论语·颜渊》)此章与“仁者不忧，

---

① 皇侃撰、高尚榘校点：《论语义疏》，中华书局 2013 年版，第 411 页。
② 李炳南：《论语讲要》，长江文艺出版社 2011 年版，第 279 页。
③ 朱熹：《四书章句集注》，中华书局 2011 年版，第 69 页。
④ 张栻：《张栻集》，杨世文点校，中华书局 2015 年版，第 169 页。
⑤ 杨伯峻译注：《论语译注》，中华书局 1980 年版，第 143 页。
⑥ 阮元校刻：《十三经注疏·论语注疏》，方向东点校，中华书局 2021 年版，第 355 页。

知者不惑，勇者不惧”同为一理，时刻检点自己，反省自己，改正自己，提高自己，还有什么可担忧、可害怕的呢？

其四，君子要存敬畏之心。孔子曰：“君子有三畏：畏天命，畏大人，畏圣人之言。小人不知天命而不畏也，狎大人，侮圣人之言。”(《论语·季氏》)心有所畏，行有所止。人如果没有敬畏之心，就会无所顾忌、为所欲为。作为君子，孔子认为应该做到敬畏天命、敬畏大人和敬畏圣人之言。因为“天命”意味着规律，不可违背；“大人”意味着执政者，为公众利益服务，不可抗拒；“圣人之言”意味着圣人之道、人生哲理，不可妄加臧否。这三者都是个体安身立命之本。所以，君子不能像小人那样“不知天命而不畏也，狎大人、侮圣人之言”(《论语·季氏》)。

二、在元典传承上，《论语》历久弥新、传承不衰

《论语》作为儒家经典，从开始编撰到最终定稿，如同其他宗教经典一样，经历了漫长的过程。随着经典的确定，在不同时代对《论语》的诠释持续不断。而且，每一次比较成熟的诠释，都与时俱进，历久弥新，对当时的社会产生了很大影响，甚至决定了思想发展的历史趋势。

(一)成典过程：历经多次集结

《论语》的编纂者以及具体成书时间，在学界一直存在争议。时至今日，仍没有统一的定论。

编纂者存在争议。比较有代表性的说法，大致分为三类：第一类认为《论语》编纂与孔子、孔子弟子及其再传弟子有关，如“孔子编定说”“孔子弟子编定说”“孔门弟子编定说”；第二类认为《论语》编纂是孔门之外的其他人所为，如“文景博士编定说”“邹鲁之士编定说”“后儒编定说”；第三类则认为《论语》编纂是一个动态变化的过程，编纂者并不固定，如“动态编定说”。

第一类，《论语》编纂与孔子、孔子弟子及其再传弟子有关。这类说法又分为三种：第一种，孔子编定说。此种说法以清朝的廖燕和李塨为代表，他们认为，《论语》是圣贤书，应该是孔子亲自修订，不是一般人所能为。廖燕说：“昔人称《论语》为孔子弟子所记，并无确据。余谓此书为大圣人经天纬地之文，岂他人可能代笔者耶？即篇中诸贤论说，亦皆孔子笔削之词。或群弟子有言从而附

益其间，要当以孔子为正。”[①]李塨也认为：“尝疑《论语》多属圣手亲定。后学诸经或可分读，惟《论语》宜人人熟诵也。”[②]此种观点旨在维护《论语》的神圣性和权威性，但说法颇为牵强，经不起考证，学界也多不认可。如《论语·泰伯》载：“曾子有疾，孟敬子问之。曾子言曰：‘鸟之将死，其鸣也哀；人之将死，其言也善。’”一般认为这是曾子去世之前告诫孟敬子的话。钱穆在《先秦诸子系年》中认为，孔子去世时曾参才二十七岁。如果《论语》是孔子编定的话，显然与此篇记载的曾子相矛盾。所以，此种说法不可取。

第二种，孔子弟子编定说。这里的孔子弟子不包含孔子弟子的再传弟子。这种说法认为，《论语》不是由孔子编定，而是由孔子的弟子编定。具体情况又分为两种：一种观点认为《论语》出自众弟子之手。西汉刘向曰：“《鲁论语》二十篇，皆孔子弟子记诸善言也。”[③]东汉赵岐在《孟子题辞》中云：“七十子之畴，会集夫子所言以为《论语》。”[④]东汉王充在《论衡·正说篇》中亦云：“夫《论语》者，弟子共记孔子之言行。”魏宋均注的《论语崇爵谶》中也说：“子夏六十四人共撰仲尼微言。”这种观点旨在说明《论语》成书是孔子众多弟子所为，是集体创作的结果，并非某一个或几个弟子的功劳。另一种观点则认为《论语》出自个别弟子之手，并非集体成果。个别弟子主要指仲弓、子游、子夏、子张、子贡、曾参。东汉郑玄认为《论语》出自仲弓、子游和子夏。他指出，《论语》是仲弓、子游、子夏等所撰定。（参见《论语郑氏注》宋翔凤辑本）晋傅玄云：“昔仲尼既没，仲弓之徒追论夫子之言，谓之《论语》。”（《昭明文选》李善注本）宋陆九渊附和此说：“郑康成、王肃谓《论语》为子游、子夏所编，亦有可考者。如《学而》篇‘子曰’次章便载‘有若’一章，又‘子曰’而下载‘曾子’一章，皆不名而以‘子’称之，盖子夏辈平昔所尊者此二人耳。”（《象山语录》）清刘宝楠赞同郑玄的观点，他说：“《论语》之作，不出一人，故语多重见，而编辑成书，则由仲弓、子游、子夏首为商定，故传《论语》者，能知三子之名。郑君习闻其说，故于《序》标明之也。”[⑤]现代有学者指出，《论语》主要作者是子贡、子夏、子张、子游、曾参。子贡与其他四位相比年龄较大，又“常相鲁卫”，社会地位较高，有很强的号召力，应是主要责任人，其他四

① 廖燕：《二十七松堂集》卷七《杂著》，日本文久二年（1862年）刻本。
② 李塨：《评乙古文》，民国十二年四存学会排印《颜李丛书》本，页十八上。
③ 阮元校刻：《十三经注疏·论语注疏》，方向东点校，中华书局2021年版，第9页。
④ 阮元校刻：《十三经注疏·论语注疏》，方向东点校，中华书局2021年版，第13页。
⑤ 刘宝楠：《论语正义》，高流水点校，中华书局1990年版，第793页。

位则是主要编辑人员。[1] 除了仲弓、子游、子夏外，清翟灏认为子张也是《论语》的编定者。他说："圣门文学之选，游、夏特称。夫子修《春秋》，惟以示游、夏。子游、子夏之预撰《论语》，征《谶》(指《论语崇爵谶》)言宜亦谓然。陆象山以尊有子为据。孟子言欲尊事有子者，子张与游、夏同也。《论语》第十九篇，附记群贤之言，子张、子夏、子游为多，而张居篇首。曾子虽称'子'，却居三子后。又似门人之各尊其本师者。且'子张书绅'，明见《语》中，则游、夏外应更数子张为记录人矣。先儒皆不言子张而言仲弓，不知又何别本?"[2]有学者明确指出《论语》系子张和子思所为。如日本学者物茂卿(名"双松")云："《上论》成于琴张，而《下论》成于原思，故二子独称名，其不成于他人之手者，审矣。"[3]有学者指出《论语》中的《宪问》篇是原宪所写。如宋胡寅认为《宪问》篇是原宪的著作，元赵顺孙又申之曰："《宪问》之为自记，不比他篇无左验。首章曰宪问耻，不书姓而直书名，其自记之验一也；他章夫子称弟子则名之，曾子、有子、冉子，门人所记则以子称，非其师者皆称字，如原思为之宰亦称字，而此独称名，其为自记之验二也；下章问克伐怨欲，不别其端而联书之，其自记之验三也。"[4]简言之，这种认为《论语》出自少数弟子或个别弟子的说法，核心在于明确《论语》成书是少数人的成果，而非集体的结晶。

第三种，孔门弟子编定说。孔门弟子包括孔子弟子及其门人。这种说法认为《论语》主要由孔子弟子及其门人编纂而成。《汉书·艺文志》云："《论语》者，孔子应答弟子时人及弟子相与言而接闻于夫子之语也。当时弟子各有所记，夫子既卒，门人相与辑而论撰，故谓之《论语》。"此种说法比较笼统，并未指出具体编纂者。与此不同，有学者明确提出是《论语》是由曾子、有子、冉有、闵子骞的门人编定而成。如柳宗元认为《论语》是由曾子的弟子编纂而成，他说："孔子弟子，曾子最少，少孔子四十六岁。曾子老而死，则去孔子也远矣。曾子之死，孔子弟子略无存者矣。吾意曾子弟子之为之也，何哉？且是书载弟子必以字，独曾子、有子不然，由是言之，弟子之号之也。然则有子何以称子，曰：孔子之殁也，诸弟子以有子为似夫子，立而师之，其后不能对诸子之问，乃叱避而退，则固尝有师之号矣。今所记独曾子最后死，余是以知之。"[5]宋程颐受此启发进而主

---

① 参见张信：《论〈论语〉的主要作者》，《内蒙古师范大学学报》(哲学社会科学版)2002年第5期。

② 翟灏：《四书考异·总考》卷九，上海古籍出版社2003年版。

③ 转引自唐明贵、刘伟：《论语研探》，中国社会科学出版社2014年版，第40页。

④ 翟灏：《四书考异·总考》卷九，上海古籍出版社2003年版。

⑤ 柳宗元：《柳河东集》，上海古籍出版社2008年版，第68～69页。

张为曾、有二子的门人共同编纂。[①] 宋永亨则主张增加闵子骞的门人，他说："《论语》所记孔子与人语及门弟子并对其人问答，皆斥其名，未有称字者；虽颜、冉高弟，亦曰'回'，亦曰'雍'。至闵子独云'子骞'，终此书无指名。昔贤谓《论语》出于曾子、有子之门人，予意出于闵氏。观所言闵子侍侧之辞，与冉有、子贡、子路不同，则可见矣。"[②]翟灏主张增加冉有的门人。他说："《论语》第六篇云，'冉子请粟'，第十三篇云，'冉子退朝'，即《侍侧章》'冉有、子贡'，唐石经亦作'冉子'，《适卫章》'冉有仆'，《义疏》与《论衡》《风俗通》皆作'冉子'。但以称'子'为断，则此书又有出于冉氏门人者矣。"[③]还有学者明确指出，子思是《论语》的最终编定者。"孔子的孙子子思肩负起了这个历史重任。他以孔子嫡孙的身份，召集孔子的再传弟子，以残缺的孔子文集为底本，通过汇集孔子的再传弟子记录的孔子弟子的口传亲授，经过选择、分类、校勘、加工、整理，最后裁定而成《论语》、《孔子家语》等文献。"[④]日本学者藤塚邻在《论语总说》中亦有类似论述："柳宗元、胡寅等人主张《论语》为曾子门人子思及与其同一观点人所作的说法大有重新提起的必要。"[⑤]

第二类，认为《论语》编定是孔门之外的其他人所为。大致分为三种：第一种，文景博士编定说。对此，赵贞信做了详细分析。他认为，《论语》的编成大约在文、景之间，而编纂人应是当时任博士职的齐、鲁大师。理由有二：一是春秋、战国时没有记孔子之言行的成书，其言语多杂记在简册之上。及秦焚书，散在民间。孝惠帝既除挟书之令，凡以前所记孔门言行的竹简，就也和其他的书籍一起拥入了官府。因为还没有编撰成帙，所以王充说它有数十百篇。一大堆记孔门言行的竹简，既立于学官，那些博士们将用以教人，势不得不加别择。经过一些齐、鲁大师别择，挑出了一堆比较"纯粹"的，定为今本《论语》的最初编成本，把其余那些重复的和不纯的删汰了。但齐人和鲁人在旧时传习上本不尽同。在齐地流传的记载孔门言行的简策，比流行于鲁地的要多。有好些在鲁人眼中认为不可信的，而齐人则不肯弃置。于是就只得各行其是，成为《齐论》《鲁论》二本。二是当时传《齐论》《鲁论》的十三人，传《齐论》的只有王卿是武帝时

---

① 参见唐明贵、刘伟：《论语研探》，中国社会科学出版社 2014 年版，第 41 页。

② 朱彝尊：《经义考》卷二百一十一，中华书局 1998 年版。

③ 翟灏：《四书考异·总考》卷九，上海古籍出版社 2003 年版。

④ 唐明贵、刘伟：《论语研探》，中国社会科学出版社 2014 年版，第 44 页。

⑤ [日]吉田贤抗：《日本关于〈论语〉撰者与编纂方式的研究与〈论语〉的注释工作》，伯骅摘译，《孔子研究》1988 年第 1 期。

人，其余五人都是宣、元以后的人；传《鲁论》的除龚奋不详外，也只有鲁扶卿一人是武帝时人，其余的五人也都是昭、宣以后的人。如果《齐论》《鲁论》在以前就有，为什么直到武帝时方有传人？可见这两部书是在文、景之时所编，鲁扶卿和琅邪王卿是最早受传的《论语》学者。因此，《论语》最初编成于文、景的时候，而编纂人是当时任博士职的齐、鲁大师。①

第二种，“邹鲁之士”编定说。单承彬认为，公元前428至公元前372年，鲁国都城曲阜活跃着一个由孔子及其弟子的后人、后学组成的“邹鲁学术集团”，他们主要从事与礼乐有关的文化活动。从今本《仪礼》、《礼记》、《大戴礼记》及新近出土的郭店楚简看，《论语》与这些文献在材料方面存在着明显的一致性。《论语》极有可能出自“邹鲁之士”之手。②

第三种，后儒编定说。清崔述认为，“《鲁论语》中所记之君大夫，如哀公、康子、敬子、景伯之属，皆以谥举，曾子、有子皆以子称，且记曾子疾革之言，则是孔子既没数十年后，七十子之门人追记其师所述以成篇，而后儒辑之以成书者，非孔子之门人弟子之所记而辑焉者也。然其义理精纯，文体简质，较之《戴记》独为得真，盖皆笃实之儒，谨识师言，而不敢大有所增益于其间也”③。

第三类，认为《论语》编纂是一个动态变化的过程，编纂者并不固定。笔者称之为“动态编定说”。吴龙辉认为《论语》的成书经历了两个阶段：一是孔子生前“弟子各有所记”的阶段，这应该算是《论语》编纂的前奏；二是孔子死后“门人缉而论纂”的阶段，这才是《论语》的正式编纂。前一阶段完成于“弟子”之手，后一阶段完成于“门人”之手。④ 高培华提出《论语》编纂过程可分为弟子分别搜集、合作汇编、成书定稿三个阶段，前两个阶段领纂者为仲弓、子游、子夏、有若、曾参、子张等人，其中子夏、曾参在接近完成时期发挥了关键作用；第三阶段成书者是以有子、曾子门人为主的再传弟子，再传弟子对其师领纂的“未定稿”有敬畏心理，虽重复章节也未予删改。⑤

成书时间存在争议。《论语》命名时间的探讨大致可归结为四种说法：秦朝之前、秦代、秦汉之间和汉代。第一，《论语》的命名在秦朝之前。“《论语》之名

---

① 参见赵贞信：《〈论语〉究竟是谁编纂的》，《北京师范大学学报》(社会科学版)1961年第4期。

② 参见单承彬：《论语源流考述》，吉林人民出版社2002年版，第49页。

③ 转引自张心澂编著：《伪书通考》，上海书店出版社1998年版，第453页。

④ 参见吴龙辉：《〈论语〉的历史真相》，《湖南大学学报》(社会科学版)2008年第5期。

⑤ 参见高培华：《第一部私学经典的诞生——〈论语〉编纂新探》，《河南大学学报》(社会科学版)2011年第5期。

应当起于先秦。”[1]有学者则比较明确地指出了具体的时间段。贾庆超提出《论语》的成书时间应在公元前436—前402年，大约34年的时间，具体在《中庸》《坊记》写作之前。[2] 王铁认为《论语》结集的年代应在上距曾子之死50年，下限断于公元前380年。[3] 张信推测《论语》大体成书于孔子逝世20年内。[4]

第二，《论语》的命名在秦代。黄立振认为《论语》定名应在秦代，对王充“《论语》之名到汉武帝才由孔安国、扶卿提出”的观点进行了反驳。其一，《坊记》有“《论语》曰”字样，表明《论语》之名最晚在西汉就有了。《隋书·经籍志》云：“汉初，河间献王又得仲尼弟子及后学者所记一百三十一篇献之，时亦无传之者。至刘向考校经籍，检得一百三十篇，向因第而叙之。而又得《明堂阴阳记》三十三篇，《孔子三朝记》七篇，《王氏史氏记》二十一篇，《乐记》二十三篇。凡五种，合二百十四篇。戴德删其烦重，合而记之，为八十五篇，谓之《大戴记》。而戴圣又删大戴之书为四十六篇，谓之《小戴记》。”《小戴记》又称《小戴礼记》或《礼记》，《坊记》乃是其中的一篇，斯文是否出于子思之手，暂且不去考证，仅就戴圣删定的时间，也要早于王充生世100来年，当然距离汉初得《坊记》的河间献王更要远了。其二，班固与王充是同时人，他在《汉书·艺文志》著录说：“《论语》古二十一篇。”据《孔丛子·独治》说：“陈餘谓子鱼（孔鲋字）曰：‘秦将灭先王之籍，而子为书籍之主，其危矣。’子鱼曰：‘顾有可惧者，必或求天下之书焚之，书不出则有祸，吾将先藏之以待其求，求至无患矣。’”由此可知孔宅壁中《论语》等书是孔鲋所藏。这说明秦时《论语》已有此名。[5]

第三，《论语》的命名在秦汉之间。朋星认为，“战国时期尚无此名，《孟子》、《荀子》多有引文，但都没有提名‘论语’。书名最早见于秦汉之际的《礼记·坊记》，孝文皇帝置《论语》博士。由此可以推定：书名是由后儒取定的，最迟在秦汉之间已被称呼使用”[6]。

第四，《论语》的命名应在汉代。赵贞信认为《论语》编定时间应在汉景帝末期或武帝初期。他在《“论语”一名之来历与其解释》中指出，据《汉书·董仲舒

---

① 牛鸿恩：《〈论语〉的释名现在可以论定了——〈郭店竹简·性自命出〉的“仑会”即〈论语〉之“论”含义》，《长江学术》2007年第1期。

② 参见贾庆超：《曾子领纂〈论语〉说》，《东岳论丛》2003年第1期。

③ 参见王铁：《试论〈论语〉的结集与版本变迁诸问题》，《孔子研究》1989年第3期。

④ 参见张信：《论〈论语〉的主要作者》，《内蒙古师范大学学报（哲学社会科学版）》2002年第5期。

⑤ 参见黄立振：《〈论语〉源流及其注释版本初探》，《孔子研究》1987年第2期。

⑥ 朋星：《〈论语〉书名之谜》，《孔子研究》1989年第1期。

传》记载，董仲舒对策中有“臣闻‘论语’曰：有始有卒者，其惟圣人乎”句，明称“论语”二字。而董仲舒对策早不过建元元年（前 140 年），晚不过元光元年（前 134 年），在此时之策文中已明用“论语”二字，则“论语”一名之成立，无疑当在此数年中或稍前，即景帝末年与武帝初年（前 140 年左右）。另外，《韩诗外传》中也有三处明称“论语”二字，而作《韩诗外传》的韩婴，在文帝时已为《诗》博士，景帝时曾为常山王太傅，武帝时他尚在。其晚年所作《韩诗外传》既明用“论语”二字，可为“论语”一名出现于景帝末或武帝初之又一证。[①] 同时，赵贞信又根据“万方”“中庸”两个词语的运用时间来进一步论证，《论语》命名应在汉代而不是在秦汉之间。[②] 韩仲民认为，“‘论语’这个书名到汉代才有，先秦诸子书中征引时只称‘孔子曰’，从来没有用过‘论语’名称。先秦子书都是以人命名，以义命名的也没有先例。汉代人引用这书中子夏、子贡、有若、曾子等人的话时，也称之为‘孔子曰’，可见这里所谓‘孔子’，应该是书名”[③]。郭沂认为，《论语》是由孔安国命名。“首先需要明确的是，《论语》命名于汉代。《论衡·正说篇》云：‘初，孔子孙孔安国以教鲁人扶卿……始曰《论语》。’这是可信的。观存最早使用《论语》其名的文献是《史记·仲尼弟子列传》‘余以弟子名姓大字悉取《论语》弟子问’，而司马迁正是孔安国的学生。在此之前，《论语》因其性质曾被称为《传》、《记》、《语》等。在孔安国命名之后，这些名称甚至仍在使用。”[④]针对《论语》命名在秦汉或汉代的说法，也有学者提出了质疑，认为这些说法不足信，《论语》命名时间应该在先秦时期。“因为近年出土的郭店楚简及从香港购得的上海博物馆竹简证明，《缁衣》与失传的《子思子》确实存在着某种联系，沈约说《缁衣》、《坊记》等篇取自《子思子》应是可靠的。既然《坊记》中已提到《论语》，那么至少在子思生活的时代《论语》已经成书。所以，‘论语’之名定于秦汉或汉代说不可信。”[⑤]

（二）传承过程：诠释与时俱进

任何一部宗教经典，在成典之后的传承过程中，会不断有神职人员或专业人士根据时代发展、社会需要以及宗教自身实际对元典进行诠释，每一次诠释，

① 转引自唐明贵：《中国学者近半个世纪以来的〈论语〉研究》，《古籍整理研究学刊》2005 年第 2 期。

② 参见赵贞信：《〈论语〉究竟是谁编纂的》，《北京师范大学学报》（社会科学版）1961 年第 4 期。

③ 韩仲民：《中国书籍编纂史稿》，中国书籍出版社 1988 年版，第 64 页。

④ 郭沂：《再论原始〈论语〉及其在西汉以前的流传》，《中国哲学史》1996 年第 4 期。

⑤ 唐明贵：《中国学者近半个世纪以来的〈论语〉研究》，《古籍整理研究学刊》2005 年第 2 期。

都会激发社会对元典新的理解，促进宗教变革，甚至会决定思想发展史的走势，如佛教经典、基督教经典等，《论语》在发展过程中亦是如此。《论语》成书之后，学者围绕《论语》展开了探讨，这也是《论语》学之肇始。无论是传统社会，还是进入现代社会，对《论语》的诠释一直是与时俱进、方兴未艾。从总体上来看，《论语》的诠释史大致可以分为两大部分，即传统社会时期的诠释史和现代社会的诠释史。传统社会时期的诠释史从两汉开始直至清朝结束，鉴于民国存续时间不长、文化传承并没有彻底改变，一般也把民国时期的《论语》诠释归结到传统社会。新中国成立之后，《论语》诠释进入现代社会。由于中国大陆的特殊政治形势，从新中国成立至改革开放这一时期的《论语》诠释政治色彩较为浓厚。改革开放之后，《论语》诠释逐渐步入正常的学术研究轨道。

20 世纪之前的《论语》学研究。大致分为三个历史阶段，即先秦两汉时期（形成期）、魏晋南北朝至隋唐时期（发展期）、宋元明清时期（高峰期）。

第一个阶段为先秦两汉时期，即《论语》学的形成期。这一时期，《论语》学正式形成，注解《论语》的版本比较多。根据清人侯康《补后汉书艺文志》考述，当时《论语》的诠释文本主要有贾逵的《论语注》、包咸的《论语章句》、郑众的《论语传》、马融的《论语训说》、何休的《论语训注》、郑玄的《论语注》《论语释义》《论语孔子弟子目录》、麻达的《论语注》、周氏的《论语章句》、盍氏的《论语注》、谯周的《论语注》、周生烈的《论语注》、程秉的《论语注》、陈群的《论语义说》、王肃的《论语注》等。[①] 上述版本有的失传，有的散见于其他著作。从宏观而言，这一时期《论语》学的成就主要体现在以下三个方面。

一是《论语》流行版本编定。《论语》成书是一个动态的过程，不可能一蹴而就，应该是由许多人在较长时期内编定的结果。"《论语》的作者和成书的准确时间已不可考。但可以肯定，它不是一时一人所作，而是由孔子的弟子和再传弟子，以至三传弟子，经过一个相当长的时间编成的。成书时间有认为在战国初期，也有认为是在战国末期，约在孔子死后数十年至 200 年间。"[②]具体哪些人参加了编纂，学界多有争议。[③] 又因当时条件所限（因为纸张尚未出现，只能刻在或书写在简帛上），因此，《论语》最终所形成的文本难免有歧异甚至矛盾之

① 参见侯康：《补后汉书艺文志》，二十五史刊行委员会编：《二十五史补编》第二册，中华书局 1988 年版，第 26～27 页。

② 钱逊：《〈论语〉讲义》，人民出版社 2012 年版，第 27 页。

③ 究竟有哪些弟子领衔和参与了《论语》的编纂，笔者做了比较详细的分析。参见刘伟：《孔子弟子与〈论语〉编纂探微》，《云梦学刊》2018 年第 6 期。

处。藤塚邻博士认为,“诸人出生地点、年龄、受业年限、思维能力、境遇等条件各有不同,将他们共同或单独地从孔子那里听到又经过互相讨论的问题,按各人的理解程度记述下来,这其间存在若干歧异及省略之处在所难免”①。西汉时期,当时官方流行的《论语》版本主要有三种:《鲁论》《齐论》《古论》。《汉书·艺文志》云:“《论语》古二十一篇。出孔子壁中,两《子张》。《齐》二十二篇。多《问王》《知道》。《鲁》二十篇,《传》十九篇。”皇侃《论语义疏叙》引刘向《别录》云:“鲁人所学,谓之《鲁论》;齐人所学,谓之《齐论》;合壁所得,谓之《古论》。”《鲁论》《齐论》《古论》内容并不完全相同,篇章亦非完全一致,具体语句也有偏差。尽管这三种版本研习者众多,“传《齐论》者,昌邑中尉王吉、少府宋畸、御史大夫贡禹、尚书令五鹿充宗、胶东庸生,唯王阳名家。传《鲁论语》者,常山都尉龚奋、长信少府夏侯胜、丞相韦贤、鲁扶卿、前将军萧望之、安昌侯张禹,皆名家”(《汉书·艺文志》),但从长远来看,多种版本流行并不利于圣人之言的教化与传播。为此,安昌侯在传《齐论》的基础上,对这三个版本进行了整合。《汉书·张禹传》载:“张禹字子文,河内轵人也。及壮,至长安学,从沛郡施雠受《易》,琅邪王阳、胶东庸生问《论语》,既皆明习,有徒众,举为郡文学。甘露中,诸儒荐禹,有诏太子太傅萧望之问。禹对《易》及《论语》大义,望之善焉,奏禹经学精习,有师法,可试事。久之,试为博士。初元中,立皇太子,而博士郑宽中以《尚书》授太子,荐言禹善说《论语》。诏令禹授太子《论语》,由是迁光禄大夫。”既然奉命为太子讲解《论语》,那么自然而然地就面临《论语》版本的选择取舍。因此,在《鲁论》《齐论》《古论》的基础上,张禹进行了修订整合:“禹先事王阳,后从庸生,采获所安,最后出而尊贵”(《汉书·张禹传》),“遂合而考之,删其烦惑,除去《齐论》《问王》《知道》二篇,从《鲁论》二十篇为定,号《张侯论》”(《隋书·经籍志》)。经张禹修订后的文本随后流行开来,“诸儒为之语曰:‘欲为《论》,念张文。’由是学者多从张氏,余家寝微”(《汉书·张禹传》)。张禹修订后的文本被后人称为《张侯论》,这也是《论语》学开始的主要标志。

二是《论语》经典注本开始出现。其主要有孔安国的《论语孔氏训解》、包咸的《论语章句》、马融的《论语训说》和郑玄的《论语注》。其中,《论语孔氏训解》是最早的注释文本。《汉书·艺文志》虽云“《论语》类十二家、二百二十九篇”,但都没有流传下来。《论语孔氏训解》在《汉书·艺文志》中虽然没有记载,但在

---

① 转引自[日]吉田贤抗:《日本关于〈论语〉撰者与编辑方式的研究与〈论语〉的注释工作》,伯骅摘译,《孔子研究》1988年第1期。

何晏《论语集解》、裴骃《史记集解》、李善《文选注》、李贤《后汉书注》中都有详细记载或提及。这无疑是《论语》学早期的研究资料，具有较高的史料价值，对《论语》在后世的传播做出了独特贡献。朱彝尊《经义考》引宋人姚雪坡评价曰："六经之传行于世者，《诗》《礼》笺注自郑康成，始于东汉。《易》《春秋》注自王弼、杜预，始于魏晋。出西汉者，独孔安国《书》传耳！然安国《书》传本出伪托，惟《论语集解》中所引孔氏训，则解经首功矣！"①

三是《论语》被神学化。随着汉代谶纬思潮的流行，《论语》作为体现圣人主要思想的著作也被神学化，在诠释文本过程中孔子及其孔门弟子被赋予神秘色彩，出现了《论语纬》或《论语谶》。"纬"与"谶"同义，"纬者，经之纬也。亦称谶"（王鸣盛《蛾术篇·谶纬》）。关于《论语谶》的记载，最早见于《白虎通·辟雍》："《论语谶》曰：五帝立师，三王制之。"《隋书·经籍志》中《七录》里有"《论语谶》八卷，宋均注"的记载。李贤注"乃案七经谶、明堂图"（《后汉书·张纯传》）云："《七经》谓《诗》《书》《礼》《乐》《易》《春秋》及《论语》也。"有学者认为《论语纬》形成的"上限应在刘歆之后，下限则当在白虎观会议之前"②。《论语谶》的篇目有八种："比考谶、撰考谶、摘辅谶、摘衰圣承进谶、阴嬉谶、秦王受命谶、纠滑谶、崇爵谶。"③"谶纬之学"多是穿凿附会，带有明显的"法古""宗圣"特点。如"皇者天。天不言，四时行焉，百物生焉。三皇垂拱无为，设言而民不违，道德玄泊，有似皇天，故称曰皇"④。同时，在具体内容上，多是围绕神化孔子及其弟子、宣传符瑞与君权神授而展开。如《论语谶·撰考谶》认为孔子出生神秘，必为神人之后："叔梁纥与征在祷尼丘山，感黑龙之精。"⑤《论语谶》还认为孔门弟子多有异相，非一般俗人："颜回山庭日角。曾子珠衡犀角。于贡山庭，斗星绕口。子夏、子张日角大目。"⑥再如，《论语谶·比考谶》曰："圣王御世，《河图》负卷舒图。"其中寓意就是告诉人们《河图》出现是天命使然，圣王肩负天命，统领世人。总之，《论语谶》的出现是当时谶纬之风在《论语》诠释领域的显现，内容多为荒诞怪异之语，基本没有学术价值，但如果从了解古代社会风俗人情而言，则可为后人提供参考。

① 朱彝尊：《经义考》卷二百一十一，中华书局1988年版。
② 任蜜林：《西汉论语学传承与〈论语〉纬》，《中国社会科学报》2014年12月1日。
③ 易玄：《谶纬神学与古代社会预言》，巴蜀书社1999年版，第81页。
④ 王利器校注：《风俗通义校注》，中华书局2010年版，第2～3页。
⑤ 转引自易玄：《谶纬神学与古代社会预言》，巴蜀书社1999年版，第96页。
⑥ 转引自易玄：《谶纬神学与古代社会预言》，巴蜀书社1999年版，第100页。

第二个阶段为魏晋南北朝至隋唐时期，即《论语》学的发展期。这一时期，《论语》学取得了快速发展，主要体现为《论语》注释著作数量大幅度增加。根据《三国志》《晋书》《隋书》《唐书》等史书以及朱彝尊的《经义考》、陈梦雷的《古今图书集成》等记载，这一时期《论语》研究著作近百部。其中，影响较大的主要有何晏等人的《论语集解》、皇侃的《论语义疏》、陆德明的《论语音义》和韩愈、李翱的《论语笔解》。从宏观而言，这一时期《论语》学的主要特点集中体现在以下几个方面。

一是荟萃众家释《论》。这主要体现在何晏等人的《论语集解》。关于《论语集解》的编撰者，学界普遍认为是何晏领衔的集体创作，以何晏所起作用最大。裴松之在注《三国志·魏书·曹真传》中明确称"何晏《论语集解》"，皇侃《论语集解义疏》亦云《论语集解》乃"何晏所集者也"。但也有不同声音，如清末学者丁国钧在《补晋书艺文志》中认为《论语集解》乃"郑冲与孙邕、曹羲、荀顗、何晏等共集"[①]，把郑冲居首、何晏居末，显然有贬低何晏、推翻旧说之嫌；宋翔凤在《师法表》中明确认定"《论语集解》之成，当定自冲手"[②]。这种质疑尽管标新立异、不同旧说，但并没有改变学界主流的看法，如《四库全书总目》称《论语注疏》为"魏何晏注"，阮元《论语注疏校勘记》中亦称《论语集解》为"何晏本"。由此，比较客观的说法是：《论语集解》是何晏与孙邕、郑冲、曹羲、荀顗等人共同编撰的结晶，何晏起到了"总领其事而裁成之"[③]的主导作用。何晏在《论语集解叙》中云："今集诸家之善，记其姓名。有不安者，颇为改易，名曰《论语集解》。"此句旨在说明：《论语集解》是"集诸家之善"，即博采众长，选取有代表性的注本；"有不安者，颇为改易"，意即何晏等人对感到不认可的地方，进行重新诠释。由此可知，《论语集解》是对当时流行经典版本的荟萃，在此基础上又融入了编撰者的看法，是继承、创新的有机结合。陆德明在《经典释文·序录》中云："魏吏部尚书何晏集孔安国、包咸、周氏、马融、郑玄、陈群、王肃、周生烈之说，并下己意，为《集解》。"总的来看，这八家注本风格上并非完全相同，如孔安国、马融的注解偏重训诂，包咸偏重今文章句，郑玄则是会通古今文，陈群、王肃、周生烈则是"作注而说其义"（邢昺语）。因为风格不同，自然会有门户成见，注解之间看法

① 丁国钧：《补晋书艺文志》，二十五史刊行委员会编：《二十五史补编》第三册，中华书局1998年版，第3660页。

② 刘宝楠：《论语正义》，高流水点校，中华书局1990年版，第790页。

③ 梁启雄：《论语注疏汇考》，《燕京学报》1948年第34期。

不一、相互抵牾也在情理之中。由此，何晏等人摈除门户之见，能够把八家不同见解择善纳入，便于学人甄别采纳，开创了新的注解体例——集解体。此外，由于《论语集解》选择的是当时比较流行而且又非常具有代表性的《论语》注本，所选内容相对比较全面。有学者根据知不足斋版的《论语集解》作了统计，认为《论语集解》共征引孔安国注 473 条、包咸注 194 条、马融注 133 条、郑玄注 111 条、王肃注 36 条、周生烈注 13 条、陈群注 3 条，另存"一曰"之说 5 条，合计达 968 条，约占《论语集解》总注条目的 88%，而何晏等人新注仅 131 条，约占总条目的 12%。[①] 这在客观上对汉魏古注有保存之功。

二是以玄解《论》。魏晋时期，玄学盛行。何晏、王弼虽然是儒家学者，但作为玄学代表人物，在注解《论语》的过程中融入玄学、以玄释儒也是顺理成章。王弼的《论语释疑》堪称代表，开以玄释《论》之先河。王弼"以无为本"，在《老子注》《老子指略》《论语释疑》中贯穿着以无解道、以无释《论》的色彩，但在阐述的路径上却大不相同。对此，余敦康明确指出："在解释这两家的经典时，王弼所依据的基本思路是不相同的。就道家的经典而言，尽管《老子》'未免于有'，其哲学的意义停留于本体论的现行层次，但在表现形式上却是反复申说那不可以训的无，所以在解释时应该由体以及用，把抽象的无与具体的有联结起来。至于儒家的经典，尽管已经上升到'体无'的高度，但在表现形式上却是'言必及有'，所谈的只是一些属于现象层次的问题，所以在解释时必须从相反的思路入手，由用以见体，在孔子就事论事所阐述的一些具体言论中去发掘其深层的哲学意义。"[②]除了《论语释疑》外，《论语集解》中也有玄学之色彩。清代学者陈澧认为："何注始有玄虚之语。如'子曰：志于道'。注云：'道不可体，故志之而已。''回也其庶乎，屡空。'注云一曰'空，犹虚中也。'自是以后，玄谈竞起。"[③]也有学者认为，《论语集解》是"玄儒并综"。"我们不能因为《论语集解》八家注的儒学特色，断言此书纯是儒家思想，也不能因为《论语集解》中何晏注的玄学色彩，断言此书所反映的全是玄学思想。而毋宁说此书于两者兼而有之，故可以'儒玄并综'概况之。"[④]

三是音义结合释《论》。在中国古代社会，随着时代的发展和社会的变化，

① 参见唐明贵：《论语学史》，中国社会科学出版社 2009 年版，第 185 页。

② 余敦康：《何晏王弼玄学新探》，方志出版社 2007 年版，第 252～253 页。

③ 陈澧：《东塾读书记》，钟旭元、魏达纯校点，上海古籍出版社 2012 年版，第 20 页。

④ 禹菲：《何晏〈论语集解〉"儒玄并综"的学术特色》，《中国哲学史》2020 年第 5 期。

语言文字在运用过程中读音和字义也会发生改变。对经典的解读,由于发音的不同,对字义的理解往往也会产生歧义。“儒家经典历经千百年的流传,其文字的读音和含义渐渐积聚起不少疑问。而要读懂这些儒家经典,搞清楚经文的音义是首先要越过的障碍。文字的发音并不是可以忽略的小事,音与义有着密切的联系。利用读音可以训释词义,利用读音的转变可以区别词义,利用不同字读音的相同相近可以通假文字。”[①]《论语》传至隋唐,有些字的读音和意义发生了很大变化,这就造成在对经典的理解上容易产生歧义。对此,陆德明在《经典释文·序录》中说得非常透彻:“夫书音之作,作者多矣,前儒撰者,光乎篇籍,其来既久,诚无间然。但降圣已远,不免偏尚,质文详略,互有不同。汉魏迄今,遗文可见,或专出己意,或祖述旧音,各师成心,制作如面,加以楚夏声异,南北语殊,是非信其所闻,轻重因其所习,后学钻仰,罕逢指要。夫筌蹄所寄,唯在文言,差若毫厘,谬便千里”,“先儒旧音,多不音注。然注既释经,经由注显,若读注不晓,则经义难明,混而音之,寻讨未易”[②]。基于此,作为精通儒释道和音韵学的大家,陆德明主要从音韵学的角度对《论语》作了诠释。其中《论语音义》是以《论语集解》为蓝本,选取时人不确定的字从读音、意义等层面进行注解,既吸收了汉魏六朝等前人的研究成果,又阐述己见,代表了隋唐时期《论语》学的最高成就。

四是越前儒回孔孟释《论》。所谓“越前儒回孔孟”,指在《论语》文本的注疏上,超越汉代魏晋南北朝时期的儒家注解,直接回到孔孟原典,探究经文本义。这主要体现在韩愈与李翱的《论语笔解》上。隋唐时期,佛道盛行,儒家受到冲击。韩愈为抗衡佛道,振兴儒学,在《原道》中构建了儒家的“道统”:“斯吾所谓道也,非向所谓老与佛之道也。尧以是传之舜,舜以是传之禹,禹以是传之汤,汤以是传之文、武、周公,文、武、周公传之孔子,孔子传之孟轲。轲之死,不得其传焉。”韩愈建构的“道统”从上古至先秦孟子,后期的两汉经学并没有纳入,这便否定了两汉经学传承孔孟之道的历史地位和重要作用。而且,韩愈以“非我其谁”(《重答张籍书》)的大丈夫精神,表明自己要承续儒家道统,担负起复兴儒学的文化使命。他说:“释老之害,过于杨墨;韩愈之贤,不及孟子。孟子不能救之于未亡之前,而韩愈乃欲全之于已坏之后。呜呼,其亦不自量力,且见其身之危,莫之救以死也!虽然,使其道由愈而粗传,虽灭死,万万无恨!”(《与孟尚书

① 谢保成、赵俊:《中国隋唐五代思想史》,人民出版社1994年版,第44页。

② 陆德明:《经典释文》,张一弓点校,上海古籍出版社2012年版,第1～2页。

书》)在此背景下,韩愈和他的学生李翱所撰的《论语笔解》自然而然地体现了重建道统、否定汉儒的精神。

第三个阶段为宋元明清时期,即《论语》学的高峰期。从宋元到明清,这一时期是《论语》学的成熟期和高峰期,无论是研究《论语》的专著数量还是理论水平,相对前代都有了突飞猛进的发展。从数量来说,据《宋史·艺文志》《宋史·艺文志补》和朱彝尊的《经义考》记载,仅两宋时期,研究《论语》的专著就达到250余部,远远超出此前所有《论语》研究著作数量的总和。从理论层面来看,《论语》研究日益成熟,主要体现在以下几个方面。

一是以理学为鲜明特色的《论语》研究专著涌现,展现出比较成熟的理论水准。宋明理学是中国哲学的成熟时期,也被学界称为"新儒家"或者"新儒学",主旨是借鉴佛道对以"四书五经"为基础的先秦儒家思想进行改造提升。因此,在《论语》研究领域,以宋明理学为鲜明特色的《论语》诠释著作大量涌现,主要有程颐的《论语解》、朱熹的《论语集注》和刘宗周的《论语学案》。程颐的《论语解》运用理学的核心概念范畴来解释《论语》,开理学释《论》之先风。朱熹的《论语集注》以理释《论》的特色非常明显,"朱子的《论语集注》是义理派的解释学风,在重视训诂音读的同时,力求通过注释阐发他的哲学思想,或者说自觉地用他的哲学思想解释本文"①。同时,《论语集注》博采众家,大量引用前人的注解。有学者作了统计,直接提到姓氏如程氏(二程)、谢氏(谢良佐)、游氏(游酢)、杨氏(杨时)等计26家、521处,不知姓氏的15处。② 刘宗周的《论语学案》主要体现了他所主张的"慎独"思想,以匡正阳明后学凸显的空谈流弊。正如梁启超所云:"王学在万历、天启间,几已与禅宗打成一片。东林领袖顾泾阳(宪成)、高景逸(攀龙)提倡格物,以救空谈之弊,自是第一次修正。刘蕺山(宗周)晚出,提倡慎独,以救放纵之弊,自是第二次修正。明清嬗代之际,王门下唯蕺山一派独盛,学风以渐趋健实。"③

二是以《四书章句集注》为中心,掀起了尊朱与疑朱反朱的学术思潮。朱熹《四书章句集注》成书之后,随着朱子学的传播,越来越受到社会重视。元仁宗皇庆二年(1313年),《四书章句集注》被钦定为科举考试指定参考用书:"皇庆二年,诏定考试程序,蒙古、色目人第一场经问五条,《大学》《论语》《孟子》《中庸》

① 陈来:《中国近世思想史研究》,生活·读书·新知三联书店2010年版,第133页。

② 参见唐明贵:《论语学史》,中国社会科学出版社2009年版,第303页。

③ 梁启超:《梁启超中国近三百年学术史》,吉林人民出版社2013年版,第41页。

内设问，用朱氏《章句集注》。其义理精明、文词典雅者为中选……汉人、南人第一场明经、经疑二问，《大学》《论语》《孟子》《中庸》内出题，并用朱氏《章句集注》，复以己意结之，限三百字以上。”（《元史·选举志》）由此，以《四书章句集注》为代表的朱子学便成为官方学术的主流，受到普遍关注。在《论语》学研究领域，掀起了以《四书章句集注》为核心的尊朱与疑朱反朱的学术思潮，出现了一批影响大、学术水平高的《论语》诠释著作。从宏观上来看，主要集中在两个方面：一方面，承袭《论语章句集注》的疏解，并从解疑、补注、继续阐发等层面维护朱子的思想，这方面的著作主要有金履祥的《论语集注考证》和陆陇其的《松阳讲义》；另一方面，以质疑甚至批驳《论语章句集注》为主，在此基础上提出新的见解，这方面的著作主要有陈天祥的《论语辨疑》和毛奇龄的《论语稽求篇》。

三是以考据注疏见长的集大成专著出现，体现出不拘门户、相对客观公允、广征博引的鲜明特点。从《论语》诠释的层面来看，这一时期出现了以考据注疏见长的集大成著作，主要有陈士元的《论语类考》、翟灏的《论语考异》、刘宝楠的《论语正义》。从总体上看，这类著作呈现不拘门户、相对客观公允、广征博引的主要特点。其中刘宝楠的《论语正义》堪称集大成之作，梁启超在《清代学术概论》中对包含《论语正义》在内的新疏评价说：“此诸新疏者类皆撷取一代经说之菁华，加以别择结撰，殆可谓集大成。”①

四是以佛释《论》、融会中西的诠释著作出现，时代特色非常明显。在这一历史时期，佛教逐渐本土化并成为中华文化的组成部分，西方文化传入并对传统文化造成严重冲击。在此背景下，出现了时代特色鲜明的以佛释《论》、融会中西的诠释著作，主要有智旭（字“蕅益”，世称“蕅益大师”）的《论语点睛》和康有为的《论语注》。智旭的《论语点睛》是《四书蕅益解》的一部分，也是“佛门高僧唯一一部全面诠释《论语》的著作”②。从《论语》诠释的角度来说，《论语点睛》的主要特点就是运用佛家语言来阐释《论语》，以释解儒，力求会通佛儒。对此，江谦在《〈论语点睛〉补注序》中说得非常清楚：“明蕅益大师以佛知见为《四书》解，而佛儒始通，微言始显，真解也，亦圆解也。”③“点睛”的用意亦在于此，智旭在《〈四书蕅益解〉序》中云：“解《论语》者曰‘点睛’，开出世光明也。”④江谦亦云：

---

① 梁启超：《清代学术概论》，东方出版社1996年版，第46页。

② 韩焕忠：《蕅益智旭对〈论语〉的佛学解读》，《原道》2019年第2期。

③ 蕅益大师：《四书蕅益解》，江谦注，雷雪敏点校，中国水利水电出版社2012年版，第52页。

④ 蕅益大师：《四书蕅益解》，江谦注，雷雪敏点校，中国水利水电出版社2012年版，第1页。

“夫‘点睛’则圆照之体相用全矣！”[①]康有为的《论语注》最大的特点是融合中西古今，借用西方现代理论来阐述孔子思想，其主旨是为现实服务。值得注意的是，在当时的时代背景下，康有为这种解经方式固然是为阐述己意而为之，融合古今中西，与传统解经方式截然不同，但在客观上却为保存传统文化做了新的尝试和努力。对此，萧公权评价说：“康氏的武断解经虽使传统派大为吃惊，但对孔孟学说的破坏极微。他的解释常超越了字面，但那是对儒家经典意义的延伸而非否定。西方的影响使他的经解绝对的‘非正统’，但并不是‘非儒’。再者，他并不是将外来因素引入儒学的第一人。宋明的理学家早已用佛家观点来增饰儒学。这些理学家不能无视从印度传入中国的思想。同理，康氏必须利用欧洲思想。但在19世纪的中国，康氏面临综合中西思想的紧要任务，此为他的理学家先驱们所不及见的。因此，康氏所扮演的角色并不是像理学家一般的书斋中的哲学家，而是努力救世的圣人。”[②]

现代社会的《论语》诠释史。这一时期主要分为三个阶段：新中国成立初期（1949—1966年）的《论语》学研究、“文化大革命”期间（1966—1976年）的《论语》学研究、改革开放时期的《论语》学研究。

新中国成立初期出版的有代表性的著作主要有三部：杨伯峻的《论语译注》（古籍出版社1953年版）、杨树达的《论语疏证》（科学出版社1955年版）、赵纪彬的《论语新探》（人民出版社1959年第1版、1962年第2版）。上述著作，前两部主要侧重于《论语》的考据、训诂，而赵纪彬的《论语新探》则侧重于义理，从哲学、政治、历史等多种角度选取某个具体问题进行辨析、阐发。[③] 无论是从研究成果的数量来看，还是从研究成果的学术水平来看，对《论语》的研究尚处于起步阶段。研究的视野比较狭窄，无论是力度还是广度，都还是粗线条勾勒，较深入的学术探究尚未形成规模。

“文化大革命”期间，限于当时的国内形势，对《论语》的研究主要围绕“批孔”政治运动展开，或以《论语》为基础从总体上对孔子进行批判，或从《论语》中选取某些篇章对孔子的某种思想或行为进行批驳，其出发点不是为了学术研究，而是为当时的政治形势进行所谓的“学术论证”“学术服务”，以迎合“文化大

① 蕅益大师：《四书蕅益解》，江谦注，雷雪敏点校，中国水利水电出版社2012年版，第52页。

② [美]萧公权：《近代中国与新世界：康有为变法与大同思想研究》，汪荣祖译，江苏人民出版社2007年版，第72页。

③ 赵纪彬的《论语新探》先后出版了三个版本，即1959年第1版、1962年第2版和1976年第3版，跨度10余年，在当时产生了重要影响。

革命”。这在一定程度上，对“文化大革命”的开展起到了推波助澜的作用。有代表性的著作主要有北京大学哲学系一九七〇级工农兵学员的《〈论语〉批注》（中华书局1974年版）、赵纪斌的《论语新探》（人民出版社1976年第3版）、哈尔滨师范学院中文系的《〈论语〉批判》（1973年）等。除了著作之外，这一时期的论文数量相比于新中国成立初期突飞猛涨，有数千篇之多[1]，多数发表在《人民日报》《光明日报》《解放日报》《文汇报》《红旗》等政治性很强的报刊上，少部分发表在学术期刊及部分高校的学报上。这些论文都带有很强的政治性，目的是服务当时的政治斗争，与正常的学术研究有很大差距。其内容充满阶级性、斗争性和批判性，以当时的指导思想为主线，对孔子以及《论语》从不同层面进行批判，突出政治性，弱化甚至根本没有学术性。“‘文革’中数千篇批孔文章……基本上没有学术内容。”[2]总的来看，这一时期的《论语》学研究主要有三个突出的特点：第一，紧跟形势，为政治斗争服务。从题目就可以知道作者的思想和立场，无须再看具体内容。从“批林批孔”到批“四人帮”，都可以与孔子或《论语》挂起钩来，迎合时局需要，对其进行批判。第二，全盘否定或全盘肯定，一边倒，没有辩证的态度，火药味十足。对孔子和《论语》的批判，态度是鲜明的，语言是激烈的，全盘否定，认为其没有可取之处；反之，对当时的政治形势全盘肯定，完全赞同，没有任何质疑。第三，作者多为集体，署名多为假名或笔名。比如，上镜率比较高的“梁效”[3]就是一个写作班子，由多人组成。除了少部分学者署真名外，其他多数为政治意味比较浓厚的笔名，如“红宣”（红色宣传）、“晓兵”（红小兵）、“史鉴”（以史为鉴）等。这类文章是否是一人所写，还是多人创作，很难说清。

“文化大革命”结束之后，尤其改革开放以来，党和国家的指导思想从“以阶级斗争为纲”逐步转到“以经济建设为中心”的轨道上，经济社会逐渐发生深刻变化，思想领域也逐渐摆脱过去单一、僵化的模式，逐步向多元、易变、复杂的方向发展。由于思想领域的影响、国家政治形势的变化，学术领域也旧貌换新颜。

---

① 参见中国社会科学院哲学研究所资料室编：《孔子研究论文著作目录（1949—1986）》，齐鲁书社1987年版，“凡例”。

② 中国社会科学院哲学研究所资料室编：《孔子研究论文著作目录（1949—1986）》，齐鲁书社1987年版，“凡例”。

③ “梁效”即“两校”的谐音，是“文化大革命”时期“批林批孔”运动中北京大学、清华大学大批判组所使用的笔名，1973年9月4日第一次公开亮相，1976年10月“四人帮”倒台后，“梁效”也随即退出历史舞台。

人文社会科学中的各种学科如雨后春笋一般，纷纷建立并逐步完善。伴随着改革开放，以儒学为核心的传统文化开始走出冰封时代，重回大众视野，并日益受到社会的重视。这一时期，《论语》学研究呈现摆脱羁绊、快速发展的良好态势。所谓"摆脱羁绊"，是说《论语》学作为特定的研究领域，逐渐成为儒学研究中的一个具体门类，并得到学术界的认可。所谓"快速发展"，是指这一时期，《论语》学研究无论是著作、期刊论文还是学位论文，数量之多、角度多样都是前所未有的。根据读秀学术搜索，直接以《论语》作为全部书名或者书名一部分的专著就有6000余种（截至 2022 年），期刊论文有20000多篇（截至 2022 年）；围绕《论语》进行研究的学位论文也日益增多，根据万方数据库统计，博士学位论文共有 276 篇（截至 2022 年），硕士学位论文有 1977 篇（截至 2022 年）。比较有代表性的著作主要有唐满先的《论语今译》（江西人民出版社 1982 年版）、钱逊的《论语浅解》（北京古籍出版社 1988 年版）、李泽厚的《论语今读》（安徽文艺出版社 1998 年版）、来可泓的《论语直解》（复旦大学出版社 2000 年版）、单承彬的《论语源流考述》（吉林人民出版社 2002 年版）、牛泽群的《论语札记》（北京燕山出版社 2003 年）、唐明贵的《论语学的形成、发展与中衰——汉魏六朝隋唐论语学研究》（中国社会科学出版社 2005 年版）、李零的《丧家狗——我读〈论语〉》（山西人民出版社 2007 年版）、安德义的《论语解读》（中华书局 2007 年版）、钱穆的《论语新解》（生活・读书・新知三联书店 2008 年版）、杨朝明主编的《论语诠解》（广陵书社 2008 年版）、朱华忠的《清代论语学》（巴蜀书社 2008 年版）、柳宏的《清代〈论语〉诠释史论》（社会科学文献出版社 2008 年版）、唐明贵的《论语学史》（中国社会科学出版社 2009 年版）、闫春新的《魏晋南北朝论语学研究》（中国社会科学出版社 2009 年版）、蔡尚思的《论语》（中国国际广播出版社 2011 年版）、唐明贵与刘伟合著的《论语研探》（中国社会科学出版社 2014 年版）等。

这一时期《论语》学研究主要有以下几个方面的特点：其一，从研究主体来看，除了学者，有组织的团队、科研机构也加入研究队伍，使研究者呈现多样化的趋势。从团体层面来说，除了曲阜师范大学孔子文化研究院（原曲阜师范学院孔子研究所），一些科研机构、学术团体、民间组织逐渐重视孔子及其儒家经典《论语》的研究。2012 年 1 月，山东大学将原儒学高等研究院、儒学研究中心、文史哲研究院和《文史哲》编辑部统一整合，成立新的儒学高等研究院，宗旨是把山东大学建设成为世界儒学中心。学术基金会组织开始涌现，如中国孔子基金会[①]等。民间团体更是不胜枚举。当然，这些机构团体都是以孔子思想、儒学以及传统文化为研究主旨，《论语》仅仅是其中的一个方面。但不可否认的是，这也体现了对《论语》研究的重视。值得一提的是，扬州大学文学院整合学术力量，以省部级社科培育基地——“儒家经典诠释与传承创新研究中心”为平台，以教师、博士研究生、硕士研究生为主体，有计划、有系统地开展《论语》学史研究，成果颇丰。从某种程度上看，这也是地方院校开始重视《论语》学研究的一个缩影。其二，从研究主旨来看，学者研究多是从学术的角度、关注社会现实的视野出发，学术性、现实性都比较强，一改之前的突出政治、忽略学术的弊端。其三，从研究内容来看，研究视角多样、方法多样，研究的深度和广度逐步增强，呈现“多角度”“深层次”“宽领域”的发展态势。其四，从学术活动来看，直接围绕《论语》学举办的学术会议等学术活动也从无到有逐渐开展起来，并且逐步向专业化、多层次、高水平的方向发展。

除了中国大陆外，港台地区《论语》诠释也得到飞速发展。从 1949 年至 2014 年，无论是公开出版的著作还是学术论文，都以台湾地区居多。从出版的著作来看，虽然研究的内容多具有综合性，但如果从研究的重点来审视，大体上可以分为两类。第一类，以义理、考据、辞章为主研究《论语》的著作。这方面代表性的著作主要有陈铁凡的《敦煌本论语异文汇考》(台湾师范大学出版社 1961 年版)、刘义生的《论语表解》(台北中华丛书编审委员会 1963 年版)、严灵峰的《论语讲义》(香港无求备斋 1963 年版)、南怀瑾的《论语别裁》(台北老古文化事业公司 1965 年版)、方骥龄的《论语新诠》(台湾环球书局 1971 年版)、许世瑛的《论语二十篇句法研究》(台湾开明书店 1973 年版)、钱穆的《孔子与论语》(台北联经出版事业公司 1974 年版)、毛子水的《论语今注今译》(台湾商务印书馆 1975 年版)、邱镇京的《论语思想体系》(台北文津出版社 1981 年版)、胡志奎的《论语辨证(二编)》(台北联经出版事业公司 1983 年版)、殷豫川的《论语今诠》(台北黎明文化事业公司 1978 年版)、王书林的《论语译注及异文校勘》(台湾商务印书馆 1982 年版)、陈冠学的《论语新注》(台北东大图书股份有限公司 1995 年版)、林安梧的《论语——走向生活世界的儒学》(台北明文书局 1995 年版)、

① 中国孔子基金会于 1984 年 9 月经中共中央批准在山东曲阜成立，后迁至北京。1996 年 8 月经中央批准由北京迁至济南，秘书处受中共山东省委领导。该基金会是由国家拨款作为启动资金支持的全国性乃至国际性的学术基金组织，旨在通过募集基金，组织或支持国内及海外儒学研究。

傅佩荣的《傅佩荣解读论语》(台北立绪文化事业有限公司 1999 年版)、吴秋文的《易经与论语》(台北易立文化出版有限公司 2007 年版)、戴朝福的《论语阐义》(台北正中书局股份有限公司 2010 年版)等。

第二类,以《论语》学为研究对象的著作。这方面的研究属于《论语》学史的范畴。比较有代表性的著作主要有廖云仙的《元代论语学考述》(台北新文丰出版股份有限公司 2005 年版)、张清泉的《清代〈论语〉学》(台北花木兰文化出版社 2008 年版)、黄俊杰的《东亚论语学——中国篇》(台湾大学出版中心 2009 年版)、张崑将的《东亚论语学——韩日篇》(台湾大学出版中心 2009 年版)等。纵观港台地区《论语》学的研究,其有鲜明的特点,主要体现在三方面。一是研究过程的一贯性。从 1949 年以来,无论政治局势如何跌宕起伏、风云多变,台湾地区在《论语》学研究方面一直坚持下去,始终没有中断。尽管在研究过程中都是以探讨儒学、研究孔子为核心,没有明确的《论语》学概念,但在客观上却促进了《论语》学的研究与发展。二是研究主体和载体多样化。既有学术性很强的期刊、学术论文以及书籍,也有学术性一般的报纸杂志。《孔孟学报》和《孔孟月刊》成为研究儒学的核心期刊。除了专家学者,还出现了以研究儒学为主旨的学术团体,如"鹅湖学派"。三是学术研究的主导性。从公开发表的学术成果来看,无论是形式还是具体内容,总体上都是围绕学术展开,研究成果的主旋律是发掘、弘扬孔子及儒学的思想,坚持学术,为政治服务的意识并不明显。从某种意义上说,正是这种学术研究的主导性,才使港台地区儒学研究(当然包括《论语》学研究)保持了学术传统的一贯性,更能体现学术价值,从而在东亚儒学研究圈乃至在世界儒学研究领域占有举足轻重的地位。

三、在传播范围上,《论语》扎根本土、影响域外

《论语》自从成书以来,日益受到重视。其不仅扎根本土,逐渐成为传统文化的核心,而且随着中西方文化的互动交流传播到域外,对异域文化也产生了非常重要的影响。

(一)本土文化之核心

自汉代以来,《论语》在文化典籍中的地位逐渐提升。东汉位居"五经"之下,作为汉代选拔人才的必读书目。南宋朱熹将其与《大学》《中庸》《孟子》合称"四书",地位高于"五经"。元仁宗延祐二年(1315 年),《论语》成为科举考试的规定书目,直至清朝结束。在传统社会,《论语》始终是读书人的必修经典。《论

语》受到重视的原因固然很多，但有一点是肯定的，那就是与文本的思想内容有很大关系。有学者认为，《论语》是儒家经典的关键和精华。东汉赵岐在《孟子题辞》中云："《论语》者，五经之錧鎋，六艺之喉衿也。"[①]薛放云："《论语》者，六经之菁华。"（《旧唐书·薛放传》）有学者认为，《论语》是通晓儒家经典的阶梯。明杨宗吾说："六经譬则山海，《论语》其泛海之航，上山之阶乎！"[②]也有学者认为，《论语》相对"五经"而言有独特之处。清李元度说："《论语》所言之义理，精且粹矣。即以文论，非诸经所能及也。《易》《诗》《书》《礼》《春秋》之文，各造其极，亦各不相谋，而简括处终不及《论语》。《论语》之文，能以数语抵人千百言，如太和元气，如化工之肖物，各无遁形。"[③]也有学者认为，《论语》与其他儒家经典既是"源"又是"流"，对传统文化的传承起到了承上启下的作用。颜炳罡指出："通过《论语》，我们可以了解《诗》、《书》、《礼》、《乐》等前孔子时代中国文化的意义，《论语》言《诗》、《书》，论《礼》、《乐》，由此后世学者可以上贯五经。儒家、墨家、道家、名家、法家、阴阳家等先秦学术流派，或宗师孔子，或批判孔子，却无人可以超越孔子。从'五经'的意义上说，《论语》是流而非源；但从开启诸子的意义上说，《论语》是源而非流，《论语》可谓亦流亦源。"[④]文化的传承靠教育，从国民教育的层面来看，自汉代以降，《论语》一直是官学、私学、蒙学等不同教育体系中的核心教材。

从官学来看，《论语》是官方培养和选拔人才指定的参考教材或必修教材。在汉代，《论语》虽然不是官学教育的必备教材，地位低于"五经"，但仍作为知识分子必修的经典之一。《后汉书·朱浮传》注引《汉官仪》中载保举状云："生事爱敬，丧没如礼。通《易》《尚书》《孝经》《论语》，兼综载籍，穷微阐奥。"这说明汉代所保举的博士必须通晓《论语》。东汉时期的《熹平石经》正式把《论语》列入，而《熹平石经》被认为"是我国古代由政府统一颁布的第一套标准教材，是经学发展史上第一部公诸于世的官定经书"[⑤]。汉代太学选拔博士弟子的考试"射策"，也把《论语》作为考试内容。"《论语》在汉代也是博士弟子必须掌握的经

---

① 《十三经注疏》整理委员会整理：《十三经注疏·孟子注疏》（标点本），北京大学出版社 1999 年版，第 8 页。

② 朱彝尊：《经义考》卷二百一十一，中华书局 1998 年版。

③ 李元度：《天岳山馆文钞》卷三十八《读〈论语〉三》，清光绪四年刻本。

④ 唐明贵、刘伟：《论语研探》，中国社会科学出版社 2014 年版，"序"第 1 页。

⑤ 毛礼锐、沈灌群主编：《中国教育通史》第 2 卷，山东教育出版社 1986 年版，第 85 页。

典，也曾长期在射策考试中占据一席之地。”[①]唐代官学教育重视《论语》有两点值得一提：一是把《论语》列为公共必修课。唐代官学设有“六学二馆”，即国子学、太学、四门学、律学、书学、算学、弘文馆、崇文馆。其中，国子学、太学、四门学的教学内容均以儒家经典为主，《论语》成为其中的公共必修课程。政府明文规定：“《孝经》《论语》学一年，要兼通之。”（《新唐书·选举志上》）二是“束脩之礼”成为正式仪式。“束脩之礼”源自《论语·述而》：“子曰：‘自行束脩以上，吾未尝无诲焉。’”学生向老师送见面礼由来已久，只不过没有得到官府的正式确认，这一点在唐代得以改变。唐朝官府明确规定，学生在初入学时都要奉行“束脩之礼”。礼物的多少，因学校性质不同而有差异。国子监和太学的学生，每人送绢三匹；四门学的学生，每人送绢二匹；律学、书学和算学的学生，每人送绢一匹。此外，学生还必须赠送酒肉，分量多少不限。“束脩”共分五份，其中三份赠给博士，两份赠给助教。唐玄宗开元年间，政府重新修订“束脩礼”，规定中央官学和地方州县学均是束帛五匹、酒二斗、干肉五十条。（参见《文献通考·学校二》）从宋代开始直至清朝结束，《论语》在科举考试中始终占据主要地位。南宋淳祐元年（1241 年）正月，宋理宗正式下诏确定朱熹的《四书章句集注》为太学教材，这标志着《论语集注》在官学教育系统中的主导地位正式确立。元仁宗皇庆二年（1313 年）举行科举，其考试程式为：“蒙古、色目人，第一场经问五条，《大学》《论语》《孟子》《中庸》内设问，用朱氏章句集注……汉人、南人，第一场明经、经疑二问，《大学》《论语》《孟子》《中庸》内出题，并用朱氏章句集注，复以己意结之，限三百字以上。”（《宋史·选举志一》）明代国子监的课程主要是“四书五经”：“所习自四子本经外，兼及刘向《说苑》及律令、书、数、《御制大诰》。”（《明史·选举志一》）清代科举考试明确规定：“首场‘四书’三题，‘五经’各四题，士子各占一经。‘四书’主朱子集注。”（《清史稿·选举志三》）“有清科目取士，承明制用八股文。取四子书及《易》《书》《诗》《春秋》《礼记》五经命题，谓之制义。”（《清史稿·选举志三》）从上可知，自汉代以降，《论语》便成为进入国家人才队伍必修的主要内容。

《论语》始终是私学教育的重要内容。在传统社会，官学与私学并立，两者并行不悖，教学内容上也有交叉甚至融合。随着《论语》在官学教育中地位的提升，《论语》在私学教育中也越来越受到重视。传播私学比较有名的大师都把

① 唐明贵、刘伟：《论语研探》，中国社会科学出版社 2014 年版，第 224 页。

《论语》作为教授学生的主要课程。如西汉的王吉，“兼通五经，能为《邹氏春秋》，以《诗》《论语》教授”（《汉书·王吉传》）。东汉的武荣，“治《鲁诗经韦君章句》。阙帻，传讲《孝经》《论语》《汉书》《史记》《左氏》《国语》，广学甄微，靡不贯综”①。隋唐时期的王通，出身官宦兼儒学世家，入仕受挫后便专门从事讲学活动，往来受业者千余人。他继承和发挥了孔子“庶富教”（《论语·子路》）思想，提出“富而教之”：“仁生于歉，义生于丰，故富而教之，斯易也。”②他还效法孔子“言志”的教学方法进行施教。“子观田，魏徵、杜淹、董常至。子曰：‘各言志乎！’徵曰：‘愿事明主，进思尽忠，退思补过。’淹曰：‘愿执明王之法，使天下无怨人！’常曰：‘愿圣人之道行于时，常也无事于出处。’子曰：‘大哉！吾与常也。’”③由此可见，王通在教授《论语》方面实现了理论与实践的有机融合。宋代以来，书院承载了私人讲学的功能，所学内容与官学相呼应，主要以“四书”为主，如南宋杨子谟创建的云山书院，其生徒“吉月、月半诵《论》《孟》《中庸》《大学》。”④

在蒙学方面，《论语》是初学者的必备之书。从汉代以来，上至天子下到庶人，都把《论语》作为初学者的入门之书。启蒙教育，首先教的就是《论语》。《汉书·张禹传》载：“初元中，立皇太子，而博士郑宽中以《尚书》授太子，荐言禹善《论语》。诏令禹授太子《论语》。”《后汉书·范升传》载：士庶子弟如范升，“九岁通《论语》《孝经》，及长，习梁丘《易》《老子》”。不仅男子，有条件的皇室贵族的女子也有幼习《论语》的传统。《后汉书·皇后纪上》载：“（和熹邓皇后）六岁能《史书》，十二通《诗》《论语》。”在蒙学教材方面，都选取《论语》的有关篇章作为主要内容。如唐代的蒙学读物《太公家教》，有些内容选自《论语》，如“三人行，必有我师焉。择其善者而从之，其不善者而改之”；“食无求饱，居无求安”；“人无远虑，必有近忧”等。清康熙年间李毓秀所作的《训蒙文》，后经贾存仁修订改名为《弟子规》，主要以《论语·学而》中的“弟子入则孝，出则弟，谨而信，泛爱众，而亲仁，行有余力，则以学文”为纲，分七个部分，三字一句，两句或四句连意，合仄押韵，编纂而成，具体列述了弟子居家、出外、待人、接物、求学等方面应该恪守的行为规范，提倡家庭教育与生活教育，成为启蒙养正，教育子弟敦伦尽分、防邪存诚，养成忠厚家风的最佳读物。

---

① 高文：《汉碑集释》，河南大学出版社 1985 年版，第 305 页。
② 王通：《文中子·立命》，《二十二子》本，上海古籍出版社 1986 年版。
③ 王通：《文中子·天地》，《二十二子》本，上海古籍出版社 1986 年版。
④ 魏了翁：《鹤山集》卷七十四《杨公墓志铭》，台湾商务印书馆 1986 年版。

由上可知，在以官学、私学、蒙学为支撑的中国传统社会教育体系中，《论语》始终是被传承的主要对象，是教材的主要内容，被每一个读书人所诵读、熟知，成为本土文化传承的核心。

（二）域外传播之典范

如同其他宗教经典一样，随着中国与异域的沟通交流，《论语》也随之被传播到域外。无论是朝鲜、日本等东亚地区，还是英国、美国等欧美地区，都能够找到《论语》影子，不少国家和地区已经把《论语》的思想内容作为本土文化的一部分。

《论语》成为朝鲜、日本文化中的重要元素。朝鲜、日本是《论语》域外传播最早的地区。根据日本史记载，285 年百济王子曾荐王仁至日本献《论语》。[①]换言之，在此之前《论语》就已传入百济。《论语》传入日本的时间，学界一般公认开始于此次王仁献书，“应神天皇 16 年时，百济人王仁已把《论语》和《千字文》传入日本”[②]。《论语》传入朝鲜、日本地区之后，逐渐被当地文化借鉴、吸纳、融会，成为本土文化的组成部分。比较有代表性的事例有三：一是《论语》成为官方教育的主要内容。百济王朝时曾设立五经博士，其中之一就是《论语》。682 年，新罗仿唐制于首都设立国学，后改为大学监，并置博士、助教等教学人员。所设课程主要是儒家经典，如《左氏春秋》《尚书》《周易》《礼记》《毛诗》《论语》《孝经》《文选》等，其中《论语》《孝经》为必修，其他则为选修。[③] 718 年，日本元正天皇修《养老令》，确立了日本的大学和国学制度，明确规定大学以九经（《周易》《尚书》《周礼》《仪礼》《礼记》《毛诗》《春秋左氏传》《论语》《孝经》）为教材，分为必修和选修，其中《论语》《孝经》兼习之。[④] 二是本地学者的《论语》注译本大量涌现，而且有自己的风格特色。在朝鲜，主要有李滉的《论语释义》（载于《退溪全书》），体制与内容多承袭朱熹的《论语集注》；尹镌的《论语读书记》，则反对朱注，以已见释《论语》；李瀷的《论语疾书》主张实学，郑齐斗的《论语解》，提倡阳明学；茶山丁若庸的《论语古今注》，参考程朱的新注与汉代的古注作注；壶山朴文镐的《论语集注详说》，改变原有体例，把《论语》放在“四书”的首位，并

① 参见唐明贵、刘伟：《论语研探》，中国社会科学出版社 2014 年版，第 248 页。

② 王家骅：《日本的早期儒学及其特征》，《日本研究》1989 年第 4 期。

③ 参见杨焕英编著：《孔子思想在国外的传播与影响》，教育科学出版社 1987 年版，第 8 页。

④ 参见杨焕英编著：《孔子思想在国外的传播与影响》，教育科学出版社 1987 年版，第 95 页。

纳入韩、中学者以及个人见解。[①] 日本江户时代,朱子学派、阳明学派、水户学派、古学派、折中学派、考证学派等以研究儒家思想为核心的学术流派一度繁荣。其中,朱子学派奠基人藤原惺窝的高足林罗山著有《大学要旨》《四书集注抄》《儒门思问录》《四书五经要语》等,影响较大。[②] 明治维新之后,武内义雄、金谷治、久末旺生、新岛淳良、平冈武夫、诸桥辙次、小林一郎、吉田贤抗等一批学者开始翻译注解《论语》。如诸桥辙次的《论语讲义》(1955 年)、宗野哲人的《论语新释》(1950 年)和《论语讲话》(1954 年)、小南一郎的《五经·论语译注》(1970 年)、武内义雄的《论语研究》(1939 年)和《论语》(1943 年)、田所义行的《新评论语》(1971 年)、内野雄一郎的《论语评解》(1952 年)、宫崎市定的《论语的新研究》(1974 年)、大泽一雄的《论语译注》(1971 年)、津田左右吉的《论语与孔子的思想》(1946 年)、金谷治的《论语》(1963 年)等。[③] 值得一提的是,还出现了以涩泽荣一为代表运用《论语》思想经商的热潮。涩泽荣一被称为"日本近代实业界之父",他在《论语与算盘》中提出了"道德经济合一说",该理论对此后日本的经济框架以及社会走向产生重要影响,在日本近代文明发展史中发挥了重要作用。[④] 三是《论语》成为本土诗歌中的闪亮元素。这在朝鲜古代诗歌中最为明显。如诗人南龙翼《读史诗长篇三百二十五韵》云:"七十门人通六艺,升堂入室穷探赜。颜回三月不违仁,子路一生无宿诺。与闻天道赐也悟,终傅圣统参乎笃。声音每想武城弦,气象犹思沂水浴。骞雍商师宰耕求,各以其才承教育。"运用诗歌的形式,艺术地再现了孔子施教的诸多场景。宋时烈引"不义而富且贵,于我如浮云"(《论语·述而》),在《锦江哭送尹吉甫》中写道:"有心天汝玉,不义我如云。""引《论语》中富有哲理的话语、观点或场景、情境入诗,将圣人之言行、心态作为其诗情生发和引申的基础,这构成了朝鲜古代汉诗中《论语》元素的主体,数量极多。"[⑤]

《论语》多种译本在世界流传。大约从 16 世纪开始,《论语》被译成多种语言,开始在世界传播。1593 年,利玛窦把《论语》翻译成拉丁文。1687 年,柏应

① 参见任振镐:《〈论语〉及其注释书在韩国古代的发展经过》,《南京师大学报》(社会科学版)1998 年第 1 期。

② 参见杨焕英编著:《孔子思想在国外的传播与影响》,教育科学出版社 1987 年版,第 116 页。

③ 参见杨焕英编著:《孔子思想在国外的传播与影响》,教育科学出版社 1987 年版,第 141～149 页。

④ 参见曾青、任晓霏:《〈论语〉在日本的传播与影响研究》,《大众文艺》2020 年第 10 期。

⑤ 唐明贵、刘伟:《论语研探》,中国社会科学出版社 2014 年版,第 249 页。

理主持编译的拉丁文本《中国哲学家孔子》(内含《论语》)在巴黎出版。该版本在欧洲产生了广泛影响,分别于1688年和1691年被翻译成法文和英文。除此之外,比较著名的版本还有比利时卫方济的《中国六大经典》(内含《论语》)的拉丁文译本,法国顾赛芬的《四书》拉丁语和法语译本,苏格兰理雅各1861年的《论语》英译本,瓦西里耶夫(又称"王西里")1868年的《论语》俄文译注本等。需要指出的是,理雅各的《论语》英译本成为后来所有《论语》学术译本的原型。瓦西里耶夫是俄国最早把《论语》引入大学课堂的人,此后长期在圣彼得堡大学东方系使用。"《论语》对我们(俄国人)来说,是了解古代儒家学说的命运、这一派学说的发展及其过程之最宝贵的书籍。"[①]

此外,其他语言文字的译本还有理夏德·威廉翻译的1948年德文版《论语》、弗洛伦蒂娜·维桑翻译的1995年罗马尼亚文版《论语》、奥勒·比约恩·龙根翻译的1988年挪威文版《论语》、阿尔夫·亨里克松等人翻译的1997年瑞典文版《论语》、拉格纳·巴尔迪松翻译的1989年冰岛文版《论语译注》、约恩·克卢比恩翻译的1955年丹麦文版《论语》、马亚·米林斯基翻译的1988年斯洛文尼亚文版《论语》、哈吉·穆罕默德翻译的1994年马来文版《论语》、托克依·费伦茨翻译的1995年匈牙利文版《论语》、雅罗斯拉夫·普实克翻译的1995年捷克文版《论语》、纳比·厄泽尔蒂姆翻译的1974年土耳其文版《论语》、巴基斯坦巴文学院翻译的2007年乌尔都文版《论语》等。[②] 在不同时期,《论语》被翻译为多种语言流传世界各地,成为儒家经典在域外传播的典范。

总之,从"社会作用""元典传承""传播范围"等角度来审视,《论语》作为儒家的元典,和其他宗教的经典一样完全具备宗教经典的功能。自从编定以来,《论语》逐渐成为传统社会文化的核心,在公众信仰的建立、君子理想人格的塑造、社会规范的倡导等方面发挥着极其重要的作用。《论语》诠释也绵延相续、与时俱进、历久弥新,元典的核心价值在不同时代绽放出不同色彩,为当时社会的主流价值观不断注入新元素。不仅如此,《论语》立足本土,传播域外,与不同文明互动,化为当地文化不可或缺的组成部分,成为中华文化域外拓展的成功典范。所有这些都足以证明,《论语》是一部宗教元典,被誉为东方人的"圣经"符合实际,也当之无愧。

---

① 李明滨:《中国文化在俄罗斯》,新华出版社1993年版,第41页。

② 参见顾犇:《〈论语〉在海外的传播》,《北京图书馆馆刊》1999年第2期。

第三节 《论语》中的祭祀活动[①]

祭祀活动是宗教仪式之一，也是任何宗教都具备的基本要素。《说文解字》云："祀，祭无巳也。""祭"是会意字，从月（肉），从又（手），从示（神主牌），表示人用手拿着肉（代表祭品）献给神享用。《孝经·士章·疏》曰："祭者际也，人神相接，故曰际也。""祭祀"是人与未知世界、超自然力量沟通的方式之一，也是"所有宗教行为中最典型的一种"[②]。在《论语》里，祭祀活动主要包括祭天、祭地、祭祖、祭祀神灵、丧事等方面，祭天、祭地、祭祖和祭祀神灵往往混说，通常以"祭"来代替，而"丧"则明确提出来，指"丧事"。相关的记载共有42章，具体如下：《乡党》篇12章，《八佾》篇10章，《述而》篇4章，《子罕》篇3章，《为政》篇、《子张》篇各2章，《学而》篇、《雍也》篇、《泰伯》篇、《先进》篇、《颜渊》篇、《子路》篇、《宪问》篇、《阳货》篇、《尧曰》篇各1章。表面上看，这些章节散落在各篇之中，各自孤立，但如果把这些章节梳理出来，就可以发现这些章节之间的内在联系，其分别从社会作用、外在形式以及对参加者的约束等层面对祭祀展开了讨论。

一、社会功能：明确祭祀活动的有益性

祭祀作为宗教仪式的一种，也是一种宗教行为，能够使属于个人的宗教体验变成群体成员的共同体验，强化个人与社会之间的联系，凝聚群体共同意识，增强彼此的认同感[③]，也能够"使人类的生活和行为神圣化，于是变为更强有力的一种社会控制"[④]。从社会作用来审视，祭祀有利于国家治理、社会教化以及个体在病重之际获得心理慰藉。

（一）祭祀活动事关社稷，有益于国家治理

《左传·成公十三年》曰："国之大事，在祀与戎。"在古代社会，"祭祀"是政

① 本节内容曾发表于《世界宗教文化》2018年第5期，在此基础上又做了修改。参见刘伟：《〈论语〉中的"祭祀"意蕴探微》，《世界宗教文化》2018年第5期。

② ［法］马塞尔·莫斯、昂利·于贝尔：《巫术的一般理论 献祭的性质与功能》，杨渝东等译，广西师范大学出版社2007年版，第13页。

③ 参见陈荣富：《宗教礼仪与文化》，新华出版社1993年版，第31～32页。

④ ［英］马凌诺斯基：《文化论》，费孝通译，华夏出版社2002年版，第86页。

务活动的重要内容。“或问禘之说。子曰：‘不知也；知其说者之于天下也，其如示诸斯乎！’指其掌。”（《论语·八佾》）《尔雅·释天》曰：“禘，大祭也。”“禘”是古代社会极为隆重的祭祀之礼，包括祭天、祭地和祭祖，只有天子才能举行。在孔子看来，如果熟悉并掌握“禘”礼，治理国家就像把东西放在手掌里那么容易，如同“了如指掌”。对于“不知也”的理解，多认为孔子并非不知而是有难言之隐。朱熹注曰：“先王报本追远之意，莫深于禘。非仁孝诚敬之至，不足以与此，非或人之所及也。而不王不禘之法，又鲁之所当讳者，故以不知答之。”①“孔子逊言不知，盖以鲁人失礼，故不欲答之欤？”②与此不同，钱穆则认为这是孔子在说反话，之所以出此言是告诫执政者要用礼治理天下。“孔子毕生崇拜周公，实深有契乎周公制礼以治天下之深旨。盖礼治即仁治，即本乎人心以为治。礼本乎人心，又绾神道人伦而一之，其意深远，非人人所能知。故孔子答或人曰不知，不仅为鲁讳，亦实有所难言。”③不论事实如何，从中可以看出“禘”礼对国家治理的重要性。《中庸》曰：“明乎郊社之礼，禘尝之义，治国其如示诸掌乎。”《礼记·祭统》亦云：“禘尝之义大矣，治国之本也。”“通过祭祀天地、祖先，可以调整人与人之间的关系，稳定社会秩序，如此，则可以达到治国的目的。”④

（二）祭祀活动事关民众，有益于良好社会风气的形成

祭祀活动不仅体现在政治上影响执政者的治国理念，而且对普通民众的生活习俗、社会风气的形成也有重要影响。“曾子曰：‘慎终，追远，民德归厚矣。’”（《论语·学而》）郑玄注：“老死曰终。”其意指父母的死亡。《礼记·檀弓》引曾子曰：“丧三日而殡，凡附于身者，必诚必信，勿之有悔焉耳矣。三月而葬，凡附于棺者，必诚必信，勿之有悔焉耳矣。”面对离世的父母，装殓（附身）、埋葬（附棺）都要抱着真诚和相信的态度去做，不要有任何疏漏，以免将来后悔。“追远”，即不忘却先祖。“追，逐也。远，犹久也。言凡父祖已殁虽久远，当时追祭之也。”⑤“慎终追远”意指慎重办理丧事，深切长久地缅怀先人。办理丧事是外在形式，缅怀先人是内在精神，两者相辅相成。从根本上讲，对父母以及祖先的感恩关乎“仁心”和“仁道”。“儒家不提倡宗教信仰，亦不主张死后有灵魂之存

---

① 朱熹：《四书章句集注》，中华书局 2011 年版，第 64 页。

② 康有为：《康有为全集》第六集，姜义华、张荣华编校，中国人民大学出版社 2007 年版，第 397 页。

③ 钱穆：《论语新解》，生活·读书·新知三联书店 2002 年版，第 64 页。

④ 安德义：《论语解读》，中华书局 2010 年版，第 64 页。

⑤ 刘宝楠：《论语正义》，高流水点校，中华书局 1990 年版，第 24 页。

在，然极重葬祭之礼，因此乃生死之间一种纯真情之表现，即孔子所谓之仁心与仁道。”[①]“万物本乎天，人本乎祖。”（《礼记・郊特牲》）活着的人应该对逝去的父母以及祖先心存感激，永久缅怀。这种“纯真情”有利于社会教化和良好风气的形成。“上层的‘慎终追远’能使下层追随团结。”[②]《礼记・坊记》云：“修宗庙，教祭祀，教民追孝也。”“孝”意识的培养不仅有利于家族的繁衍相继，也有利于形成良好的社会风气，便于社会治理，维护社会稳定。

（三）祭祀活动事关生死，有益于个体安身立命

从个体层面来看，祭祀事关生死，使个体在病重之际能够获得心理慰藉。“子疾病，子路请祷。子曰：‘有诸？’子路对曰：‘有之；《诔》曰：“祷尔于上下神祇。”’子曰：‘丘之祷久矣。’。”（《论语・述而》）包咸注曰：“祷，祷请于鬼神也。”[③]“祷”是祭祀活动的一种。对于此章，一般认为孔子拒绝了子路，不让子路代表自己向神明祈祷。因为孔子的日常行为都合乎神明要求，所以其病重之际就不需要再去祈祷。孔安国曰：“孔子素行合于神明，故曰‘丘之祷久矣’。”[④]钱穆认为，“孔子谓我日常言行，无不如祷神求福，素行合于神明，故曰祷久矣，则无烦别人代祷”[⑤]。此种观点有待商榷。原因有二：其一，即便孔子日常言行完全合于神明，也不能断定“丘之祷久矣”就是指通过日常行为来实现祈祷。如果这种推理成立，只要日常言行符合神明要求就不需要再祈祷，那么，正常的祭祀活动也就没有存在的必要了，孔子所提倡的“礼”也会大打折扣。尤其对祭祀活动，孔子既重视内心情感，主张对神明要心存敬畏，如“祭如在，祭神如神在。吾不与祭，如不祭”（《论语・八佾》），又强调外在的程序细节，“入太庙，每事问”（《论语・乡党》）。如果按照这一逻辑，孔子的这些做法就多此一举了。因为只要日常行为符合神明要求，那就没有必要注重外在的形式。这显然有悖孔子提倡礼制的初衷。其二，孔子并没有明确拒绝，而是以“丘之祷久矣”婉拒。这种模糊的态度可能带来两种后果：要么子路听从孔子的话，没有去做。要么子路自行其是，不让孔子知道而代其祈祷。笔者认为，根据子路的一贯表现，后者的可能性更大。因为子路伉直好勇，“由也喭”（《论语・先进》），自认为正确的事情会

① 钱穆：《论语新解》，生活・读书・新知三联书店 2002 版，第 13～14 页。
② 李泽厚：《论语今读》，生活・读书・新知三联书店 2008 年版，第 42 页。
③ 皇侃：《论语义疏》，高尚榘校点，中华书局 2013 年版，第 180 页。
④ 皇侃：《论语义疏》，高尚榘校点，中华书局 2013 年版，第 182 页。
⑤ 钱穆：《论语新解》，生活・读书・新知三联书店 2002 年版，第 196 页。

坚持去做，并不听从孔子的意见。例如，“子路使子羔为费宰。子曰：‘贼夫人之子。’子路曰：‘有民人焉，有社稷焉，何必读书，然后为学？’子曰：‘是故恶夫佞者。’”（《论语·先进》）很显然，孔子对子路让子羔为费宰的做法非常不赞成，但子路依然坚持己见，让子羔担任费宰。根据资料记载，子羔先后四次在鲁国、卫国为官，历任鲁国费宰、郈宰、武城宰和卫国的士师，是孔门弟子中从政次数最多、时间最长的一个。[①] 又如，孔子病重期间，子路违反礼制，“使门人为臣”，后被孔子埋怨：“久矣哉，由之行诈也！无臣而为有臣。吾谁欺？欺天乎！”（《论语·子罕》）从子路的这些行为可以推知，子路私自代替孔子祈祷的可能性非常大。由此，孔子所说的“丘之祷久矣”可以这样理解：孔子明明知道子路很有可能代替自己去祈祷而没有明确反对，实际上是对这种行为的默许，以此恳请神明眷顾，使自己尽快康复。

二、外在形式：强调祭祀活动的制度性

在外在形式上，祭祀应严格按照等级、血统和程序进行，不能僭越、谗祭、简化程序或者废除。

（一）祭祀应严格遵循等级制度，不能僭越

斥责当时鲁国国君及其贵族僭礼。“子曰：‘禘自既灌而往者，吾不欲观之矣。’”（《论语·八佾》）孔子之所以不愿意看下去，杨伯峻认为这是因为鲁国国君僭越礼制——“禘”礼只有天子才能举行。不过，杨伯峻也提到周成王曾因为周公旦对周朝有过莫大的功勋，特许他举行禘祭。以后鲁国之君都沿此惯例。[②] 如果从这个角度来看，鲁国国君举行“禘”礼并不能算是“僭越”，因为这得到了天子的特许。为此，杨伯峻的说法似乎就自相矛盾了。那么，为什么孔子不愿意继续观礼呢？笔者认为，可以这样来理解：即便得到周天子的许可，但作为臣子应该严格遵守为臣之道，周公旦有功勋可以举行，而周公旦的后人并没有功勋，不应该再享受这一特权。因此，孔子认为这不合臣道，所以不愿意再往下观看了。“子曰：‘死，葬之以礼，祭之以礼。’”（《论语·为政》）孔子认为，人死之后，应当按照礼制来办理丧事，进行祭祀。这是孔子针对当时鲁国三家大夫“僭礼”而发，“鲁国的三家是大夫，不但有时用鲁公（诸侯）之礼，甚至有时用天子之礼。这种行为当时叫做‘僭’，是孔子所最痛心的。孔子这几句答语，或者是针

① 参见李启谦、王式伦编：《孔子弟子资料汇编》，山东友谊出版社1991年版，第750页。

② 杨伯峻译注：《论语译注》，中华书局1980年版，第26页。

对这一现象发出的”[1]。“孔子谓季氏，‘八佾舞于庭，是可忍也，孰不可忍也？’三家者以《雍》彻。子曰：‘“相维辟公，天子穆穆”，奚取于三家之堂？’”（《论语·八佾》）古代音乐、舞蹈都与祭祀活动有关，举行类似的活动应该遵循礼制。在祭祀时，季氏使用“八佾”舞蹈，孟孙、季孙、叔孙使用《雍》诗来赞唱，而“八佾”、《雍》诗只有天子才能使用。这显然是违背礼制的行为，所以孔子强烈反对。“季氏旅于泰山。子谓冉有曰：‘女弗能救与？’对曰：‘不能。’子曰：‘呜呼！曾谓泰山不如林放乎？’”（《论语·八佾》）季氏以鲁国大夫身份去祭祀只有天子才能祭祀的泰山，显然是僭越礼制。在孔子看来，这种行为不仅人会反对，即便是被祭祀的泰山也不会接受。包咸注曰：“神不享非礼。林放尚知礼，大山之神反不如林放耶？”[2]“林放知问礼之本，如泰山之神亦能如林放，将不受此非礼之谄祭。”[3]

责备弟子僭礼。“子疾病，子路使门人为臣。病间，曰：‘久矣哉，由之行诈也！无臣而为有臣。吾谁欺？欺天乎！且予与其死于臣之手也，无宁死于二三子之手乎！且予纵不得大葬，予死于道路乎？’”（《论语·子罕》）《论语正义》曰：“夫子仕鲁为司寇，是大夫也。及去鲁，以微罪行，宜降用士礼。今子路尊荣夫子，欲用大夫丧葬之礼，故使门人为臣助治之。有臣死于臣手，礼也。夫子愿死于弟子手者，以弟子情益亲也。故皇疏云：‘在三事同，若以亲察而言，则臣不及弟子也。’又云：‘臣礼就养有方，有方则隔；弟子无方，无方则亲也。’”[4]此种说法有些牵强。从此章的语气来看，孔子对子路的做法是非常气愤的：“仲由呀，你这种欺骗的勾当太久了吧！”这便给后面的话定了基调，后面的话都应以此为中心，况且后面的话用的是反问语气，旨在批评子路这种违反礼制的行为。至于后人解读为弟子情深，笔者认为这只是一厢情愿。对子路的这种做法，孔子是明确反对的。孔子一生提倡礼，重视礼，身体力行践行礼，病重期间也不会因此而违反礼制。这可以从颜回的丧事来加以印证。颜回是孔子最为得意的弟子，他死后，孔子言“天丧予！天丧予”，并“哭之恸”（《论语·先进》），但对他的葬礼仍然坚守制度。这从以下两件事情可以看出来：其一，颜渊的父亲颜路“请子之车以为之椁”，孔子则说：“才不才，亦各言其子也。鲤也死，有棺而无椁。吾不徒行以为之椁。以吾从大夫之后，不可徒行也。”（《论语·先进》）尽管孔子非常

① 杨伯峻译注：《论语译注》，中华书局 1980 年版，第 14 页。

② 皇侃：《论语义疏》，高尚榘校点，中华书局 2013 年版，第 54 页。

③ 钱穆：《论语新解》，生活·读书·新知三联书店 2002 年版，第 58 页。

④ 刘宝楠：《论语正义》，高流水点校，中华书局 1990 年版，第 342 页。

喜欢颜回，也疼爱自己的儿子，但在礼制面前仍然坚持原则，这一点是非常明确的。其二，颜渊的同学想“厚葬之”，孔子说“不可”，但弟子们没有听他的话，仍然厚葬了颜渊。对此，孔子说：“回也视予犹父也，予不得视犹子也。非我也，夫二三子也。”(《论语·先进》)“根据《檀弓》所记载孔子的话，丧葬应该‘称家之有亡，有，毋过礼。苟亡矣，敛首足形，还葬，县棺而封。’颜子家中本穷，而用厚葬，从孔子看来，是不应该的。”①

(二)祭祀活动应有自然血统依据，不能谄祭

孔子认为，在祭祀祖先方面，祭祀活动应遵循自然血统关系。“子曰：‘非其鬼而祭之，谄也。’”(《论语·为政》)在孔子看来，不是自己的祖先却去祭祀，这就是献媚。只祭祀自己祖先的基础源于自然血统观念，祭祀的目的是感恩和缅怀，没有任何功利性。去祭奠他人的祖先，就难免有功利性之嫌疑。“按原始礼制，只祭本氏族的祖先和成员。它的源起并非功利，是无条件的敬畏崇拜和情感依托。祭祀别的鬼神大都有求恩宠、祈福禄、避灾祸等功利目的。”②

(三)祭祀活动应有相应仪式，不能擅自精简或废除

“祭祀”是一种仪式化的活动，必然有既定的程序。孔子认为，这些仪式是生者与鬼神等未知世界沟通的桥梁，也是历史经验的总结、时代的反映，不可以擅自简化或者废除。《论语》中提到了两件事情：“三年之丧”和“去告朔饩羊”。

“三年之丧”不能简化。《论语》里有两处提到“三年之丧”：

子张曰：“《书》云：‘高宗谅阴，三年不言。’何谓也？”子曰：“何必高宗，古之人皆然。君薨，百官总己以听于冢宰三年。”(《论语·宪问》)

宰我问：“三年之丧，期已久矣。君子三年不为礼，礼必坏；三年不为乐，乐必崩。旧谷既没，新谷既升，钻燧改火，期可已矣。”子曰：“食夫稻，衣夫锦，于女安乎？”曰：“安。”“女安，则为之！夫君子之居丧，食旨不甘，闻乐不乐，居处不安，故不为也。今女安，则为之！”宰我出。子曰：“予之不仁也！子生三年，然后免于父母之怀。夫三年之丧，天下之通丧也，予也有三年之爱于其父母乎！”(《论语·阳货》)

上述两处的侧重点不同。第一处，主要说“三年之丧”的来源。“殷高宗守

---

① 杨伯峻译注：《论语译注》，中华书局1980年版，第113页。

② 李泽厚：《论语今读》，生活·读书·新知三联书店2008年版，第84页。

孝，住在凶庐，三年不言语。”[①]“三代之丧，齐疏之服，饪粥之食，自天子达于庶人，三代共之。”（《孟子·滕文公上》）一般认为，“三年之丧”在尧舜时期就已经存在，到了殷商时期，就成为全社会通行的制度。[②] 第二处，主要争论“三年之丧”是否应该随着时代变化、社会发展而改变。很显然，孔子明确坚持“三年之丧”，不同意宰我“期年”的观点。但这两种说法都有道理，只是看问题的角度不同。“孝子之于亲，其情无有穷已，圣人恐以死伤生，故立三年之中制，使贤者俛而就之，则不肖者亦当企而及。宰我亦非故欲薄其亲，直是自以心度之，谓期年其哀已尽，故欲短丧。”[③]客观上来看，宰我的“短丧”从现实着眼，更符合人们生活需要；而孔子则是从社会治理的角度入手，考虑得较为长远。一方面，通过“三年之丧”可以强化自然血统传递意识，巩固“父慈子孝”的人伦之情。“孔子将‘礼’（‘三年之丧’）建立在心理情感原则（‘心安’）上。于是儒学第一原则乃人性情感……孔子的贡献在于将外在礼制（规范）变为内在心理（情感），此核心情感却非宗教性的‘畏’、‘敬’、‘庄’等等，而是以亲子关系为核心的‘孝—慈’。”[④]另一方面，“三年之丧”是人道使然，而人道则关系到政权的存亡。“儒家言，三年之丧，自天子达于庶人。庶人生事简单，时有哀思，犹所不妨。天子总理天下，一日二日万几，不能常哀思及于已亡之父母。然政权事小，人道是大。顾政权而丧人道，人道既丧，政权亦将不存。”[⑤]

“告朔饩羊”不能去除。“子贡欲去告朔之饩羊。子曰：‘赐也！尔爱其羊，我爱其礼。’”（《论语·八佾》）“告朔饩羊”是古代的一种制度，每年秋冬之交，周天子把第二年的历书颁给诸侯。诸侯接受了这一历书，藏于祖庙。每逢初一，便杀一只活羊祭于庙，然后回到朝廷听政。这种祭庙活动叫作“告朔”。到了子贡所处的时代，每月初一，鲁君不但不亲临祖庙，而且也不听政，只是杀一只活羊“虚应故事”罢了。所以子贡认为不必留此形式，不如干脆连羊也不杀。孔子却认为尽管这是残存的形式，但比什么也不留好。[⑥] “告朔之礼”属于政、祭合一，既有政事的内容，也包含祭祀的成分。尽管在当时的鲁国这种制度已经名

---

① 杨伯峻译注：《论语译注》，中华书局1980年版，第158页。

② 有学者提出异议，认为“三年之丧”只是在小范围实行，并未在全社会普遍实行。参见丁鼎：《“三年之丧”源流考论》，《史学集刊》2001年第1期。

③ 许谦：《读论语丛说》卷下，严灵峰编：《无求备斋论语集成》第16函，台北艺文印书馆1967年版，第23页。

④ 李泽厚：《论语今读》，生活·读书·新知三联书店2008年版，第523页。

⑤ 钱穆：《论语新解》，生活·读书·新知三联书店2002年版，第390页。

⑥ 参见杨伯峻译注：《论语译注》，中华书局1980年版，第29～30页。

存实亡，杀羊也失去了原来的意义，但孔子仍然坚持保留这种仪式，目的也是通过这种仅有的形式，来提醒人们古礼的存在。“即使某种典礼仪文已失去其实用意义和具体内容，但其形式本身仍有某种价值在……古代的礼文仪典以可感知的‘物态化’（舞蹈、咒语、音乐、雕塑、图画、建筑、文字等）形式，在当时凝聚和呈现了那神圣不可违抗的行为规范、思想观念、情感体验和群体秩序。人们通过这些仪文形式的不断实践和反复巩固，以获得理性的内化（认识）和理性的凝聚（道德）。”[①]

三、对参加者的约束：突出虔诚和理性

赫伯特·芬格莱特认为，孔子所构建的礼仪活动具有宗教礼仪的神圣性。他说：“社会在孔子的构想中成为一个宏大壮阔的礼仪活动，这种社会礼仪具有精致的宗教礼仪所拥有的所有神圣之美，施行这种优雅而充满灵感的礼仪活动，既使人感到肃穆庄严，又使人感到心旷神怡。”[②]这种神圣性对参加者有特殊的要求：一方面要有虔诚之心，祭出于情、发于心，重视细节；另一方面要保持理性，立足此世，不迷失于彼岸。

（一）参加者要有虔诚之心

《礼记·祭统》曰：“夫祭者，非物自外至者也，自中出生于心也；心怵而奉之以礼。”

思想上高度重视。“子曰：‘禹，吾无间然矣。菲饮食而致孝乎鬼神，恶衣服而美乎黻冕，卑宫室而尽力乎沟洫。禹，吾无间然矣。’”（《论语·泰伯》）大禹自己吃得很差，却把祭品办得极为丰盛；穿的很差，却把祭服做得十分华美。孔子赞赏大禹，彰显对祭祀的重视。“致孝乎鬼神，言敬祖先也。致美乎黻冕，言敬圣人也。尽力乎沟洫，言敬民也。敬此三者，则先王之道尽矣。此孔子所以‘无间然’也。”[③]日常生活当俭则俭，祭祀活动当丰则丰，丰、俭各适其宜，[④]显示出祭祀的重要性。“所重：民、食、丧、祭。”（《论语·尧曰》）“重丧以尽哀，重祭以致

---

① 李泽厚：《论语今读》，生活·读书·新知三联书店 2008 年版，第 105 页。

② ［美］赫伯特·芬格莱特：《孔子：即凡而圣》，彭国翔、张华译，江苏人民出版社 2002 年版，第 75 页。

③ ［日］物双松：《论语征》，严灵峰编：《无求备斋论语集成》第 26 函，台北艺文印书馆 1967 年版，第 173 页。

④ 参见林希元：《四书存疑》，严灵峰编：《无求备斋论语集成》第 18 函，台北艺文印书馆 1967 年版，第 49 页。

敬。重食,重在生民。重丧、祭,则由生及死,由今溯往,民生于是见悠久。”[1]“子曰:‘出则事公卿,入则事父兄,丧事不敢不勉,不为酒困,何有于我哉?’”(《论语·子罕》)孔子把丧事与出仕、居家并提,可见对丧事的重视,他却自称没有做到,实乃自谦之词。“敦煌石室所得郑注《论语》残卷云‘鲁读困为魁,今从古’。此言不为酒魁,谓不倡群饮也。文承‘丧事不敢不勉’而言,《丧大记》云‘九月之丧、五月三月之丧,食肉饮酒,不与人乐之’,乃所谓不为酒魁也。言虽轻丧,犹敕慎如是,则重丧可知。”[2]“仲弓问仁。子曰:‘出门如见大宾,使民如承大祭。’”(《论语·颜渊》)“大祭,禘郊之属也。出门如见大宾,使民如承大祭,是敬。”[3]用举办高规格的祭祀来比喻治理百姓,既彰显孔子的仁爱之心,也看出对祭祀的重视程度。

祭祀应出于情、发于心。“林放问礼之本。子曰:‘大哉问!礼,与其奢也,宁俭;丧,与其易也,宁戚。’”(《论语·八佾》)“丧与其易也,宁在于戚,则礼之本也。礼有其余,未若于哀,则情之实也。”[4]只有形式,却没有真正发自内心的敬畏、悲戚、缅怀之情,祭祀就会流于形式。“临丧之礼,为之衰麻哭踊之数,所以节之也。其本则哀痛惨怛,惟戚而已。若惟知有本,不文不节,亦将无礼可言。”[5]祭如在,祭神如神在。“子曰:‘吾不与祭,如不祭。’”(《论语·八佾》)在孔子看来,无论是祭祀天地神灵还是祭祀祖先,都应亲临现场并保持诚敬之心。“在祭祀中,人是把自己至诚的心奉给自己设定的、想象中的存在物。这才是祭祀的实质。”[6]正如李泽厚所说:“整个《论语》谈到祭祀,强调的都是这种内心情感,以此而论证外在仪式和礼制的来由和必要。这虽然颠倒了历史真实,但足见注意心理结构即人性情感的塑造,是孔子所奠基的儒学特征。”[7]“子曰:‘居上不宽,为礼不敬,临丧不哀,吾何以观之哉?’”(《论语·八佾》)“子张曰:‘士见危致命,见得思义,祭思敬,丧思哀,其可已矣。’”(《论语·子张》)朱熹注曰:“为礼以敬为本,临丧以哀为本,既无其本,则以何者而观其所行之得失哉?”[8]“致命,

---

① 钱穆:《论语新解》,生活·读书·新知三联书店2002年版,第505页。

② 章太炎:《广论语骈枝》,严灵峰编:《无求备斋论语集成》第25函,台北艺文印书馆1967年版,第9页。

③ 钱穆:《论语新解》,生活·读书·新知三联书店2002年版,第305页。

④ 刘宝楠撰:《论语正义》,高流水点校,中华书局1990年版,第83页。

⑤ 钱穆:《论语新解》,生活·读书·新知三联书店2002年版,第56页。

⑥ 赵又春:《我读〈论语〉》,岳麓书社2005年版,第299页。

⑦ 李泽厚:《论语今读》,生活·读书·新知三联书店2008年版,第100页。

⑧ 朱熹:《四书章句集注》,中华书局2011年版,第68页。

谓委致其命，犹言授命也。四者立身之大节，一有不至，则余无足观。故言士能如此，则庶乎其可矣。”[①]诚敬、哀伤是生者敬畏神明、缅怀逝者的根本，发自内心，而非求诸他人。如果祭祀神明无诚敬之心、面临丧事缺哀伤之情，那么祭祀也就失去了本义。“凡为礼事在于庄敬，不敬则失于傲惰。亲临死丧当致其哀，不哀则失于和易。凡此三失，皆非礼意。人或若此，不足可观，故曰：‘吾何以观之哉！’”[②]

保有恒心。“子曰：‘南人有言曰：“人而无恒，不可以作巫医。”善夫！’‘不恒其德，或承之羞。’子曰：‘不占而已矣。’”（《论语·子路》）无论是巫觋还是医生，都与祭祀活动有直接或间接的关系。《论语正义》引杨泉《物理论》说：“‘夫医者，非仁爱不可讬，非聪明达理不可任，非廉洁淳良不可信。古之用医，必选名姓之后。’又云：‘其德能仁恕博爱，其智能宣畅曲解，知天地神祇之次，明性命吉凶之数，处虚实之分，定顺逆之理，原疾量药，贯微达幽。’观此，则巫医皆抱道怀德，学彻天人。故必以有恒之人为之解者。”[③]“巫所以交鬼神，医所以托死生，无恒之人何足任此。专一之业尚然，何论于广大之道，故孔子特取此言。”[④]孔子认为只有保有恒心，才能做好巫医，从而才能把祭祀活动做好。

重视细节。一是重视祭祀活动过程中的细节。“子入太庙，每事问。或曰：‘孰谓鄹人之子知礼乎？入太庙，每事问。’子闻之，曰：‘是礼也。’”（《论语·八佾》）《论语正义》曰：“以夫子不知故问，然云‘每事’，容亦有所已知者，今犹复问于人，故为慎也。”[⑤]孔子熟悉周礼，但也并不是都完全掌握，有些细节也很可能不完全确定，即便知晓也可以通过询问他人再熟悉巩固。“表述孔子谦虚而谨慎，既非假装不懂而故问，也非真正完全不懂得，而是问一遍以求确认，即实地印证自己所已知和未知。”[⑥]也有学者认为，这是孔子通过“每事问”来提醒人们鲁国太庙存在诸多僭越礼制的行为，间接表达不满。“孔子非不知鲁太庙中之种种礼器与仪文，然此等多属僭礼，有不当陈设举行于侯国之庙者。如雍之歌不当奏于三家之堂，而三家奏之以彻祭。有人知其非礼，不欲明斥之，乃伪若不

---

① 朱熹：《四书章句集注》，中华书局 2011 年版，第 175 页。

② 《十三经注疏》整理委员会整理：《十三经注疏·论语注疏》（标点本），北京大学出版社 1999 年版，第 46 页。

③ 刘宝楠：《论语正义》，高流水点校，中华书局 1990 年版，第 543 页。

④ 钱穆：《论语新解》，生活·读书·新知三联书店 2002 年版，第 345 页。

⑤ 刘宝楠：《论语正义》，高流水点校，中华书局 1990 年版，第 105 页。

⑥ 李泽厚：《论语今读》，生活·读书·新知三联书店 2008 年版，第 103 页。

知，问适所歌者何诗。孔子入太庙而每事问，事正类此。此乃一种极委婉而又极深刻之讽刺与抗议。”[①]这种观点有一定道理，但不能太绝对。因为孔子当时入太庙的时候属于青年，“太庙，鲁祭周公之庙。时孔子当在青年，始仕于鲁，得入太庙助祭”[②]。孔子正处于青年时期，经验不足，且又给人当助手，对祭祀过程中的每一件事情都秉承谨慎态度也在情理之中。而且，孔子虽然是圣人，但圣人并不是生而知之，而是学而知之，青年时期的孔子并不是全知全能，对礼制的重视更会促使他不断加强学习。正如他自己所说：“十室之邑，必有忠信如丘者焉，不如丘之好学也。”（《论语·公冶长》）简言之，这两章既有讥讽、警戒当时鲁国太庙僭越礼制行为之意，也彰显孔子谦虚好学之风，两者都体现了孔子对祭祀活动细节的重视。二是重视个人事关祭祀活动的日常行为。“子食于有丧者之侧，未尝饱也。”“子于是日哭，则不歌。”（《论语·述而》）朱熹注曰：“哭，谓吊哭。日之内，余哀未忘，自不能歌也。”[③]《论语正义》说：“丧者哀戚，饱食于其侧，是无恻隐之心。一日之中或哭或歌，是亵于礼容。”[④]面对丧事，无论是吃饭还是唱歌，孔子都非常注意，以此表达对逝者的悲戚之情，这也是人性情感的体现。“两章均描写必须以一定时间内的持久性所展示的真实和诚挚，才是人性情感。”[⑤]“子见齐衰者、冕衣裳者与瞽者，见之，虽少，必作；过之，必趋。”（《论语·子罕》）“见齐衰者，虽狎，必变。见冕者与瞽者，虽亵，必以貌。凶服者式之。”（《论语·乡党》）对穿丧服的、戴着祭祀礼帽的和盲人，孔子会用自己的方式表达敬意，因为前两者与祭祀活动有关，后者属于残疾人，这都应该予以尊敬。“表示敬意也。仍重在感情态度，朱注所谓内外一，是也。”[⑥]“乡人傩，朝服而立于阼阶。”（《论语·乡党》）“傩者，古人驱逐疫鬼，（兼及无主之殇鬼）而祭之于道上。”[⑦]对乡人这种习俗，孔子穿朝服站在东边的台阶上，以示尊敬，合乎当时礼仪。“朋友死，无所归，曰：‘于我殡。’”（《论语·乡党》）“无所归”意指没有亲属无法办理后事。对乡人驱鬼的风俗和没有亲属办理丧事的死去的朋友，孔子都用自己的方式来处理，说明孔子比较注重与祭祀活动有关的日常行为。三

---

① 钱穆：《论语新解》，生活·读书·新知三联书店2002年版，第69页。
② 钱穆：《论语新解》，生活·读书·新知三联书店2002年版，第68页。
③ 朱熹：《四书章句集注》，中华书局2011年版，第92页。
④ 刘宝楠：《论语正义》，高流水点校，中华书局1990年版，第260页。
⑤ 李泽厚：《论语今读》，生活·读书·新知三联书店2008年版，第213页。
⑥ 李泽厚：《论语今读》，生活·读书·新知三联书店2008年版，第273页。
⑦ 钱穆：《论语新解》，生活·读书·新知三联书店2002年版，第262页。

是重视生活细节。对言辞、饮食、服饰、起居等与祭祀活动相关的生活细节，孔子也都非常注意。“孔子于乡党，恂恂如也，似不能言者。其在宗庙朝廷，便便言，唯谨尔。”“祭于公，不宿肉。祭肉不出三日。出三日，不食之矣。”“虽疏食菜羹，瓜祭，必齐如也。”“侍食于君，君祭，先饭。”“朋友之馈，虽车马，非祭肉，不拜。”（《论语·乡党》）“古人临食，每品各出少许，置笾豆之间，以祭先代始为饮食之人，所以报功，不忘本。谓虽疏食菜羹瓜类，以祭则必斋如也。当孔子时，非贵品或不祭，而孔子临食，虽菲薄亦必祭，又必致其肃静之容。”[①]“去丧无所不佩。非帷裳，必杀之。羔裘玄冠不以吊。”“斋，必有明衣，布。斋必变食，居必迁坐。”“寝不尸。”（《论语·乡党》）“斋戒时一定要洗澡，所以有浴衣。之所以必须是布做的，以及吃素、不性交，等等，都是为了节制自己的享受和快乐，以表示忠诚，崇敬和畏惧。此乃古代巫术仪式的残存。”[②]

（二）保持理性，立足此世

安乐哲认为，儒家宗教情感不是救世主义也不是末世主义，这是一种以人为中心的宗教感，而不是以上帝为中心的宗教。[③] 因此，在祭祀活动中应保持理性，立足现世，而不是追求彼岸。

谨慎对待。对鬼神等未知世界的事情，孔子非常谨慎。“子之所慎：齐，战，疾。”（《论语·述而》）斋戒与祭祀神明有关，战争与族群的存亡有关，疾病与人的生死相关，这三件事情也是当时社会的主要大事，孔子非常慎重。朱熹注曰：“齐之为言齐也，将祭而齐其思虑之不齐者，以交于神明也。诚之至与不至，神之飨与不飨，皆决于此。战则众之死生、国之存亡系焉，疾又吾身之所以死生存亡者，皆不可以不谨也。”[④]“子不语怪，力，乱，神。”（《论语·述而》）《四书章句集注》引谢氏（谢良佐）曰：“圣人语常而不语怪，语德而不语力，语治而不语乱，语人而不语神。”[⑤]“不语”就是不谈论。对未知的或者不好的事情，孔子一般不谈论，不妄谈，非常小心。“季路问事鬼神，子曰：‘未能事人，焉能事鬼？’曰：‘敢问死。’曰：‘未知生，焉知死？’”（《论语·先进》）何晏《论语集解》引陈群曰：“鬼神

① 钱穆：《论语新解》，生活·读书·新知三联书店2002年版，第260页。

② 李泽厚：《论语今读》，生活·读书·新知三联书店2008年版，第302页。

③ 参见[美]安乐哲：《儒家角色伦理学——一套特色伦理学词汇》，[美]孟巍隆译，山东人民出版社2017年版，第262页。

④ 朱熹：《四书章句集注》，中华书局2011年版，第93页。

⑤ 朱熹：《四书章句集注》，中华书局2011年版，第95页。

及死事难明，语之无益，故不答。”皇侃注曰：“此章明孔子不道无益之语也。”[1]对未知世界或者未知的事情，孔子往往不予直接回答。“此章极有名，解说丰硕。总之，足显中国之实用理性，不作无益无用之思辨和讨论。所谓‘无益、无用’指与人事关系而言。重在此人生此人世，即我所谓‘一个世界’观是也。联系‘不语怪力乱神’、‘祭如在’、‘敬鬼神而远之’等章节，孔子对超乎此世此生的问题、对象，采取颇为一贯的‘存而不论’的实用态度，既不肯定，也未否定。”[2]“死生本属一体，蚩蚩而生，则必昧昧而死。生而茫茫，则必死而惘然。生能俯仰无愧，死则浩然天壤。今日浩然天壤之鬼神，皆即往日俯仰无愧之生人。苟能知生人之理，推以及于死后之鬼神，则由于死生人鬼之一体，而可推见天人之一体矣。孔子之教，能近取譬。或谓鬼神及死后事难明，语之无益。又或谓孔子只论人生，不问鬼神事。似孔子有意不告子路之问，其实乃所以深告之，学固不可以躐等而求。”[3]无论是“存而不论”还是“以生推死”，都体现了孔子对鬼神的慎重态度。正因为不好说、说不好，所以还是不说好。这种“知之为知之，不知为不知”的慎重态度比妄加推测要高明得多。“仲弓问仁。子曰：‘出门如见大宾，使民如承大祭。’”(《论语·颜渊》)“大祭，禘郊之属也。出门如见大宾，使民如承大祭，是敬。”[4]孔子用举办高规格的祭祀活动来比喻治理百姓，可以看出孔子对治国的重视，也体现了孔子的仁爱之心。如果从另一角度来理解，也能看出孔子对祭祀活动的重视态度。“为什么‘承事如祭’？谨慎敬畏，对待百姓的事务有如对待神灵的事务。宗教性道德转向社会，亦理性化之途径，宗教、政治合而为一，使政治具有宗教之神圣、严重义也。”[5]

保持距离。对神灵、鬼怪等超自然力，孔子认为应保持一定距离，既不顶礼膜拜、迷失自我，又不妄自尊大、彻底否定，而是持中庸态度，有一定限度。“樊迟问知，子曰：‘务民之义，敬鬼神而远之，可谓知矣。’”(《论语·雍也》)《四书章句集注》引程子曰：“人多信鬼神，惑也。而不信者又不能敬，能敬能远，可谓知矣。”[6]在程子看来，“信”是“敬”的前提，没有“信”，“敬”也就失去了基础。但是，“信”又不是盲目的、无主见的，而是要与鬼神保持一定距离，有了距离就不会迷

① 阮元校刻：《十三经注疏·论语注疏》，方向东点校，中华书局 2021 年版，第 268 页。

② 李泽厚：《论语今读》，生活·读书·新知三联书店 2008 年版，第 323 页。

③ 钱穆：《论语新解》，生活·读书·新知三联书店 2002 年版，第 285～286 页。

④ 钱穆：《论语新解》，生活·读书·新知三联书店 2002 年版，第 305 页。

⑤ 李泽厚：《论语今读》，生活·读书·新知三联书店 2008 年版，第 347 页。

⑥ 朱熹：《四书章句集注》，中华书局 2011 年版，第 87 页。

失。不能不信,又不能全信,既要有对鬼神的敬畏,也要有自己的主见,这也是理性的彰显。

适可而止。“子游曰:‘丧致乎哀而止。’”(《论语·子张》)《中庸》云:“喜怒哀乐之未发,谓之中;发而皆中节,谓之和。”所谓“中节”,就是人对情感的合理控制。对丧事,体现出悲哀就可以了,不能过度悲伤。孔安国曰:“毁不丧性也。”[①]“丧礼只以致极乎居丧者之哀情而止,不尚文饰。然若过而至于毁身灭性,亦君子所戒。”[②]

总之,作为儒学的元典,《论语》对祭祀的论述有着清晰的内在逻辑和层次,从社会作用、外在形式以及对参加者的约束进行了多维度的探讨,由此可以窥知孔子对祭祀活动的重视程度。从这一角度而言,孔子对宗教的看法并非模棱两可,而是非常明确,无论是治理国家、管理百姓、社会教化,还是家族繁衍、个体修身,以祭祀为核心的宗教活动都具有举足轻重的作用。换言之,祭祀活动或者说宗教,是个体—家—国—天下这一逻辑线路之根源。

---

① 皇侃:《论语义疏》,高尚榘校点,中华书局2013年版,第505页。

② 钱穆:《论语新解》,生活·读书·新知三联书店2002年版,第491页。

第四章　哲学思想与生态思想

中国传统社会历时五千多年，在人与未知世界的关系上，大致有三种哲学思想：早期阶段的“人属于神”，中期阶段的“人神合一”，自此以后的“人神相分”。这三种不同的哲学思想对人与自然、人与社会、人与人之间关系的处理具有深远的影响，并在发展的过程中形成了不同的生态思想。“人属于神”阶段，对应的生态思想是“人融于自然”，人与自然密不可分，人被自然所左右；“人神合一”阶段，对应的生态思想是“天人合一”，人与自然各守其位，各尽其分，相互依存，和合共生；“人神相分”阶段，对应的生态思想是“主客二分”，人类中心主义盛行，自然界沦为人类生产活动的完全被动对象。

第一节　不同历史阶段的哲学思想

人类社会自形成以来，在与自然环境的关系上，大致经历了三个阶段：早期的从属、中期的独立、现代的征服。第一个阶段，在人类社会的早期，自然占据主导地位，人类从自然中演化而来，由于生产力低下，人类的生存发展在很大程度上取决于周围自然环境的优劣。人类处于被动地位，基本上听命于天，受控于自然界。这大致相当于人类的原始社会。第二个阶段，随着生产力的发展，人类适应环境的能力逐渐增强，在自然界面前，开始由被动向主动转化，从完全听命于天开始转向与天相抗争，从受制于周围环境转为利用开发周围环境，并做到与自然环境和谐相处。在中国，这大致相当于奴隶社会和封建社会（从奴隶社会至封建社会，直至清朝结束）。[①] 第三个阶段，伴随着工业革命的开始，生产力大幅度提高，人类加快了利用自然资源为我服务的历史进程。在自然界面前，人类完全变被动为主动，积极改造自然、征服自然。尤其是科技革命以来，新技术不断涌现，上天入地，探索宇宙，人类征服自然界的欲望更加强烈，也更为现实。人类在对待自然环境上，主导思想是以我为主。在初期阶段，完全没有考虑自然环境的承载能力，盲目开采，无序发展，自然生态环境恶化，资源枯竭，大气污染，地震、洪灾、旱灾、泥石流等各种自然灾难频发。在严峻的事实面前，人们开始意识到必须重视和保护环境，做到人类的生存发展与自然界的可持续才是唯一的出路。上述三个阶段，只是大致的划分，具体时间很难确定。具体到中国而言，这三个阶段孕育的哲学思想既具有一般性，也具有独特性。这中间既有宗教的思想，也有生态的内涵。如果从天人关系的角度来审视，哲学思想基础是不相同的，大致可以分为三类：早期阶段是“人属于神”，中期阶段是“人神合一”，后期至今则是“人神相分”。

一、早期阶段：“人属于神”

“人属于神”，这里的“神”是指以神或者说超自然力量为代表的自然界。这一时期，大致可以限定在周代之前。从宗教角度来看，早期的人类都信奉体现超自然力量的神灵，既有“多神崇拜”，也有“一神崇拜”。无论是哪一种，人都是膜拜神、服从神。从远古时代直到商代，这种关系基本上没有改变。当时的一切事情，都充满了宗教意蕴，或者说都与宗教行为有关。在人与神沟通的过程中，巫充当了非常重要的角色。对巫的解读有很多种。如何休认为巫就是上古的医生。他在《公羊传·隐公四年》注解道：“巫者，事鬼神以治病请福者也。”在他看来，巫就是通过与神灵沟通达到治病祈福的目的。《山海经·海内西经》提到“六巫”：“开明东有巫彭、巫抵、巫阳、巫履、巫凡、巫相巫。”对此，郭璞注释说：“皆神医也。”陈梦家认为巫是卜辞中“舞”字的讹变，“舞”“巫”既同出一形，故古音亦相同，义相合，金文“舞”“無”一字，《说文解字》“舞”“無”“巫”三字分隶三部，其于卜辞则一也。[②] 杨向奎也持类似的观点：“巫当然不仅是女人，而舞的确

---

① 一般而言，中国传统社会分为原始社会、奴隶社会、封建社会。其实，这种说法早已受到学术界的质疑，如有学者指出，中国从秦朝以来直至清朝结束这一阶段是“郡县制社会”，并非“封建社会”。但为了方便，这里仍然沿用原来的说法。

② 参见陈梦家：《商代的神话与巫术》，《燕京学报》1936 年第 20 期。

是巫的专长，在甲骨文中‘無’(舞)字本来就是巫，也正是一种舞蹈的姿态。”[①]一般而言，“巫”基本含义就是能够事神的人。《说文解字》说：“巫，祝也。女能事无形，以舞降神者也。”“无形”是指神，巫以舞蹈的方式能够招致神降临，说明巫是沟通人与神之间的桥梁。或者说，巫能够做到与神灵沟通。对此，张光直说得非常清楚：“巫师能举行仪式请神自上界下降，降下来把信息、指示交与下界。”[②]对于巫的起源，学术界至今难以断定。马林诺夫斯基说：“巫术永远没有起源，永远不是发明的编造的，一切巫术简单地说都是存在的，古已有之的存在。”[③]有学者对此种看法表示赞同，陈来认为“马林诺夫斯基说的可能是对的”[④]。这种说法无异于是说巫与人类的起源紧密相连，有了人类也就有了巫。在早期的人类社会，以神为代表的超自然力量统治着整个世界，神强势，人弱势，人必须服从并服务于神，那么，这就需要人与神沟通的媒介，这个媒介就是巫或者觋。《说文解字》云：“觋，能斋肃事神明也，在男曰觋，在女曰巫。”不过这种说法是指巫发展的后期，在人类社会的早期很有可能是巫、觋不分的，一般都是以巫统称之。“总之，男巫女巫可通谓之巫。”[⑤]在“人属于神”的早期人类社会，尽管整个世界充满着宗教的意蕴，但这并不意味着人对神灵的绝对服从。恰恰相反，在这一阶段有两个需要注意的现象：“绝地天通”与“巫君合一”。

(一)绝地天通

从宗教的角度来看，“绝地天通”是上古时期一次非常重要的宗教改革。圣王颛顼主导的“绝地天通”这一宗教改革是否真实存在，学界对古籍的记载一直争论不休。但是，在中国历史上确实存在类似的宗教改革。正如张践所说：“造成古籍这种差错的原因可能是远古传说的讹误，也可能是由于在中原广阔的地域内，不止发生过一次剥夺民众祭祀天神权力的宗教整顿。不过，中国历史上确实存在‘绝地天通’的宗教改革大约无可怀疑。”[⑥]先秦文献关于“绝地天通”的记载主要体现在《尚书·吕刑》《国语·楚语》《山海经·大荒西经》。《尚书·吕

① 杨向奎：《中国古代社会与古代思想研究》，上海人民出版社1962年版，第163页。

② 张光直：《中国青铜时代》(二集)，生活·读书·新知三联书店1990年版，第48页。

③ [英]马林诺夫斯基：《巫术科学宗教与神话》，李安宅译，中国民间文艺出版社1986年版，第57页。

④ 陈来：《古代宗教与伦理——儒家思想的根源》，生活·读书·新知三联书店2009年版，第29页。

⑤ 陈来：《古代宗教与伦理——儒家思想的根源》，生活·读书·新知三联书店2009年版，第38页。

⑥ 牟钟鉴、张践：《中国宗教通史》，社会科学文献出版社2003年版，第85页。

刑》以周穆王之口首次提到“绝地天通”：

> 上帝监民，罔有馨香德，刑发闻惟腥。皇帝哀矜庶戮之不辜，报虐以威，遏绝苗民，无世在下。乃命重、黎，绝地天通，罔有降格。

孔安国《尚书传》对此注解道：“重即羲，黎即和。尧命羲和世掌天地四时之官，使人神不扰，各得其序，是谓绝地天通。言天神无有降地，地祇不至於天，明不相干。”几百年之后，楚昭王对“绝地天通”不理解便向观射父请教，《国语·楚语》对此做了比较详细的记载：

> 昭王问于观射父曰：“《周书》所谓重、黎实使天地不通者何也？若无然，民将能登天乎？”对曰：“非此之谓也。古者民神不杂。民之精爽不携贰者，而又能齐肃衷正，其智能上下比义，其圣能光远宣朗，其明能光照之，其聪能听彻之，如是则明神降之，在男曰觋，在女曰巫。是使制神之处位次主，而为之牲器时服，而后使先圣之后之有光烈，而能知山川之号、高祖之主、宗庙之事、昭穆之世、齐敬之勤、礼节之宜、威仪之则、容貌之崇、忠信之质、禋絜之服，而敬恭明神者，以为之祝。使名姓之后，能知四时之生、牺牲之物、玉帛之类、采服之宜、彝器之量、次主之度、屏摄之位、坛场之所、上下之神祇、氏姓之出，而心率旧典者为之宗。于是乎有天地神民类物之官，是谓五官，各司其序，不相乱也。民是以能有忠信，神是以能有明德，民神异业，敬而不渎，故神降之嘉生，民以物享，祸灾不至，求用不匮。及少皞之衰也，九黎乱德，民神杂糅，不可方物。夫人作享，家为巫史，无有要质。民匮于祀，而不知其福。蒸享无度，民神同位。民渎齐盟，无有严威。神狎民则，不蠲其为。嘉生不降，无物以享。祸灾存臻，莫尽其气。颛顼受之，乃命南正重司天以属神，命火正黎司地以属民，使复旧常，无相侵渎，是谓绝地天通。其后三苗复九黎之德，尧复育重、黎之后不忘旧者，使复典之。以至于夏、商，故重、黎氏世叙天地，而别其分主者也。

除了上述两处，《山海经·大荒西经》也提到了“绝地天通”：

> 大荒之中，有山名曰日月山，天枢也。吴姖天门，日月所入。有神，人面无臂，两足反属于头上，名曰嘘。颛顼生老童，老童生重及黎，帝令重献上天，令黎邛下地，下地是生噎，处于西极，以行日月星辰之行次。

对此，杨向奎分析道：“我们虽然不能完全明了他的意思，但可以知道是说在九黎乱德之后，人人作起神的职份来，分不清楚谁是神谁是人了，这样‘民神同位’的结果，老天也觉得麻烦，于是派下重和黎来，使重管神的事，黎管人的事；那就是说，人向天有什么请求向黎说去，黎再通过重向天请求，这样是巫的职责专业化，此后平民再不能直接和上帝交通，王也不兼神的职务了，重和黎实巫之始祖。”①对“重”“黎”的解释，孔安国与杨向奎的观点虽然不同，但都认为“重”“黎”的职责是让人神交通有序。如果仔细分析，可以看出，“绝地天通”始于原始社会末期。这些记载包含了改革的背景、改革的主要内容和改革的后果。

这次宗教改革的背景。在原始社会早期，“民是以能有忠信，神是以能有明德，民神异业，敬而不渎”（《国语·楚语下》）。而到了原始社会末期，人们对神灵的态度发生了很大变化。这种变化与早期的宗教传统相违背，这也是这次宗教改革的基本背景。主要有三点：一是民神杂糅，角色错位。早期的宗教传统是人与神的角色泾渭分明，“古者民神不杂”；到了晚期，人和神相混杂，不能分辨名实，职责混淆，角色错位。二是家为巫史，失去诚信。“家为巫史，无有要质。民匮于祀，而不知其福。”（《国语·楚语下》）人人祭祀，家家都自为巫史，没有了相约诚信。百姓把主要精力和财物都用在了祭祀上，却没有得到上天的赐福。三是民神同位，失去敬畏。“民神同位，民渎齐盟，无有严威。神狎民则，不蠲其为。”（《国语·楚语下》）人和神处于同等地位，神的神秘性、权威性逐渐弱化，甚至丧失，人对神也失去了敬畏之心。而神对人的这种近似“亵渎”的行为也习以为常。这样导致的结果是神的威严也就逐渐丧失。在这种背景下，我们可以看到，到了原始社会末期，人们对神的态度发生了很大改变。神的神秘性逐渐消失，也就没有了昔日的权威。外在的宗教仪式也逐渐散乱，甚至杂乱无章，随意而为。巫觋不再，祭祀秩序失常。无论宗教的核心内容，还是外在的宗教仪式，都与原始社会早期的宗教形态迥然不同。

这次宗教改革的主要内容。主要包括两个方面：一是宗教事务与其他日常事务分开。圣王颛顼命大臣南正重司天，管理宗教事务；命火正黎司地，管理人间的其他日常事务。人与神的职责分明，神的职责在于宗教，人的职责主要在于其他日常事务，人与神的角色不再错位。二是设置专门人员负责祭祀，恢复早期的巫觋等专职宗教人员，作为人神沟通的唯一媒介。人神沟通要通过国家任命的专职祭祀人员进行，单独的家庭、个人不能私自与神沟通。换言之，人神沟通的权力收回国家，重塑宗教活动的严肃性和权威性。

---

① 杨向奎：《中国古代社会与古代思想研究》，上海人民出版社1962年版，第163页。

这次宗教改革的后果。一是宗教祭祀制度得到恢复和加强。原始社会早期的祭祀制度得以回归，人们对神的敬仰虔诚态度有了明显转变。“民神不杂”，“各司其序”，“民神异业”，“敬而不渎”。二是开了国家设置专职祭祀人员的先河，对后期社会产生了重大影响，夏、商继续沿用改革后的祭祀制度。这就剥夺了民众直接祭祀神的权力，为后期祭天、祭地专属王权或皇权做了铺垫。“绝地天通”的历史意义是它标志着原始宗教向古代宗教过渡，夏代宗教初步确立。

除此之外，这次宗教改革还有一层含义，即人类正式开始思考人与神之间两者定位的问题。从记载中可以看出，人类社会初期，也就是“九黎乱德”之前，人神之间的关系是非常融洽的，人们礼敬神，神保佑人们五谷丰登、食物丰盈，人神各行其道，各司其职，“民是以能有忠信，神是以能有明德，民神异业，敬而不渎。故神降之嘉生，民以物享，祸灾不至，求用不匮”(《国语·楚语下》)。这一阶段人神之间的关系是一种理性、有序、融洽的关系，人神之间的沟通通过“巫”“觋”等专职人员进行。“九黎乱德”之后，“民神同位”，“神狎民则”，“嘉生不降，无物以享”，人神之间的关系是一种感性、无序、紧张的关系，人不像人、神不像神，人神身份错位。这个时候，颛顼命南正重、火正黎分管天地，人神“无相侵渎”，恢复先前的秩序。作为对人的惩罚，这种秩序只能从表面上恢复，而实质上人神共享幸福生活的时代已经很难重现。不仅中国，世界上其他民族大致都经历了这样的阶段，人神之间的关系从融洽到紧张，然后再进行调整。“许多民族的神话把我们带到邈远的时代；那时人们不知死亡、劳顿和忧虑，食物丰盈，举手可得。In illo tempore，众神下降世间，与人混杂，人也可以随意去往天界。由于种种违迕典制的行为，天地之间的交往断绝，众神隐退至天宇的最高处。从此以后，人们必须劳作糊口，而且不再永生。”[①]由此可以看出，“人属于神”的关系是一种动态的、变化的过程，经历了初期毫不怀疑的“人神一体”到后期“人神杂糅”直至“人神相分”，体现了早期的人们开始对人神之间的关系进行理性的调整，人可以有独立性，这种独立性说明人并不是完全、无条件服从于神，尽管可以生活在“民以物享，祸灾不至，求用不匮”的世界里。这种独立性是人类自觉意识的觉醒，尽管这种自觉仍处于朦胧状态，却具有非常重要的意义。因为这毕竟是人在神的面前所进行的独立的思考，如同亚当、夏娃在蛇的诱导下偷吃智慧果一样，对人类以后的发展具有里程碑的意义。

---

① [美]塞·诺·克雷默编:《世界古代神话》，魏庆征译，华夏出版社1989年版，第365～366页。

（二）巫君合一

这个概念是李泽厚提出的，大致意思是说，上古时期的君王是最大的巫，神权与君权同为一体。“一提及‘巫’，人们习惯地认为就是已经专职化的‘巫、祝、卜、史’，以及后世小传统中的巫婆、神汉之类。的确，‘巫’有这一逐渐下降，并最后沦为民间傩文化的历史发展。之所以如此，却正是由于王权日益凌驾神权，使通天人的‘巫’日益从属附庸于‘王’的缘故。而王权和王之所以能够如此，又是由于‘巫’的通神人的特质日益直接理性化，成为上古君王、天子某种体制化、道德化的行为和品格。这就是中国上古思想史的最大秘密：‘巫’的基本特质通由‘巫君合一’、‘政教合一’途径，直接理性化而成为中国思想大传统的根本特色。巫的特质在中国大传统中，以理性化的形式坚固保存、延续下来，成为了解中国思想和文化的钥匙所在。至于小传统中的‘巫’，比较起来，倒是无足轻重的了。”[①]在李泽厚看来，早期的巫与当时的君权、王权密切联系在一起，其根源在于巫本身具有“人神合一”的特质，即能够沟通此世与彼世。这种特殊的品质经过理性化之后便成为后代君王的特殊道德品质的来源。对“巫君合一”，文献中比较典型的记载就是商汤以自己为牺牲祈求上天的事例，在《论语》《墨子》《荀子》《尸子》《淮南子》《说苑》都有记载。《论语·尧曰》云：

> 曰：“予小子履[②]敢用玄牡，敢昭告于皇皇后帝：有罪不敢赦。帝臣不蔽，简在帝心。朕躬有罪，无以万方；万方有罪，罪在朕躬。”

《墨子·兼爱下》也有相近的记载：

> 汤曰：“惟予小子履，敢用玄牝，告于上天后，曰：‘今天大旱，即当朕身履，未知得罪于上下，有善不敢蔽，有罪不敢赦，简在帝心。万方有罪，即当朕身，朕身有罪，无及万方。’”

此言汤贵为天子，富有天下，然且不惮以身为牺牲，以祠说于上帝鬼神。商汤作为天子，为万民生计，而自作牺牲，这既彰显了一种敢于担当的精神，也从另一个角度体现出当时的天子与巫是同为一体的，或者说，天子、君主行使与巫相同的职权。“不少人类学家都认为汤的以身为牲，实际上是一种祈雨巫术，因而认

① 李泽厚：《历史本体论·己卯五说》，生活·读书·新知三联书店2008年版，第162页。

② 孔安国认为“履”是汤的名，认为此文是伐桀的告天之文。参见《十三经注疏》整理委员会整理：《十三经注疏·论语注疏》（标点本），北京大学出版社1999年版，第265页。综合其他资料来看，笔者比较赞同此文是商汤因大旱向上天祈雨之文，不是讨伐夏桀告天之文。

为汤即是一大巫，至少承担有巫的某些职能。”[①]陈梦家在谈到殷商时期巫术的时候也认为，“由巫而史而为王者的行政官吏；王者自己虽为政治领袖，同时仍为群巫之长”[②]。其实，除了商汤之外，在此之前的禹、启也有类似巫的行为。西汉扬雄《法言·重黎》载：“昔者姒氏治水土，而巫步多禹。”晋代李轨对此注解道：“姒氏，禹也。治水土涉山川，病足，故行跛也……而俗巫多效禹步。”这意味着两点：一是大禹腿部有病，走路的样子与众不同，在一般人看来像是与神沟通，这在当时的环境下是可能的。二是当时有官巫与民巫之分。“这说明在夏禹以前已有巫，而且广泛存在着与巫官不同的俗巫。”[③]官巫即为官方服务的巫，负责处理公众事务；民巫则是为普通的民众服务，处理的是日常事务。这应该是“巫君合一”出现的早期阶段。“禹步”在当时即被神圣化。对此，道教产生之后作了大肆渲染。《洞神八帝元变经·禹步致灵》云：“禹步者，盖是夏禹所为术，召役神灵之行步，以为万术之根源，玄机之要旨。昔大禹治水……届南海之滨，见鸟禁咒，能令大石翻动。此鸟禁时，常作是步。禹遂模写其行，令之入术。自兹以还，术无不验。因禹制作，故曰禹步。”时至今日，在我国西南少数民族地区仍有法师在作“禹步”，当地人称为“踩九州”“踩八卦”“走罡”。除大禹外，其子夏启也有巫的行为。《山海经·海外西经》载：“大乐之野，夏后启于此舞九代，乘两龙，云盖三层，左手操翳，右手操环，佩玉璜。”张光直认为“九代”就是巫舞，夏启就是巫。“夏后启无疑为巫，且善歌乐。”[④]在《周礼》一书中，“玉璜”“玉琮”“玉璧”“玉圭”“玉璋”“玉琥”构成“礼天地四方”的“六器”。在良渚文化中，玉璜是一种礼仪性的挂饰。每当进行宗教活动时，巫师就戴上它。它经常与玉管、玉串组合成一串精美的挂饰，显示出巫师神秘的身份。有学者认为，玉与宗教、王权联系密切。“在五千年前的红山文化、大汶口文化、良渚文化那个阶段上，玉器成了最初的王权象征物……神权由王权垄断，一些玉器又成为通天的神器。”[⑤]由此可知，从大禹、夏启到商汤，这些当时的天子或者君主都具有巫的特质，也具有巫的行为。

根据现有资料，“巫君合一”的现象在夏商时期比较明显。众所周知，“绝地

① 张光直：《中国青铜时代》（二集），生活·读书·新知三联书店1990年，第44页。
② 陈梦家：《商代的神话与巫术》，《燕京学报》1936年第20期。
③ 陈来：《古代宗教与伦理——儒家思想的根源》，生活·读书·新知三联书店2009年版，第29～30页。
④ 张光直：《中国青铜时代》（二集），生活·读书·新知三联书店1990年，第64页。
⑤ 苏秉琦：《华人·龙的传人·中国人》，辽宁大学出版社1994年版，第249页。

天通”是在原始社会末期，大致相当于从原始社会向夏朝过渡时期。从“绝地天通”到“巫君合一”，可以看出，在人神之间的关系上，民神杂糅的现象逐渐淡化，神职人员的专职趋向日趋显现，随着国家的产生，公权地位逐渐提高，神权也跟随政权从普通民众的生活中脱离开来。神权与政权的结合，意味着人神之间的关系更加理性化。上层执政者利用神权辅助政权以治理国家，下层民众则利用神来安身立命、指导现实生活，是“人属于神”的局面在演化过程中出现的两种不同的发展路径。这也是李泽厚所说的“大传统”和“小传统”。无论是“大传统”（治国理政）还是“小传统”（百姓日用），都能看出人在开始利用神为我服务，渐渐从神的控制中脱离。尽管这种脱离只是初始阶段，或者说还不成熟，但从本质上显示出了人的独立性，或者说人开始独立于神。

二、中期阶段：人神合一

如果在殷商之前，总体而言是“人属于神”，那么，在周代这种关系开始出现变化。这种变化是前期积累的结果，并不是突然发生。而且，这一阶段涵盖了中国整个传统社会，即从周代开始直至清朝终结。这种“人神合一”的局面成为两千多年中国传统社会所坚守的基本理念，也是中国古代哲学的基本特质。周代之前，人与神的关系是人属于神，这是总体上而言。具体到后期，人的独立性开始显现。到了周代，这种趋向更为明显。“周人不但在政治和军事上翦灭了殷商，而且还取得了意识形态上‘小邦周’对‘大邑商’的胜利，完成了价值主体的换位，人从自然界中彻底剥离出来，成了真正的‘天地之性最贵者’，即将殷商以鬼神为价值主体转换为西周以人为价值主体。”[①]如果说西周之前整个社会浸润在宗教氛围之中、属于祭祀文化的话，那么西周之后包括西周这种文化开始走向礼乐文化。“西周以降，中国文化在整体上已不是祭祀文化，而是礼乐文化，周代的礼乐文化早已超出宗教礼仪的范围。祭祀文化虽然是礼乐文化的一部分，但祖先祭祀更为盛行，而且其社会功能的意义日益超过宗教意义。”[②]这种文化上的转向具有非常重要的意义，在宗教这个框架下，中国哲学开始产生。换言之，中国哲学起源于宗教，并且与远古宗教一脉相承。余敦康对中国哲学、希腊哲学、印度哲学比较之后认为：“在世界上的这三大文化区中，唯独中国的

① 王曰美：《殷周之际德治思想构建的主体性探析》，《道德与文明》2014 年第 1 期。

② 陈来：《古代思想文化的世界——春秋时代的宗教、伦理与社会思想》，生活·读书·新知三联书店 2009 年版，第 8 页。

宗教可以由三代一直往上追溯到五帝，再往上追溯到三皇，从而构成了一个自然生成的连续性的发展系列。这种连续性的宗教文化发展到周代趋于成熟，自成体系，其所凝结的中坚思想和核心主题，通过宗教的形式对宇宙的本质以及人类处境本身所作的认识和解释，对为后来的哲学的突破做了层次历然脉络清晰的重要铺垫。”①为此，余敦康提出了中国哲学发生的三个阶段：“中国哲学发生学的奥秘，其所取得的阶段性进展，是与中国历史的这个由合而分再到由分而合的曲折进程密切相连的，也可以相应地划分为三个阶段。春秋时期属于从宗教到哲学的渐变阶段，是哲学思想在宗教文化的母体中孕育怀胎尚未脱胎而出的时期。以春秋末年孔子和老子的哲学作为真正的开端，到战国中期的百家争鸣，属于哲学的突破阶段。到了战国末年，随着历史统一因素的形成，诸子哲学由冲突走向融合，并且萌发了向宗教复归的迹象，属于古代哲学的终结阶段。”②由此，余敦康主要说明了两点：一是中国哲学具有鲜明的特殊性，这种特殊性就是哲学与宗教一脉相承，宗教发生在前，哲学产生在后，宗教是哲学的母体。二是中国哲学的诞生是在春秋战国时期，并以孔子和老子为标志。“中国哲学之创始者，当推孔子。孔子与以前或同时之贵族学者不同者，在于：一、孔子有其自己的‘道’，而欲行其道于天下；二、孔子以其自己的道与以前为贵族所专有的知识传授于一般人民。”③简言之，从“人属于神”到“人神合一”，有两点需要注意：一是哲学从宗教中产生并逐渐脱离宗教，但是哲学并没有与宗教彻底分开，仍然带有宗教的烙印；二是人神之间关系逐渐从“神主导人”向“人主导神”过渡，并且这种趋势愈加明显。

（一）哲学从宗教中产生，仍然带有宗教的烙印

中国哲学根植于宗教的传统，其内不会完全把宗教的色彩去除。哲学考察的根本问题主要是这个世界是什么、为什么以及如何去认知。对于宇宙的本体，中国哲学与西方哲学截然不同，前者是从事物之间的联系中思考，后者则是从基本的元素、永恒的本质来考察。“中国与世界上其他地区一样，其科技思想也起源于对如下问题的探索：为什么个体事物都有一个发生、成长、衰亡的过

---

① 余敦康：《中国宗教与中国文化（卷二）——宗教·哲学·伦理》，中国社会科学出版社 2005 年版，第 4～5 页。

② 余敦康：《中国宗教与中国文化（卷二）——宗教·哲学·伦理》，中国社会科学出版社 2005 年版，第 90 页。

③ 张岱年：《中国哲学大纲》，江苏教育出版社 2005 年版，第 11 页。

程，而自然却亘古不变，和谐完美？在西方，这个问题的最终答案是：永恒的本质和一些基本元素构成了我们身边形态各异的万物。但是，在早期中国及其后漫长的历史时期中，最有影响力的解释却是立足于时间。他们将短暂的事件与自然界的循环律动联系起来，以此来诠释其中的真谛。”[①]中国哲学认为，完全可以用一个“道”来命名宇宙的本源。“早期的中国思想家们从未发现过任何永恒不变的事物。读者们不难从我们的解释说明中发现，中国古代的哲人们总是在探讨事物与他物的关系，这种关系又随着时间的流逝而变化。作为万物总称的‘道’，是一个经过‘变’与‘通’而获得变化特性的过程。”[②]中国哲学这种考察宇宙本体的方式与其宗教传统有深刻的联系。“人属于神”的上古宗教传统，塑造了人们思考世界的思维模式：神主导人间一切，人们必须服从于神；人与神可以沟通互动，在互动的过程中可以改变神的意志；人与神的沟通有一定的方式和程序。这种思维在人们认知世界的过程逐渐形成了以下共识：第一，既然神主导人间一切，那么也就意味着这个世界本身就有一个主导，这个主导可以是神，也可以是其他的不可预知的神秘力量，如殷商时期的“帝”、周代的“天”。第二，既然人与神沟通互动有一定方式和程序，也就意味人与神之间是能够联系的，也是割不断的。推广开来，世界万事万物都是相互联系的，只不过要通过一定的方式或者途径。第三，既然人通过某种方式可以与神沟通交流，并且能够改变神的意志，那么，人可以认知这个世界，并且可以让这个世界按照人的意志而非神的意志去运行，如孟子的“尽性知天”。由此可以向深处延伸，宇宙的存在具有规律性，这种规律性体现在世界万物之间，这种规律在现实世界可以认知。人们可以认识世界和改造世界，让世界为人类服务，但是，服务是有限度的，这个限度是在神的许可的范围之内，人要敬畏以神为代表的世界。由此可知，中国哲学以考察事物之间的联系来认知宇宙的本源，宗教是其潜在的底色。如果从深层次来看，对宇宙本体的探究始终是哲学追问的首要问题，至今仍无法形成定论。与其说这是哲学的魅力，毋宁说这是宗教在哲学上的理性化的折射。这种折射只不过中国哲学体现得更为明显。

---

① N. Sivin, “Chinese Alchemy and the Manipulation of Time”, *ISIS*, Vol.67, No.4 (1976), pp.513-526.

② [美]安乐哲、罗思文：《〈论语〉的哲学诠释：比较哲学的视域》，余谨译，中国社会科学出版社2003年版，第27～28页。

（二）神权与人权在博弈中逐渐保持平衡，这种平衡的状态一直是传统社会信仰的基调

从“人属于神”到“人神合一”，实质是神权与人权的博弈。“人属于神”体现的是神权完全决定人权，人在神的面前只能是服从，人所做的只能是讨好神、取悦神，在神许可的范围内过自己的生活。“人神合一”则是神权与人权在根本上是一致的，即神与人各尽其责、各守其位、沟通有序，共同维护神与人所处的生态环境，保持人类社会的和谐稳定。具体来说，人听从神、取悦神，目的是在现实世界中拥有理想的生活；神通过自然征兆（比如自然灾害、奇观异象等）、祭祀活动等多种渠道，启示人类要遵守自然界以及社会的规律（比如“五伦”），目的也是维护自身的根本利益，如神在人类心目中的权威，神是人的精神世界、灵魂归宿的最终裁定者。在实践层面，神权与人权各守其分，两者的职责相对比较清晰。可以肯定的是，神一般不插手具体的世俗事务（王权的更替除外）。神除了保持具有宗教感、神秘感的权力外，其他都让给了人。而且，在具体实践过程中，人通过祭祀等多种方式与神沟通，并按照“神的旨意”去做。其中是否有人的意见或者说完全都是人的意见？很难断定。但是，可以肯定的是，人在神的面前并非像早期那样完全服从于神，而是人对神有了影响，或者说人在神面前的地位在逐步提高。这是因为神的意志的最后落实还需要人去实现。

陈来认为中国哲学仍然秉承上古时代的文化传统，而且在春秋时期达到繁荣，并不是像雅斯贝斯所说的“超越”，而是面向“人间”的转向。他说：“中国古代文明演进的一大特色是文明发展的连续性。固然，春秋战国时代的精神跃动比起以前的文化演进是一大飞跃，但这一时期的思想与西周思想之间，与夏商周三代文化之间，正如孔子早就揭示的，存在着因袭损益的关联。因此中国哲学的第一次繁荣虽然是在所谓轴心时代，但必须看到，儒家为代表的诸子百家并没有一个神话时代作为背景和出发点，宗教的伦理化在西周初即已完成。而整个中国的轴心时代，如果从公元前800年算起，并不是因为认识到自身的局限而转向超越的无限存在，理性的发展不是向神话的诸神进行伦理的反抗，更未导致唯一神论的信仰。在中国的这一过程里，更多的似乎是认识到神与神性的局限性，而更多地趋向此世和‘人间性’，对于它来说，与其说是‘超越的’突破，毋宁说是‘人文的’转向。”[1]这种“人文的”转向也就意味着人的理性化增强、

---

① 陈来：《古代宗教与伦理——儒家思想的根源》，生活·读书·新知三联书店2009年版，第4～5页。

主体性凸显，人的地位的提升。当然，这并不意味着人完全掌控了神，或者说神成为人的道具。生老病死是自然规律，也是人之所困，仅仅依靠科技手段，很难彻底解决。这就需要借助超自然力量来破解这个难题，即为人提供“生之所依、死之所归”，实现“安身立命”。而“安身立命”源于中国传统社会的基础信仰“尊天敬祖”。对此，牟钟鉴做了深入分析：“发生于原始时代的尊天敬祖的原生型宗教一直延续下来，在中世纪与政权系统和家族制度相结合，形成宗法性国家民族宗教。一方面，祭天、祭祖、祭社稷及祭孔、祭山川日月，成为国家正规宗教祭典，列入国家活动日程；另一方面，祭祖及祭天神、地祇、人鬼、物灵，成为民间普遍的宗教活动，特别是祭祖活动，深入到每个家庭和日常生活之中。这使得尊天敬祖的信仰成为中国人全体的基础性信仰，它是不可违背的。同时中国人在这种信仰之上还可以选择其他宗教信仰来充实自己的灵性精神生活。中国人的宗教信仰，由此而具有一体多元的特点，既有基本的信仰，又有容纳其他宗教进入的精神空间。”[①]这种基础性宗教信仰根植于早期的宗教传统，又在之后的发展过程中与时俱进，吸纳其他宗教来满足信仰的多层次需要，既具有稳定性，又具有开放性、包容性，成为中国人实现“安身立命”永不枯竭的源泉。神既是人的道具，又不仅仅是人的道具，“尊天敬祖”是宗教性、功利性的结合体，很难厘清。这种神权与人权共同存在，而且长期稳定在一个平衡的状态，是“人神合一”的现实体现。

三、后期至今：人神相分

传统社会末期，特别是进入近代，进化论等各种西方思潮涌入，“人神合一”的理念受到强烈冲击。从整个近代的发展来看，宏观上可以用“人神相分”来概括。具体来说，就是人是人，神是神，人神不相交通。这成为中国近代社会以来所倡导的基本理念。这种理念实质是科学主义、唯物主义的体现。这种理念在现实世界造成了两种后果：人类中心主义和人定胜天。

（一）人类中心主义

人类中心主义，顾名思义，就是一切以人类为中心，整个世界的资源都应该在人的掌控之下为人类的生存与发展做出牺牲，包括各种资源以及除了人类之外的各种生命。这种理念在整个工业时代始终占据主导地位，人是主体，其他

---

① 牟钟鉴：《中国宗教与中国文化（卷三）——宗教·文艺·民俗》，中国社会科学出版社 2005 年版，第 9～10 页。

都是客体，客体要始终围绕为主体服务，一切为了人类，一切服务人类，一切以人类的利益为出发点和最终归宿，不考虑自然界的承载能力。这种理念与康德的“人是目的”这一命题有密切联系。由此观之，人成为绝对的主体之后，整个自然界也就成了客体，那么，以神为代表的超自然力量也就不复存在。这必然导致无神论。既然神是不存在的，那么人类就没有必要敬畏神。中国近代的发展，以科学主义、唯物主义取代了传统社会的“尊天敬祖”的基础信仰，从而使人缺乏对超自然力量的信仰，形成了人神彻底分离的格局。

（二）人定胜天

这与上面的“人类中心主义”密切联系，是其延伸和拓展。既然人是主体，人主导世界，其他客体都要为主体服务，那么，以天为代表的自然界也要服务于人类。人类相信可以战胜自然，而且一定能够战胜自然。尤其是随着科技的日新月异，人类可以上天、入海，无所不能，在技术层面更加坚定了人定胜天的信心。“人定胜天”的最终结果导致人类为了满足自身生存、发展的欲望，不断地、无节制地、无休止地向自然界索取。由此，生态环境恶化、人与自然环境关系的紧张也在情理之中。简言之，“人类中心主义”和“人定胜天”使宗教信仰逐渐被科学理性所取代，神也从人的现实空间中被压缩甚至被完全请出去，比如唯物主义。人们认为神是不存在的，神失去了神秘感，人同时也失去了信仰，没有了敬畏之心。不仅如此，人类征服自然、改造自然、战胜自然的欲望日益膨胀，牺牲自然为我所用成为普遍共识。没有敬畏之心，行为不受约束，这正是“人神相分”的本质，也是近代以来全球生态日益恶化的根源所在。

综上所述，“人属于神”“人神合一”“人神相分”是中国历史上不同时期呈现的哲学思想，或者说是当时社会所共同遵守的主流价值理念。不同的理念使人们对自然界的看法会大相径庭，从而形成不同的生态思想。

第二节　不同哲学思想模式下的生态思想

“人属于神”“人神合一”“人神相分”属于三个不同的发展阶段，此哲学思想的框架对人与自然、人与社会、人与人等关系的处理具有深远的影响。与此同时，在发展的过程中就形成了不同的生态理念或者说生态思想。

一、“人属于神”：“人融于自然”的生态思想

在人类早期阶段，人对宇宙的崇拜、自然界的敬畏体现在各种崇拜活动上。人们通过宗教活动对以神为代表的各种超自然力量表示臣服和崇敬。诚然，这些超自然力量在今天看来已经没有任何魔力和神秘性，但在当时却是神圣、不可侵犯的。牟钟鉴把中国原始社会的宗教信仰大致分为五大崇拜：“自然崇拜、鬼魂崇拜、生殖崇拜、图腾崇拜、祖先崇拜。”自然崇拜主要包括日月星辰崇拜、风雨雷电崇拜、山川湖海崇拜、动物植物崇拜、火与石的崇拜、社稷崇拜（土地神和谷神的崇拜）；鬼魂崇拜的直接体现是丧葬习俗；生殖崇拜包括女性生殖崇拜、男女交合崇拜与男性生殖崇拜；图腾崇拜比较直观的体现是龙凤文化；祖先崇拜主要包括女始祖崇拜如女娲崇拜，男始祖崇拜如“三皇五帝”崇拜等。[①] 上述五大崇拜可以说主要在思考这些问题：人是从哪里来的？人在现实世界中依靠谁？谁能够解决人在现实世界的困难？人死后到哪里去？这些问题既是宗教问题，也是哲学问题，都是当时人们所面临的主要难题。在当时的背景下，这些困扰人生的难题人类自身解决不了，只能求助于以神为代表的超自然力量。这些超自然力量既包括无形的，如神、鬼、魂灵，也包括有形的，如山川日月、动物植物等。在此基础上，所形成的生态思想是“人融于自然”，即人来源于自然界并且最终要回归到自然界，人是自然界的一部分。比如，自然崇拜、图腾崇拜都是对自然界有形事物的崇拜。鬼魂崇拜、生殖崇拜、祖先崇拜虽然表面上与自然环境没有关系，但如果从深层次来审视，这些崇拜与自然环境有着千丝万缕的联系。鬼魂崇拜中最重要的就是丧葬。如何选择墓地、确定丧葬日期都与自然地理环境、天气密切相关，这或许是风水学的源头。在生殖崇拜里，无论是女性崇拜还是男性崇拜，都含有对自然界中相似的具体事物的崇拜。比如，云南纳西族永宁摩梭人把格姆山洼视为女性生殖器官，泸沽湖畔摩梭人把该湖西部的一泓水视为女阴；初民将瓜瓠、葫芦当作女性生殖器象征，已为学界公认；鸟形是男根的象征等。[②] 在祖先崇拜里，如女娲、三皇五帝等，都是与自然界打交道并掌握某一方面技巧或奥秘的杰出代言人，在认识自然、改造自然方面超人一等。比如，女娲炼石补天，燧人氏钻木取火，伏羲作八卦、兴渔猎等，都是教人如何与自然界打交道，顺应自然，掌握规律，以此生存繁衍下去。简言之，这

---

① 参见牟钟鉴，张践：《中国宗教通史》，社会科学文献出版社 2003 年版，第 4～55 页。

② 参见牟钟鉴，张践：《中国宗教通史》，社会科学文献出版社 2003 年版，第 26～29 页。

五大崇拜与自然界的关系，从根本上来看，都是在教育人们如何顺应自然、为我所用。鉴于当时生产力低下，人类基本上完全受自然界掌控。即便到了殷商时代，生产力有了很大进步，进入了“青铜时代”，人们对自然界的敬畏之心仍然如初。这从当时的宗教信仰系统可以看出来。“从殷墟甲骨卜辞中我们可以看到，殷人卜问的对象主要可以分为天神、地示、人鬼三大类。其中天神包括：日、月、云、雨、风、雪、雷等等；地示包括：土、四方、山、川等等；人鬼包括：先王、先公、先妣、诸子、诸母、旧臣等等。”[①]“四方神”是指东、西、南、北四个方位的神灵。天神系统与地示系统都反映了当时人们对自然界的敬畏。这种敬畏恰恰从另一角度说明了自然界对人的影响是非常大的，人类征服自然、改造自然的能力还非常低。人们在生产生活过程中，遇到难以抉择的事情，总是通过一定方式或手段与神沟通，并按照神的旨意去做。《尚书·洪范》曰：

> 汝则有大疑，谋及乃心，谋及卿士，谋及庶人，谋及卜筮。汝则从、龟从、筮从、卿士从、庶民从，是之谓大同。身其康强，子孙其逢吉。汝则从、龟从、筮从、卿士逆、庶民逆，吉。卿士从、龟从、筮从、汝则逆、庶民逆，吉。庶民从、龟从、筮从、汝则逆、卿士逆，吉。汝则从、龟从、筮逆、卿士逆、庶民逆，作内吉，作外凶。龟筮共违于人，用静吉，用作凶。

从以上记载可以看出，卜、筮的意见是关键。“只要卜、筮的结果认为事情可行，不论其他三方面人的意见如何，都是吉的。如果卜、筮有一项认为不可行，那就吉凶参半了。如果卜、筮都认为不可行，那么，不管人的意见如何，都是‘用静吉，用作凶’，不可轻举妄动。可见卜、筮是决定一切的主要依据。”[②]对此，《礼记·表记》中也说：“殷人尊神，帅民以事神，先鬼而后礼。”“直到殷商时期，中国人在外部世界面前，思想上还完全是被动的，他们还没有把自己作为主体去认识世界和认识自己，还没有把自己从外部世界中分离出来、独立出来。”[③]由此，从上古至殷商时代，人们所坚守的生态思想是“人融于自然”，即人敬畏自然、服从自然，完全按照自然规律来安排生产生活。尽管这种“自然规律”带有宗教色彩，但是在客观上却彰显了人们尊重自然、融入自然的生态思想。

---

① 牟钟鉴、张践：《中国宗教通史》，社会科学文献出版社 2003 年版，第 88 页。

② 钱逊：《先秦儒学》，辽宁教育出版社 1991 年版，第 3～4 页。

③ 钱逊：《先秦儒学》，辽宁教育出版社 1991 年版，第 4 页。

二、"人神合一"："天人合一"的生态思想

进入周代以后，"人神合一"的哲学思想成为传统社会的主流价值理念。这种哲学思想在宗教信仰方面的体现就是人神各守其位、各尽其职，而且人神沟通交流的渠道稳定、理性、有序。与此相适应，在宇宙这一大背景下，人们在处理人与自然界的关系、人与社会的关系以及人与人之间的关系方面就形成了"天人合一"的生态思想。"古希腊的哲人，喜欢谈论自然，自然的一个重要含义就是生成、生长，其中，有有机论的因素和成分。但是，古希腊哲学从一开始，就向构成论的方向发展，其主要倾向是机械论、物理主义的。中国哲学却是生成论的，不是构成论的，其所说的生，主要是指生命创造及生命系统，特别是与人的生命直接有关。这就是'天人之际'的学问。"①显然，中国哲学与古希腊哲学代表了两个不同的发展路向。在生成论的基础上，生态思想主要表现在三个层面：人与自然关系的"万物一体"、个体与家族关系的"法祖齐家"、家族与社会关系的"和合共生"。

（一）人与自然的关系：万物一体

所谓"万物一体"，是说人与动物、植物以及地球上的其他事物都是自然界的产物，从根本上来说同根同源。《礼记·郊特牲》云："万物本乎天，人本乎祖。"人都有自己的祖先，不同的族群祖先也不尽相同。但如果追根溯源，人类共同的祖先就是自然界，正是自然界经过长期演化才最终孕育出了人类。《孔子家语·郊问》中也有类似的记载：

> 定公问与孔子曰："古之帝王，必郊祀其祖以配天，何也？"孔子对曰："万物本乎天，人本乎祖。郊之祭也，大报本反始也，故以配上帝。天垂象，圣人则之，郊所以明天道也。"

在孔子看来，人类和万事万物都是上天的产物，亦即自然界的产物，通过祭祀祖先，可以表达对以上天为代表的自然界的尊重，让人们不要忘本。这里的"本"就是"事物的根源或根基"②，换言之，就是万事万物的本源。张载在《西铭》中说得更加透彻：

> 乾称父，坤称母；予兹藐焉，乃混然中处。故天地之塞，吾其体；天地之

---

① 蒙培元：《生的哲学——中国哲学的基本特征》，《北京大学学报》（哲学社会科学版）2010年第6期。

② 杨朝明、宋立林主编：《孔子家语通解》，齐鲁书社2013年版，第337页。

帅，吾其性。民，吾同胞；物，吾与也。

张载把天地视为万物的父母，世界上的其他事物都与人同类，换言之，人与世界上其他事物都是天地的产物，同根同源。针对“万物一体”中的“体”，有学者从物质、自然的层面提升到道德、社会伦理层面。张世英主张以“万物一体”作为道德的根据。他说：“由天地万物彼此相互联系、相互作用、相互影响（一句话，彼此相通。包括人与物、人与人、物与物之间的相通）所构成的网络之整体，我称之为‘万物一体’，这个‘一体’是每个个别的人或物之最终极的根源。任何一个人、任何一个物，如果离开了这个‘一体’，就不成其为一个人，不成其为一个物。”[①]有人认为“一体”中的“体”就是相互联系，具有仁的本义。二程提出“仁者以天地万物为一体”[②]。陈来认为，“人与万物一体不仅仅是仁者所要达到的一种境界，从本体上说‘一体’是本然的，人与万物的一体关联即是本体。吾人所说仁为本体，特强调仁的‘一体’义，亦即一体的本体义。一体亦是整体，世界万物的一体即是仁，宇宙万有的一体即是仁，故万物一体即是仁体，即是本体。此一体既是整体，又是关联共生的整体，指整体内各部分各单元之关联共生，即此便是仁体，便是本体”[③]。“万物一体”无论是是道德的根据还是内涵仁之思想，基本前提都承认人不能脱离万物而存在，人与万物都直接或间接地存在必然的联系。这种必然联系的根源就在于人与万物都来源于自然，最终都要回归自然，自然界是人与万物在现实世界生存发展之根基。换言之，人与万物的一体性是先天的，不是后天的；两者的关系是不能分割的，也无法分割。人与万物在物质层面或者自然层面上是一体的，共同生于自然、归于自然，不能脱离自然而存在。

（二）个体与家族的关系：法祖齐家

人与自然的关系，是从宇宙宏观的角度来审视，天地万物合为一体，有着共同的根源。具体到人类自身而言，也面临如何相处、共同生存与发展的问题。在人类社会，最重要的关系就是家族关系，因为家族保证了血统的繁衍相续。不同的族群、不同的家族把具体的个人归为不同的单元，具有不同的标识。与西方相比，中国传统社会以家族为中心的观念更为明显，且源远流长、牢不可破。“从来中国社会组织，轻个人而重家族，先家族而后国家。轻个人，故西欧

① 张世英：《道德与宗教》，《江苏社会科学》2005 年第 2 期。

② 程颢、程颐：《二程遗书》，潘富恩导读，上海古籍出版社 2000 年版，第 65 页。

③ 陈来：《仁学本体论》，《文史哲》2014 年第 4 期。

之自由主义遂莫能彰；后国家，故近代国家主义遂非所夙习……是以家族本位为中国社会特色之一。”①作为个体，在生存与发展的人生过程中，最重要的就是要处理好与家族的关系。对此，《大学》开篇便为人之学指明了方向：

> 古之欲明明德于天下者，先治其国；欲治其国者，先齐其家；欲齐其家者，先修其身；欲修其身者，先正其心；欲正其心者，先诚其意；欲诚其意者，先致其知。致知在格物。物格而后知至，知至而后意诚，意诚而后心正，心正而后身修，身修而后家齐，家齐而后国治，国治而后天下平。自天子以至于庶人，壹是皆以修身为本。

这段话列出了“格物—致知—诚意—正心—修身—齐家—治国—平天下”的递进顺序，格物、致知、诚意、正心与修身都属于个体，家、国、天下则属于群体。个体与群体的连接点是修身，为此，《大学》把修身作为根本，上至天子，下至庶民，概莫能外。修身虽然是个体行为，但个体并非原子式的个人，而是具有群体性和社会性，从生到死都在与其他人发生联系。个体只是家国同构组成的社会网络中一个点。个体与群体发生联系的第一个场所就是“家”，家族关系是个体链接治国、平天下的核心。家族关系既包括直系血统关系，也包括拟制血缘关系(姻亲关系)。《诗》云：“桃之夭夭，其叶蓁蓁。之子于归，宜其家人。”这段话的意思是说这个姑娘娶回家后会对家庭有益。可见，有利于家族是当时娶妻的标准之一。《论语·学而》云：“因不失其亲，亦可宗也。”这里强调个体应以家族为根基，不要疏远甚至离开家族。杨伯峻把“亲”解释为“关系深的人”②，意义并不明确，其既可以理解为血缘或姻亲层面上的亲人，也可以理解为与自己关系非常密切的其他人。程树德说：“愚谓‘因’训为亲，乃‘姻’之省文。‘姻’本为‘因’孳生字，故得省作‘因’。言缔姻不失其可亲之人，则亦可等于同宗。”③笔者认为程树德的解释比较符合原意。此处的“亲”应是“血亲”、“姻亲”之意。儒家认为“爱”有差等之分、亲疏之别，当个体遇到困难，发之本能地会最先向亲人求助。“因不失其亲，亦可宗也”旨在强调家族是个体立足和发展的根基，个体要学会与家族其他人员相处。这种以家族为核心的理念一直是中国传统社会所遵循的根本原则，也影响了中国社会的组织结构。“我尝说中国的社会组织是一个大家庭而套着多层的无数小家庭，可以说是一个家庭的层系

---

① 陈顾远：《中国法制史》，商务印书馆1934年版，第63页。

② 杨伯峻译注：《论语译注》，中华书局1980年版，第8页。

③ 程树德：《论语集释》，程俊英、蒋见元点校，中华书局1990年版，第50～51页。

(a hierarchical system of families)。所谓君就是一国之父，臣就是国君之子。在这样的层系组织的社会中，没有‘个人’观念。所有的人不是父，即是子；不是君，就是臣；不是夫，就是妻；不是兄，就是弟。中国的五伦就是中国社会组织；离了五伦别无社会。把个人编入于这样的层系组织中，使其居于一定的地位，然后课以那个地位所应尽的责任。如为父则有父职，为子则有子职。为臣则应尽臣职，为君亦然……在一个家庭中，不仅男女有别是出于生理，即长幼之分亦是成于天然。用这种天然的区别来反映在社会的组织上，则社会便变为由各种不同的人们配合而成的了。”①

不仅如此，家族的观念既是本土文化的产物，也是本土文化强有力的维护者，对外来文化具有很强的改造创新力量。对此，日本学者稻叶君山在《中国社会文化之特质》一文中以基督教的传入为例做了分析：“保护中国民族的唯一障壁，是其家族制度。这制度支持力之坚固，恐怕万里长城也比不上。一般学者都说古代罗马的家族制度精神之覆灭，是基督教侵入罗马之结果。但中国自唐代有耐思特留斯派(景教)传入以来，中经明清两代之传教以迄于今，所受基督教影响不为不久，其家族制度却依然不变。且反转而有使基督教徒家族化之倾向。佛教在中国有更长久之历史；但谓佛教已降服于此家族制度之下，亦不为过。此真世界一大奇迹！我们说中国和欧美社会之间横划时着一鸿沟，全不外这些事实。”②佛教的中国化最为明显，史学家雷海宗说：“佛教本是反家族的或非家族的，但传入中国后，就很快地中国化……超度七世父母的盂兰盆会，在一般人意识中，是佛教的最大典礼。至于与家族无关的佛学奥义，并非一般信仰所在。把一种反家族的外来宗教，亦变成维持家族的一种助力。”③既然家族是个体的根基，也是整个群体关系的核心，那么，个体应该如何去做才能保持个体发展和家族传承呢？从宏观上而言，可归结为“法祖齐家”。法祖，就是效法祖先，以祖先为榜样；齐家，就是以家族繁衍兴旺、为祖先争光、为家族添彩为己任。如果从生态之视角来审视，“法祖齐家”具有内在的生态依据。法祖之目的有二：一是缅怀祖先，不忘祖先功业，祈求祖先保佑后代；二是给后代做个榜样，起到以身示范的作用，让“子承父业、孙承祖业”的传统保持下去。这种做法，实质是维护血统的正常传承、家族的绵延相续。小者一个家族，大者一个族群，都

① 张东荪：《理性与民主》，岳麓书社 2010 年版，第 82 页。

② 转引自梁漱溟：《梁漱溟全集》第 3 卷，山东人民出版社 2005 年版，第 42 页。

③ 转引自梁漱溟：《梁漱溟全集》第 3 卷，山东人民出版社 2005 年版，第 42～43 页。

是在这种模式下繁衍相续。中国自古有“打仗亲兄弟，上阵父子兵”“打断骨头连着筋”“血浓于水”等说法，在关键时刻，有血统关系的人才是最可靠、最稳定的。齐家是强调个人对家族的责任，不是权利而是义务。修身重在强调个人成长，齐家不仅是个人成长，而且要对整个家族的繁衍兴衰负起责任。这比修身更向前推进了一步。这进一步增强了每一个家族成员的责任感和使命感。每个人在这个世界上不仅是为了自己，而是为了家族。因此，“衣锦还乡”“光宗耀祖”始终是传统社会对个体的期望，也是个人一生的追求。从本质上讲，这也是维系族群生存发展最根本、最有效的方式。

（三）家族与社会的关系：和合共生

家族向外扩展，便构成了族群、国家，于是形成了一个社会。社会以家族为根基，这也是中国传统社会运行的基础。如果从生态之角度来审视，家族与社会的关系就是“和合共生”。“和合共生”的实质在于不同物种之间在相互竞争、相互利用、相互联系中达到平衡，最终实现共同生存、和谐发展。《国语·郑语》云：

> 夫和实生物，同则不继。以他平他谓之和，故能丰长而物归之；若以同裨同，尽乃弃矣。故先王以土与金、木、水、火杂，以成百物。是以和五味以调口，刚四支以卫体，和六律以聪耳，正七体以役心，平八索以成人，建九纪以立纯德，合十数以训百体。

“和”与“同”是完全对立的，“和”是不同物种在差异中相互补充实现共存共生、共同发展，也是产生新事物的源泉；“同”是同一个物种，没有差异，更谈不上多样性，只能是重复地延续，不能产生新的物种。“和实生物，同则不继”即是此意。“和合共生”的理想状态就是“和谐”。这种和谐实质是差异性、多样性的和睦共处。“对待不唯相冲突，更常有与冲突相对待之现象，是谓和谐。和谐非同一，相和谐者不必相类；和谐亦非统一，相和谐者虽相联结而为一体，然和谐乃指一体外之另一种关系。”①“和谐”既不是同一，也不是统一，而是多样化、差异性的共存。“一相异，即非绝对同一；二不相毁灭，即不相否定；三相成而相济，即互相维持；四相互之间有一种均衡。”②正如《中庸》云：“万物并育而不相害，道并行而不相悖。”具体到家族与社会层面，不同的家族相互之间在一定范围内存

① 张岱年：《张岱年文集》第3卷，清华大学出版社1992年版，第32页。
② 张岱年：《张岱年文集》第3卷，清华大学出版社1992年版，第32页。

在竞争，只有竞争才能带动家族积极进取、向前发展。同时，又存在着互助互济、互相补充，以此决定族群的繁盛、国家的统一和社会的稳定。需要指出的是，由于家族最终是由单独的个体组成，在《论语》里，家族与社会关系直接的体现就是个体与社会的关系。

三、“人神相分”：“主客分离”的生态思想

“人神相分”是指人与神不相交通，亦即突出了人的主体性，否认神的存在，由此形成一切以人为中心的“人类中心主义”，以及“人定胜天”的理念。在这种理念的主导下，从生态学方面来审视，人与自然、人与社会、人与家族的关系出现明显的两分，亦即“主客二分”。具体来说，在人与自然的关系上，自然要完全无条件地满足人类的生存与发展，人类可以毫无节制地向自然索取。人可以改造自然、征服自然、战胜自然，自然只是被动的客体。在个体与家族的关系上，家族对个人的约束基本失去了控制力。尤其进入现代社会以来，随着计划生育措施的推行以及人们生育观念的转变，家庭人口越来越少，多数是三口之家或四口之家，家族规模日渐缩小。而且，随着社会的发展、中国现代化进程的加快，人们的择业观念、就业渠道发生了重大变化，与传统社会不可同日而语，个体的独立性、自主性意识日益增强，家族对个体的制约与影响渐趋衰微。每个人都在为了自己的理想、个人小家庭的幸福而努力，而不是为了家族的繁衍兴衰而尽责。总体而言，个体的生存与发展逐渐取代家庭乃至家族的发展而占据主导地位，成为个体的第一要务。在家族与社会的关系上，传统社会以家族为基础的运行模式逐渐被打破，机关、企事业单位、民间团体、社会组织、家庭等多样化的组织形态构成了整个社会运行的基础。家族与社会的关系逐渐被上述元素与社会的关系所取代，每个人都逐渐脱离家庭、家族而融入这些社会组织并成为其中一员。简言之，无论是人与自然，还是个体与家族、家族与社会，这些关系都与传统社会大相径庭，所彰显的是个体的主体性和主导性，而自然、家族逐渐成为被动的客体，或者被征服，或者被边缘化。“主客分离”一是导致人与自然是利用与被利用、纯物质的关系，人类只考虑自身的需要，无视自然环境的感受，不能静下心来聆听自然的声音；二是导致个体逐渐脱离家族而融入不同的社会组织，家族逐渐失去了对个体的影响与控制，越来越松散甚至名存实亡，人成为“单位人”或“组织人”，家庭在某种程度上也沦为个人的旅馆或驿站；三是导致家族不再是社会的基础，家族对社会的影响日趋衰微，反之，社会对家

族的影响却越来越大，从过去的“大家族、小社会”变为“小家族、大社会”。

需要说明的是，在生态方面，人们所关注的是人与自然的关系，对人与家族、家族与社会的关系关注较少。人们关注自然，是因为自然环境开始对人类进行报复，各种自然灾害频发、瘟疫横行、疾病肆虐，再按照原有道路发展下去，人类很有可能会自取灭亡。20世纪后半叶以来，人们逐渐意识到在“人神分离”“主客分离”的思维模式下很难实现人与自然的和谐统一。只有回到“人神合一”或“天人合一”，才能实现人与生态环境的共生共荣、和谐发展。

第五章 《论语》中的生态文明思想

《论语》中的生态文明思想从宏观上来看，主要是以人为中心，涉及人与自然环境的关系、人与家族的关系以及人与社会的关系。按照自然进化的进程来看，先是人从自然中进化而来，接着有了家族，最后才形成了社会。因此，人与自然环境的关系居第一位，随之则是个体与家族的关系、个体与社会的关系。《论语》提到这三种关系的目的是促进人与自然环境的和谐、人与家族关系的和谐以及人与社会关系的和谐。如果从生态学的视角来审视，这些关系不单单是社会伦理层面的问题，也属于生态伦理范畴。生态伦理是以尊重生命为基础，目的是保护和促进生命群体的生存和发展。《论语》中的生态文明思想主要是以"人神合一"的哲学思想为基础，分为三个层面：人与自然的"万物一体"、个体与家族的"法祖齐家"、家族与社会的"和合共生"。"仁爱"是儒家伦理的核心，也是儒家生态伦理的根源。

第一节 人与自然：万物一体

人与自然的关系，是生态文明思想关注的首要问题。人来源于自然，与人类同处于一个星球上的其他事物也来源于自然。换言之，自然界是人类与其他事物共有的家园。"自然界，就它本身不是人的身体而言，是人的无机的身体。人靠自然界生活。这就是说，自然界是人为了不致死亡而必须与之不断交往的、人的身体。所谓人的肉体生活和精神生活同自然界相联系，也就等于说自然界同自身相联系，因为人是自然界的一部分。”①由于人的特殊性，人来源于自然但又超出自然，与自然界相对立，世界便分成两大部分：人类与自然界。在中国长期的传统社会，人与自然环境的关系是以“人神一体”和“人神合一”（亦即“天人合一”）为哲学基础，从而使人与自然环境的关系比较融洽，人利用自然提供的资源得以生存与发展，自然因人类的利用便实现资源的循环与再生。工业革命之后，人与自然的关系以“主客二分”为哲学基础，人类成为自然的主体，改造自然、征服自然成为主流，两者之间的关系也逐渐紧张。人类为了满足自身无休止的欲望，开始毫无节制甚至贪得无厌地向自然索取，把自然界看作被动的、客观的、取之不尽用之不竭的、人类征服的对象。人类这种肆无忌惮破坏自然环境的行为，随之便遭到自然界的报复，地震、海啸、飓风等灾害频发，气候变暖，疾病流行，资源枯竭，等等。两者之间的紧张关系在20世纪达到顶峰。在严峻的形势面前，人类开始反思自身的行为。从古代社会的“天人合一”来观照当今社会的“主客二分”，逐渐认识到人与自然的关系并非简单的征服与被征服、改造与被改造的关系，而是相互依存、和谐共生的关系。有学者指出，人与自然的关系不仅仅是客观上的利用与被利用的物质关系，而是存在精神上的某种联系，这种联系以道德为基础。“长期以来，人们把道德关系仅仅局限在人与人之间，这是传统伦理学的一种欠缺。生态伦理学实现了道德关系的扩张，把道德关系从人与人之间扩张到人与自然之间。这种扩张的现实根据在于，人不但是一种社会存在物，而且又是一种自然存在物，人不但要管社会生活，而且要管自然生活，从种系演化的角度来看，组成社会，不过是人在自然中谋取自我生存的一种手段。包括道德现象在内的整个文化现象，实则是人——社会——自然的三维结构，而不是人——社会的二维结构，是人与社会、人与自然以及人与社会同人与自然三对矛盾错综运动的表达。离开了人与社会的矛盾，就无法说明人与自然的矛盾。同样，离开了人与自然的矛盾，也就无法说明人与社会的矛盾。社会的和谐同自然的和谐是互为前提、互为因果的。随着文明的发展，人类从自然中分化出来的程度越高，它对自然的依赖也就越大。我们只有从上述矛盾的相互联结上，才可求得对包括道德现象在内的整个文化现象的正确解答。人际道德和自然道德作为两种道德，其实并非彼此分离、彼此孤立，它们在

---

① 马克思：《1844年经济学哲学手稿》，《马克思恩格斯全集》第42卷，人民出版社1979年版，第95页。

实质上同一，在内容上渗透，在功能上互补。”[①]人、社会、自然越来越成为命运共同体，人与人之间的关系、人与社会的关系存在道德关系，人际道德与自然道德在本质上是一体的。

一、基本内涵

“万物”具有非常深刻的内涵，不仅包括自然界的动物、植物、微生物、矿物等自然事物，也包括人，而且与天地有着本质的关系。“‘万物’是中国人指代所有客观事物的成语。但是，万物并不是独立于秩序世界之外的‘天’的创造物；恰恰相反，万物构成了‘天’。‘天’既是造物者，又是滋养创造物的沃土。在秩序本身及其规定性之间并不存在严格的界限。”[②]从这个角度来审视，“万物一体”的基本含义就是世间万物相互联系、相互依存、共存共生。换言之，人与自然界的其他事物具有一体性。[③] 有学者认为，“万物一体”是人类生活追求的最终目标，也是人类发展的唯一出路。“‘万物一体’是中国的生态哲学所达到的最高成就。‘万物一体’不只是人的主观境界，它更是存在的状态，只有实现了人与万物之间的真正的生命和谐，才能达到这种境界。这是人类生存和发展的理想追求，也是唯一的出路。中国的生的哲学对人类的贡献，即在于此。”[④]“万物一体”包含两层含义：物质层面：人与万物共存共生、相互依赖；精神层面或者道德层面：人与万物仍然具有根本的一致性，道德不仅是针对人，而且包含万物。钱穆说：“道德本乎人性，人性本乎自然。”[⑤]人与自然从根本上来讲是一致的，人的道德与自然的道德是相通的。罗尔斯顿说：“树本身也是有价值的，能够评价它自己；它们为自己而存在。我们认为，与‘绿色’不同，‘树本身’是客观地存在的，树有它自身极力想实现的生命计划。我们认为这样的树是有价值的，而不管它们对我们‘显得’是什么。我们要说：某些价值是已然存在于大自

---

① 刘湘溶：《生态伦理学论纲》，《江汉论坛》1991年第6期。

② [美]安乐哲、罗思文：《〈论语〉的哲学诠释：比较哲学的视域》，余谨译，中国社会科学出版社2003年版，第47页。

③ “万物”当然包含人类，但由于人与世界上其他事物不同，为了表述方便，常常把“人”单列出来与“万物”相对应。

④ 蒙培元：《生的哲学——中国哲学的基本特征》，《北京大学学报》（哲学社会科学版）2010年第6期。

⑤ 钱穆：《论语新解》，生活·读书·新知三联书店2002年版，第159页。

然中的，评价者只是发现它们，而不是创造它们。”[①]这种“万物一体”的思想在《论语》中的体现主要有四个方面：人天相通、人物相类、人时相应、取之有度。

二、人天相通

“天”的含义在《论语》里面非常丰富，既具有宗教层面的意义，也有自然层面的内涵，是一个多维度的单词。“对于‘天’这个词，我们打算采用音译。这在很大程度上是因为，通常所用的英文译法‘Heaven’，为之强加了若干中国文化没有的，源自耶稣-基督传统的意象；而‘Nature’也同样不可取。在很多语境中，单独使用的‘天’字实际上是在指代‘天地’——它暗示‘天’并不是独立于世的。《圣经》中的上帝常常被转喻为创世之‘Heaven’，而文言文中的‘天’即是世界。‘天’既包含有世界是什么之意，又隐喻了世界如何为之的反思。”[②]从生态学的视角来审视，“人天相通”中的“天”主要集中在自然层面，既包括天也包括地，但同时也具有超越性的内涵。“儒家所言‘天’，包赅天地，虽不离物质义，但本质上却是一万物生成之超越本原的概念。‘万物本乎天，人本乎祖，此所以配上帝也’，就表明了这一点。”[③]

（一）天是万物生命的本源

《尚书·泰誓》曰：“惟天地，万物父母；惟人，万物之灵。”世界上的一切万物包括人类从根源上来说都来自天，天是世界运行的本源。《荀子·礼论》云：“礼有三本：天地者，生之本也；先祖者，类之本也；君师者，治之本也。无天地，恶生？无先祖，恶出？无君师，恶治？三者偏亡，焉无安之人。故礼，上事天，下事地，尊先祖而隆君师，是礼之三本也。”这里的“本”就是本源之意。“天地者，生之本也”，是说天地是世间万物一切生命的本源，“天地是生存的根本”[④]。《论语·阳货》云：“子曰：‘予欲无言。’子贡曰：‘子如不言，则小子何述焉？’子曰：‘天何言哉？四时行焉，百物生焉，天何言哉？’”孔子用天道的自然运行来启发教育子贡。韩愈认为，“吾谓仲尼非无言也，特设此以诱子贡以明言语科，未能

---

① ［美］霍尔姆斯·罗尔斯顿：《环境伦理学：大自然的价值以及人对大自然的义务》，杨通进译，中国社会出版社2000年版，第159页。

② ［美］安乐哲、罗思文：《〈论语〉的哲学诠释：比较哲学的视域》，余谨译，中国社会科学出版社2003年版，第47页。

③ 李景林：《儒家的祭丧理论与终极关怀》，《中国社会科学》2004年第2期。

④ 楼宇烈主撰：《荀子新注》，中华书局2018年版，第379页。

忘言至于默识，故云天何言哉，且激子贡使进于德行科也”[①]。朱熹则认为应该从天理之处感悟，“学者多以言语观圣人，而不察其天理流行之实，有不待言而著者。是以徒得其言，而不得其所以言，故夫子发此以警之……四时行，百物生，莫非天理发见流行之实，不待言而可见。圣人一动一静，莫非妙道精义之发，亦天而已，岂待言而显哉？此亦开示子贡之切，惜乎其终不喻也”[②]。“四时行焉，百物生焉”是自然界运行的规律，这规律的背后是“天”在掌控，“天”从不言明，但“天”生万物的事实却不能否定。换言之，天是生命的创造者。“儒家以天为其哲学的最高范畴，代表最高存在。但是，天是什么？是上帝还是自然界？天的根本特征是什么？近现代以来，一直争论不休。但是，有一点是非常清楚的，就是天是生命的创造者，以生为其存在的根本方式和功能，这就是天道。天道的根本意义是生，即创造生命。”[③]《孟子·滕文公上》亦云：“且天之生物也，使之一本。”这里的“本”就是指天，天是万物生之本源，这是不容否定的。

（二）天是人类德性的本源

《荀子·王制》曰：“水火有气而无生，草木有生而无知，禽兽有知而无义；人有气、有生、有知，亦且有义，故最为天下贵也。力不若牛，走不若马，而牛马为用，何也？曰：人能群，彼不能群也。人何以能群？曰：分。分何以能行？曰：义。故义以分则和，和则一，一则多力，多力则强，强则胜物，故宫室可得而居也。故序四时，裁万物，兼利天下，无它故焉，得之分义也。”荀子认为，人最为天下贵，是因为按义行事。这里的“义”既有规则的内涵，也有道德的意蕴。人不能像禽兽一样没有德性，天不仅赋予人的生命，而且赋予人的德性，作为社会运行的基础。《论语》关于此方面的记载有三章：“子曰：‘天生德于予，桓魋其如予何？’”（《论语·述而》）“子畏于匡，曰：‘文王既没，文不在兹乎？天之将丧斯文也，后死者不得与于斯文也；天之未丧斯文也，匡人其如予何？’”（《论语·子罕》）“仪封人请见，曰：‘君子之至于斯也，吾未尝不得见也。’从者见之。出曰：‘二三子何患于丧乎？天下之无道也久矣，天将以夫子为木铎。’”（《论语·八佾》）这三章从编排上来看分布在不同的篇，表面上没有关联，但实质上都在谈一个问题，那就是人的德性来源于天。前两章主要讲孔子的两次遇难：“遭遇桓

① 韩愈、李翱：《论语笔解》，中华书局1991年版，第28页。

② 朱熹：《四书章句集注》，中华书局2011年版，第168页。

③ 蒙培元：《生的哲学——中国哲学的基本特征》，《北京大学学报》（哲学社会科学版）2010年第6期。

魋”与“匡人围困”。《史记·孔子世家》中也有相同的记载:“孔子去曹,适宋,与弟子习礼大树下。宋司马桓魋欲杀孔子,拔其树。孔子去,弟子曰:‘可以速矣。’孔子曰:‘天生德于予,桓魋其如何?’”对这两章,学界看法不尽一致。多数学者认为上天具有神圣性,孔子之德来源于天。东汉包咸曰:“天生德于予者,谓授我以圣性也。合德天地,吉而无不利,故曰‘其如予何’也。”①宋张栻曰:“‘文王既没,文不在兹’,圣人以斯文为己任也。己之在与亡,斯文之丧与未丧系焉。是二者,岂人之能为哉?天也。不曰丧己而曰丧斯文,盖己之身即斯文之所在也。方夫子畏于匡之时,所谓《易》《诗》《书》《春秋》皆未讨论也,故以为天之将丧斯文,则后死者不得与于斯文。夫使后死者而果不得与于斯文,则其不免于难,亦非匡人之所能为也。”②日本学者东条弘也持类似观点:“天与我以德也,则桓魋必不能违天害我矣。若得能害我,则我德亦不足为德也。”③不过,也有学者提出不同看法。李泽厚认为此话并无深意,只是孔子的壮胆之辞:“这章常被后人引为孔子负有某种神秘使命或具有某种神秘‘圣性’,自有上天保护,因此不怕。其实这不过一句普通壮胆的话罢了。何必如此刻板解说,把孔子神化?”④对此,有学者进行了反驳。杨朝明认为,“孔子对文化使命有一种‘神圣’体认与自觉意识。此种精神,乃古今中外伟人之应对危难、创造伟业之内在动力与精神支柱。人谓孔子乃无神论者、纯粹现实主义者,谬矣。孔子于天命十分重视,其思想中颇含一种宗教意蕴,此不可不察者也。李泽厚以为此不过是‘壮胆的话’,则失之浅矣”⑤。此种说法,笔者比较认同。孔子在危难面前,并不担心自己的生命,原因在于他相信天会决定一切,非人力所能为。自身的德性授命于天,文王的“斯文”授命于己,重任在肩,困厄之中能否保全生命非自己所能为,只能看天意。从“天将以夫子为木铎”可以间接证明孔子确实担负起了这一重任。对于“木铎”,孔安国注曰:“木铎,施政教时所振也。言天将命孔子制作法度,以号令于天下也。”⑥朱熹解释说:“木铎,金口木舌也,施政教时所振,以警众者也……或曰:‘木铎所以狥于道路,言天使夫子失位,周流四方以行其

① 皇侃:《论语义疏》,高尚榘校点,中华书局2013年版,第171～172页。

② 张栻:《张栻集》,杨世文点校,中华书局2015年版,第180～181页。

③ [日]东条弘:《论语知言》,严灵峰编:《无求备斋论语集成》第28函,台北艺文印书馆1967年版,第228页。

④ 李泽厚:《论语今读》,生活·读书·新知三联书店2008年版,第227页。

⑤ 杨朝明主编:《论语诠解》,山东友谊出版社2013年版,第125页。

⑥ 皇侃:《论语义疏》,高尚榘校点,中华书局2013年版,第79页。

教，如木铎之狥于道路也。'"[1]由此可知，天赋予孔子德性，让他整理文王的"文"，作为"木铎"教化天下。这说明人的德性本源在于天，圣人肩负着把这种德性普及推广到民间的重任。

（三）天高高在上，是人类活动的最终审判者和裁定者

天作为人类活动的最终审判者和裁定者，掌握人间祸福，维护社会公平正义。之所以如此，是因为天的地位至高无上。"子曰：'大哉尧之为君也！巍巍乎！唯天为大，唯尧则之。荡荡乎，民无能名焉。巍巍乎其有成功也，焕乎其有文章！'"（《论语·泰伯》）朱熹曰："言物之高大，莫有过于天者，而独尧之德能与之准。"[2]杨伯峻解释说："只有天最高最大，只有尧能够学习天。"[3]"陈子禽谓子贡曰：'子为恭也，仲尼岂贤于子乎？'子贡曰：'君子一言以为知，一言以为不知，言不可不慎也。夫子之不可及也，犹天之不可阶而升也。'"（《论语·子张》）子贡以天不可以用阶梯攀登来形容孔子的伟大，可见天在子贡心目中是至高无上的。"天"是人类活动的最终审判者和裁定者，判断是非，决定生死祸福。"王孙贾问曰：'"与其媚于奥，宁媚于灶"，何谓也？'子曰：'不然，获罪于天，无所祷也。'"（《论语·八佾》）栾肇说："孔子曰：'获罪于天，无所祷'者，明天神无上，王尊无二，言当事尊，卑不足媚也。"[4]"子见南子，子路不说。夫子矢之曰：'予所否者，天厌之！天厌之！'"（《论语·雍也》）南子是郑国国君卫灵公的夫人，好淫乱，品行不端。子路看到孔子去拜访这样的人，心里就非常不高兴，认为孔子肯定做了见不得人的事情。孔子为了自证清白，便对天发誓说，如果做了错事，就会"天厌之！天厌之"。孔子连说两遍"天厌之"，急于辩驳的心情可见一斑。这里的"天"就是最后的审判者。"颜渊死。子曰：'噫！天丧予！天丧予！'"（《论语·先进》）颜回是孔子最得意的弟子，对他的去世孔子非常悲痛，连呼"天丧予！天丧予"，说明在孔子的心目中这是上天对自己的惩罚。"司马牛忧曰：'人皆有兄弟，我独亡。'子夏曰：'商闻之矣：死生有命，富贵在天。君子敬而无失，与人恭而有礼。四海之内，皆兄弟也——君子何患乎无兄弟也？'"（《论语·颜渊》）皇侃注曰："言死生富贵，皆禀天所得，应至不可逆忧，亦不至不可逆求，故云'有命'、'在天'也。然同是天命，而死生云命、富贵云天者，亦互之而不可逃

---

① 朱熹：《四书章句集注》，中华书局 2011 年版，第 68 页。

② 朱熹：《四书章句集注》，中华书局 2011 年版，第 102 页。

③ 杨伯峻译注：《论语译注》，中华书局 1980 年版，第 84 页。

④ 皇侃：《论语义疏》，高尚榘校点，中华书局 2013 年版，第 64 页。

也。死生于事为切，故云命；富贵比死生者为泰，故云天。天比命则天为缓也。"[①]日本学者伊藤维桢认为："莫之为而为者，天也。莫之致而至者，命也。言死生存亡，富贵利达，皆天之所为，命之所至，非人力之所能迁，何为妄忧？"[②]死生富贵从根本上来讲，非人力所能全为，既有后天的努力，也有先天的因素，还要受制于所面临的时代。具体到个人而言，每个人的寿命、富贵程度都不同，这固然与个人的努力程度有关，但也与天生的素质密不可分。从生物学意义上讲，就是与基因有关；从宗教学的角度来审视，则与天命有关。从生物学的角度来看，天决定着个体的生理素质，"一方水土养一方人"，所处的地理环境以及父母的素质在一定程度上影响和决定着人的基因，才智、能力会因地域不同、人的不同而有差异。从宗教学的角度来看，天决定着个体所处的时代。"天下大势，分久必合，合久必分"，非个体所能为，在时代面前，个体只能正视所处的时代，不能选择。时势造英雄，而非英雄造时势。以上两者，都是非个体所能左右，只能尽人事、顺天命。同时，天不仅决定人的生死富贵，也决定政权的更迭。尧曰："咨！尔舜，天之历数在尔躬，允执其中。四海困穷，天禄永终。"(《论语·尧曰》)这是尧告诫他的继任者舜，执政时要允执其中，尽职尽责，确保天下百姓安居乐业，否则，就会失去自己的王位。表面上看，政权的存续在于执政者能否"允执其中"、不让"四海困穷"，其背后则是上天的要求，政权的存续最终取决于天。

(四)人意天知，天意人知

人与天能够相互知其意，非一般人所能做到，只有圣人才能感知天意，与其相应，天也会感知圣人之意。"子疾病，子路使门人为臣。病间，曰：'久矣哉，由之行诈也！无臣而为有臣。吾谁欺？欺天乎！且予与其死于臣之手也，无宁死于二三子之手乎！且予纵不得大葬，予死于道路乎？'"(《论语·子罕》)孔子认为子路"使门人为臣"的做法严重失礼，这样做会欺骗上天，而天则不可以欺骗。"子曰：'莫我知也夫！'子贡曰：'何为其莫知子也？'子曰：'不怨天，不尤人，下学而上达。知我者其天乎！'"(《论语·宪问》)朱熹注曰："不得于天而不怨天，不合于人而不尤人，但知下学而自然上达。此但自言其反己自修，循序渐进耳，无以甚异于人而致其知也。然深味其语意，则见其中自有人不及知而天独知之之

① 皇侃：《论语义疏》，高尚榘校点，中华书局2013年版，第302页。

② [日]伊藤维桢：《论语古义》，严灵峰编：《无求备斋论语集成》第14函，台北艺文印书馆1967年版，第176页。

妙。盖在孔门，惟子贡之智几足以及此，故特语以发之。惜乎其犹有所未达也！”[①]天有深意，非一般人所能体悟。圣人有志向，天可以知晓。所以，黄式三说：“下学，删订赞修之事；上达，所学通于天也。圣人删订赞修，惓惓斯道之心上通于天，而天自知之。”[②]

三、人物相类

“人物相类”是说人与世间万物能够相比附、相沟通，并能够从自然现象及其动物、植物身上获得感悟与启发。

（一）以自然现象作比

“子曰：‘为政以德，譬如北辰，居其所而众星共之。’”（《论语·为政》）孔子认为，以德治国犹如众星围绕北极星运转，德治是治国方略的根本。“北辰者，北极紫微星也。所，犹地也。众星，谓五星及二十八宿以下之星也。北辰镇居一地而不移动，故众星共宗之以为主也，譬人君若无为而御民以德，则民共尊奉之而不违背，犹如众星之共尊北辰也。故郭象曰：‘得其性则归之，失其性则违之。’”[③]孔子以北极星比德，说明以德治国的重要性，是从自然现象中反观社会治理之道。“子在川上曰：‘逝者如斯夫，不舍昼夜。’”《论语·子罕》“孔子在川水之上，见川流迅迈，未尝停止，故叹人年往去，亦复如此。向我非今我，故云‘逝者如斯夫’也……日月不居，有如流水，故云‘不舍昼夜’也。”[④]孔子以流水作譬，来比喻时光荏苒、岁月如梭，赋予人生诸多意义。“孔子的‘逝者如斯夫，不舍昼夜’这句话，包括各方面很多意义，可以说孔子的哲学，尤其人生哲学的精华，都集中在这两句中，它可以从消极的、积极的各方面看，看宇宙、看人生、看一切。”[⑤]“子曰：‘譬如为山，未成一篑，止，吾止也。譬如平地，虽覆一篑，进，吾往也。’”（《论语·子罕》）孔子以高山平地作譬，来启发人们做事要坚持不懈，不能半途而废。“言山成而但少一篑，其止者，吾自止耳；平地而方覆一篑，其进者，吾自往耳。盖学者自强不息，则积少成多；中道而止，则前功尽弃。其止其往，皆在我而不在人也。”[⑥]

---

① 朱熹：《四书章句集注》，中华书局2011年版，第148页。

② 黄式三：《论语后案》，张涅、韩岚点校，凤凰出版社2008年版，第419页。

③ 皇侃：《论语义疏》，高尚榘校点，中华书局2013年版，第23页。

④ 皇侃：《论语义疏》，高尚榘校点，中华书局2013年版，第224页。

⑤ 南怀瑾：《论语别裁》，复旦大学出版社1990年版，第460页。

⑥ 朱熹：《四书章句集注》，中华书局2011年版，第108～109页。

（二）以植物及相关事物作比

“哀公问社于宰我。宰我对曰：‘夏后氏以松，殷人以柏，周人以栗，曰，使民战栗。’子闻之，曰：‘成事不说，遂事不谏，既往不咎。’”（《论语·八佾》）“松、柏、栗，皆木名，所在有之，此谓社主所用之木也。《五经异义》曰：‘夏后氏都河东，宜松也；殷人都亳，宜柏也；周人都沣镐，宜栗也。’《大司徒》：‘设其社稷之壝而树之田主，各以其野之所宜木，遂以明其社与其野。’《注》：‘所宜木谓若松、柏、栗也。若以松为社者，则名松社之野，以别方面。’如彼《注》所言，是夏后氏社树、社主皆用松，殷人社树、社主皆用柏，周人社树、社主皆用栗也。”[①]康有为《论语注》引何休《公羊传》注曰：“夏后氏以松，殷人以柏，周人以栗。松，容也，想象其容貌而事之。柏，迫也，亲而不远。栗，犹战栗，谨敬貌。”[②]夏、商、周分别用松、柏、栗作为“社主”，既受自然环境限制，也有政治寓意。很显然，自然界中不同的树木被人赋予了不同的象征意义。“宰予昼寝。子曰：‘朽木不可雕也，粪土之墙不可杇也；于予与何诛？’子曰：‘始吾于人也，听其言而信其行；今吾于人也，听其言而观其行。于予与改是。’”（《论语·公冶长》）宰予白天睡觉，孔子认为这是浪费光阴，以朽木、粪土之墙作比，责备宰予难成大器。包咸曰：“朽，腐也。彫，彫琢刻画也。”王肃曰：“杇，墁也。二者喻虽施功犹不成也。”[③]“言其志气昏惰，教无所施也。”[④]“孔子以此喻宰予之不自努力，虽偶有昼寝之过，终觉非是，故责之；无非告诫宰予当言行一致也。”[⑤]“子曰：‘苗而不秀者有矣夫！秀而不实者有矣夫！’”（《论语·子罕》）孔安国注曰：“言万物有生而不育成者，喻人亦然也。”[⑥]“谷之始生曰苗，吐华曰秀，成谷曰实。盖学而不至于成，有如此者，是以君子贵自勉也。”[⑦]孔子以自然界中的苗木成材与否作喻，勉励人要努力学习，以成大器。张居正讲评曰：“人有颖悟之资，从事于学而不能精进以发达其聪明，是亦苗而不秀者也。聪明虽已发达，而不能深造以至于成就，是亦秀而不实者也，岂不均可惜哉！”[⑧]“岁寒，然后知松柏之后凋也。”（《论语·子罕》）“大寒

① 刘宝楠：《论语正义》，高流水点校，中华书局1990年版，第119页。
② 康有为：《康有为全集》第六集，姜义华、张荣华编校，中国人民大学出版社2007年版，第400页。
③ 皇侃：《论语义疏》，高尚榘校点，中华书局2013年版，第107～108页。
④ 朱熹：《四书章句集注》，中华书局2011年版，第76页。
⑤ 方骥龄：《论语新诠》，台湾中华书局1977年版，第120页。
⑥ 皇侃：《论语义疏》，高尚榘校点，中华书局2013年版，第226页。
⑦ 朱熹：《四书章句集注》，中华书局2011年版，第109页。
⑧ 张居正讲评：《论语别裁》，陕西师范大学出版社2007年版，第138页。

之岁，众木皆死，然后知松柏之小凋伤也。平岁，则众木亦有不死者，故须岁寒而后别之。喻凡人处治世，亦能自修整，与君子同；在浊世，然后知君子之正，不苟容也。”[①]孔子以松柏后凋作喻，认为君子处在乱世应坚持操守，不要随波逐流。“此欲明君子德性与小人异也，故以松柏匹于君子，众木偶乎小人矣。”[②]“‘唐棣之华，偏其反而。岂不尔思？室是远尔。’子曰：‘未之思也，夫何远之有？’”(《论语·子罕》)“唐棣之华”出自《诗经·小雅》，郑玄注曰：“唐棣，移也。其华翩翩，顺风而返，此其光色盛时，以喻有美女颜色如此，我岂不思与之为夫妇乎？其室家之道远耳。孔子言此诗者，但不思之耳，诚能思之，则可以礼使媒氏往求之，何有远乎？引此诗者，以言权道亦可思而得之也。”[③]孔子以“唐棣之华”来喻权变之道，强调弘道在己，道不远人。“诗意以花容之偏倚反睽，比尔与我相远也。夫子因之，而反其意曰，远云者，思之未足也。果能思之，亦何远之有？以喻道之不远也。”[④]“子曰：‘觚不觚，觚哉！觚哉！’”(《论语·雍也》)此句以“觚”作喻，多有争议，主要有三种观点。第一种观点认为孔子叹息时人用心不专，难成大器。《盐铁论·殊路》云：“故人事加则为宗庙器，否则斯养之舋材。”《潜夫论·相列》曰：“觚而弗琢，不成于器。”“孔子曰削觚而志有所念，觚不时成，故曰：‘觚哉！觚哉！’觚，小器耳。心不专一，尚不时成，况于大事乎？觚本简也。”[⑤]第二种观点认为孔子叹息礼崩乐坏，古代的礼制不复存在。“觚不觚：器具没有棱角了；第一个觚是器具，第二个觚是棱角。觚哉：要有棱角啊，有棱角。孔子这句话是比喻和感叹，从一个酒器形制的变化，感叹上古的礼制已经不复存在了。”[⑥]第三种观点认为孔子之意在于“待价而沽”或孤独不被人理解。“我怀疑，‘觚’也许只是沽的错别字，‘觚哉！觚哉’就是《子罕》的‘沽(贾)之哉！沽(贾)之哉’，是待价而沽的意思……或者还有一种可能，是把觚读为孤，孔子也是自问自答：我孤独吗？孤独呀！孤独呀！”[⑦]不论此句作何种理解，孔子用“觚”作喻都不容置疑。

① 皇侃：《论语义疏》，高尚榘校点，中华书局2013年版，第230页。

② 皇侃：《论语义疏》，高尚榘校点，中华书局2013年版，第229页。

③ 单承彬：《〈论语〉郑义举隅》，《齐鲁学刊》2001年第3期。

④ [日]东条弘：《论语知言》，严灵峰编：《无求备斋论语集成》第28函，台北艺文印书馆1967年版，第293页。

⑤ 袁钧：《郑玄论语注》卷三，严灵峰编：《无求备斋论语集成》第29函，台北艺文印书馆1967年版，第7页。

⑥ 金知明注译：《论语精读》，学林出版社2007年版，第75页。

⑦ 李零：《丧家狗：我读〈论语〉》，山西人民出版社2007年版，第138页。

(三)以动物作比

“子谓仲弓,曰:‘犁牛之子骍且角,虽欲勿用,山川其舍诸?’”(《论语·雍也》)“犁,杂文也。骍,赤色也。角者,角周正中牺牲也。虽欲以其所生犁而不用,山川宁肯舍之乎?言父虽不善,不害于其子之美。”[①]孔子在此以“牛”“山川”来比喻仲弓虽然出身贫贱,但德才出众,有德行和为政的潜质,一定会得到国家的重用。“子曰:‘凤鸟不至,河不出图,吾已矣夫!’”(《论语·子罕》)孔安国注曰:“有圣人受命则凤鸟至,河出图。今天无此瑞。‘吾已矣夫’者,不得见也。河图,八卦是也。”[②]孔子以“凤鸟不至”“河不出图”来比喻生不逢时、大道不行。“凤鸟河图——古代传说,凤凰是一种神鸟,祥瑞的象征,出现就是表示天下太平。又说,圣人受命,黄河就出现图画。孔子说这几句话,不过借此比喻当时天下无清明之望罢了。”[③]《论语·微子》曰:“凤兮凤兮,何德之衰?”“鸟兽不可与同群,吾非斯人之徒与而谁与?天下有道,丘不与易也。”孔子以“凤凰”“鸟兽”作喻,说明自己即便在政治昏暗的时代仍然坚持自己的理想,坚守弘道之心。“现在天下的人,都和鸟兽一样;这种人,不可和他同伙做事,我何尝不晓得呢?长沮、桀溺,是两个有道德的隐士。我不是这种人的队伙,是谁人的队伙呢?”[④]

四、人时相应

“人时相应”是说人与所处的时间、节气以及时代相适应,遵循规律来做事,不可强行而为。这种思想在《论语》中主要表现为两个方面:按照时节做事与因时而异、注重保全。

(一)按照时节做事

“子曰:‘道千乘之国,敬事而信,节用而爱人,使民以时。’”(《论语·学而》)在这里,“时”指的是自然季节。孔子认为,使用民力要遵循自然规律,按照节令行事。孟子的“不违农时,谷不可胜食也”(《孟子·梁惠王上》)的思想与此一脉相通。传统社会,一般都在农闲时节使用民力,目的是不耽误农时,不影响农业生产。“孔子将‘使民以时’作为君主治理国家应当遵守的规则,认为统治者应当遵从‘天时’,遵从生态学季节变化,根据‘时’的动态特点来引导民众,指导农

---

① 皇侃:《论语义疏》,高尚榘校点,中华书局2013年版,第131页。

② 皇侃:《论语义疏》,高尚榘校点,中华书局2013年版,第215页。

③ 杨伯峻译注:《论语译注》,中华书局1980年版,第89页。

④ 王缁尘:《四书读本》,中国书店1986年版,第344页。

业生产。但是，孔子‘使民以时’之所以是对君主的要求而非普通民众，原因在于君主如果不遵从‘时’的变化安排人事，这对于一个国家来说伤害是最大的，可能会导致百姓的流离失所。所以在孔子看来，‘王道’必须符合‘天道’，即人事的安排必须随着‘天时’的变动而做出调整。”①

（二）因时而异，注重保全

在儒家看来，人处在不同的社会，面对不同的环境，自然会遇到弘道与保全生命发生冲突的问题，做到两全其美需要大的智慧。《论语》中提出了两点：其一，隐忍退让，以待时机。这是指适应社会但并非随波逐流，而是留有底线。这个底线就是坚守儒家的“道”，这也是一种人生态度。“子曰：‘笃信好学，守死善道。危邦不入，乱邦不居。天下有道则见，无道则隐。邦有道，贫且贱焉，耻也；邦无道，富且贵焉，耻也。’”（《论语·泰伯》）包咸曰：“危邦不入，谓始欲往也。乱邦不居，今欲去也。臣弑君，子弑父，乱也。危者，将乱之兆也。”②“危邦不入，乱邦不居”“有道则见，无道则隐”都旨在强调无论在何种环境下都要注意保住生命，不要做无谓的牺牲。这样做并非苟且偷生，而是在等待时机，以堪大用。李泽厚认为这一点正是儒、道的区别。“儒、道之区别在此。因为有道无道对道家已无意义，不管政治好坏与否都应‘避逃’，并认为天下乌鸦一般黑，不可能有好的政治、国家或‘天下’。儒家讲隐，讲藏，是为了韬晦保身，以便将来‘达则兼济天下’，基调仍然是进取。但儒道两家都很重视保全自己的生命，不主张胡乱去‘献身’。”③“子谓颜渊曰：‘用之则行，舍之则藏，惟我与尔有是夫！’”（《论语·述而》）江熙曰：“圣人作则贤人佐，天地闭则圣人隐。用则行，舍则藏也。”④有学者认为，“行”“藏”都是在践行“道”。“人只要有道在身，那外面的遭遇都可以听其自然。如人君要用我，我就将这道行出去。若舍我不用，我就将这道藏起来。其实行藏都是这个道，并无分毫加损。人只为认道不真，所以多不能自主，只有我与尔二人可以有这般志趣罢了。”⑤“藏”与“隐”的实质都在于在乱世或者不得志的时候注意保全性命，“留得青山在，不愁没柴烧”。“子谓南容：‘邦有道，不废；邦无道，免于刑戮。’以其兄之子妻之。”（《论语·公冶长》）南容，名韬，又名

① 丁建华：《论先秦儒家“时”范畴的生态意义》，《云南社会科学》2012年第2期。

② 皇侃：《论语义疏》，高尚榘校点，中华书局2013年版，第196页。

③ 李泽厚：《论语今读》，生活·读书·新知三联书店2008年版，第255页。

④ 皇侃：《论语义疏》，高尚榘校点，中华书局2013年版，第159页。

⑤ 陈浚：《论语话解》卷四，严灵峰编：《无求备斋论语集成》第11函，台北艺文印书馆1967年版，第4页。

适，字子容，谥敬叔，孟懿子之兄，也是孔子的弟子。与公冶长相比，南容更懂得如何在无道的社会保留底线、不触犯法律。“明南容之德也。若遭国君有道，则出仕为官，不废己之才德也；若君无道，则危行言逊，以免于刑戮也。”[1]国家政治昌明，南容就出仕为官；国家政治昏暗，南容则谦虚谨慎、明哲保身，避免被刑戮。这要比公冶长高明。“公冶长以才高好奇取祸，南宫以言行修谨保家，二子性行不同，孔子皆取之。或曰，公冶长之贤不及南容，故圣人以其子妻长，而以兄子妻容，盖厚于兄而薄于己也。”[2]“此语是说南容既有才华，又有明哲保身之道。”[3]“子曰：‘宁武子，邦有道则知，邦无道则愚。其知可及也，其愚不可及也。’”（《论语·公冶长》）宁武子是卫国的大夫，姓宁，名俞，无论是国家昌明还是黑暗，都能够适应社会，保全自己。有学者认为宁武子的“愚”是对无道的抗争。“这种‘痴呆’是一种大智若愚的处世态度。从消极意义上说，它避免了自身遭到伤害；从积极意义上说，它又是对无道的一种抗争。这大概就是孔子赞誉甯武子的用意。”[4]也有学者认为“愚”是明哲保身的体现。“此章论宁武子善于明哲保身。国家秩序不正常之时为了避祸而装傻，故曰愚，实为智也。”[5]“子曰：‘直哉史鱼！邦有道，如矢；邦无道，如矢。君子哉蘧伯玉！邦有道，则仕；邦无道，则可卷而怀之。’”（《论语·卫灵公》）邢昺曰：“‘邦有道，则仕。邦无道，则可卷而怀之’者，此其君子之行也。国若有道，则肆其聪明而在仕也。国若无道，则韬光晦如、不与时政，亦常柔顺不忤校人。是以谓之君子也。”[6]戴望说：“卷犹收也，怀，归也。善废而不悒悒，故有道则出仕，无道则卷收而归也。”[7]据《韩诗外传》记载，史鱼是卫国的大夫，字子鱼，临终前嘱咐儿子不要“治丧正室”，以此劝告卫灵公使用蘧伯玉、斥退弥子瑕，古人称之为“尸谏”。与史鱼明显不同，蘧伯玉懂得保全自身。孔子赞扬史鱼刚直不屈，赞扬蘧伯玉无论有道还是无道都能够进退自如。对这两种截然不同的做法，孔子都是肯定的，尤其肯定后者。“孔子并非教条主义者，两种态度都赞赏。还可能更欣赏后者。这

---

① 皇侃：《论语义疏》，高尚榘校点，中华书局 2013 年版，第 98 页。

② 康有为：《康有为全集》第六集，姜义华、张荣华编校，中国人民大学出版社 2007 年版，第408 页。

③ 高尚榘主编：《论语歧解辑录》，中华书局 2011 年版，第 185 页。

④ 金良年：《论语译注》，上海古籍出版社 2012 年，第 45 页。

⑤ 黄怀信校释：《论语新校释》，三秦出版社 2006 年版，第 113 页。

⑥ 《十三经注疏》整理委员会整理：《十三经注疏·论语注疏》（标点本），北京大学出版社 1999 年版，第 209 页。

⑦ 戴望注：《戴氏注论语小疏》，郭晓东校疏，华东师范大学出版社 2014 年版，第 232 页。

也再次说明‘儒(进取)道(退隐)互补’在孔子那里就开了头。”[①]其二，遇事深思熟虑，好谋而成。做事要反复斟酌，周密谋划，绝不能不计后果，莽撞而行，甚至牺牲生命。“子路曰：‘子行三军，则谁与?’子曰：‘暴虎冯河，死而无悔者，吾不与也。必也临事而惧，好谋而成者也。’”(《论语·述而》)朱熹注曰：“惧，谓敬其事。成，谓成其谋。”[②]子路伉直好勇，做事比较莽撞，“由也喭”(《论语·先进》)，有时处事不考虑后果。孔子认为他会不得善终，“若由也，不得其死然”(《论语·先进》)。子路最终的结局也证明了孔子的预测。在这里，孔子告诫子路遇事要善于谋划，不要意气行事，逞匹夫之勇，以免伤及性命。“此章明孔子反对匹夫之勇，主张临事谨慎。子路好为匹夫之勇而不知谋，孔子借机批判教育之。临事而惧，是惧事不成，不敢大意。子路做事大意，不成熟，故孔子如此说。”[③]综上所述，孔子赞扬颜渊、南宫适、宁武子、蘧伯玉等人的意图非常明显，就是要求作为一个心中有道的君子，无论是国家有道还是无道，政治昌明还是昏暗，都应该注意保全自己，不做无谓的牺牲。在坚守弘道这一底线的前提下，隐忍保全，以待时机。无论是“愚”“藏”“卷而怀之”，还是“临危而惧”“好谋而成”，都透露出“生存”与“弘道”兼顾的人生智慧，不逞一时之快、匹夫之勇。从孔子对这些人物的评价可知，孔子是把政治清明时能施展才能和政治黑暗时期能自我保全视为人生两个重要的应同时具备的品质加以推崇。[④]

五、取之有度

人来源于自然界，也依赖于自然界，因为自然界能够为人类提供生存与发展的各种资源，如动物、植物、矿物等。当然，动物，人们可以饲养繁殖；植物，人们可以栽培种植，并不是完全依靠自然。但有些资源，如阳光、水、空气、矿产等，却是人类自身无法解决的，只能依靠大自然的恩赐。因此，传统社会非常注重对资源的节省，坚持取之有度。《朱子家训》云：“一粒一粟，当思来处不易；半丝半缕，恒念物力维艰。”《论语》里的“取之有度”主要体现在两个方面：利用自然资源，坚持节制有度；物质生活低于精神追求，主张简约。

---

① 李泽厚：《论语今读》，生活·读书·新知三联书店 2008 年版，第 451 页。

② 朱熹：《四书章句集注》，中华书局 2011 年版，第 92 页。

③ 黄怀信校释：《论语新校释》，三秦出版社 2006 年版，第 157 页。

④ 参见王群丽：《论孔子的出仕观》，《孔子研究》2006 年第 2 期。

（一）利用自然资源，坚持节制有度

人类注重对生态环境的保护，坚持对自然资源合理并有节制地利用，并非进入现代社会才开始，而是古亦有之。“在甘肃天水秦安大地湾发现的古代村落遗址与河南濮阳发现的墓葬中‘龙’和‘虎’的文化遗迹，证明在6000～8000年以前中国人的生态学观念和生态学思想的产生，是传说中伏羲女娲时代和神农炎帝时代的伟大成就的佐证。”[①]《逸周书·大聚解》载：“禹之禁，春三月，山林不登斧，以成草木之长；夏三月，川泽不入网罟，以成鱼鳖之长。”这说明在大禹时期，就有了生态环保意识。周文王时期，颁布了《伐崇令》，明确规定：在禁期内“毋伐树木，勿动六畜，有不如令者，死无赦”。不仅如此，周朝还设立了“山虞”“林衡”等官吏对山林进行管理。这种合理、有节制地利用自然资源的做法，对早期的儒家产生了重要影响。“子钓而不纲，弋不射宿。”（《论语·述而》）缪协曰：“将令物生有路，人杀有节，所以易其生而难其杀也。”[②]人杀有节，目的是让物有生路。孔子这样做是为了保持物种生生不息。“数罟不入洿池，鱼鳖不可胜食也。斧斤以时入山林，材木不可胜用也。”（《孟子·梁惠王上》）孟子的思想与孔子一脉相承。不“涸泽而渔”、不“焚林而猎”，按照季节采伐树木，有限度地捕杀动物，既能使动植物生生相继，也为人类的生存发展提供了用之不竭的资源。“因为用网捕鱼会‘一网打尽’，大鱼小鱼都会被捕；而射杀窝中的鸟则会损伤鸟巢，大鸟小鸟都被打尽。这充分反映了孔子的保护生态自然，‘取物不尽物’的生态消费观念。”[③]也有学者认为，此章目的是彰显孔子的仁爱之心。“《论语》举此二例，目的是彰显孔子仁德。捕鱼不以网，主张一是少捕，一是不捕幼小。捕鸟不射宿，也是考虑到宿鸟易捕，再者，久居巢中的鸟，多在孵化或哺育幼鸟。如果射杀了这样的鸟，一群幼鸟就会活活饿死。”[④]“旧注常以此来讲‘取物有节’，不妄杀滥捕，乃理性经验，但这里着重的更是仁爱感情。”[⑤]这种说法固然有其道理，但需要注意的是，孔子的仁爱之心是“差等之爱”，不是“平等之爱”，“亲亲而仁民，仁民而爱物”，先爱人，后爱物。对物的爱并非完全保护、不予索取，而是坚持取之有度、用之有节，客观上也起到了保护生态的作用。对

---

① 张正春等：《中国生态学》，兰州大学出版社2003年版，第5页。

② 皇侃：《论语义疏》，高尚榘校点，中华书局2013年版，第174页。

③ 罗顺元：《儒家生态思想的特点及价值》，《社会科学家》2009年第5期。

④ 高尚榘主编：《论语歧解辑录》，中华书局2011年版，第389页。

⑤ 李泽厚：《论语今读》，生活·读书·新知三联书店2008年版，第231页。

此，康有为说得比较透彻："周公以驱虎豹犀象为大功，若于时倡戒杀之论，则禽兽遍地，人类先绝矣。孔子去周公不远，虽复爱物，先当存人。未能保人，安能保禽兽？故岁时制狩蒐之礼，外以祭祀宾客，内以习武御外，皆乱世不得已之事也。孔子知其不可，而时未能戒杀，故为之禁限钓而不纲，弋不射宿，皆于杀物之中，存限制之法。"①

（二）物质生活低于精神追求，主张简约

《尚书·大禹谟》云："克勤于民，克俭于家。"在处理现实的物质需要与道义的关系上，孔子提倡以追求理想、坚守道义为先，对物质生活不做过高要求。

求学优于物质生活。"子曰：'君子食无求饱，居无求安，敏于事而慎于言，就有道而正焉，可谓好学也已。'"（《论语·学而》）邢昺注曰："言学者之志，乐道忘饥，故不暇求其安饱也。"②君子志于求学，吃饭不求足饱，住的地方不求安逸，孜孜求学比物质生活更重要。

道义重于物质生活。"子曰：'饭疏食饮水，曲肱而枕之，乐亦在其中矣。不义而富且贵，于我如浮云。'"（《论语·述而》）朱熹注曰："疏食，粗饭也。圣人之心，浑然天理，虽处困极，而乐亦无不在焉。其视不义之富贵，如浮云之无有，漠然无所动于其中也。"③杨伯峻认为，疏食有两种解释。一是粗粮。古代以稻粱为细粮，以稷为粗粮。二是糙米。古代常以"汤"和"水"对言，"汤"的意义是热水，"水"就是冷水。④ 君子爱财，取之有道。宁可吃粗粮、喝凉水、弯着胳膊作枕头，过贫困但心里很快乐的生活，也不去追求那些不符合道义的富贵。

倡导公务活动及其公职人员注意节俭。"子曰：'道千乘之国，敬事而信，节用而爱人，使民以时。'"（《论语·学而》）"《易》曰：'节以制度，不伤财，不害民。'盖侈用则伤财，伤财必至于害民，故爱民必先于节用。"⑤此章主要谈"道千乘之国"的治理，其中"节用"是治国方略之一，孔子明确提出节约公共支出是爱民的前提。正如康有为所说："为国者，举事心敬慎，与民必诚信，节用不奢侈。国以民为本，故爱养之。作事使民必以其时，不妨夺农务。"⑥"子曰：'君子惠而不费，

---

① 康有为：《康有为全集》第六集，姜义华、张荣华编校，中国人民大学出版社2007年版，第431页。

② 《十三经注疏》整理委员会整理：《十三经注疏·论语注疏》（标点本），北京大学出版社1999年版，第11页。

③ 朱熹：《四书章句集注》，中华书局2011年版，第94页。

④ 杨伯峻译注：《论语译注》，中华书局1980年版，第71页。

⑤ 朱熹：《四书章句集注》，中华书局2011年版，第51页。

⑥ 康有为：《康有为全集》第六集，姜义华、张荣华编校，中国人民大学出版社2007年版，第382页。

劳而不怨，欲而不贪，泰而不骄，威而不猛。’子张曰：‘何谓惠而不费？’子曰：‘因民之所利而利之，斯不亦惠而不费乎？’”（《论语·尧曰》）孔子认为，执政者在让百姓获得实际利益的同时，应尽量节约公务成本，不要奢侈浪费。皇侃曰：“言为政之道，能令民下荷于润惠而我无所费损，故云‘惠而不费’也。”①“无费”意即不要浪费。王肃曰：“利民在政，无费于财也。”②任何公务活动都必须有公共财政作支撑，不花钱是不可能的，只是要把钱花得合情合理，尽可能地使公共支出带来的效益最大化，这种最大化的体现就是让老百姓因地制宜获得最大的利益。“民居五土，所利不同。山者利其禽兽，渚者利其鱼盐，中原利其五谷。人君因其所利，使各居其所安，不易其利，则是惠爱利民在政，且不费于财也。”③

“或曰：‘管仲俭乎？’曰：‘管仲有三归，官事不摄，焉得俭？’”（《论语·八佾》）此章批判管仲不节俭、不遵守礼制。对“三归”学界有多种理解，主要有四种说法。一是指管仲娶了三个不同姓氏的女子（古代诸侯才有资格娶三个不同姓氏的女子）。包咸曰：“三归者，娶三姓女也。妇人谓嫁为归。”④二是指“三归台”。朱熹曰：“三归，台名。”⑤“三归堂是建筑物的名称，就是说他的宰相府，还是相当讲究漂亮的，可是他还不够俭朴。”⑥三是指管仲收取市租，即收取买卖货物的税款。“是所谓三归者，市租之常例之归之公者也。桓公既霸，遂以赏管仲。《汉书·地理志》、《食货志》并云，桓公用管仲设轻重以富民，身在陪臣，而取三归……三归之为市租，汉世儒者犹能明之。”⑦四是指三处府邸。俞樾曰：“《韩非子·外储说篇》：‘一曰管仲父出，朱盖青衣，置鼓而归，庭有陈鼎，家有三归’，是所谓归者，即以管仲言，谓管仲自朝而归，其家有三处也。家有三处，则钟鼓帷帐不移而具从可知矣。故足见其奢。”⑧综合此章上下语境，一般认为“三归”指管仲有三处府宅。“三归指三处府宅。因其奢华，故曰不俭。从下文‘树塞门’、‘反坫’等词汇看，皆与府宅、建筑设施有关。”⑨上述四种说法虽然内容不同，但有一点

---

① 皇侃：《论语义疏》，高尚榘校点，中华书局 2013 年版，第 521 页。

② 皇侃：《论语义疏》，高尚榘校点，中华书局 2013 年版，第 522 页。

③ 《十三经注疏》整理委员会整理：《十三经注疏·论语注疏》（标点本），北京大学出版社 1999 年版，第 270 页。

④ 皇侃：《论语义疏》，高尚榘校点，中华书局 2013 年版，第 74 页。

⑤ 朱熹：《四书章句集注》，中华书局 2011 年版，第 67 页。

⑥ 南怀瑾：《论语别裁》，复旦大学出版社 1990 年，第 160 页。

⑦ 杨伯峻译注：《论语译注》，中华书局 1980 年版，第 32 页。

⑧ 俞樾：《群经平议》卷三十，严灵峰编：《无求备斋论语集成》第 3 函，台北艺文印书馆 1967 年版，第 7～8 页。

⑨ 高尚榘主编：《论语歧解辑录》，中华书局 2011 年版，第 132 页。

却是相同的，即管仲个人生活比较奢侈。“官事不摄”是说管仲的家臣都是专职，开支太大。包咸曰：“摄，犹兼也。礼：国君事大，官各有人；大夫并兼。今管仲家臣备职，非为俭也。”①管仲生活奢侈，有三处府宅，家臣不兼职，浪费公帑，所以孔子批评管仲不节俭。

礼制活动应注意节俭。“礼，与其奢也，宁俭。”（《论语·八佾》）郑玄曰：“言礼之本意，失于奢，不如俭也。”②林放问“礼”的根本是什么，孔子认为礼应该节俭，不应该奢华。朱熹引范式曰：“礼失之奢，丧失之易，皆不能反本，而随其末故也。礼奢而备，不若俭而不备之愈也；丧易而文，不若戚而不文之愈也。俭者物之质，戚者心之诚，故为礼之本。”③“子曰：‘奢则不孙，俭则固。与其不孙也，宁固。’”（《论语·述而》）邢昺曰：“此章戒人奢僭也。孙，顺也。固，陋也。言奢则僭上而不顺，俭则偪下而窭陋，二者俱失之。与其不顺，宁为窭陋，是奢不如俭也，以其奢则僭上，俭但不及礼耳。”④奢侈则僭越，简陋则失礼，两害相权取其轻，孔子认为宁可节俭失礼也不能奢侈犯上。“孔子以为不逊与固陋虽俱为失德，然两害相权取其轻，宁固陋而勿不逊。此点于统治者尤其重要。故孔子主张为政者生活应节俭而勿奢华，奢华而致骄，甚或威胁其政权之生死存亡。”⑤

第二节　个体与家族：法祖齐家

“万物一体”着眼于人类与自然界在根源上的一体性，相互联系，相互影响。这是从宏观上而言，如果具体到单独的个体，个体要想生存下去，实现自身价值，必然要以家族为根基。从“宗教生态学”之视角来审视，个体与家族的关系就是“法祖齐家”。“法祖齐家”的根基在于自然的血统关系以及因姻亲所产生的拟制血缘关系。血统天然而成、无法改变，拟制血缘关系一旦形成更改亦非易事，因此，作为个体必须与家族同甘共苦、休戚与共，以效法祖先、振兴家族为己任。在具体实践中，必须处理好与祖先、父母、兄弟、妻子的关系，以保持家族

① 皇侃：《论语义疏》，高尚榘校点，中华书局 2013 年版，第 74 页。

② 皇侃：《论语义疏》，高尚榘校点，中华书局 2013 年版，第 52 页。

③ 朱熹：《四书章句集注》，中华书局 2011 年版，第 62 页。

④ 《十三经注疏》整理委员会整理：《十三经注疏·论语注疏》（标点本），北京大学出版社 1999 年版，第 98～99 页。

⑤ 杨朝明主编：《论语诠解》，山东友谊出版社 2013 年版，第 132 页。

的繁衍相续。

一、基本内涵

"法祖齐家"意即效法祖先、振兴家族。根据《辞海》解释,"祖"的含义有二:(1)指宗庙、祖庙。《考工记·匠人》:"左祖右社。"(2)指父母以上的尊长。《诗·大雅·生民序》:"尊祖也。"孔颖达疏:"祖者,始也,己所从始也。自父之父以上皆得称焉。"[①]这两个含义包含三层意思:其一,从血统上来说,人的根源来自祖先。"万物本乎天,人本乎祖。"(《礼记·郊特牲》)"无先祖,恶出?"(《荀子·礼论》)祖先是个体最终来源,没有祖先也就没有自己。其二,祖先是本族群与其他族群相别的主要依据。"先祖者,类之本也。"(《荀子·礼论》)小到家族之分,大到族群之别,莫不如此。比如,中国人祖崇炎黄,以示与异域外族之别。"据旧史则唐虞夏商周秦汉皆同祖黄帝,而后世所传姓谱,大抵非太岳胤孙即高阳苗裔似吾族纯以血缘相属而成立……吾族自名曰'诸夏',以示别于夷狄,'夏'而冠以'诸'抑亦多元结合之一种暗示也。"[②]其三,祖先是祭祀的必然对象。没有祖先也就没有家族的繁衍,更没有自己。人不能忘本,所以自古以来祭祀祖先成为传统社会的基础信仰。"敬祖是在殷商就已经确立的一种传统。据统计,殷墟甲骨卜辞中关于祭祀祖先的就高达15000多条,其中关于上甲的多达1100多条,成汤的800多条,祖乙的900多条,武丁的600多条。由此可见,敬奉先公、先王是商人的头等要务。"[③]在《论语》里,"法祖齐家"的生态伦理观念主要体现在:以敬祖为核心,以孝悌为根基,处理好个体与父母、兄弟、妻子等层面的关系,保持整个家族的繁衍昌盛,从而实现个人的人生价值。

二、缅怀先祖,报本反始

"缅怀先祖,报本反始",意指通过祭祀等活动,采取多种方式,祭奠祖先,目的在于缅怀逝者,彰显祖先功业和精神,教育生者不忘根本,增强家族的凝聚力,激励后人为家族尽力,光宗耀祖,实现自身价值。在《论语》里,对祖先的祭祀往往与去世的父母相联系,"祭"与"丧"并用。

---

① 辞海编辑委员会编纂:《辞海》(第六版缩印本),上海辞书出版社2010年版,第2567页。

② 梁启超:《政治学大家伯伦知理之学说》,《饮冰室合集·文集之十三》,中华书局1989年版,第76页。

③ 冯天瑜:《宗法文化刍议》,《中原文化研究》2013年第6期。

(一)慎重对待祭祀和丧礼

曾子曰:“慎终追远,民德归厚矣。”(《论语·学而》)孔安国曰:“慎终者,丧尽其哀。追远者,祭尽其敬。君能行此二者,民化其德,皆归于厚也。”[①]丧以哀为本,祭以敬为本,强调的是当事人的心情,做到外在形式与内心情感的有机统一。通过这种方式,就可以达到教化民众、民风归厚的目的。“谨慎地对待父母的死亡,追念远代祖先,自然会导致老百姓归于忠厚老实了。”[②]这是从执政者的角度而言。《荀子·礼论》云:“礼者,谨于治生死者也。生,人之始也;死,人之终也;终始俱善,人道毕矣。故君子敬始而慎终,终始如一,是君子之道,礼义之文也。夫厚其生而薄其死,是敬其有知而慢其无知也,是奸人之道而倍叛之心也。”从生态学的视角来审视,“慎重追远”具有两层意蕴。其一,强化归根意识,让人不忘根本,始终牢记血统传承。“追远之远有二义。一为父母去世已经久远,二为祖父母以至历代祖先,距今已远,皆须追祭以时,祭则必诚必敬。故孔注云:‘祭尽其敬。’子子孙孙,如是追远祭祀,是为不忘本。”[③]其二,强化族群意识,以示与其他族群相别。“丧礼极为重要,是远古先民氏族的共同特征。征之于世界人类学文献,俱然。现代人类学家说,当人知道埋葬死者,或给死者以某种丧葬形式(如山顶洞人撒红粉于死者身旁或身上),即人的族类自觉的开始,亦即人的文化心理的开始。动物一般就没有。这即是说,丧葬礼仪给予混沌难分的原动物性的理知、情感诸心理因素以特定的社会族类的方向和意义,以确认自己属于此族类的存在,此即人的最早的‘类’的‘自我意识’。追怀死者的丧葬礼仪,都具有此种情感兼理知的重要功能。这即是最早的社会意识、人性心理、情感行为。”[④]“所重:民、食、丧、祭。”(《论语·尧曰》)《尚书·武成》曰:“重民五教,惟食丧祭。”这是从执政者的角度,把祭祀、丧礼与百姓、食物同等看待,可见地位之重要。“子之所慎:齐、战、疾。”“子不语怪,力,乱,神。”(《论语·述而》)“齐”,同“斋”,与祭祀活动密切相关,代指祭祀。“古代祭祀之前,一定先要做一番身心的整洁工作,这一工作便叫做‘斋’或者‘斋戒’。”[⑤]朱熹曰:“怪异、勇力、悖乱之事,非理之正,固圣人所不语。鬼神,造化之迹,虽非不正,然非穷理

① 《十三经注疏》整理委员会整理:《十三经注疏·论语注疏》(标点本),北京大学出版社1999年版,第9页。

② 杨伯峻译注:《论语译注》,中华书局1980年版,第6页。

③ 李炳南:《论语讲要》,长江文艺出版社2011年版,第10页。

④ 李泽厚:《论语今读》,生活·读书·新知三联书店2008年版,第41~42页。

⑤ 杨伯峻译注:《论语译注》,中华书局1980年版,第69页。

之至，有未易明者，故亦不轻以语人也。”[①]杨伯峻与朱熹观点一致，将此章断句为：“子不语怪、力、乱、神。”有学者持有异议，认为应断句为“怪力、乱神”：“本章历来多句读为‘子不语：怪、力、乱、神’，将‘怪力乱神’分为四事，则孔子不谈鬼神之事。然而孔子谈鬼神屡见诸经籍，如《中庸》记孔子曰：‘鬼神之德其盛矣乎！视之而弗见，听之而弗闻，体物而不遗。使天下之人齐明盛服，以承祭祀，洋洋乎如在其上，如在其左右。’《礼记》、《孔子家语》皆载孔子答宰我鬼神之问。且《春秋》多记怪、力、乱、神，孔子亦有多处语‘怪’之事迹，如陈庭辨矢、季氏穿井得羊、防风骨节专车等，可见此种理解与史实不符。故应依皇侃《义疏》引李充之言，断作‘子不语：怪力、乱神’。如此句读，方合乎孔子思想实际……李充曰：‘怪力、乱神，有与于邪，无益于教，故不言也。’”[②]对此，也有学者进行了反驳：“虽有学者举出孔子曾语怪力乱神之事例，但这是古文献记述与《论语》编撰者之间所存在的差异，单就这句话而言，朱熹、杨伯峻的理解是正确的。”[③]上述说法各有道理，但综合文献资料来看，笔者比较赞同朱熹的看法。“怪，怪异也，谓妖孽之事也。力，谓多力也，若乌获举千钧之事也。乱，谓臣子弑害君父之事也。神，谓鬼神之事也。此四事言之无益于教训，故孔子语不及之也。”[④]“慎”与“不语”非常鲜明地表明了孔子的态度，即对祭祀非常谨慎，不能有任何懈怠；对待鬼神，说不清就不说，因为鬼神之事很难说清，也根本说不清。“祭如在，祭神如神在”，心诚则灵，你相信就存在，不相信就不存在，完全靠个人的感知与体悟。

首先，要情出于心，适可而止。对待祭祀和丧礼，恭敬和哀戚之情要发自内心，适可而止。“祭如在，祭神如神在。子曰：‘吾不与祭，如不祭。’”（《论语·八佾》）董仲舒《春秋繁露·祭义》云：“重祭事，如事生。故圣人于鬼神也，畏之而不敢欺也，信之而不独任，事之而不专恃。恃其公，报有德也；幸其不私，与人福也。”[⑤]事死如事生，祭奠死去的长辈与对待活着的长辈一样，都应该怀有恭敬之心。参加祭祀，就应该相信所祭祀的对象是存在的，如果没有这种想法，仅仅流于形式，还不如不祭祀。“‘既然祭，那么就承认鬼神的存在。既然自己不乐意祭，那么就不如不祭。’这样理解，上下文意颇顺，思想一致。孔子主张诚实，反

① 朱熹：《四书章句集注》，中华书局 2011 年版，第 95 页。
② 杨朝明主编：《论语诠解》，山东友谊出版社 2013 年版，第 123～124 页。
③ 高尚榘主编：《论语歧解辑录》，中华书局 2011 年版，第 374 页。
④ 皇侃：《论语义疏》，高尚榘校点，中华书局 2013 年版，第 169 页。
⑤ 苏舆：《春秋繁露义证》，钟哲点校，中华书局 1992 年版，第 442 页。

对虚伪。”[①]“祭思敬，丧思哀。”(《论语·子张》)祭突出敬，丧突出哀，旨在强调祭祀和丧事都应情出于心，恭敬待鬼神，哀戚待逝者。当然，恭敬也好，哀戚也罢，都要有一定限度，不能走过头。“敬鬼神而远之。”(《论语·雍也》)朱熹引程子曰：“人多信鬼神，惑也。而不信者，又不能敬。能敬能远，可谓知矣。先难，克己也。以所难为先，而不计所获，仁也。”[②]对此，日本学者中井积德提出质疑：“敬而远之，非明知鬼神之理而弗惑也，但以为难知，而姑舍之耳，乃不敢不敬，亦不至于惑渎也耳。非谓能知鬼神之理而后敬远之。程说以为明知后之敬远，大失文意。”[③]李泽厚认为，“这种对鬼神不肯定、不否定，甚至不去询问、怀疑和思考的态度，是中国的典型智慧。因为任何寻求、怀疑和思考，都需要运用理性思辨，而用思辨理性是很难证实或证伪上帝鬼神的存在的。既然如此，又何必盲目信从上帝鬼神或者依据科学而力加排斥?”[④]这种说法比较公允。因为科学与宗教是理性与非理性的对立，两者并行不悖。以一方批驳另一方是不理性的，也是不客观的，而且很难说清楚。“丧，致乎哀而止。”(《论语·子张》)“言人有父母之丧，当致极哀戚，不得过毁以至灭性，灭性则非孝。”[⑤]一个“远”字，一个“止”字，非常传神地体现了中国人的中庸处事方法和理性精神。“远”鬼神，意味着在鬼神面前不迷失，保持个体的独立性，有自己的思考空间，不是完全皈依于鬼神。亲人去世，谁能不悲？但斯人已去，活着的人仍然要活在当下，面对未来，哀而“止”，就是提醒生者要适可而止，既要表达对逝者的悼念和悲痛之情，又不能悲痛过度，否则，就会影响自身健康，也不是孝的应有之义。其次，行为方式要慎重。对待祭祀和丧事，个体的外在表现要按照礼制行事。“子食于有丧者之侧，未尝饱也。”(《论语·述而》)“此章言孔子助丧家执事时，故得有食。饥而废事，非礼也。饱而忘哀，亦非礼。故食而不饱，以丧者哀戚，若饱食于其侧，是无恻怆隐痛之心也。”[⑥]朱熹曰：“临丧哀，不能甘也。”[⑦]丧家失去亲人，本

---

① 高尚榘主编：《论语歧解辑录》，中华书局2011年版，第110页。

② 朱熹：《四书章句集注》，中华书局2011年版，第87页。

③ [日]中井积德：《论语逢源》，严灵峰编：《无求备斋论语集成》第27函，台北艺文印书馆1967年版，第62页。

④ 李泽厚：《论语今读》，生活·读书·新知三联书店2008年版，第193页。

⑤ 《十三经注疏》整理委员会整理：《十三经注疏·论语注疏》(标点本)，北京大学出版社1999年版，第259页。

⑥ 《十三经注疏》整理委员会整理：《十三经注疏·论语注疏》(标点本)，北京大学出版社1999年版，第87页。

⑦ 朱熹：《四书章句集注》，中华书局2011年版，第92页。

身就非常悲痛，“恻隐之心人皆有之”，帮助处理丧事的人应该感同身受、怀有同情之心。丧家食不甘味、寝不安席，帮忙的人又怎能够吃饱喝足呢？吃饱是否失礼姑且不论，关键是缺乏同情心，亦即无“恻怆隐痛之心”。“见齐衰者，虽狎，必变。”“凶服者式之。”（《论语·乡党》）“齐衰者，穿丧服的人。齐衰，丧服五服制的第二种。”[①]孔安国曰：“凶服者，送死之衣物。”[②]看到穿丧服的人以及给死者送衣物的人，孔子的态度都会发生变化，慎重对待，表示同情。“孔子看见穿齐衰孝服的人，就是极亲密的，也一定改变态度……在车中遇着拿了送死人衣物的人，便把身体微微地向前一俯，手伏着车前的横木，[表示同情。]”[③]最后，不做谄媚之祭。“非其鬼而祭之，谄也。”（《论语·为政》）郑玄曰：“人神曰鬼。非其祖考而祭之者，是谄求福。”[④]祭祀之目的是缅怀祖先，以报先祖之恩，按照血统传承祭祀是应有之义。如果祭祀他人的祖先，与自己本身没有任何血统关系，显然带有很强的功利性。之所以这样做，无非有两种企图：祈求其他的人鬼给自己带来福报，或者有求于人，做给活着的人看，以求得到眷顾。这就从根本上失去了祭祀的意义，沦为贿赂的一种手段。“说明按原始礼制，只祭本氏族的祖先和成员。它的源起并非功利，是无条件的敬畏崇拜和情感依托。祭祀别的鬼神大有求恩宠、祈福禄、避灾祸等功利目的。”[⑤]

（二）恭敬对待祭祀所用之物

“君赐腥，必熟而荐之。”（《论语·乡党》）朱熹注曰：“腥，生肉。熟而荐之祖考，荣君赐也。”[⑥]君主所赐生肉，一定要先煮熟然后再祭祀祖先，表示对祖先的尊崇与纪念。“朋友之馈，虽车马，非祭肉，不拜。”（《论语·乡党》）朱熹注曰：“朋友有通财之义，故虽车马之重不拜，祭肉则拜者，敬其祖考，同于己亲也。”[⑦]朋友之间相互赠送礼品，只有祭肉才拜，以示尊重，因为祭肉与祖先相关，必须慎重对待。“祭肉涉及祖先，礼重，故拜。”[⑧]“虽疏食菜羹，瓜祭，必齐如也。”（《论

---

① 高尚榘主编：《论语歧解辑录》，中华书局 2011 年版，第 569 页。

② 皇侃：《论语义疏》，高尚榘校点，中华书局 2013 年版，第 259 页。

③ 杨伯峻译注：《论语译注》，中华书局 1980 年版，第 107 页。

④ 《十三经注疏》整理委员会整理：《十三经注疏·论语注疏》（标点本），北京大学出版社 1999 年版，第 26 页。

⑤ 李泽厚：《论语今读》，生活·读书·新知三联书店 2008 年版，第 84 页。

⑥ 朱熹：《四书章句集注》，中华书局 2011 年版，第 115 页。

⑦ 朱熹：《四书章句集注》，中华书局 2011 年版，第 116 页。

⑧ 李泽厚：《论语今读》，生活·读书·新知三联书店 2008 年版，第 310 页。

语·乡党》)孔安国曰:“齐,严敬之貌也。三物虽薄,祭之必敬也。”[1]疏食、菜羹、时令瓜果,虽不贵重,但只要是用于祭祀祖先的,就必须态度恭敬、庄重,以示不忘祖先,不忘根本。“瓜熟祭祖,示不忘本。《礼·玉藻》:‘瓜祭上环。’《疏》:‘瓜祭上环者,食瓜亦祭先也。’”[2]

三、孝悌为本,凝聚血统

“祭”“丧”关乎祖先以及死去的人,“孝”“悌”则关乎活着的人,即父母与兄弟(当然也包含姐妹)。没有祖先,家族无所来;没有父母,自己无所生;没有兄弟,自己无所帮。父母、兄弟有天生的血统关系,在现实生活中如何巩固这种血统关系,凝聚家族成员,让血统更为浓厚,是非常重要的。传统社会是父系社会,以父亲、兄弟等男性家族成员为核心。因此,如何处理与父亲、兄长的关系,成为“法祖齐家”的重点。《论语》明确指出,对父亲要孝,对兄长要悌。当然,孝不能只是孝顺父亲,也包括母亲。

(一)尊崇孝悌的缘由:孝悌是仁心之端

“善事父母曰孝,善事兄曰悌。”为什么要这样做呢?因为孝悌是仁心之端。“有子曰:‘其为人也孝弟,而好犯上者,鲜矣;不好犯上,而好作乱者,未之有也。君子务本,本立而道生。孝弟也者,其为仁之本与!’”(《论语·学而》)有子认为,孝悌是仁心的发端。由孝悌开出仁心,有仁心的人很少冒犯上级,更不会组织或参与动乱、危害国家。这包括两个层面的含义:其一,孝悌可以巩固血统,繁荣家族。父母是自己生命的来源,兄弟与自己血脉相通,都是自己在这个世界上最亲的人,也是最终的依靠。孝顺父母、善事兄长,既是个体的应然行为,也是血统延续的必然要求。因为先人之行,后人当然效仿。“孝”“悌”传承,方能保证整个家族血统的繁衍相继。“仁:一种很高的道德规范,具有丰富的内涵,诸如爱人、忠恕、克己复礼、谨言、慎行等。由本章可知,孝弟是维系以血缘为纽带的父系家长制嫡长子继承的封建宗法关系的基本品德。孝弟既为‘仁’之根本,反映了‘仁’用来调和、维护封建宗法等级关系的本质特征。”[3]其二,孝悌可以维护政权稳定。有仁心的人一般不会犯上,更不会作乱。这从根本上有利于国家政权的稳定。“按孝所以事父母,悌所以事兄长;此种讲求孝悌的人,

---

① 皇侃:《论语义疏》,高尚榘校点,中华书局2013年版,第251页。

② 高尚榘主编:《论语歧解辑录》,中华书局2011年版,第555页。

③ 孙钦善:《论语本解》,生活·读书·新知三联书店2013年版,第2页。

必有恭顺的品德。它是爱敬父母、兄长的根本。而以'仁'为内核的'道'便从此定立。读者必须进一步领会孔子把孝悌作为人之根本的终极目的，在维护国家的统治秩序。因为家与国本末相关。用孟子的话说：'国之本在家。'(《孟子·离娄》)'治国'要由'齐家'做起(《礼记·大学》)，务必'家齐而后国治'(同上)。则齐家就要以孝悌对待父母、兄长，做到父父、子子、兄兄、弟弟，这就是齐家的'正名'，不致发生'犯上作乱'的祸患。"[①]其三，孝悌是士必备的素质。"子贡问曰：'何如斯可谓之士矣？'子曰：'行己有耻，使于四方，不辱君命，可谓士矣。'曰：'敢问其次。'曰：'宗族称孝焉，乡党称弟焉。'"(《论语·子路》)子贡向孔子请教怎样做才符合士的标准，孔子认为士的第一个层次是"行己有耻，使于四方，不辱君命"，第二个层次则是"宗族称孝焉，乡党称弟焉"，即在宗族里面能够孝顺父母，在乡党面前能够尊重长者。孝悌列于不辱君命之后，可见其地位之重要。

(二)孝悌的实践路径：以孝为主

"孝""悌"虽然并说，但在实践过程中应以孝为主，因为孝是对父母。父母是自己的生命之源，先有父母，后有兄弟，孝顺父母，理应为先。如何做到孝呢？《论语》里提出了以下几点。

要遵循和继承父之道。"父在，观其志；父没，观其行；三年无改于父之道，可谓孝矣。"(《论语·学而》)子曰："三年无改于父之道，可谓孝矣。"(《论语·里仁》)多数学者认为，这两章重复，应是编撰者疏漏之处。《经典释文》曰："此篇与学而篇同，当为重出。"[②]此种说法值得商榷。笔者认为，这两章虽然是重复，但并不是疏漏，而是有意为之，因为《论语》整部著作的编撰并不是随意而为，尤其是前四篇更是为编撰者深思熟虑，按照"学—政—礼—仁"的逻辑顺序编排，本章所属篇之不同，其意蕴指向应有所不同。在《论语·学而》提到此章，目的是告诫初学者要学习孝，做到三年无改父之道，将此作为学习的重要内容；在《论语·里仁》提到此章，旨在说明"三年无改父之道"是仁之体现，否则就不能说是"仁"。这两篇都提到此章，可见此章的重要性。孔安国曰："父在，子不得自专，故观其志而已也。父没，乃观其行也。孝子在丧哀慕，犹若父在，无所改于父之道也。"[③]"曾子曰：'吾闻诸夫子：孟庄子之孝也，其他可能也；其不改父之

① 吴林伯：《论语发微》，文化艺术出版社1989年版，第4页。

② 刘宝楠：《论语正义》，高流水点校，中华书局1990年版，第157页。

③ 皇侃：《论语义疏》，高尚榘校点，中华书局2013年版，第16～17页。

臣与父之政，是难能也。’”（《论语·子张》）曾子赞成孟庄子不改父道，又指出其他人很难做到。在当时社会，父亲作为一家之主，对家庭的生存与发展起着非常重要的作用。作为儿子，父亲活着的时候要有志向。志向是什么呢？孔子没有言明。但从此句来推测，应该是以父亲为榜样，学习父亲的志向。假如其志与其父的志向背道而驰的话，那也就谈不上“三年无改父之道”了。父亲去世了，作为儿子，要子承父业，按照其父之道处理家族事宜。“他父亲死了，要考察他的行为；若是他对他父亲的合理部分，长期地不加改变，可以说做到孝了。”①对父之道，杨伯峻强调的是合理部分，但具体到每个家族，就会存在争议。因为“合理”是相对的，在此方是“合理”的，在彼方并不见得“合理”。尤其在当时社会，民族不同，风俗各异，“合理”也会因族群、地域有所差别。即便是现代社会，也有“百里不同俗”的说法。父亲去世，儿子按照父亲的志向和做法管理家族在当时是主流。至于这个“道”是否是正道，是否“合理”，只能仁者见仁、智者见智。“所谓‘不改’，是承继父业，不轻易改动，这是氏族传统的要求；即使改作，也得慢慢来，所以要‘三年’即多年之后才动……保持本氏族的生存经验的重要性，才是‘三年无改于父之道’这一传统的真正原因，这才是关键所在。”②虽然李泽厚指的是氏族社会，但实际上，整个传统社会基本秉承了这一传统。具体到家族层面上，道是符合家族生存与发展并且得到整个族群普遍认可的价值或规则。“无改父之道”的本质在于维护这种价值或规则，以确保家族的繁衍相续。

要把孝内化于心、外化于行。孝顺父母，不仅是物质生活上的满足，而且要发自内心地尊重父母。第一，要情出于心。“子曰：‘今之孝者，是谓能养。至于犬马，皆能有养；不敬，何以别乎？’子夏问孝。子曰：‘色难。有事，弟子服其劳；有酒食，先生馔，曾是以为孝乎？’”（《论语·为政》）对父母的孝顺、对长者的尊敬，要发自内心，不能仅仅停留在衣食住行等外在方面。“孟子曰：‘食而弗爱，豕交之也。爱而弗敬，兽畜之也。’”（《孟子·尽心上》）对父母，如果不情出于心，不发自内心去尊重，仅仅满足物质上的需要，这与养牲畜没有什么区别。《礼记·坊记》云：“子云：‘小人皆能养其亲，君子不敬，何以辨？’”《礼记·祭义》曰：“孝子之有深爱者必有和气，有和气者必有愉色，有愉色者必有婉容。”“圣人所谓色难者，惟体之而后知，为不易也。服劳奉养固非爱亲者不能然，愉色婉容则尤其爱之深者。服劳奉养或可以勉而为之，愉色婉容则无所不顺，而心与父

① 杨伯峻译注：《论语译注》，中华书局1980年版，第7页。

② 李泽厚：《论语今读》，生活·读书·新知三联书店2008年版，第44页。

母为一矣。岂得不谓之难哉！”[①]“敬”“色难”是指对待父母要有恭敬之心，要和颜悦色，让父母心情舒服。否则，仅仅在物质上供养父母，那就不是真正的孝，也不是君子的行为。第二，要遵守礼制。“孟懿子问孝，子曰：‘无违。’樊迟御，子告之曰：‘孟孙问孝于我，我对曰，无违。’樊迟曰：‘何谓也？’子曰：‘生，事之以礼；死，葬之以礼，祭之以礼。’”（《论语·为政》）邢昺曰：“言行孝之道，无得违礼也。”[②]孝顺父母要遵循礼制，活着的时候按照礼制供养，父母去世了，要按照礼制埋葬并祭奠。如果不遵守礼制，在孔子看来也不是真正的孝。再次，不要让父母为自己担心。“孟武伯问孝。子曰：‘父母唯其疾之忧。’”（《论语·为政》）此章有两种解释：一种是“子忧父母”。《礼记·曲礼》云：“父母有疾，冠者不栉，行不翔，言不惰，琴瑟不御，食肉不知变味，饮酒不至变貌，笑不至矧，疾止复故。”“人子能使父母不以其陷于不义为忧，而独以其疾为忧，乃可谓孝。”[③]另一种解释则与此相反，指“父母忧子”。方骥龄认为：“故父母唯其疾之忧，疾非疾病，即孟子所谓惰其四支、博弈、好饮酒、好财货、私妻子、从耳目子欲、好勇斗狠……皆父母所疾。”[④]对此，李泽厚持相同的看法：“是指子女非常关心和担忧父母生病呢？还是指子女只使父母关心自己的疾病而不担心别的事，即对别的方面都非常放心呢？后一解更深一层。孟武子谥‘武’，可能一向勇敢，父母老怕他因此而惹事生非，遭难遇祸，所以孔子就这样回答他！”[⑤]笔者认为此种看法更符合原意。因为《论语》里孔子所说的话，多数有感而发，针对性比较强。此章为孟武伯问孝，应是针对孟武伯而言。“子曰：‘父母在，不远游，游必有方。’”（《论语·里仁》）父母健在，子女不应远游，主要因为过去交通不方便，如果出远门，短者数月、半年，长者三年五载，其间如果父母发生意外，子女则不能及时回来处理；再则，长期在外，子女不能嘘寒问暖，也是一种不孝。如果非要远游不可，也要告诉大致方位，以便父母有事，能够派人及时找到。“有须远游，则必有一定的地方。而近游之须有方位，亦可推知。既有方位，父母有事，召之必知处。此章亦言孝道。古时交通不便，音讯难达。若父母急切有故，召之不得，将

---

① 金履祥：《论语集注考证》卷一，严灵峰编：《无求备斋论语集成》第16函，台北艺文印书馆1967年版，第11页。

② 《十三经注疏》整理委员会整理：《十三经注疏·论语注疏》（标点本），北京大学出版社1999年版，第16页。

③ 朱熹：《四书章句集注》，中华书局2011年版，第57页。

④ 方骥龄：《论语新诠》，台湾中华书局1977年，第28页。

⑤ 李泽厚：《论语今读》，生活·读书·新知三联书店2008年版，第62页。

遗父母终天之恨。孝子顾虑及此，故不远游。”[①]第三，要尊重父母意见。“子曰：‘事父母几谏，见志不从，又敬不违，劳而不怨。’”（《论语·里仁》）《礼记·曲礼》：“三谏而不听，则号泣而随之。”包咸曰：“几者，微也。当微谏，纳善言于父母。见志，见父母志有不从己谏之色，则又当恭敬，不敢违父母意而遂己之谏。”[②]不同意父母的做法，要及时提出意见。多次提出之后父母不采纳，就要遵从父母的意见，不能违背。这样做，与“三年不改父之道”异曲同工。从家族生存与繁衍来说，无论是人生阅历还是生存经验，父母都要比子女丰富。从长远来看，顺从父母的意见有利于家族的发展。第四，替父母隐瞒过错。不仅要顺从父母意见，而且在父母犯错或违法之后，还要为父母隐瞒。“叶公语孔子曰：‘吾党有直躬者，其父攘羊，而子证之。’孔子曰：‘吾党之直者异于是：父为子隐，子为父隐，直在其中矣。’”（《论语·子路》）父亲偷羊，儿子告发，叶公赞成，孔子却并不同意，而是提出父子相互隐瞒过错才是真正的“直”。这样做体现的是人之常情。“隐恶而扬善，亦人道之直。何况父为子隐，子为父隐，此乃人情，而理即寓焉，不求直而直在其中。”[③]孔子赞成亲亲相隐，主要是出于血统亲情，这样做有利于整个家族的稳定。“中国传统法律允许家人一定程度内的隐瞒。从社会学说，这是重视家庭作为社会基础的巩固；从心理学说，这是重培植情感于其他。因此所谓‘直’、‘正直’在这里就并不是法律是非、社会正义的含义，凸显了社会性公德与宗教性私德的差异及其冲突。”[④]第五，要时刻关注父母的身体健康。“子曰：‘父母之年，不可不知也。一则以喜，一则以惧。’”（《论语·里仁》）孔安国曰：“见其寿考则喜，见其衰老则惧也。”[⑤]朱熹注曰：“知，犹记忆也。常知父母之年，则既喜其寿，又惧其衰，而于爱日之诚，自有不能已者。”[⑥]牢记父母的年龄，随着岁月的增长，父母渐渐老去，看到父母康健心里自然高兴，但又想到父母年岁增大，心里不免又多了几分担忧。这是孝子应该做到的，也是人之常情。

---

① 钱穆：《论语新解》，生活·读书·新知三联书店 2002 年版，第 103 页。

② 《十三经注疏》整理委员会整理：《十三经注疏·论语注疏》（标点本），北京大学出版社 1999 年版，第 52 页。

③ 钱穆：《论语新解》，生活·读书·新知三联书店 2002 年版，第 341 页。

④ 李泽厚：《论语今读》，生活·读书·新知三联书店 2008 年版，第 392 页。

⑤ 皇侃：《论语义疏》，高尚榘校点，中华书局 2013 年版，第 94 页。

⑥ 朱熹：《四书章句集注》，中华书局 2011 年版，第 72 页。

四、重在品德,巩固姻亲

在家族里,姻亲与血统密切相连,而姻亲关系的核心是夫妇关系。在传统社会,男主外、女主内,妻子承担着相夫教子的重要职责,是家庭里非常重要的角色。对男子而言,选择妻子不仅是个人的事情,而且事关家庭乃至整个家族的长远发展,必须慎重对待。如何选择妻子呢?《论语·学而》提出了标准:“贤贤易色。”对此句解释,多有争议。皇侃曰:“凡人之情,莫不好色而不好贤,今若有人能改易好色之心以好于贤,则此人便是贤于贤者,故云‘贤贤易色’也。”①此种说法较为普遍,但也有质疑。杨伯峻把“贤贤易色”译为:“对妻子,重品德,不重容貌。”他说:“事父母、事君、交朋友,各指一定的人事关系,那么,‘贤贤易色’也应该是指某一种人事关系而言,不能是一般的泛指。奴隶社会和封建社会把夫妻关系看得极重,认为是‘人伦之始’和‘王化之基’,这里开始便谈到它,是不足为奇的。”②“夫妇为人伦之始,故此文叙于事父母、事君之前。”③也有学者提出了新的观点,认为“贤贤易色”是“尊尚贤人,改易颜色”④。对男子而言,妻子的品德对家庭的影响至关重要,人品更胜于容貌。本篇突出“学”,应该将如何处理夫妻关系作为主要内容。因此,笔者认为杨伯峻的看法更有道理。“贤贤易色”可理解为:对待妻子,应该从最初的品德与容貌并重逐步改变为重视品德、看轻容貌。

另外,从个体角度来审视,家族成员也是个人最终的依靠。“因不失其亲,亦可宗也。”(《论语·学而》)杨伯峻把“亲”解释为“关系深的人”⑤,意义并不明确,既可以理解为血缘或姻亲层面上的亲人,也可以理解为与自己关系非常密切的其他人。笔者认为,此处的“亲”应是“血亲”“姻亲”之意。儒家认为爱有等差之分、亲疏之别,当个体遇到困难,最先想到求助的应该是自己的亲人。此章所强调的就是个体要学会与家族其他人员相处,把家族作为自己立足和发展的根基。

总之,“缅怀先祖,报本反始”是对待逝者,“孝悌”“品德”是对待生者,这根源于自然的血统关系以及衍生的拟制血缘关系,目的在于巩固家族,保持家族的生息繁衍。

---

① 皇侃:《论语义疏》,高尚榘校点,中华书局2013年版,第12页。
② 杨伯峻译注:《论语译注》,中华书局1980年版,第5~6页。
③ 刘宝楠:《论语正义》,高流水点校,中华书局1990年版,第20页。
④ 牛鹏涛:《简帛〈五行〉与〈论语〉“贤贤易色”新释》,《孔子研究》2013年第5期。
⑤ 杨伯峻译注:《论语译注》,中华书局1980年版,第8页。

第三节　个体与社会:和合共生

作为单独的个人,除了以家族为依托、处理好与家族成员的关系之外,作为社会的一个分子,还要处理好与其他人的关系。这关系到个人能否在社会上立足以及在事业上能否发展。人与动物最大的区别就在于人具有群体性,这种群体性与生物性的、毫无章法的动物群居不同,而是具有一定的社会规范和社会秩序。《荀子·王制》云:“力不若牛,走不若马,而牛马为用,何也? 曰:人能群,彼不能群也。”“群”就是人的社会性。“人的本质不是单个人所固有的抽象物,在其现实性上,它是一切社会关系的总和。”[①]人不仅是自然人、家庭中的人,更是社会人,个人离不开社会。因此,学会与社会上其他人打交道、处理好相互之间的关系,是个人立足社会的根基。在传统社会,除了官员之外,社会上主要有四大职业:士、农、工、商。《春秋穀梁传·成公元年》云:“古者有四民:有士民、有商民、有农民、有工民。”士是一个比较特殊的阶层,处于管理阶层与被管理阶层的中间地带,进可以居官,进入管理阶层,退可以教民,属于被管理阶层,但并非社会底层。《论语》里,对士的要求是提倡做君子。君子主要有两种含义:道德修养高尚的人或位居高位的人,有时单指,有时兼而有之。“《论语》的‘君子’,有时指‘有德者’,有时指‘有位者’。”[②]《论语》通过对君子的要求,阐述了君臣、朋友之间的相处之道。从宗教生态学之视角来审视,个体与社会的生态理念就是“和合共生”。“和合共生”的主旨就是尊重、平等、包容、关爱,相互促进,共同发展。“和合共生”在《论语》中的体现主要在两个方面:个人与君臣、个人与朋友。君臣、朋友是传统社会“五伦”的主要内容。君臣关系实质是上下级关系,是纵向的;朋友关系是志同道合之士之间的平等关系,是横向的。“嘤其鸣矣,求其友声。相彼鸟矣,犹求友声。矧伊人矣,不求友生。”(《诗经·小雅·伐木》)这两者都是个人立足社会、成就事业非常重要的关系。“自从士阶层出现并日益活跃以后,人才的流动在春秋战国时达到高潮。这些士人为求名利和实现自身价值,常常远离本土,远离父母兄弟,在没有血缘关系的人群中寻找知音、知心或互利互帮的人。于是朋友成了一种重要的人伦关系,也逐渐形成了

① 马克思:《关于费尔巴哈的提纲》,《马克思恩格斯选集》第 1 卷,人民出版社 2012 年版,第 135 页。
② 杨伯峻译注:《论语译注》,中华书局 1980 年版,第 2 页。

处理朋友关系的道德原则。”[1]在处理这两者的关系上，《论语》提出了“尊重、平等、包容、关爱”的生态理念。

一、尊重

尊重是君臣、朋友交往的前提，君臣关系包含着上下级关系。在《论语》里，尊重的基本含义有三：“敬”“忠”“信”。这三者的侧重点不同，“敬”偏重于态度，在于发自内心地尊重对方；“忠”和“信”偏重于行为。不过，“忠”更着眼于“义”，按照道义行事；“信”着眼于“诚”，按照双方约定去行事，有契约精神。

（一）敬

敬是一种比较谨慎的态度，是发自内心地尊重对方。《周易·文言传》云：“君子敬以直内，义以方外，敬义立而德不孤。”“恭敬谨慎的态度”是正直的准则，二程对此注释曰：“不敢欺，不敢慢，尚不愧于屋漏。”[2]对于上级，不能欺骗，不能怠慢，这是君子应当做到的，也是职责所在。“子谓子产，‘有君子之道四焉：其行己也恭，其事上也敬，其养民也惠，其使民也义。’”（《论语·公冶长》）朱熹注曰：“敬，谨恪也。”[3]谨慎行事，恪守职责，这是下级对上级所应遵守的规则。“这里的‘君子’当然是指官员，‘君子之道’是指为官之道，即官员应有的道德。”[4]“直”“谨”“恪”等都旨在说明敬的一种态度，即恭敬、谨慎、诚实，遵守规矩。敬落实到具体行为上，就是要按照礼制来行事，尤其是君臣之间更是如此。

首先，严格遵守礼制。“事君尽礼，人以为谄也。”（《论语·八佾》）皇侃曰：“当于今时臣，皆佞谄阿党，若见有能尽礼竭忠于君者，因共翻谓为谄，故孔子明言以疾当时也。”[5]臣下侍奉君主，应依礼行事。礼是一种制度，属于实践层面。《礼记·曲礼》云：“道德仁义，非礼不成；教训正俗，非礼不备；分争辨讼，非礼不决；君臣、上下、父子、兄弟，非礼不定……是故圣人作，为礼以教人，使人以有礼，知自别于禽兽。”礼的实质在于规范秩序，通过秩序来约束规范人的行为，确保人人各守其分，社会正常运行。“有礼教以磨练意志，规范行为。”[6]春秋战国

---

① 王磊：《先秦时期的交友之道》，《伦理学研究》2009 年第 5 期。

② 程颢、程颐：《二程集》，王孝鱼点校，中华书局 1981 年版，第 169 页。

③ 朱熹：《四书章句集注》，中华书局 2011 年版，第 78 页。

④ 赵友春：《我读〈论语〉》，岳麓出版社 2005 年版，第 213 页。

⑤ 皇侃：《论语义疏》，高尚榘校点，中华书局 2013 年版，第 69 页。

⑥ 贺麟：《文化与人生》，商务印书馆 1988 年版，第 8 页。

时期，“礼崩乐坏”，人们对上古礼制的遵守并不严格，君臣之间更是如此。大臣掌控权力可以绑架君主，“陪臣执国命”的现象并不稀奇。在这种情况下，孔子提倡古礼并照此而行，被时人误解亦在情理之中。“时移世变，春秋时代人们已不像传统那么尊敬国君了。于是按礼制行事，像《乡党篇》描述孔子的那些姿态言行，包括国君有命召见，就立即动身；因国君在场，便有那种种恭敬、惶恐的姿态，人们当然看不惯，便认为是‘谄媚’了。孔子这里似乎是在为自己辩解，其实人们看不惯也有道理。孔子固守旧礼、不知时变的方面，是并不足效法的。”[①]李泽厚的“孔子固守旧礼、不知时变的方面，是并不足效法的”之说有待商榷。笔者认为，孔子“固守旧礼”并不是“不知时变”。他这样做，表面上来看是尽自己的本分，“本章是孔子结合自身的实际经历或遭遇，来讲‘事君之礼’的。孔子所说的‘尽礼’，并不是要人们多遵守一些额外的礼仪，而是说只要能够尽自己本分、遵守好现有的礼制就可以了。由于当时世风日下，礼乐衰微，就连孔子这点最基本的要求，都被误解或讽刺为是一种‘谄媚’的表现”[②]，实质上，则是通过自己的行为唤醒人们遵守礼制的意识，从而达到稳定社会秩序之目的。“西方文化以‘自由’为首出的模式有其优点，儒家礼的模式以‘秩序’为首出的模式，则可限制人对自由的放任，因为无限制的自由适足以破坏社会。礼的本义和功能是对人之放任的约束，构成上下的级差秩序和左右的彬彬有礼。”[③]臣下对君上要按“礼”行事，君上对臣下也应如此。“君使臣以礼。”(《论语・八佾》)“孔子认为臣事君，要有忠有敬；君使臣，要有礼有敬。此处‘敬’为相互对待之道。就此而言，君臣之间并无绝对的尊卑或义务。”[④]君主使用臣子，上级使用属下，都应按礼而行，遵循一定的制度，言语、行为都要符合要求，给予臣子、属下相应的尊重，才能赢得臣属的拥护。过去社会如此，现代社会亦如此。如果对待下属没有原则和底线，或亲如兄弟，不分彼此；或轻视慢待，时刻提防，那么，这两种关系都长不了，最终的结果多是祸起萧墙、分道扬镳。

其次，各守其分，不要越轨而行。“齐景公问政于孔子。孔子对曰：‘君君，臣臣，父父，子子。’公曰：‘善哉！信如君不君，臣不臣，父不父，子不子，虽有粟，吾得而食诸？’”(《论语・颜渊》)朱熹注曰：“此人道之大经，政事之根本也。”[⑤]因

---

① 李泽厚：《论语今读》，生活・读书・新知三联书店2008年版，第106页。

② 王孺童：《孺童讲论语》，花山文艺出版社2007年版，第189页。

③ 陈来：《儒家“礼”的观念与现代世界》，《孔子研究》2001年第1期。

④ 杨豹：《孔子与柏拉图人际关系的比较》，《孔子研究》2009年第6期。

⑤ 朱熹：《四书章句集注》，中华书局2011年版，第129页。

职责不同,人人各守其道,是社会秩序使然,也是人类作为群体生存和发展的基础。"这是视为经典的著名篇章。以前常被用来维护传统伦常。今日意义则在其抽象性,即强调社会群体必须有结构秩序,人毕竟生活在群体中,任何个体均以这种群体秩序为生存前提和条件。原子式的个体'绝对自由',永远是幻想。因之,除了精神自由,以及不完全束缚在狭窄的家庭伦常、国家政治、民族义务、行政管理之外,一定的规范、辨别、区分的结构秩序,始终是人类和个体所必需的,只有这样,大家才可能有饭吃,而不是混战一团……人类以使用、制造工具为基础,有一定分工协作的社会结构和组织,是人(族类和个体)赖以生存、延续的原因。儒家的'礼义'即由此出:将社会历史转化为理论意识。《论语》及整个儒家多着重谈'父父''子子',即父亲对子女的抚爱和子女对父母的'孝敬',即人类社会的秩序,这亦即是'正名'。'名'之如此重要,因为它们即是礼制的现实载体。'名'在这里是规范,是义务,是行动,是活动。孔子之正名,即'君君臣臣父父子子'也。"[①]李泽厚认为这也是孔子"正名"思想之体现。"正名"也是"敬"的重要内容。君主要依照君道,臣子要遵守臣道,父亲要遵照父道,子女要严守孝道,各守其分,才能保证整个社会运行有序。这也是最大的敬。如果不安其分,不守规矩,敬又从何谈起呢!

(二)忠

"夫子之道,忠恕而已矣。"(《论语·里仁》)朱熹注曰:"尽己之谓忠。"[②]所谓"尽己",就是要做到职责或道义要求自己做的事。在处理君臣、朋友的关系上,"忠"立足点在于"义",强调的是自身而不是对方,即对待君上是否尽职尽责,对待朋友是否尽力,是否做到了自己应该做的。

首先,对待君上要尽职尽责。"臣事君以忠。"(《论语·八佾》)"事君,能致其身。"(《论语·学而》)朱熹曰:"致,犹委也。委致其身,谓不有其身也。"[③]对此,有两种观点:"服事君上,能豁出生命"[④];"事君上能奉身尽职"[⑤]。笔者认为把这两种观点综合起来比较妥当。作为臣属,在其位谋其政,平时工作尽职尽责;在国家危难、社稷存亡之时,能够舍生取义、献出生命。

---

① 李泽厚:《论语今读》,生活·读书·新知三联书店 2008 年版,第 358 页。

② 朱熹:《四书章句集注》,中华书局 2011 年版,第 71 页。

③ 朱熹:《四书章句集注》,中华书局 2011 年版,第 51~52 页。

④ 杨伯峻译注:《论语译注》,中华书局 1980 年版,第 5 页。

⑤ 钱穆:《论语新解》,生活·读书·新知三联书店 2002 年版,第 11~12 页。

其次,对待朋友要尽力而为。“为人谋而不忠乎?”(《论语·学而》)“樊迟问仁,子曰:‘居处恭,执事敬,与人忠。虽之夷狄,不可弃也。’”(《论语·子路》)“为人谋”“与人忠”当然包括朋友在内。“己心之尽不尽,惟反己省察始知。”[①]为朋友出谋划策,要尽心而为,不可敷衍了事。“子曰:‘爱之,能勿劳乎?忠焉,能勿诲乎?’”(《论语·宪问》)朱熹引苏氏曰:“爱而勿劳,禽犊之爱也;忠而勿诲,妇寺之忠也。爱而知劳之,则其为爱也深矣;忠而知诲之,则其为忠也大矣。”[②]朱熹没有指出“忠”到底是指处理何种关系,对君上“忠能勿诲”还是对朋友“忠能勿诲”。李泽厚则认为可以做多种理解。他说:“这里既可作政治学的解说,也可以作教育学的解说;既可以是政府对老百姓的政策,也可以是家长、老师对儿女学生的方针。在远古,这二者是统一的。首领对氏族成员就是大家长对待儿女,所以君父、君师合一。”[③]这种说法有一定道理。也有学者认为这是指朋友之间的相处。“诲,这里应读谋,不是教诲之义,而是谋虑之义,替人着想,替人出主意。战国文字,谋字的写法,最常见,是从心从母,相当悔(如中山王鼎和郭店楚简)。《说文·言部》,谋字的古文写法,也是从口从母,或从言从母,相当诲。”[④]简言之,与朋友交往要站在对方的角度尽自己之责任,这也是忠的体现。

(三)信

信着眼于“诚”,即诚实无欺,按照双方约定去行事,有一种契约精神。“与朋友交而不信乎?”“与朋友交,言而有信。”(《论语·学而》)“同朋友交往,说话诚实守信。”[⑤]如果不讲诚信,没有信用,那么这种人从长远来看就很难在社会上立足,即便立足也很难长久。“人而无信,不知其可也。大车无輗,小车无軏,其何以行之哉?”(《论语·为政》)“言必信。”(《论语·子路》)“人有五常:仁、义、礼、智,皆须信以成之。若人而无信,其余四德,终无可行。”[⑥]从根本上来讲,人与人交往的基础就是信任,如果一个人不讲诚信,就很难在社会上站住脚,朋友之间更是如此。同时,信任也是整个社会运行的基础,没有信任,这个社会也无法维系。“守信任为《论语》多次提到,正如康德将‘不说谎’作为普遍规律一样。

---

① 钱穆:《论语新解》,生活·读书·新知三联书店2002年版,第8页。

② 朱熹:《四书章句集注》,中华书局2011年版,第141页。

③ 李泽厚:《论语今读》,生活·读书·新知三联书店2008年版,第411页。

④ 李零:《丧家狗——我读〈论语〉》,山西人民出版社2007年版,第252页。

⑤ 杨伯峻译注:《论语译注》,中华书局1980年版,第5页。

⑥ 刘宝楠:《论语正义》,高流水点校,中华书局1990年版,第69页。

守信任大概是任何社会群体所必然要求个体遵行的普遍礼俗和'道德'法规，否则社会不能维系。"[①]那么，在具体实践中如何做到"信"呢？《论语》里提出了两点：一是要按义而行。"信近于义，言可复也。"(《论语·学而》)信的标准在于义，与朋友交往要符合当时社会的行为准则或规范，符合整个社会的价值趋向。二是要比朋友做得更好。"无友不如己者。"(《论语·学而》)此句争议颇多，主要有三种看法。第一种看法认为，在忠信方面，不与不如自己的人交朋友。邢昺曰："'无友不如己者'，言无得以忠信不如己者为友也。"[②]第二种看法认为，在仁爱方面不与不如自己的人交朋友。"《曾子制言中》：'吾不仁其人，虽独也，吾弗亲也。'故周公曰：'不如我者，吾不与处，损我者也。与吾等者，吾不与处，无益我者也。吾所与处者，必贤于我。'由曾子及周公言观之，则不如己者即不仁之人。夫子不欲深斥，故只言不如己而已。"[③]第三种看法认为，此句为劝勉之词，教育人要吸取他人长处。"窃谓此章决非教人计量所友之高下优劣，而定择交之条件。孔子之教，多直指人心。苟我心常能见人之胜己而友之，即易得友，又能获友道之益。人有喜与不如己者为友之心，此则大可戒。"[④]对以上三种观点，笔者认为都比较偏颇，应该从全章来理解这句话。此章是孔子对君子的要求，作为君子要做到三点，庄重、忠信和知错必改。可细分为三个层次：第一个层次，要求君子做到"重"并解释理由，"不重，则不威；学则不固。"第二个层次，要求君子做到忠、信，即"主忠信"。第三个层次，要求君子知错必改，即"过，则勿惮改。""无友不如己者"放在"过，则勿惮改"之前，应与前两个层次联系密切。这句话可译为："(在庄重、忠信方面)，没有朋友超过自己。"如果与后面的"过，则勿惮改"联系起来，这一章正好从正反两个方面对君子提出了要求：正面，要做到庄重、忠信，比朋友做得好；反面，知道过错，要及时改正。如果这样理解，"无友不如己者"也就不会有歧义了，在逻辑上也讲得通，在某方面做得比朋友好，并不是说不与朋友交往。[⑤]

---

① 李泽厚：《论语今读》，生活·读书·新知三联书店 2008 年版，第 81 页。

② 《十三经注疏》整理委员会整理：《十三经注疏·论语注疏》(标点本)，北京大学出版社 1999 年版，第 8 页。

③ 刘宝楠：《论语正义》，高流水点校，中华书局 1990 年版，第 22 页。

④ 钱穆：《论语新解》，生活·读书·新知三联书店 2002 年版，第 12～13 页。

⑤ 刘伟：《〈学而〉篇意蕴探微》，《孔子研究》2017 年第 6 期。

二、平等

恩格斯认为："一切人，作为人来说，都有某些共同点，在这些共同点所及的范围内，他们是平等的，这样的观念自然是非常古老的。但是现代的平等要求与此完全不同；这种平等要求更应当是从人的这种共同特性中，从人就他们是人而言的这种平等中引申出这样的要求：一切人，或至少是一个国家的一切公民，或一个社会的一切成员，都应当有平等的政治地位和社会地位。要从这种相对平等的原始观念中得出国家和社会中的平等权利的结论，要使这个结论甚至能够成为某种自然而然的、不言而喻的东西，必然要经过而且确实已经经过几千年。"[①]这说明平等的观念自古有之、各地有之，只不过不同的时代、不同地区、不同民族，在具体的含义上会有所差异，尤其是用现代意义上的平等去审视古代社会的平等显然不合时宜。现代意义上的"平等"主要着眼于政治权利和社会地位，而儒家所提倡的"平等"则主要在于"人格"或者"道德"，尤其在朋友之间，自主权取决于己，而不是对方。"五伦中于人生最无弊而有益，无纤毫之苦，有淡水之乐，其惟朋友乎。顾择交何如耳，所以者何？一曰'平等'，二曰'自由'，三曰'节宣惟意'。总括其义，曰不失自主之权而已矣。"[②]君臣之间则不然，一旦进入体制，很难有自由之身。《论语》里的"平等"，主要着眼于人格上的平等，虽然社会地位有所不同，但在人格上是对等的。这主要体现在三个层面：职责对等、保持距离、依道而行。

（一）职责对等

"职责对等"的基本含义就是按照双方的职位、责任而行。这主要体现在君臣关系上。"定公问：'君使臣，臣事君，如之何？'孔子对曰：'君使臣以礼，臣事君以忠。'"（《论语·八佾》）钱穆认为，"礼虽有上下之分，然双方各有节限，同须遵守，君能以礼待臣，臣亦自能尽忠遇君。或曰，此言双方贵于各尽其己。君不患臣之不忠，患我礼之不至。臣不患君之无礼，患我忠之不尽"[③]。君臣之间关系是依照法律和制度确定的，在此框架下，双方具有法定的权利和义务。君上如何使用臣下，臣子如何侍奉国君，都有比较明确的规定。君守礼在前，臣尽忠在后。两者是对等的，这里着重强调君主要以"礼"换取臣下的"忠"。从人格或

---

① 恩格斯：《反杜林论》，《马克思恩格斯选集》第3卷，人民出版社2012年版，第480～481页。

② 谭嗣同：《谭嗣同全集》，中华书局1981年版，第349～350页。

③ 钱穆：《论语新解》，生活·读书·新知三联书店2002年版，第73页。

者道德上来说，君主和臣属处于相同地位，并没有尊卑之分。这种君臣之间平等的关系在孟子那里得到了充分的发挥。“孟子告齐宣王曰：‘君之视臣如手足，则臣视君如腹心；君之视臣如犬马，则臣视君如国人；君之视臣如土芥，则臣视君如寇仇。”（《孟子·离娄下》）君如何对待臣，臣则以其人之道还治其人之身，两者处在平等地位。据此，先秦儒家所倡导的君臣关系，在人格上或者说道德上处于平等地位，臣下对君上并不是一厢情愿的愚忠。“儒家提倡忠孝却又反对愚忠愚孝，要求任何事情都要问个原由或讲出道理，反对制度上（群体）和情感上（个体）的盲目信仰盲目服从，正是中国实用理性所在。”[①]

（二）保持距离

人与人之间的交往，不能太过亲密，如果亲密无间，日久天长便会发生矛盾。普通人如此，何况君臣、朋友呢？为此，《论语》主张君臣、朋友之间应保持距离，不要太过亲密。“子游曰：‘事君数，斯辱矣；朋友数，斯疏矣。’”（《论语·里仁》）邢昺曰：“此章明为臣结交，当以礼渐进也。数，谓速数。数则渎而不敬，故事君数，斯致罪辱矣；朋友数，斯见疏薄矣。”[②]向国君提建议，或者劝诫朋友，都应该有一定限度，不能频繁无限制，否则就会适得其反，让自己蒙羞。朱熹引胡氏曰：“事君谏不行，则当去；导友善不纳，则当止。至于烦渎，则言者轻，听者厌矣，是以求荣而反辱，求亲而反疏也。”[③]每个人所处的立场不同，看问题的角度不同，阅历修养也不相同，对同一件事情，可能会见仁见智，当属正常，多次谏言或劝告，君上不采纳，朋友不听从，明智的做法就是尊重对方的选择，这也是尊重对方独立性的体现。“可见，根据原典儒学，君臣有相近于朋友一伦的地方，即应有某种独立性。即使臣下对君上的善意忠告，也只能适可而止，不可勉强。这与后世所谓‘忠臣不惮辱’、以死相谏等行为、观念颇不相同。这不同来自古代氏族社会与后世大一统专制帝国的不同。其实，连好朋友都不耐烦听你的意见，何况君主？尽管你一片好心，坚持仁义，徒然自取其辱。这种经验之谈，在黑格尔也许笑为处世格言，却有深刻的人生道理，即如何具体维系个体独立和人格尊严的重要。虽然儒学始终未能发展出如康德‘人是目的’的哲学理论，却一开始就包含有这种思想的因素。它应可成为今日建构社会性公德的

① 李泽厚：《论语今读》，生活·读书·新知三联书店2008年版，第108页。

② 《十三经注疏》整理委员会整理：《十三经注疏·论语注疏》（标点本），北京大学出版社1999年版，第53页。

③ 朱熹：《四书章句集注》，中华书局2011年版，第73页。

重要资源。”[①]“忠告而善道之，不可则止，毋自辱焉。”(《论语·颜渊》)“友有非，不可不告，然必出于对友之忠忱，又须能善为劝导。如此而犹不可，不见从，则且止不再言。若言不止，将自取其辱。”[②]朋友有过，应善言劝告，如果不听，就自行停止，不要自讨没趣。“朋友有过，既尽心以告之，而又加之以教道，须至于善而后已，此正犯‘数斯疏矣’之戒，施之于朋友之间，必不能行。盖道犹言也，善道之者，善其辞色以言之也。朋友有过，固当尽心无隐，竭忠以告之。然其告之之际，须当心平气和，善其辞色以为言，不从则止，无得峻数，以取自辱也。”[③]朋友之间，无法定或制度上的约束关系，和则交，不和则分，独立性比较强。因此，在对朋友进行劝导时应该慎重，讲究方式方法，不听从就不要再劝，不可一意孤行。这样，朋友之间的友谊才能长久。“子贡问交友之道。孔子说：‘忠言相告，好话劝导，不听就作罢，不要死乞白赖自讨羞辱。’”[④]

(三)依道而行

这里的“道”是指道义，有原则，有底线。君臣之间、朋友之间应该依据道义交往，这样才能从根本上保持人格上或道德上的平等。古希腊著名思想家亚里士多德说过：“人类所于其他动物的特性就在于他对善恶和是否合乎正义以及其他类似观念的辨认。”[⑤]扬善惩恶、存正去邪乃人间大道。《孟子·滕文公上》云：“使契为司徒，教以人伦：父子有亲，君臣有义，夫妇有别，长幼有序，朋友有信。”君臣之间要讲求义，朋友之间要遵循信，其实两者并非截然分开，君臣之间也要有信，朋友之间也要有义，这并不矛盾。从深层次来分析，这都是人间大道之体现。无论是君臣之间还是朋友之间，从根本上来讲都要依道而行。儒家提倡的人际关系不是简单的、世俗的交往，而是以人类的福祉为目的，提倡仁爱，依道而行，惩恶扬善，存正去邪，过高尚的、对社会和族群有意义的生活，而不是仅仅为了个人私利。“君子喻于义，小人喻于利。”(《论语·八佾》)“乡愿，德之贼也。”(《论语·阳货》)这都非常明确地指出了人之相交不应该仅仅为个体之私，而应该为天下之公。

对待君上，应以道义为根本。“以道事君，不可则止。”(《论语·先进》)“以

---

① 李泽厚：《论语今读》，生活·读书·新知三联书店 2008 年版，第 144 页。

② 钱穆：《论语新解》，生活·读书·新知三联书店 2002 年版，第 325～326 页。

③ 陈天祥：《论语辨疑》卷六，严灵峰编：《无求备斋论语集成》第 17 函，台北艺文印书馆 1967 年版，第 17 页。

④ 孙钦善：《论语本解》，生活·读书·新知三联书店 2013 年版，第 170 页。

⑤ [古希腊]亚里士多德：《政治学》，吴寿彭译，商务印书馆 1997 年版，第 8 页。

道事君，不从君之欲。不可则止者，必行己之志。”①“不可则止：止谓去其位。”②“子路问事君。子曰：‘勿欺也，而犯之。’”（《论语·宪问》）孔安国曰：“事君之道，义不可欺，当能犯颜而谏争。”③这两章可以结合起来理解。“以道事君”是前提，也是君臣相处的基础，作为臣子，最重要的职责就是辅佐国君治理天下，以天下黎民百姓的福祉为目标，而不是以国君的福祉为目标，一旦国君的利益与公众的利益发生冲突，作为臣属就应该坚守道义，敢于犯颜直谏，不欺骗、不曲奉，这才是君臣之间所应遵守的根本规则。至于前文所提到的“保持距离”“不可则止”，笔者认为这是在一般的事务上。一旦涉及社稷安危、国之根本，作为臣子不仅不能明哲保身，而且要“见危致命，见得思义”（《论语·子张》）。同时，君臣相交，作为臣下要考虑长远、着眼于道，不要仅局限于现实的利益。“鄙夫可与事君也与哉？其未得之也，患得之。既得之，患失之。苟患失之，无所不至矣。”（《论语·阳货》）言外之意，学识浅薄、无弘道之心的人，侍奉君上只是为了自己的荣华富贵，并不是推行仁政、弘扬道义。这种与国君交往的方式不足取。“患得之，即患不得之。无所不至，言其将无所不为。小则吮痈舐痔，大则弑父与君，皆生于其患失之一心。人品大略可分为三类，有志于道德者，此为己之学。有志于功名者，此为人之学。有志于富贵者，即本章之所谓鄙夫，乃不可与共学之人。”④

对待朋友，应以弘道作为交友之本。首先，交友对象应慎重。“益者三友，损者三友。友直，友谅，友多闻，益矣。友便辟，友善柔，有便佞，损矣。”（《论语·季氏》）皇侃认为“友直”“友谅”“友多闻”为“三益”即“所友得正直之人也”，“所友得有信之人也。谅，信也”，“所友得能多所闻解之人也”⑤。马融曰：“便辟，巧避人之所忌，以求荣媚者也。”⑥李塨认为，“善柔，善于柔媚也”⑦。“便佞”为“巧言善辩，属于口柔”⑧。在这里，孔子明确指出了作为君子应该结交什么样

① 朱熹：《四书章句集注》，中华书局2011年版，第122页。

② 钱穆：《论语新解》，生活·读书·新知三联书店2002年版，第298页。

③ 《十三经注疏》整理委员会整理：《十三经注疏·论语注疏》（标点本），北京大学出版社1999年版，第195页。

④ 钱穆：《论语新解》，生活·读书·新知三联书店2002年版，第455～456页。

⑤ 皇侃：《论语义疏》，高尚榘校点，中华书局2013年版，第428页。

⑥ 皇侃：《论语义疏》，高尚榘校点，中华书局2013年版，第428页。

⑦ 李塨：《论语传注》卷二，严灵峰编：《无求备斋论语集成》第9函，台北艺文印书馆1967年版，第49页。

⑧ 孙钦善：《论语本解》，生活·读书·新知三联书店2013年版，第233页。

的朋友，即正直、诚信、博雅的人可交，曲意奉承、巧言善辩、无正直之心的人不可交。从根本上来看，交友之道也是为人之道。传统社会所提倡的"五伦"（君臣、父子、夫妇、兄弟、朋友），只有朋友关系自由度、选择权比较大，而其他的几种关系，作为个体只能是被动地服从。比如，父子、兄弟属于血统关系，个人无法选择；君臣关系是时代使然，自己生在何种时代、面对什么样的君主，一般而言也是无法选择的。夫妇关系的确立也并非完全由个人做主。《周易·序卦》云："有天地然后有万物，有万物然后有男女，有男女然后有夫妇，有夫妇然后有父子，有父子然后有君臣，有君臣然后有上下，有上下然后礼义有所错。"《中庸》也说："君子之道，造端乎夫妇。"这是说人伦之道始于夫妇。既然如此，选择什么样的妻子在当时社会就显得非常重要。因为这不仅是个人的事情，而是关乎整个家族。这也是传统社会婚姻缔结讲究门当户对的一个重要原因。因此，个人在夫妇关系的确立上并没有很大的自主权。与君臣、父子、兄弟、夫妇等关系相比较，朋友关系的确立就显得比较自由。选择何种人做朋友基本上由个人做主。当然，朋友的选择并不是没有任何约束。作为君子、士人，朋友的选择并非随便而为。"近朱者赤，近墨者黑。"儒家认为，选择何种人做朋友，对人生的影响比较大。这也是非常重要的为人之道。"交友之道是从对方来说的为人之道。《论语》和孔子多用这种具体而有益的经验概括来教导学生，此即儒学之宗教性道德的教育途径和内容，与今日'现代新儒家'仅以高头讲章来谈儒学之宗教性者，大有差异。拙之所以认为今日所谓'现代新儒学'（亦即'现代宋明理学'）只是宋明理学之回光返照而不足构成（或开出）新时期者，亦以此。以之徒具宋明理学之躯壳（其思辨力度、范围及水平也并未超出宋明多少），而失去其宗教性之实践精神。于是只剩一堆哲学文章，似是玄思妙想，却与实践无关。与陈寅恪、钱穆、余嘉锡等人不宣讲此项哲学，而以身体力行以见传统精神，谁更体现儒家、孔学，似亦颇值思考商量。"[①]儒家的根本精神在于实践，在于融入百姓的人伦日用，而不是故弄玄虚、一味哲理化。李泽厚对新儒家的质疑是有道理的。颜炳罡对此也有同感："'五四'以后的新儒家，以梁漱溟、熊十力、唐君毅、牟宗三、徐复观等为代表，大都寄情形上学的玄想或从事文化理论的疏释工作，重视上达而忽略下开。"[②]儒学是人伦日用之学，先秦儒家提倡的就是通过教育让人成为一个真正的人，成为对社会有用的好人，并不崇尚思辨、束之高阁、

---

① 李泽厚：《论语今读》，生活·读书·新知三联书店 2008 年版，第 491 页。

② 颜炳罡：《人伦日用即道：颜炳罡说儒》，孔学堂书局有限公司 2014 年版，第 153 页。

不接地气的所谓“学术”。朋友的选择应该以弘扬道义为巩固友谊的基本底线，这也是人伦日用之学的基本要求。其次，交友的目的是行仁。“万章问曰：‘敢问友。’孟子曰：‘不挟长，不挟贵，不挟兄弟而友。友也者，友其德也，不可以有挟也。’”（《孟子·万章下》）孟子认为，与朋友交往，看重的是德行，而不是其他方面。何为德行？那就是践行仁爱，弘扬道义。这与孔子思想一脉相承。“曾子曰：‘君子以文会友，以友辅仁。’”（《论语·颜渊》）“文者，礼乐文章。君子以讲习文章会友。既为友，则可进而切磋琢磨以共进于道。不言辅德而言辅仁，仁者之道，不止于自进己德而已。”[①]推行仁义，礼乐文章是基础，没有文采，仅有品质，难免会脱离教化、行为粗野。“质胜文则野，文胜质则史。文质彬彬，然后君子。”（《论语·雍也》）孔子提倡的是文质兼修，朋友之间相互交往，能够增长才干，提高道德修养。“为仁而不取友以为辅，则有孤陋寡闻之固。会友而不以文，则有群拒绝终日，言不及义之失。”[②]没有朋友作为辅助，难免会孤陋寡闻，落后于时代，故《礼记·学记》云：“独学而无友，孤陋而寡闻。”“君子以讲求文章学问来结交朋友，以朋友来帮助[自己]培养仁德。”[③]这亦即《礼记·学记》所云：“安其学而亲其师，乐其友而信其道。”

三、包容

所谓“包容”，着眼点在于承认差异，尊重差异，能够容忍在自己看来的对方的“缺点”或“不足”。这一点在君臣、朋友之间非常重要。“人非圣贤，孰能无过？”君臣、朋友要保持长期交往，就需要在保留底线的前提下有容人之量。“子贡问曰：‘有一言而可以终身行之者乎？’子曰：‘其恕乎！己所不欲，勿施于人。’”（《论语·卫灵公》）“仲弓问仁。子曰：‘出门如见大宾，使民如承大祭。己所不欲，勿施于人。在邦无怨，在家无怨。’仲弓曰：‘雍虽不敏，请事斯语矣。’”（《论语·颜渊》）这两章都提到了“己所不欲，勿施于人”，但侧重点不同。前者突出的是宽恕、宽容，后者强调的是仁爱。概言之，“己所不欲，勿施于人”既是宽恕之道，又是仁之体现。“所谓恕者，以己度人，而知人之心不异于我，即不以己所不欲者，加之于人。如不欲上之无礼于我，则亦不以此施之于下，不欲下之

---

① 钱穆：《论语新解》，生活·读书·新知三联书店2002年版，第326页。

② 许谦：《读论语丛说》卷下，严灵峰编：《无求备斋论语集成》第16函，台北艺文印书馆1967年版，第11页。

③ 林振衡：《论语新编》，群言出版社2006年版，第59页。

不忠于我，则亦不以此施之于上。斯则视人惟己，而知之无不明；以己及人，而处之无不当。不论远近亲疏，富贵贫贱，只是这个道理推将去，将随所处而皆宜矣。”[①]这实质是人的道德性的体现。这种道德性的实践要在人与人之间的关系中体现出来，也就是社会性。“道德是人生存的一种方式，是人实现自我和完善自我的一种社会规定和价值祈求。价值作为一个关系范畴，离不开作为价值主体的人。人是道德价值的主体，道德价值生成的内在根据也只能在人的社会本性中去探寻。”[②]君臣关系、朋友关系属于社会的一部分，以“己所不欲，勿施于人”来处理，便是恕道。但在具体实践中，需要双方努力，仅靠单独一方不能完全做好。“子贡曰：‘我不欲人之加诸我也，吾亦欲无加诸人。’子曰：‘非尔所及也。’”（《论语·公冶长》）杨伯峻译为：“子贡道：‘我不想别人欺侮我，我也不想欺侮别人。’孔子说：‘赐，这不是你能做到的。’”[③]这实质上是“己所不欲，勿施于人”的翻版。孔子为什么说子贡做不到呢？许多学者多是从子贡的视角来分析，如杨朝明认为，“在孔子看来，‘己所不欲，勿施于人’是一个人可以终身奉行的一贯之道，这是一种很高的道德境界，是子贡难以做到的”[④]。钱逊则认为，“非尔所及”有两种解释：“一，非尔所及指前半句，即不能阻止别人把不义加于自己；二，非尔所及指后半句，无加诸人要求自然而然地做到，是仁的要求，是子贡所做不到的。”[⑤]这种解释比较全面，但笔者认为，孔子之所以说子贡做不到，主要原因还是在于“己所不欲，勿施于人”这条“金规则”是双方的或者多方的互动，而不是仅仅由单独的一方所能实现。无论是君臣、朋友，还是其他的社会关系，都是立体化、多层次、复杂的，不是单一的、平面的、简单的，关系的维护依靠多方共同努力，而不能仅仅依靠单独的一方来维持。孔子认为子贡做不到，不是说子贡不做，而是说子贡达不到“金规则”的理想状态。君臣之间的宽容，还体现在作为臣子要立足本职，不越权行事。“子曰：‘不在其位，不谋其政。’曾子曰：‘君子思不出其位。’”（《论语·宪问》）孔安国曰：“不越其职也。”[⑥]“位者，职守之名，各有权限，不能出权限之外。”[⑦]不越权行事就是宽容。为什么这么说

---

① 张居正讲评：《论语别裁》，陕西师范大学出版社 2007 年版，第 246 页。

② 唐凯麟：《试论道德价值的生成——公民道德建设中的一个基本的理论问题》，《伦理学研究》2004 年第 5 期。

③ 杨伯峻译注：《论语译注》，中华书局 1980 年版，第 46 页。

④ 杨朝明主编：《论语诠解》，山东友谊出版社 2013 年版，第 76 页。

⑤ 钱逊：《论语浅解》，北京古籍出版社 1988 年版，第 86～87 页。

⑥ 皇侃：《论语义疏》，高尚榘校点，中华书局 2013 年版，第 375 页。

⑦ 康有为：《康有为全集》第六集，姜义华、张荣华编校，中国人民大学出版社 2007 年版，第495 页。

呢？因为越权行事不外乎以下几种情况：其一，看不惯他人做事，或者对他人做事不满意，自己去做，目的是想把事情做好；其二，抢夺他人的权力；其三，事情没有人做，尽管不属于自己的职责范围但还是去做。前两种情况，无疑会引起他人的反感，即便是代替他人做事，如果不是他人相求的话，也会适得其反，导致关系紧张。最后一种情况，无人管理的事情自己去做，同样也会引起他人误解。原因在于，虽然有些事情在具体管理层面可能无人管理，但在宏观层面都会有相应的机构负责。在上级没有明确的情况下，且又不属于自己的职责范围，贸然去做，往往会让他人反感。因此，无论是何种情况，越权行事常常会引发矛盾、造成关系紧张。所以，“不在其位，不谋其政”，从这个角度来看，也是宽容的体现。

四、关爱

君臣、朋友的交往，除了尊重、平等、宽容之外，还要有关爱。这种关爱，既有生活上的人之常情，也有事业上的相互促进。《论语·乡党》中有两章提到：“疾，君视之。”“康子馈药，拜而受之。”这两章虽然旨在描述孔子的日常生活，无论是国君还是上级，在礼节上都循规守矩，以示尊重，但由此也可以看出，君臣之间、上下级之间的关爱之情。人都是有感情的动物，政治人物虽不能以情为重，但也并非冷酷无情。孔子病了，国君亲自前来探望，询问病情，季康子也送来药物。虽然孔子和季康子关系紧张，但此时的赠药应该是真诚的，不是要加害孔子。“予谓人以善意馈药，而告之以疑，不敢尝，凡人交际皆知其不可，况孔子之于康子乎？且使馈药无迫使面尝之理，何必以此语忤之？当是退而谓人之辞，记者简其文，故一曰字而足耳。”[①]君臣之间基于法律或制度的约定，相互关爱往往会受到诸多约束。朋友之间的关爱相对要比较灵活、丰富。一方面，事业上相互监督，及时劝诫。“子路问曰：‘何如斯可谓之士矣？’子曰：‘切切偲偲，怡怡如也，可谓士矣。朋友切切偲偲，兄弟怡怡。’”（《论语·子路》）马融注曰：“切切偲偲，相切责之貌。”[②]“朋”与“友”在传统社会的含义是不同的。就“朋”来说，一般有两种解释。一种解释指弟子。《论语正义》引宋翔凤《朴学斋札记》

---

① 王若虚：《论语辨惑》卷二，严灵峰编：《无求备斋论语集成》第16函，台北艺文印书馆1967年版，第16页。

② 《十三经注疏》整理委员会整理：《十三经注疏·论语注疏》（标点本），北京大学出版社1999年版，第181页。

云："弟子至自远方，即'有朋自远方来'也。'朋'即指弟子。"[1]另一种解释指同类的人。朱熹注曰："朋，同类也。自远方来，则近者可知。程子曰：'以善及人，而信从者众，故可乐。'"[2]皇侃曰："同处师门曰朋，同执一志为友。朋犹党也，共为党类在师门也。'友'者，有也。共执一志，绸缪寒暑，契阔饥饱，相知有无也。"[3]杨伯峻据此认为"朋友"指"志同道合之士"[4]。朋友关系的确立是以共同的志向为基础，选择朋友也并非易事。一旦成为朋友，就要为了共同的志向，风雨同舟，携手并进。发现对方有不足或者缺点，作为朋友就要直言相告，劝其改正，只有这样，才能相互促进，共同进步，实现共同的志向。这才是真正的关爱。如果一味顺从，发现对方缺点或者不足也不去劝诫，而是听之任之，这就是"善柔之损"。"朋友以义，兄弟尚恩，若混施之，则兄弟有贼恩之祸，朋友有善柔之损矣。"[5]"匿怨而友其人，左丘明耻之，丘亦耻之。"(《论语·公冶长》)"匿，藏义。藏怨于心，诈亲于外。"[6]对朋友而言，藏匿之行，有损朋友相交之义，从长远来看会影响共同之志。所以，朋友相交倡导直言相劝、切切偲偲，而不是"善柔""藏匿"。

另一方面，生活上相互扶助，患难与共。"愿车马衣轻裘与朋友共敝之而无憾。"(《论语·公冶长》)"车马衣裘，常所服用，物虽微，易较彼我，子路心体廓然，较之朋友通财，更进一层。"[7]朋友相交，难免会有财产来往，如果处理不当，轻则心存芥蒂、交往淡化，"有朋自远方来不亦说乎"的情景很难再现，重则割袍断义、反目成仇。"弊，败也。憾，恨也。子路性决，言朋友有通财，车马衣裘共乘服而无所憾恨也。"[8]现实生活中，朋友之间因为"通财"引发矛盾甚至绝交的事例俯拾皆是。所以，子路说把财产与朋友共分享，车子破旧了，马匹衰老了，华丽的衣服穿破了，自己也没有任何怨言。这也是朋友之间共享富贵的体现。"朋友死，无所归，曰：'于我殡。'"(《论语·乡党》)"无所归：无亲属可归。死者殓在棺，暂停宅内以待葬，其柩名曰殡，谓以宾遇之。"[9]这是一种极端的现象。

---

① 刘宝楠：《论语正义》，高流水点校，中华书局1990年版，第4页。

② 朱熹：《四书章句集注》，中华书局2011年版，第49页。

③ 皇侃：《论语义疏》，高尚榘校点，中华书局2013年版，第3页。

④ 杨伯峻译注：《论语译注》，中华书局1980年版，第2页。

⑤ 钱穆：《论语新解》，生活·读书·新知三联书店2002年版，第349页。

⑥ 钱穆：《论语新解》，生活·读书·新知三联书店2002年版，第134页。

⑦ 钱穆：《论语新解》，生活·读书·新知三联书店2002年版，第135页。

⑧ 皇侃：《论语义疏》，高尚榘校点，中华书局2013年版，第122页。

⑨ 钱穆：《论语新解》，生活·读书·新知三联书店2002年版，第266页。

如果朋友去世，没有任何亲人，自己应该帮助处理好后事。“死生亦大矣。”（《庄子·德充符》）安排好“无所归”的朋友的后事，让死者安息，生者才能安心，这既是朋友的责任，也是仁道的体现。“孔子论朋友，强调朋友的内涵，而且以仁道为归宿。这或许可以解释杨伯峻所讲的‘朋’是‘志同道合’的人，其‘志’、‘道’为善志、仁道。”[①]

① 侯步云：《论孔子的交友之道》，《西北大学学报》（哲学社会科学版）2008年第3期。

第六章　生态文明思想的文化渊源[①]

《论语》的生态文明思想是儒家生态思想的核心，从根源上受制于中国传统文化。与西方文化相比，中国传统文化有自己的特色。李泽厚称之为“乐感文化”。这种文化的主要特征是：在信仰层面上，精神超越而不迷失，在核心信仰不变的前提下可以根据需要自由选择；在社群行为层面上，坚持中庸不走极端，有底线、有原则，懂得权变；在个体行为层面上，生活务实而不虚幻，积极入世，过有意义的生活。乐感文化虽然不是宗教文化，但带有宗教性。在精神层面，坚守以“天”为代表的核心信仰；在现实层面，看重个体的主动性，注重自律、慎独，主张命由心造并非命由神造。“中”“和”“乐”是乐感文化的基本精神。“中”强调分寸，把握尺度，不偏不倚，恰如其分。“和”强调包容共生，多样并存。“乐”强调人的主动性、积极性和创造性，在挫折、困难面前，百折不挠，勇往直前，自然向上，积极进取。毋庸讳言，儒家的生态文明思想与其所处的文化传统有着非常密切的关系。离开了文化传统，生态文明思想也就成了无源之水、无本之木。换言之，乐感文化是儒家生态文明思想的源头活水。

① 本章部分内容曾发表于《世界宗教文化》2015年第1期，在此基础上又做了修改。参见刘伟：《浅析“乐感文化”的主要特征》，《世界宗教文化》2015年第1期。

第一节 “乐感文化”的基本含义

从总体上来看，中国传统[①]文化被称为“乐感文化”，西方文化被称为“罪感文化”，已在学术界形成共识。以基督教为底色的西方文化被称为“罪感文化”，最早由本尼迪克特（Ruth Benedict）从心理学的角度提出。20世纪30年代，本尼迪克特从心理学的角度研究人类文化的特征，从而形成了人类学的一个重要学派：文化心理学派。该学派把心理学上的人格研究移位于对族群文化的分析，把一个族群文化视为一个个体的品格、气质，这样，每一个族群都有着不同于其他族群的文化特质。在《菊与刀》（*The Chrysanthemum and the Sword*）中，本尼迪克特高度概括了两种文化类型：其一，基督教国家的“罪感文化”——人的一生就是赎罪（Original Sin）的一生；其二，日本的“耻感文化”——日本人以耻辱感为动力。于是，西方文化便有了“罪感文化”之称。[②] 在此基础上，李泽厚认为中西文化可以用“罪感文化”和“乐感文化”来概括。他说：“一般思想史喜欢说西方文化是所谓‘罪感文化’，即对‘原罪’的自我意识，为赎罪而奋勇斗争；征服自然，改造自己，以获得神眷，再回到上帝怀抱。《圣经·旧约》中描述的耶和华和撒旦的斗争，是心理上的巨大冲突，并非人世现实的纠纷，它追求的超越是内在灵魂的洗礼。虽然这种希伯来精神经由希腊世俗精神的渗入而略形缓和（《新约》以后），但是个体与上帝的直接精神联系，优越于其他一切世间（包括父母）的关系、联系和秩序这一基本模式始终未变。以灵与肉的分裂，以心灵、肉体的紧张痛苦为代价而获得的意念超升、心理洗涤以及与上帝同在的迷狂式的喜悦……便经常是以个人为本位的西方‘罪感文化’的重要环节。人们把人生的意义和生活的信念寄托于（上帝），寄托于超越此世间的精神欢乐。这种欢乐经常必须是通过此世间的个人身心的极度折磨和苦痛才可能获有。”[③] 在此基础上，李泽厚把中国传统文化概括为“乐感文化”。他说：“因为西方文化

---

① 本书“传统”的概念采用高瑞泉先生的观点，即“屡经历史变动而仍然保持某种同一性文化元素，是在现实中活动的历史，是在革故鼎新、消化吐纳的流程中呈现为代代积累、前后相因的文化脉络”。参见高瑞泉：《中国现代精神传统——中国的现代性观念谱系》，上海古籍出版社2005年版，第1页。

② 参见林玮生：《“乐感文化”与“罪感文化”的神话学解读》，《社会科学研究》2009年第6期。

③ 李泽厚：《新版中国古代思想史论》，天津社会科学院出版社2008年版，第243～244页。

被称为‘罪感文化’，于是有人以‘耻感文化’或‘忧患意识’[1]来相对照以概括中国文化。我以为这仍不免模拟‘罪感’之意，不如用‘乐感文化’更为恰当。《论语》首章首句便是，‘学而时习之，不亦说乎；有朋自远方来，不亦乐乎？’孔子还反复说，‘发奋忘食，乐以忘忧，不知老之将至云耳’，‘饭疏食饮水，曲肱而枕之，乐亦在其中矣’。这种精神不只是儒家的教义，更重要的是它已经成为中国人的普遍意识或潜意识，成为一种文化——心理结构或民族性格。”[2]这一提法，在学术界引起共鸣。正如林玮生所说：“李泽厚站在世界文化格局，将中国文化概括为‘乐感文化’(Culture of Optimisms)……对中国文化的‘乐感’品格的概括，得到众多学者的共鸣。”[3]

李泽厚认为“一个世界”、“实用理性”和“情本体”是“乐感文化”的内在元素。“与西方‘罪感文化’、日本‘耻感文化’(从 Ruth Benedict 及某些日本学者说)相比较，以儒学为骨干的中国文化的精神是‘乐感文化’。‘乐感文化’的关键在于它的‘一个世界’(即此世间)的设定，即不谈论、不构想超越此世间的形上世界(哲学)或天堂地狱(宗教)。它具体呈现为‘实用理性’(思维方式或理论习惯)和‘情感本体’(以此为生活真谛或人生归宿，或曰天地境界，即道德之上的准宗教体验)。‘乐感文化’‘实用理性’乃华夏传统的精神核心。”[4]“情本体是乐感文化的核心……所谓‘情本体’，是以‘情’为人生的最终实在、根本。”[5]“乐感文化以情为本体，是强调人的感性生命、生活、生存，从而人的自然情欲不可毁弃、不应贬低。虽然承认并强调‘理性凝聚’的道德伦理，但反对以它和它的圣化形态(宗教)来全面压服或取代人的情欲和感性生命，认为重要的是应研究‘理’与‘欲’在不同生活方面所具有或应有的各个不同的比例、关系、节奏和配置，即各种不同形态的人性情理结构。”[6]从以上论述可知，“乐感文化”的根本在于“情”，亦即个体的情感。那么，这种以“情”为本体的“乐感文化”的集中反映是什么呢？或者说，靠什么来认知这种“情本体”的“乐感文化”？李泽厚提出了“乐”，认为“乐”是“乐感文化”的集中体现。“乐”在中国哲学中实际具有本体的

---

① “耻感文化”如 Herbert Fingarette，“忧患意识”如徐复观，参见李泽厚：《新版中国古代思想史论》，天津社会科学院出版社 2008 年版，第 247 页。

② 李泽厚：《新版中国古代思想史论》，天津社会科学院出版社 2008 年版，第 247 页。

③ 林玮生：《“乐感文化”与“罪感文化”的神话学解读》，《社会科学研究》2009 年第 6 期。

④ 李泽厚：《论语今读》，生活·读书·新知三联书店 2008 年版，第 29 页。

⑤ 李泽厚：《人类学历史本体论》，天津社会科学院出版社 2008 年版，第 200 页。

⑥ 李泽厚：《人类学历史本体论》，天津社会科学院出版社 2008 年版，第 220 页。

意义，它正是一种“天人合一”的成果和表现。人与整个宇宙自然合一，即所谓尽性知天、穷神达化，从而得到最大快乐的人生极致。[1] 对此，赵士林做了比较详细的分析，认为“乐”是已经内化为中国人的普遍意识或潜意识。“中国的文化智慧确乎更体现为‘乐’的追求和情态。《论语》开篇便是：‘学而时习之，不亦说乎；有朋自远方来，不亦乐乎。’夫子自道：‘发愤忘食，乐以忘忧，不知老之将至云耳’、‘饭蔬食饮水，曲肱而枕之，乐亦在其中矣’、‘知之不如好之，好之不如乐之’，直到明代泰州王艮还有《乐学歌》云：‘乐是乐此学，学是学此乐。不乐不是学，不学不是乐’。总之，中国主流文化强调一个‘乐’字，将积极乐观进取的人生态度视为最健康的人生态度，甚至视之为人生最高境界。所谓‘日日新，又日新’、‘天行健，君子以自强不息’。在学习中追求乐趣，在事业中追求乐趣，在道德中追求乐趣，在人生中追求乐趣，在自然中追求乐趣。这种乐的追求进入自然的视域，连接宇宙，所谓‘上下与天地同流’，就进入了‘天人合一’的境界，在所谓‘仁者与天地万物为一体’的诉求中，乐的精神上升为一种审美的艺术精神，‘大乐与天地同和’、‘俯仰终宇宙，不乐复何如’。更重要的是，这种乐的文化精神不只是儒家的教义，不只是文化人的诉求，它已经内化为中国人的普遍意识或潜意识，成为李泽厚所谓的文化——心理结构。”[2]

由此，我们可以对“乐感文化”的基本内涵做一个简要归结：“乐感文化”是以个体情感为本体、以追求快乐（非动物性的自然快乐）为终极目标、以实用理性作为思辨方式、以现实世界（此世）为中心的文化。在此基础上，如果做进一步细化或者探析，笔者认为“乐感文化”是一种“精神超越而不迷失、行为自由而不放纵、生活务实而不庸俗”的文化，这种文化是乐观的、积极的、向前的文化。“中”（恰如其分）、“和”（宽容和谐）、“乐”（自然向上）是“乐感文化”的基本精神，儒家的仁爱思想是“乐感文化”的根源。

第二节 “乐感文化”的主要特征

李泽厚认为“一个世界”、“实用理性”和“情本体”是“乐感文化”的内在元素。这是从宏观方面来看，如果我们从微观来分析，“乐感文化”具有以下三个

---

① 李泽厚：《新版中国古代思想史论》，天津社会科学院出版社 2008 年版，第 247 页。

② 赵士林：《略论“情本体”》，《哲学动态》2011 年第 1 期。

方面的具体特征，即信仰层次——精神超越而不迷失；社群行为——行为中庸而不极端；个体行为——生活务实而不虚幻。

一、信仰层次：精神超越而不迷失

毋庸置疑，世界上任何文化都与宗教有着千丝万缕的联系。“无论什么地方，最古老的文献几乎都是宗教的。正如赫德所说：‘在我们的世界里，所有较高文化的种子，都可追溯到宗教的传统，无论是文字的还是口头的。’如果我们跨越文字时代，深究人类思想最深的层次，就会发现在人类思维早期就已出现了宗教的因素。”①中国传统文化是以儒家思想为核心、佛道互补的文化，也是深受宗教影响并且以宗教信仰为底色的文化，具有很强的宗教性。佛、道自不必说，即便存在争议的儒家思想也具有较强的宗教因素。“儒家思想作为哲学人类学的一种形式，充满了深刻的伦理宗教的意蕴。它对人的宗教性的唤起和它对人的理性的表达一样充分……儒家的终极关怀是自我转化，这种转化既是一种社群行为，又是一种对超越的诚信的对话式的回应。”②因此，我们在分析“乐感文化”的时候就不能不探讨文化中的宗教信仰因素。

从“乐感文化”的视角来看，信仰层面上主要特征是“精神超越而不迷失”。所谓“精神超越而不迷失”，是指受传统文化影响的中国人在信仰层面有自己独特的精神寄托方式，追求“超越”但并不完全“超越”，笔者称之为“半超越”。所谓“半超越”意即既不完全脱离今生（现实世界）去寻求来世（彼岸），也不完全沉溺于今生（现实世界）而不探求来世（彼岸），而是在两者之间处于一种来回交流的状态，若即若离。“不迷失”是指既不迷失于现实世界，也不迷失于未来世界，无论是对今生还是对来世，中国人都有自己信仰的主线，这一主线不被其他信仰所左右。其具体体现为：信仰的目的——偏重今生，不看重来世；信仰对象——多元杂糅，非全知全能；修行方式——修身为基，自我为主；超越决定权——自我决定，神灵辅助。

（一）信仰目的：偏重今生，不看重来世

信仰的目的是在现实世界中寻找精神的慰藉乃至寄托，满足精神需求。这种精神需求包括“生之所依”与“死之所归”，但偏重于“生之所依”。信仰是为了

---

① ［英］麦克斯·缪勒：《宗教的起源与发展》，金泽译，上海人民出版社 2010 年版，第 3 页。

② ［美］杜维明：《论儒学的宗教性——对〈中庸〉的现代诠释》，段德智译，武汉大学出版社 1999 年版，“英文版第二版前言”第 2 页。

支持在现实世界中坚持活下去的勇气或者为追求更好的生活提供动力，而不是一味地抱怨现实的苦难从而以求尽快脱离苦海进入未来的世界。这种“偏重今生”的特点在儒家思想中体现得非常明显，儒家文化被称为“入世文化”已成为共识。彭国翔认为，“对儒家的身心修炼来说，日常生活不仅不是需要摆脱的障碍，反而是极为必要的条件。从儒家的观点来看，修身绝非一种‘自我’的行为。正如鱼离不开水一样，只有首先在人与人之间关系的脉络之中，一种真正儒家意义上的身心修炼才能得以实践。对儒家来说，一种成功的身心修炼所导向的是终极性的自我转化，而这一定要内在于一个广泛的关系性的脉络”[①]。儒家的身心修炼不是逃避现实社会遁入深山老林独自修炼，而是敢于面对现实并积极融入现实生活，在人与人之间的交往中或者说在日常生活中进行修炼，这种修炼并不是张扬于外，而是修炼于内，在平凡之中实现自我的提升。

（二）信仰对象：多元杂糅，非全知全能

在中国传统社会，超越寻求的对象是以天为代表的神灵系统。这个神灵系统主要包括“天、地、山水湖泊、风雨雷电等自然神灵以及祖先魂灵”等。如果从中国五千多年的社会发展来看，在这些神灵系统当中，天居于高位，其他都从属于它或者与它平等，但绝对不能高于它。当然，这中间有个例外。在殷商时代，出现了“帝”的观念，并且“帝”的地位最高。“在殷人宗教一切神示鬼魅之中，威信最高、权力最大的神就是上帝。上帝是宇宙的主宰，万王之王，管理自然及人类一切事务，殷人对他崇拜极虔诚。”[②]天仅作为自然之天，没有任何神性。“殷人的上帝并不是天。在甲骨文中天是一个象形字，是覆盖在人们头顶上的茫茫苍天，与‘帝’字并不通用。郭沫若在《先秦天道观之进展》中列举了八条卜辞证明天并没有神性，不是殷人崇拜、祭祀的对象。”[③]这种状况在周代发生改变，天逐渐取代“帝”成为“至上神”。“周人继承了殷人的宗教，但出于他们自己的宗教文化传统，也出于使自己与前朝相区别的政策考虑，他们逐渐在改变着至上神的名称和神性。在周代青铜铭文中，上帝、皇上帝、皇天上帝、皇天王、天等名称最初是混用的，以后‘天’的叫法越来越多，周人便把苍天视为至上神了。”[④]不仅如此，周代以德配天并把“天”作为祖先加以供奉，以此为发端，以后历代王朝

① 彭国翔：《儒家传统：宗教与人文主义之间》，北京大学出版社 2007 年版，第 249 页。

② 牟钟鉴、张践：《中国宗教通史》，社会科学文献出版社 2003 年版，第 88 页。

③ 牟钟鉴、张践：《中国宗教通史》，社会科学文献出版社 2003 年版，第 96 页。

④ 牟钟鉴、张践：《中国宗教通史》，社会科学文献出版社 2003 年版，第 114 页。

的开创者都自认"天子"(上天之子),作为上承天命的根本依据。这一变化可以从《尚书・大诰》中看出:

> 予惟小子,不敢替上帝命。天休于宁王,兴我小邦周。宁王惟卜,用克绥受兹命。今天其相民,矧亦惟卜用。呜呼!天明畏,弼我丕丕基!

这段话是周公在"三监之乱"时对天下所发表的演讲,主要核心思想在于宣扬周朝取代殷朝是上承天意,也是上天的选择,不可违背。这里的"天"完全是主宰一切的"至上神"。从周代开始,"天"逐渐取代"帝"成为神灵系统的核心。

这是一个"多元""杂糅""多层次""与时俱变"的神灵系统。一是多元。"多元"是指神灵数量多,且不属于同一个宗教系统。例如,在汉民族的宗教信仰中,儒、释、道等不同宗教的神灵都存在,不限于某一种宗教。"在民间,我们时常会看到天师庙中设有观音菩萨的塑像神龛或神位,刘邦与项羽同祀一庙,太上老君与如来佛祖、孔子并列一堂的'怪异'现象。"①二是杂糅。"杂糅"是指多种宗教信仰系统中的神灵混同并存。除了"天"的地位基本保持上位之外,其他神灵的位次并不固定。有些神灵的身份甚至并不明确,这在民间信仰中尤为突出。比如,梁景之在《清代民间宗教的民俗性与乡土性》一文中认为,民间宗教以"全神"为特色的信仰模式或神灵体系对乡村社会多神主义的改造和吸收是多方面的,谱系整合、位格调整和神性杂糅是主要表现,乡村百姓出于最朴素的感情、最现实的考虑,圆融三教诸神,无差别地纳入自己的宗教世界,构筑了地地道道的三教混同、仙佛同尊的多神信仰模式。例如,佛教的燃灯佛、释迦牟尼佛、弥勒佛,道教的太上老君,儒家的孔子,以及诸佛、诸菩萨、诸天尊、诸祖,都是无生老母"一样看承"的天宫家乡的天然成员与子辈——"乡儿乡女"。② 三是多层次。"多层次"是指从宏观的层面来看,神灵之间有一个相对固定的层次,层次的分界线比较清晰。"儒家的上帝观比较复杂,可以说和古希腊罗马宗教相类似,具有多神论的特征。儒家敬拜的对象包括至上神、祖先神、圣贤神、自然神等。儒家的至上神崇拜与基督教的一神论十分接近。在中国夏商周时期,'天'或'上帝'被看作至上神。人们认为天是有意志有人格的最高主宰,它能够

---

① 梁景之:《清代民间宗教的民俗性与乡土性》,马西沙主编:《当代中国宗教研究精选丛书・民间宗教卷》,民族出版社 2008 年版,第 313~314 页。

② 梁景之:《清代民间宗教的民俗性与乡土性》,参见马西沙主编:《当代中国宗教研究精选丛书・民间宗教卷》,民族出版社 2008 年版,第 312 页。

发布命令指挥人世的一切。”[①]尽管是泛神，但神灵的位次相对来讲还是有层次的。比如，天神、地示、人鬼三个系统的边界相对是比较清晰的。“商、周两王朝的宗教，尽管是泛神，而其类别不出周官大宗伯所谓‘掌建邦之天神、人鬼、地祇之礼’——天神有上帝、日、月、星、辰、风伯、雨神等，地祇有后土、后稷、名山、大川及五行之官等，人鬼则限于先公、先王及有功烈于国家的名臣等。周代文献称为‘三事大夫’的三事，即指这‘天神、地祇、人鬼’之事。”[②]这种神灵系统的层次性，不仅仅体现在三代，在整个中国传统社会基本都是这样。随着王朝的更迭、时代的变化，神灵系统中不同层次的具体神祇会有所变动，有些时候变动还比较大，但从总体上来看，每个层次的界线则是比较清晰、明确的。比如，“天神”层次的神灵一般不会降格到“地祇”系统，更不会被列入“人鬼”系统。四是与时俱进。“与时俱变”是指神灵系统中的神灵并不是固定不变，而是随着时代的变化，神灵可以进出其间，可增可减，标准不一。但有一条原则是不变的，那就是根据时代需要进行选择。这也是信仰系统不断纳入新的信仰对象的根本原因。

这种以“天”为核心的神灵系统并非全知全能。天虽然是神灵系统的核心，是统治之天、“至上神”，但并非全知全能，也不直接向人类发号施令，作用非常有限。“天”要发号施令必须通过其他神灵（比如风、雨、雷、电等自然神灵）向人类发出警示，或者通过执政者本人的感悟来体现其意。天与人之间尤其是天与执政者之间的沟通，主要渠道是依据执政者的德行。如果执政者德行良好，那么就会得到上天的眷顾。天给人们带来的启示就是风调雨顺、政通人和。反之，如果执政者德性极差，不符合天意，整个国家就会盗贼四起、灾祸频发。从这个角度来看，“德”是天与执政者沟通的主要途径，根源在于“德”含有对上天制定的规则的遵循。正如孟洛（Donald Munro）所说：“德字原指人对天定法则所持的一贯态度；理想的德，是指这种态度表现于恪遵天定法则的日常行为中。个人与天的交往要靠这种态度来维持；因此，德具宗教性格。到了周朝，德字进一步代表统治者所赏赐的恩惠（或者简单说来，仁慈），因为人们相信这种做法符合天的一项主要命令。于是，德自然而然在百姓心中产生敬爱与忠诚，并群起归向行德之人。”[③]正因为天并非像其他宗教“至上神”那样直接发挥作用，在

① 杜小安：《基督教与中国文化的融合》，中华书局 2010 年版，第 134 页。

② 丁山：《中国古代宗教与神话考》，上海书店出版社 2011 年版，第 591 页。

③ 转引自傅佩荣：《儒道天论发微》，中华书局 2010 年版，第 40 页。

随后的发展过程中便逐渐被哲学化、抽象化，这也是中国哲学汲取营养的根源。“中国哲学各家各派，在某一重要意义上，皆可以从传统的天概念吸取无穷无尽的滋养。天概念，以及天的丰富指意，像造生者、载行者、统治者、启示者与审判者，仍有其周遍的内涵。春秋战国时代的‘哲学突破’，正发源于思想家对天概念之复振、锤炼与重塑的努力。中国各派哲学皆可依其不同的天概念而加以区分；这并非夸张之语。”①

（三）修行方式：修身为基，自我为主

超越的方式以自我为中心，靠个人的修行来实现。这种修行方式主要体现为“内圣”与“外王”。“内圣”的方式在于个体修身养性，自我提升道德水平；“外王”的方式在于入世济民，为国家效力，为黎民苍生服务，从而实现个体的社会价值。无论是“内圣”还是“外王”，都是提升个人道德修养的途径。需要明确的是，两者都是以自我为中心，强调自我，强调个体的修行。儒家的“修身”“齐家”“治国”“平天下”，前提是“修身”，基础是“修身”，根源也是“修身”。对此，杜小安做了比较精彩的分析：“儒家的人生观主要体现在《大学》里所说的‘修身、齐家、治国、平天下’几个方面。儒家人生目标集中概括在《大学》的‘三纲领’当中，即‘在明明德，在亲民，在止于至善’。‘明明德’就是通过自我道德修养明白天命和伦理道德法则，成为有德的圣贤君子；‘亲民’就是通过教育和政治途径更新和改善平民大众的物质和精神生活状况；‘止于至善’就是坚定不移地向至善的境界前进，永不懈怠退缩。儒家人生修养的途径集中体现在《大学》的‘八条目’里，包括格物、致知、诚意、正心、修身、齐家、治国、平天下八个方面。身、家、国、天下是儒家关注的四大核心目标，也是实现人生价值的根本基点。儒家的宗教、哲学、道德、历史、教育、文学、礼乐制度、军事等方面的思想和原则都只有通过这四个方面的成就才能体现出来。儒家主张‘天地之大德曰生’、‘克己复礼’、‘己所不欲，勿施于人’、‘己立立人，己达达人’、‘穷则独善其身，达则兼济天下’的人生观，正是围绕这四大核心目标而展开的。孔子虽亦言‘天命’，但是对于最根本的‘性与天道’却存而不论，所以儒家学者大都认为‘天道远，人道近’，‘未知生，焉知死’。他们的人生态度既有‘乐天知命’的超然出世境界，又有积极参与现实生活的‘舍我其谁’的入世担当精神。儒家人生观既包括存心养性、明德修身的内圣方面，追求‘贫贱不能移，威武不能屈，富贵不能淫’的大

① 傅佩荣：《儒道天论发微》，中华书局2010年版，第54页。

丈夫人格理想；同时又有追求天下为公，世界大同、四海一家的救世精神等外王方面，抱有‘鞠躬尽瘁，死而后已’、‘先天下之忧而忧，后天下之乐而乐’、‘为天地立心，为生民立命，为往圣继绝学，为万世开天平’、‘天下兴亡，匹夫有责’的坚定信念和宏大志愿。”①

（四）超越决定权：以我为主，神灵辅助

在“乐感文化”背景下，天虽然是整个神灵系统的核心，但其作用非常有限，因此，个人在追求精神超越时不是依靠上天，而是依靠自己。换言之，精神超越的主动权、选择权、最终决定权在于个人。周代开始的“以德配天”，一方面弱化了天的神性，另一方面则增强了个体在天人关系之中的灵活性和主动性，为个体在精神超越方面占据主导地位埋下了伏笔。在探讨“天命无常”或者“天命有常”的过程中，作为沟通上天与百姓的纽带——君王的德行成了关键。王朝更迭的主要根源在于执政者的德行，换言之，执政者的德行可以从根本上决定王朝的兴衰。“由商之代夏与周之代商的历史事实，可知天命无常。这种无常性不仅对于失落天命者为真，对于获享天命者亦为真。就前者言，天是不仁（弗吊）的；就后者言，天是不可信的。然而，这些信念的含义却是积极的与正面的。其中的重点逐渐转到获享天命者身上。事实上，天命的无常来自人君道德的无常。”②这虽然是说执政者的德行是影响上天与执政者关系的关键因素，但这并不仅仅指执政者，因为在传统社会，执政者代表天下百姓的利益，或者说是天下百姓的代表。尽管如此，但这并不意味着普通的百姓与上天没有任何关系。其实，在日常生活中，普通的个体都会通过祭祀与以天为代表的神灵系统沟通交流，只不过对祭天、祭地等祭祀有严格限制而已。如果从精神超越的层面来看，任何人都可以靠自身的修行和努力来达到目的。杜维明在《论儒学的宗教性——对〈中庸〉的现代诠释》中以君子为例，对儒家这种个体的主动性做了比较透彻的分析：“《中庸》所带来的信息在于：‘慎独’的人很可能对外在环境相当敏感，他能意识到身边的情势，而且在遭遇面对着出其不意的发展时保持高度警惕。这种敏感性、明察和警觉的能力使他能迅速把握到在通常环境下‘所不睹与不闻’的事物。这种‘慎独’的人未必具有超凡的眼力，但是他的个我的知识却已经发展到一定的层次，使他能充分理解那些超出通常觉知范围的东西。他之所以眼光锐利，倒不是由于他天生就有某种超常的理解力；毋宁说，他是通

① 杜小安：《基督教与中国文化的融合》，中华书局 2010 年版，第 141 页。

② 傅佩荣：《儒道天论发微》，中华书局 2010 年版，第 44 页。

过持续不断的批判性的自省,才得以察知自己内在情感的精微的征兆……既然在儒家传统中总是把一个人设想为各种关系的中心,则他越是深入内在自我,就越能够实现人与人之间相关性的真实本性。因此,'慎独',作为一种精神修养,绝非追求那种像原子般的个人的孤僻,而是在上升到作为普遍人性中基础的真实存在这个层面。君子'慎独'并不是未来追求孤独本身的内在价值……然而,君子力求不断深化主体性的过程,并不是由任何外在动因决定的,不管这种动因是经过宗教认可,还是由于社会的制约。它也不是心理学意义上的内在化过程。《中庸》所憧憬的似乎是一种自我实现的创造性过程,它是由一种自我生成的力量源泉所孕育和推动的。严格讲来,一个人是不可能通过学习某种固定模式而成为君子的。除非他已经同自己的内在自我取得协调(这一自我对他人说是'隐'而'微'的,但对自己却是显而易见的),以一种既定的行为模式为榜样来规范自己的生命乃是一种狭隘而囿限自己的经验。其实,孔子就曾说过:'射有似乎君子,失诸正鹄反求诸其身。'(《中庸》第 14 章。)《中庸》援引孔子这段话,意在说明:在错综复杂的人际网络中人的存在之所以构成中心是以他的'能自得'为前提的。"①从杜维明的分析可以看出,慎独是普通人成为君子的方法。这种方法不是普通心理学意义上的内化过程,而是"自我创造""能自得"的过程。这一过程的最终结果就是"自我实现",达到精神的超越。当然,这种慎独的过程不能脱离社会,而是与日常生活紧密联系。在这一过程中,根本动力在于自身,取决于内而不是求助于外。换言之,日常生活实践的过程,也就是精神内化超越的过程。"儒家讲求天时地利人和,提倡自己创造,而不是坐等。儒家最核心的一个理念就是:只有自己做好了,所有的外力才会辅助你,即所谓的'皇天无亲,惟德是辅'。强调自己品德的提升才是根本。儒家认为是'尽己之心'就'尽物之心',然后'参天地之化育',主'修身、齐家、治国、平天下',使人自身和各种关系都得以和谐发展。"②

二、社群行为:处事中庸而不极端

人是社会中的人,人的行为离不开社会环境的制约,个体的行为都具有社会性。"儒家也认为社会性是人类的关键特征之一。比如,在孟子讲的原初故

① [美]杜维明:《论儒学的宗教性——对〈中庸〉的现代诠释》,段德智译,武汉大学出版社 1999 年版,第 27～28 页。

② 楼宇烈:《中国的品格》,南海出版公司 2009 年版,第 2 页。

事里，孤独的野蛮人这一阶段也从未被考虑过。并且，即便通过圣王的努力(他们以及他们的下属驱赶走了野兽、控制了洪水，使得田地可以耕耘，并且教人以稼穑)，人们饱食暖衣、逸居而无教，仍近于禽兽。圣人忧之，乃使契为司徒，教以人伦：父子有亲，君臣有义，夫妇有别，长幼有序，朋友有信。(《孟子·滕文公上》)这个原初故事中的哲学信息是非常明确的：人之所以为人，是因为他们有相应的社会关系；如果没有这些关系，他们不过是长得像人的禽兽。”[①]儒家所认可的社会性，直接的体现就是家庭。家庭是群体的基础。“儒家精神的一个显著特征是，把群体视为我们追求自我实现的一个不可或缺的部分。在儒家传统的观念中，绝对不会把摆脱伦理、婚姻、语言、乡土以及生活中其他难以处理的现实问题来作为解脱的前提条件。儒家深刻地认识到，我们被根植在这个世界上，我们的精神之旅必须此时此刻从家庭开始……儒家主张以家庭作为我们精神之旅的出发点乃根据一个坚定的信念：我们自身绝不是一个离群索居的个体，而是一个经验中的和实践着的人际关系的中心。”[②]既然家庭是社会性的基础，作为个体的行为就必须为家庭负起责任，从而延伸到对社会负责。由此，个体必须以群体利益、社会利益为重，关键时刻能够舍小家顾大家，家族利益服从国家利益。在“乐感文化”的背景下，这种以家庭为基础、个体必须对社会负责的社群行为常表现为“中庸而不极端”，即在行为方式上，坚持“中庸之道”；在道德层面上，奉行“爱有差等”。

(一)在处事方式上，坚持“中庸”之道

“子曰：‘中庸之为德也，其至矣乎！民鲜久矣。’”(《论语·雍也》)朱熹在《四书章句集注》中注解道：“中者，无过无不及之名也。庸，平常也。至，极也。鲜，少也。”其引程子曰：“不偏之谓中，不易之谓庸。中者天下之正道。庸者天下之定理。”[③]笔者认为，中庸的含义主要包含两个层面：外在行为不偏不倚，适宜有度；内在实质坚定不移，持之以恒。这两个层面是原则性与灵活性的高度统一。外部行为，可以根据具体的情形权衡利弊、灵活变通，但所坚守的底线或者原则，却不能有任何改变。

首先，外在行为不偏不倚，适宜有度。这里主要是指“执两用中”，“中”不是中间的意思，不是在两个极端中间找到中间的那一个，而是找到最适合的那一

---

① 白彤东：《灵长类动物学家与儒家》，《哲学研究》2012 年第 1 期。

② [美]杜维明：《儒教》，陈静译，上海古籍出版社 2008 年版，第 6～7 页。

③ 朱熹：《四书章句集注》，中华书局 2011 年版，第 88 页。

个,中庸之意其实就是在处理问题时不要走极端,而是要找到处理问题最适合的方法。换言之,在外在的实践行为上,要不温不火,找准平衡点。“适宜适度谓之‘中’,合乎这个标准为‘中行’‘执中’;执中而又需要协调各方,就是‘中和’;因这标准和方法是经常性的存在和运用,故称‘中庸’……中庸既是认识论又是方法论,其积极意义在于强调准确地把握事质的规定性,肯定事物的变化超过一定限度就要转向反面,应及时抓住和维持这种平衡,符合辩证法思想。但平衡是相对的,如果一味夸大平衡的作用,追求无矛盾状态,以至否认斗争和转化,也就难以有新的突破和进步了,与此同时孔子又提出了‘四毋’及‘时中’,体现了辩证思维的完善。基于认识论和方法论的意义,其在孔子伦理范畴中的作用,主要因为能够体现仁、礼及其各德的和谐统一,故被推为思想行为所应掌握的最高道德准则。”①

其次,内在实质坚定不移,持之以恒。中庸不仅仅在于外在的行为方式,更重要的是中庸具有内在的精神追求、价值判断,这也是中庸的本质。这种本质的体现就是坚定不移,持之以恒。这也是中庸与庸俗的折中主义的本质区别。“简单说来,无原则地、主观任意地把对立的方面结合起来,才叫折衷主义,才是马克思主义所谓的折衷主义;不能把一切折中,都看做是错误,也并非任何谈论‘中’的学说,都是折衷主义。按这样的标准衡量,中庸的执两用中,它的亦A亦B,以及它那些达到对立面同一的灵活性,都还是折中,而不是折衷主义。因为它并非简单地平列对立双方,而是要依照某种原则来或济或泄;它所提倡的对立面的各种结合方式,并不是任意的,而是有着某种根据的。这种原则和根据,就是‘中’。我们已经说过,中庸学说所谓的过和不及、刚和柔、偏和颇等等的两端,并非先于中而自在,却是因于中而存在的。中是两端对立的座标。两端的结合,原是取正于这个中的。”“中庸的中既不是折衷主义,中庸的和也不是调和主义。”②折中主义也好,调和主义也罢,一言以蔽之,就是没有原则,两边讨好、和稀泥,实质是“乡愿”的表现。“孟子认为,中庸做不好的话,就会变成乡愿。要想不变成乡愿,最重要的一点就是反经。以最高的、最美好的原则为行为标准。这样,即便做不到中庸也可以为狂者,不成狂者也可作狷者,总比那个乡愿好一些。如果你做不到这些,又不‘反经’,最后就沦为乡愿。这就是中庸和折

① 贾庆超:《四书精华解读》,齐鲁书社2009年版,第120～121页。

② 庞朴:《中庸“平议”》,《中国社会科学》1980年第1期。

中主义的差别。”[①]中庸所坚守的内在本质是“仁爱”，这是与“乡愿”最根本的区别。“当然，孔子提倡中庸之道，其实质是指合情理的‘仁（爱）’行为，中庸之道如果偏离了仁爱，就失去了‘（仁）道’的意义。孔子反对那种貌似中道的‘乡愿’行为。‘乡愿’行为是仁爱德性泯灭、坏死的象征，产生的是一种道德（能力）假象。所以，孔子批判‘乡愿’为‘德之贼也’。这是价值立场和道德标准出了问题。中庸之道作为‘仁（爱）’的力行尺度和实践标准，也即意味着‘仁爱’这种道德动因只有通达中庸才能完成它的‘爱人’使命。”[②]

（二）在道德层面上，奉行“爱有差等”

如果说“仁爱”是“中庸”之道的本质，那么，“爱有差等”便是“中庸”之道在道德层面上的表现形式。在儒家看来，仁爱是根本，每一个人都应该爱己、爱他人、爱自然，但这种爱是有区别、有等级的，不能平等视之。

首先，仁爱是以“亲亲”为基础。《孟子·尽心上》中说：“君子之于物也，爱之而弗仁；于民也，仁之而弗亲。亲亲而仁民，仁民而爱物。”儒家提倡的“仁爱”是以“亲亲”为基础，然后根据不同的情况有层次地向外推广。“儒家的爱是以亲子之爱为范型的，亲亲这个概念就能表明这一点。亲亲指孩子对父母的爱，仁所要求的便是将这种爱尽量扩展开去，用以对待别人的父母。这样一来，爱在人们中的分配客观上就有了差等，爱自己的父母自然会及于爱别人的父母。所以，仁的确内在地包含着差等之爱的属性。”[③]而“亲亲”的核心在于孝。“儒家的‘情’是以有生理血缘关系的亲子情为基础的。它以‘亲子’为中心，由近及远、由亲至疏地辐射开来，一直到‘民吾同胞，物吾与焉’的‘仁民爱物’，即亲子情可以扩展成为芸芸众生以及宇宙万物的广大博爱。儒家认为有男女、夫妇才有父子，有父子之后才有君臣以及兄弟和朋友，但儒家既不以男女、夫妇，也不以天地、神灵，而始终抓住‘亲子’这一环作为核心或根本。这即是上节所讲的‘孝—仁’。”[④]

其次，爱有层次、有差别。“仁爱”既然以“亲亲”为基础、以孝为核心，那么，在具体实践中就会随着血缘关系的远近亲疏有了层次和差别。“按照儒家的观

① 庞朴：《中国文化十一讲》，中华书局2008年版，第133页。

② 方德志：《基于“仁爱”德性的儒家伦理构成之现代阐释——以道德情感主义的视角》，《华中科技大学学报》（社会科学版）2011年第6期。

③ 徐长福：《差等之爱与平等之爱——对儒家、墨家、基督教有关爱的观念的一个比较》，郭齐勇主编：《儒家伦理争鸣集——以“亲亲相隐”为中心》，湖北教育出版社2004年版，第831～832页。

④ 李泽厚：《实用理性与乐感文化》，生活·读书·新知三联书店2008年版，第72～73页。

点，爱应该有差等。虽然自己的父母和陌生人都是道德行为的对象，人对自己父母的责任远远大于对陌生人的看法……在儒家的眼里，伦理道德生活本身就有其价值。如果仁要求我们把爱自己的父母放在第一位，把爱其他人放在第二位，那么，即使爱自己的父母有时候不能实现像爱陌生人那样实现最大的社会利益，我们仍然应该首先爱自己的父母。孔子认为，正是在爱自己的父母的过程中，一个人可以发展和培养自己的道德人格，成为所谓的仁人。从另一角度看，如果一个人像对待陌生人那样对待自己的父母，他就没有尽到对家庭的责任。而家庭在儒家是人的最重要的生活环节。"①

很显然，儒家的"仁爱"异于墨家的"兼爱"。庞朴认为，儒家的"爱有差等"是以"仁"为基，墨家的"兼爱"则是以"义"为基。"墨家的代表人物墨子曾受到儒家的影响，但其学说与儒家有所不同。墨子主张'兼爱'、'非攻'。所谓'兼爱'就是博爱，就是普遍的，无差等的爱。这与儒家的道德学说完全不同。儒家对于血缘关系较为关注，认为'仁'适用于血缘内部；而对于血缘以外的关系，则应当用'义'来解决。"②

三、个体行为：生活务实而不虚幻

个体是群体的基础。在"乐感文化"中，个体行为的方式是生活务实而不虚幻。所谓"生活务实而不虚幻"，是指个体一方面比较重视现实生活，不远离现实世界；另一方面，个体有比较强烈的精神追求，这种精神追求来源于现实生活并且高于现实生活，正因如此，现实生活才更有意义，这也是与实用主义的最根本区别。

（一）生活态度务实：注重现实世界

对中国人来讲，现实生活就是安身立命的基础，任何追求都是以日常生活为根基。"中国的实用理性使人们较少去空想地追求精神的'天国'；从幻想成仙到求神拜佛，都只是为了现实地保持或追求世间的幸福和快乐。人们经常感伤的倒是'譬如朝露，去日苦多'，'他生未卜此生休'。'又只恐流年暗中偷换'……总之非常执著于此生此世的现实人生。"③这种执着于现实生活的态度

---

① 李晨阳：《道与西方的相遇：中西比较哲学重要问题研究》，中国人民大学出版社 2005 年版，第 108 页。

② 庞朴：《中国文化十一讲》，中华书局 2008 年版，第 112 页。

③ 李泽厚：《新版中国古代思想史论》，天津社会科学院出版社 2008 年版，第 244～245 页。

也渗透到所追求的理想生活之中。冯友兰认为，儒家哲学所追求的理想生活与日常生活密切联系，最理想的生活也是最现实的生活。“中国的儒家，并不注重为知识而求知识，主要的在求理想的生活。求理想的生活，是中国哲学的主流，也是儒家哲学精神所在。理想生活是怎样？《中庸》说：‘极高明而道中庸’，正可借为理想生活之说明。儒家哲学所求之理想生活，是超越一般人的日常生活，而又即在一般人的日常生活之中。超越一般人的日常生活，是极高明之意；而即在一般人的日常生活之中，乃是中庸之道。所以这种理想生活，对于一般人的日常生活；可以说是‘不即不离’，用现代的话说，最理想的生活，亦是最现实的生活。”[①]“最理想的生活”就是“最现实的生活”，恰恰说明了中国人比较务实的生活态度，是为了在现实世界生活得更好，积极地入世，面对现实，而不是摆脱现实。

（二）注重精神追求：不是实用主义

实用主义最大的特点就是没有原则，没有立场，没有底线。“乐感文化”所提倡的注重现实世界，并不是实用主义，而是在看重现实生活的同时还有更高的目标和精神追求。这种精神追求来源于现实生活，并且通过自身努力得到升华，不完全在“此岸”，也不完全在“彼岸”，而是在“此岸”中达到“彼岸”的境界。这也就是儒家的“内在超越性”。这种内在的超越，使个体将“三不朽”作为“生之所依”，“人道合一”作为“死之所归”。

“生之所依”追求“三不朽”。“三不朽”是指“立德”“立功”“立言”，是伦理思想史上的一个命题，也是儒家在现实社会生活中“修身、齐家、治国、平天下”理想的集中体现。“三不朽”最早见于《左传·襄公二十四年》：

> 二十四年春，穆叔如晋。范宣子逆之，问焉，曰：“古人有言曰，‘死而不朽’，何谓也？’穆叔未对。宣子曰：‘昔匄之祖，自虞以上，为陶唐氏，在夏为御龙氏，在商为豕韦氏，在周为唐杜氏，晋主夏盟为范氏，其是之谓乎？”穆叔曰：“以豹所闻，此之谓世禄，非不朽也。鲁有先大夫曰臧文仲，既没，其言立。其是之谓乎！豹闻之：‘大上有立德，其次有立功，其次有立言。’虽久不废，此之谓不朽。若夫保姓受氏，以守宗祊，世不绝祀，无国无之。禄之大者，不可谓不朽。”

唐人孔颖达在《春秋左传正义》中对“立德”“立功”“立言”分别做了界定：

---

① 冯友兰：《哲学的精神》，陕西师范大学出版社2008年版，第95页。

"立德谓创制垂法，博施济众；立功谓拯厄除难，功济于时；立言谓言得其要，理足可传。"无论是"立德""立功"还是"立言"，都是从现实世界、现实生活出发，或"博施济众"，或"功济于时"，或"理足可传"，根本目的也是解决现实问题。当然，正是因为有了"三不朽"的精神追求，整个社会生活才不完全流于庸俗，个体的日常生活才更具有道德上的意义，个体价值的实现才更具有群体性和社会价值。

"死之所归"追求"人道合一"。"人道合一"亦即人在现实生活的实践中实现自身所追求的理想目标，让平凡的生活更具有道德意义，在实现"三不朽"的过程中达到"人道"与"天道"的合一。"此儒家之教包含宗教精神于其内，既承天道以极高明，而归极于立人道，以致广大，道中庸之人文精神所自生。故谓儒家宗教是宗教者固非，而谓儒家反宗教、非宗教，无天无神无帝者尤非。儒家骨髓，实唯是上所谓'融宗教于人文，合天人之道而知其同为仁道，乃以人承天，而使人知人德可同于天德，人性即天命，而皆至善，于人之仁心与善性，见天心神性之所存，人至诚而皆可成圣如神如帝'之人文宗教也。"①

第三节　"乐感文化"的基本精神

"中""和""乐"是"乐感文化"的基本精神。"中国文化提倡认识自我，主要是认识人的本性。它强调人在天地万物中，既和万物一样，又和万物不同。人具有主动性和能动性，在万物中拥有最大的自由。这种主动性应当正确使用，任意妄为就会损害本性。因此在实践原则中，中国文化坚持'中'与'和'，'中'就是恰如其分，'和'就是平衡，不做过分的事。"②"中"强调分寸，把握尺度，不偏不倚，恰如其分。"和"强调包容共生，多样并存。除了"中""和"之外，中国文化还有"乐"，即强调人的主动性、积极性和创造性，在挫折、困难面前，百折不挠，勇往直前，自然向上，积极进取。

一、"中"：恰如其分

《说文解字》将"中"字归为"丨"部，意指"中内也，从口，从丨，上下相通"③。

① 唐君毅：《中国文化之精神价值》，广西师范大学出版社2005年版，第39页。

② 楼宇烈：《中国的品格》，南海出版公司2009年版，第2页。

③ 许慎：《说文解字》，中华书局1963年版，第14页。

“按这个意思，就是把中字的中间部分看成是封闭的圆圈‘○’，它代表宇宙的全体，而要求观察体认的人，应该不偏不倚地将上下贯穿起来，而成为最完满的中道，这里充分体现了宇宙的整体观和中正不倚的道德观。”[①]《尚书·酒诰》云：“尔克永观省，作稽中德。”这里的“中”是指中正之德。《论语·尧曰》云：“尧曰：咨尔舜！天之历数在尔躬，允执其中，四海困穷，天禄永终！”“中”在此的含义指行为的方法，即坚守中道。无论是“中正”还是“中道”，“中”的基本含义就是强调分寸，把握尺度，不偏不倚，恰如其分，既是一种道德原则，也是一种行为方式。“中”在实践上的体现，就是要求人们“做事不走极端”和“遵循事物本身的价值底线”。

首先，在行为方式上，要求人们做事不走极端。“‘中’是以人为本，顺乎时代，合乎民心，不走极端，无过与不及之失，所以是行仁的正道。”[②]如果从宏观来看，任何极端都是一种“偏颇”，都是一种对“平衡”的破坏。当然，这里的“偏颇”并不意味着不正确。不走极端，根本在于为人处世力求达到各方的平衡。方东美认为，“从儒家思想来看，在《汉书·谷永传》里，有‘建大中以承天心’，吾国古代的传统思想上，总是要发挥中庸或中道的精神。中字代表整个中国的精神。此符号代表整个宇宙全体为一大圆圈，如果站在某一方面，则成为偏见，应该贯穿起来上下皆通，还须如中，使之平衡。《庄子》云：‘得其环中以应无穷’，就是要了解、把握、体验宇宙全体，才可以安排吾人的生命于其中，贯穿起宇宙生命全体的力量”[③]。

其次，在道德层面上，要求人们遵循事物本身的价值底线。“中”在行为方式上追求各方的平衡，并非没有任何原则的、“圆滑”的处理方式，而是有最终的价值底线。“执中为近之，执中无权，犹执一也。”(《孟子·尽心上》)孟子认为，在坚守中道的过程中要注意权变，否则，就会僵化，达不到“中”的最终目的。“权变”的依据在于这种行为方式从根本上要符合道德要求。《春秋公羊传》云：“权者何？行权有道，自贬损以行权，不害人以行权；杀人以自生，亡人以自存，君子不为也。”“行权有道”说出了权变的本质，即权变的最终结果要遵循道义，否则就不符合权的本意。“《公羊传》肯定了权变的合理性，认为权就是对经的

---

① 程静宇：《中国传统中和思想》，社会科学文献出版社2010年版，第5页。

② 牟钟鉴：《新仁学构想——爱的追寻》，人民出版社2013年版，第192页。

③ 蒋国保、周亚洲编：《生命理想与文化类型——方东美新儒学论著辑要》，中国广播电视出版社1992年版，第236页。

一种违反，但它又明确指出权是不得已而为之的，而且这种权归根结底是合乎经的，是按照经的基本原则对新情况作出的权衡和判断，实质上是对经的补充。同时，《公羊传》坚决反对那种害人以利己的权变，它认为‘行权有道’，权变是有限度的，受经的制约。”[①]换言之，“权”是变道，是方法，是手段，是过程；“经”是恒道，是目的，是结果；“权”最终的归宿是服务和服从于“经”。

二、“和”：包容共生

“和”，强调包容共生。一方面，尊重差异，多元共存，承认和尊重世间万事万物的多样性；另一方面，认为万物并行不悖，相育而不相害，共存共生。“‘和’就是承认事物的多样性、差异性和矛盾的普遍存在，从仁爱忠恕之道出发，互相尊重，包容多样，协调矛盾，共生共荣。”[②]

（一）尊重差异，多元共存

在“乐感文化”看来，世间万事万物都有其存在的理由，也有生存的价值。万物之间的关系，应尊重差异，多元共存，和谐共处。大树自有大树的英姿，小草亦有小草的风采，不可替代，也替代不了。“一花独放不是春，百花齐放春满园。”正是多样性的存在，才使整个世界充满了生机，充满了活力。正如冯友兰在《中国哲学简史》中所说：“一个有组织的社会，有各种不同的才能、不同行业的人，各有自己的地位，完成不同的作用，各得其所，彼此没有冲突。一个理想的社会，也是这样和谐的一体。如《中庸》所说：‘万物并育而不相害，道并行而不相悖，此天地之所以为大也。’（见《中庸》第三十章）这种和谐，不仅是指人类社会，它也渗透全宇宙，构成所谓‘太和’。易乾卦《彖辞》说：‘大哉乾元，……保合太和，乃利贞。’”[③]需要指出的是，在具体实践中，“和”并不是无原则、无条件的包容，而是有原则的、有道德价值的包容。《中庸》说：“喜怒哀乐之未发，谓之中，发而皆中节，谓之和。中也者，天下之大本也；和也者，天下之达道也。”在这里，“和”是符合礼节法度的“和”，具有丰富的道德意蕴。“君子和而不同，小人同而不和。”（《论语·子路》）“礼之用，和为贵。”（《论语·学而》）“故君子和而不流，强哉矫！中立不倚，强哉矫！”（《中庸》）这都在说明，“和”是在符合道德原则前提下的和谐共处，不是随波逐流、无原则、无道德指向的“一团和气”。

---

① 庞朴主编：《中国儒学（四）》，东方出版中心 1997 年版，第 211 页。

② 牟钟鉴：《新仁学构想——爱的追寻》，人民出版社 2013 年版，第 192 页。

③ 冯友兰：《中国哲学简史》，新世界出版社 2004 年版，第 152 页。

(二)并行不悖,相育共生

《国语·郑语》云:“夫和实生物,同则不继。以他平他之谓和,故能丰长而物归之。若以同裨同,尽乃弃矣。”“和”是指“以他平他”,即不同的事物之间相育互利,才能产生新事物,也就是“和实生物”;单一的同类事物重复相加则不能产生新事物,即“同则不继”。这也说明了“和”的另一层含义,即不同事物之间在竞争中共存,在互利中共生。从生态学的角度来审视,世界上任何事物都存在着直接或间接的联系,从根本上来讲,不同物种的生长或消亡,都会对其他物种产生影响。万物之间的“和”,就是互惠互利,共生共存,相利而不是相害。社会的进步、个人的进取,都不应该以牺牲他者的利益为代价。

三、“乐”:自然向上

“乐”所体现的是自然向上,积极进取,永不放弃。这里所说的“自然向上”,是指按照事物本来的发展规律奋发进取。如果说“中”着重在于处理事情的分寸、把握行为的“度”,“和”着重在于尊重他者、与他者的共存共生,那么,“乐”则着重在于内心精神状态,尤其在困难面前,百折不挠,坚持不懈,永不放弃。《周易》是大道之源,也是传统文化的源头,认为“乐”是和乐,有利于圆融人格的形成。“《周易》中所阐述的和乐精神,既指出了人与人之间应该和睦相处,以诚相见,同时认为这种和乐精神也是一种内在心情的流露,和谐乐观,温柔敦厚,心情舒畅,使自己的内心世界与周围的生活环境处于一种喜庆祥和的氛围之中,这不仅有益于人的身心健康,同时也有利于人格的进一步完善。我认为,忧患意识可以砥砺磨练人格走向坚强和浑厚,而和乐精神则能够消解那些影响人格完善的各种不良因素,如焦虑、抑郁、自闭以及一些变态的心理刺激反应,由此使人格变得圆融和柔顺。”[①]需要指出的是,这种圆融和柔顺并非没有原则、没有底线,一味顺从,而是柔中有刚,顺中有度,否则也就不会有孟子倡导的“舍生取义”,以及文天祥“人生自古谁无死,留取丹心照汗青”的壮举。“乐”在实践中包含两个层面的含义:在信仰层面,坚守信念,永不言弃;在面对现实层面,坚信未来,积极进取。

第一,在信仰层面,坚守信念,永不言弃。有一种观点认为,中国人[②]没有信仰,或者说看不出中国人有明确的信仰。其实,这种说法有些偏颇。在传统社

① 徐仪明:《论儒家早期情感心理的教化作用及其重要意义》,《孔子研究》2011年第6期。

② 这里的中国人主要指汉族人,由于汉族人占中国人口的绝大多数,往往以“中国人”笼统称之。

会，中国人的信仰尽管比较宽泛、庞杂，但有一点却是永远不变，那就是“敬天法祖”。所谓“敬天法祖”，就是尊敬上天，效法祖先。“天”和“祖先”一直居于中国人信仰的核心地位，并贯穿于中国人的日常生活，代代相传，永不改变。对此，笔者在《汉民族宗教信仰品格：“形散”而“神聚”》一文中做了比较详细的论述：

在中国传统社会，“敬天法祖”始终在汉民族的宗教信仰中占据主导地位，一以贯之，传承不懈。“敬天法祖”，除了表示对“上天”和“祖先”的尊敬之外还含有以“祖宗”为榜样来进行效法之意。汉民族在祭祀祖先的过程中，往往坚持“尊优、略庸、漏劣”（推崇优秀、略提平庸、漏掉顽劣）的原则，即对那些在他们看来对国家或者家族做出贡献、有丰功伟绩、人品贵重、能够为家族增光添彩、引以为豪的祖先倍加尊敬和推崇，家谱中大书特书，家族祭祀的仪式也严格隆重，并将其树为榜样和楷模，对后人进行教育，供后人效仿。而对那些一生平庸甚至顽劣或者有“历史污点”的祖先，往往是表现冷淡，不甚关心，家谱中一笔带过，有的甚至故意漏掉；家族祭祀的仪式也非常简单，有的甚至根本不与祭奠。“敬天”，导致汉民族在信仰其他宗教的时候，往往从“天”的角度看待其他宗教的主要神灵。在汉民族眼里，佛教的释迦牟尼、道教的太上老君、伊斯兰教的安拉和基督教的上帝等等，他们要么就是“天”的代表或者化身，要么隶属于“天”，要么干脆分离，“天”和这些神灵同时信奉。在汉民族宗教信仰的潜意识中，“天”是其他神灵永远不可替代的。“法祖”，导致汉民族在供奉祖先方面代代相传，不可隔断。不论信仰何种宗教，供奉祖先的灵位、祭祀祖先是不可改变的。无论是佛教还是基督教，都是在与这种“法祖”信仰取得一致或者大致相同之后才能够得到汉民族的普遍信奉。因此，“敬天法祖”使汉民族在宗教信仰方面有了明确的中心，不容易接受其他宗教；即便是接受，也始终不能摆脱“敬天法祖”的影响。像太阳系中地球等几大行星围绕太阳转一样，尽管离太阳的远近不同，但始终摆脱不了太阳的束缚和影响。[①]

“敬天法祖”这种核心信仰，使中国人在生活中有了前行的力量和勇气。我们可以看到，每当遇到困难、遭受挫折的时候，中国人往往寄希望于天，向上天表白心迹，如“不怨天，不尤人，下学而上达，知我者其天乎”（《论语·宪问》）；或将命运的安排归结于天，如“获罪于天，无所祷也”（《论语·八佾》）。天或者天

① 刘伟：《汉民族宗教信仰品格：“形散”而“神聚”》，《聊城大学学报》（社会科学版）2012 年第 6 期。

道逐渐成为中国人的根本性心理。“中华文化和心理信仰以这朦胧含混的‘天道’而不以明确具体的‘天主’(God)作为主宰，这一点极为重要……它(‘天道’)虽拥有不可预测难以违抗的功能、神力，却从不脱离人世经验和历史事件，而成为某种客观理则但又饱含人类情感的律令主宰。始终没有发展或接受全知全能、至高无上、人格性唯一神的‘天主’(God)信仰，却产生和延续着含有规则性、律令性、理势性意义在内的‘天道’观念，这不能不说是中华文化思想史上最早、最重要也最具根本性的心理成果。”①

第二，在面对现实层面，坚信未来，积极进取。无论在“春风得意马蹄疾，一日看尽长安花”的顺境，还是在“抽刀断水水更流，举杯销愁愁更愁”的逆境，中国人一直都向前看，坚信未来，相信风雨过后必定有彩虹。尤其在艰难困苦的逆境中，始终对未来抱有希望，充满信心。“人生在世不称意，明朝散发弄扁舟。”在散发弄扁舟的快意中淡化忧愁，积累希望，静待时机。正如李泽厚所说：“‘乐感文化’便以人为本，相信人类自身的力量，尽管历史在悲剧中前行，但认为只要自强不息、韧性奋斗，便可否极泰来；形势可以改变，前途会有光明，继往开来，‘虽百世可知也’。所以孔老夫子说‘知其不可而为之’，《周易》‘既济’之后有‘未济’。它宣示的是：人类所行走的是一个永不完成的奋斗历程，这是‘天道’，也是‘人道’。”②

四、“中”“和”“乐”之关系

“中”“和”“乐”三者是“乐感文化”精神的体现，但各自的侧重点不一样。“中”强调“恰如其分”，把握分寸，做任何事情都要不偏不倚，符合事物自身规律，不走极端。同时，在不偏不倚之中有一个底线。如果没有底线，那便是有奶便是娘，是赤裸裸的实用主义。因此，“中”所强调的是对“度”的把握，既不走极端，又不丧失原则。“和”强调尊重差异，并行发展，和谐共处，包容共生，主要着眼于万物生存、发展的规则。这种规则倡导尊重相同事物之间及其不同事物之间的差异，尊重事物发展的内部规律，顺应自然。“乐”强调“自然向上”，一方面要坚守信仰，永不言弃；另一方面要坚信未来，积极进取。这主要着眼于人生活在世界上所要坚守的一种精神追求，其内涵在于不管是顺境还是逆境，无论在何种情况下，都要坦然承受，积极面对。

---

① 李泽厚：《新版中国古代思想史论》，天津社会科学院出版社2008年版，第356～357页。

② 李泽厚：《新版中国古代思想史论》，天津社会科学院出版社2008年版，第363页。

简言之,“中”着眼于做事,“和”着眼于相处,“乐”着眼于追求。做事要有原则,不偏不倚;相处要尊重差异,和平共处;追求要坚守信念,积极向上。三者虽然各有侧重,但联系密切。一方面,“中”是“和”“乐”的前提。“中”主张不偏不倚,坚守底线和原则是其基础;“和”“乐”的前提是有原则,有底线,如果没有原则、没有底线,“和”也不是真正的“和”,“乐”也不是真正的“乐”。另一方面,“和”与“乐”是“中”的具体体现。“和”之实质在于和谐、包容、互利、共生,“乐”之实质在于坚守核心信仰、积极向上,这都是“中”不走极端的体现。由此,“中”是“和”与“乐”的基础,“和”“乐”则是“中”的最终追求。

第七章　中国模式的历史必然与未来发展

任何理论只有落实到实践当中才能彰显其生命力，学术研究亦是如此。从宗教生态学的视角来研究《论语》中的生态文明思想，对我们当今社会的发展到底具有什么样的指导意义，能够为创新中国模式、最终实现中国梦提供何种参考和借鉴，这正是本章所探讨的主要问题。

第一节　“安身立命”与“多元共生”

前面几章分别从宗教、宗教生态学、《论语》文本的宗教性、《论语》所蕴含的生态文明思想以及文化渊源等不同层面展开论述，综其大略，可以得出两点结论：宗教事关群体信仰，“安身立命”是传统社会宗教信仰模式的核心要素；生态文明理念事关社会治理，“多元共生”是传统社会治理模式的基本理念。这两者的密切结合，构成了传统社会的中国模式。

一、宗教事关群体信仰：“安身立命”

宗教关系到人类的信仰，与群体生存的价值和意义密切联系。人们信仰宗教，不仅是为了今生这个现实世界，还要考虑死后灵魂归于何处的问题，笔者称之为“生之所依、死之所归”，死后的问题只有宗教或者用宗教的方式来解决。《论语》作为儒家的经典，具有宗教性，能够用宗教的方式来解决人们未来世界的问题，把“生”与“死”统一为“安身立命”。《周易·系辞传》云：“往者屈也，来者信也，屈信相感而利生焉。尺蠖之屈以求信也，龙蛇之蛰以存身也。精义入神以致用也，利用安身以崇德也。过此以往，未之或知也。穷神知化，德之盛也。”尺蠖、龙蛇依靠本能屈伸以求生存，人则是主动地以内修仁义、外行道德，实现安身立命。《孟子·尽心上》曰：“尽其心者，知其性也。知其性，则知天矣。存其心，养其性，所以事天也。夭寿不贰，修身以俟之，所以立命也。”孟子这段话可以说是儒家对“安身立命”的系统阐释，是“知”与“行”的统一。“尽心知性知天与存心养性事天两条路，首先是知，即通过良心扩充和体验本性的内在悟解亦即‘反身而诚’的工夫走向天命；其次是行，即通过操持本心和涵养性体的德行践履以奉承天命。这两条道路构成人道德创造的一个整体，人无论何时都是敬修其身，专心竭力地奉持天命，以至终老，都是在‘尽其道’以俟天命的践履之中，这就是他的‘立命’了。”[①]在儒家看来，“身”之所以“安”、“命”之所以“立”，是“知行合一”的必然结果。这不仅包括现实世界里的功名利禄，而且也包括对未来世界的不朽精神的追求。这种精神追求具有终极关怀的功能，但立足点在于“此岸”而不是“彼岸”。随着儒家思想成为传统文化的主干，儒家倡导的“安身立命”也随之成为传统社会仁人志士毕生的追求。他们在“敬天法祖”基础信仰的前提下，按照“修、齐、治、平”的理想轨迹，肩负“任重道远”的“人能弘道”的责任，实现“与天地合其德，与日月合其明，与四时合其序，与鬼神合其吉凶”（《易经·文言》）的人生目的，从而使人生在现实世界中更具有价值和意义，在后人的纪念中实现“三不朽”之理想追求。这也是传统社会核心价值观的主要特点。

二、生态文明理念事关社会治理：“多元共生”

社会治理的内容非常丰富，涉及社会的方方面面，但从宏观上来说，主要涉及政治、经济、文化等三个大的层面。“生态”的概念是工业社会的产物，随之与文明结合，成为当今世界发展的主流，旨在缓解人与自然的紧张关系，保护生态环境，修复和保持生态平衡，以保证人类可持续发展。但“生态”的基本理念，比如“多元”“包容”“主导”“共生”等，自古有之，并非现代社会所独有。《论语》中的生态文明思想对中国传统社会的政治、经济、文化等都产生过非常重要的影响，而且是中国模式的历史渊源。

① 向世陵：《儒家“安身立命”思想发微》，《社会科学战线》2010年第4期。

第二节　中国模式的重新认知

伴随着改革开放取得巨大成就，中国的发展模式日益受到国际社会的关注，中国模式也应运而生。不过，到底什么是中国模式？基本含义、主要特征是什么？有何重要意义？这些问题一直是见仁见智，没有统一定论。有学者将其概括为中国模式的概念之争、中国模式的特点之争和中国模式的意义之争。[①]

在“中国模式”的概念方面，一般认为“中国模式”这一概念源自美国《时代》周刊高级编辑、清华大学教授乔舒亚·库珀·雷默(Joshua Cooper Ramo)的一篇论文《北京共识：提供新模式》，这篇论文比较客观理性地评析了中国改革开放以来所取得的成就，认为中国已经找到了适合国情的发展模式，称之为“北京共识”或“中国模式”。[②] 因此，“中国模式”产生于改革开放之后。对此看法，学界也有质疑。有学者认为，邓小平在20世纪80年代就提出了“中国模式”。1980年5月，邓小平针对如何处理与兄弟党关系的问题，提出了“中国模式”。他说：“既然中国革命胜利靠的是马列主义普遍原理同本国具体实践相结合，我们就不应该要求其他发展中国家都按照中国的模式去进行革命，更不应该要求发达的资本主义国家也采取中国的模式。”[③]也有学者认为，早在1980年日本学者就曾在日本季刊《现代经济》中多次使用“中国模式”的概念，他们把20世纪70年代的“毛泽东战略”称为“中国模式”。[④] 很显然，这三种看法各不相同，侧重点也不一样。邓小平的“中国模式”侧重于中国的政治体制，日本学者则侧重于中国的经济体制，这两种观点都是针对改革开放之前的中国，并不是引起国际普遍关注的“中国模式”。从这个角度来看，雷默提出的“中国模式”代表了主流看法。“20世纪最后20年国外学者讨论‘中国模式’时，多指中国改革开放模式，尤其是指中国经济改革模式。绝大多数学者政要是从经济的层面来概括‘中国模式’的，很少涉及政治、文化方面的内容。而进入21世纪，国外学者对‘中国模式’的讨论已经涉及中国经济社会发展的方方面面，参与这种讨论的人

① 参见高建：《“中国模式”的争论与思考》，《政治学研究》2011年第3期。

② 参见秦宣：《“中国模式”之概念辨析》，《前线》2010年第2期。

③ 邓小平：《处理兄弟党关系的一条重要原则》，《邓小平文选》第2卷，人民出版社1994年版，第318页。

④ 参见秦宣：《“中国模式”之概念辨析》，《前线》2010年第2期。

员也来自方方面面。这是‘中国模式’广受世界各国关注的原因。”①简言之,中国模式是对改革开放之后中国发展模式的概括。“尽管对‘中国模式’的理解有偏差,但基本可以形成共识的是,‘中国模式’是对中国特色社会主义发展道路的理论概括。”②

在中国模式的特点或者说基本内涵方面,也存在诸多争议。不过,有两种看法值得注意。一种认为,中国模式的本质特征就是“中国共产党领导、社会主义制度和市场经济的有机结合”:“纵观中国改革开放30多年的历程,不可否认,中国特色的社会主义道路就是中国共产党领导的社会主义市场经济道路,它有机地结合了中国共产党的领导、社会主义制度的优越性和市场对资源配置的有效性,是世界发展史上没有先例的,开拓了人类社会发展的新道路。因此,中国共产党的领导、社会主义制度和市场经济三者的有机结合成为‘中国模式’的本质特点和成功的主要因素,从而使‘中国模式’既有别于其他社会主义模式,也与现代西方资本主义制度模式有着根本的区别。”③另一种看法认为,中国模式就是“中国特色社会主义道路”:“就是在中国共产党领导下,立足基本国情,以经济建设为中心,坚持四项基本原则,坚持改革开放,解放和发展社会生产力,建设社会主义市场经济、社会主义民主政治、社会主义先进文化、社会主义和谐社会、社会主义生态文明,促进人的全面发展,逐步实现全体人民共同富裕,建设富强民主文明和谐的社会主义现代化国家。”④

在中国模式的意义方面,也呈现两种截然不同的观点。一种认为中国模式具有积极意义,值得其他国家模仿或借鉴。布热津斯基断言,中国模式将会被其他发展中国家“看成是一个越来越有吸引力的替代选择模式”⑤。另一种观点则认为,中国模式只是适合中国的国情,其他国家没有模仿的可能。匈牙利著名经济学家科尔奈指出:“中国是独一无二的,根本无法模仿!中国是世界人口最多的国家,它的文化传统也与别国截然不同。所以,根据我的理解,根本没有‘中国模式’这东西。”⑥还有学者明确提出中国模式就是西方发展模式在中国的

---

① 秦宣:《“中国模式”之概念辨析》,《前线》2010年第2期。

② 高建:《“中国模式”的争论与思考》,《政治学研究》2011年第3期。

③ 高建:《“中国模式”的争论与思考》,《政治学研究》2011年第3期。

④ 陈曙光:《中国模式:确定性与不确定性——兼评西方话语中的“中国模式”观》,《教学与研究》2014年第2期。

⑤ [美]兹比格涅夫·布热津斯基:《大失控与大混乱》,潘嘉玢、刘瑞祥译,中国社会科学出版社1994年版,第208页。

⑥ [匈]科尔奈:《科尔奈:根本没有“中国模式”》,《社会观察》2010年第12期。

翻版。“所谓的‘中国模式’并不存在。中国未来发展的大方向和原则与西方体制并没有根本上的区别。我们有的只是‘中国特色的道路’:选择适合自己的方式去实现这些普世原则。”[①]虽然这两种观点截然相反,但都承认这样一个前提:中国模式是中国政府在世界政治经济秩序发生深刻变动的形势下,根据具体国情创造性地走出的一种不同于改革开放之前的发展道路。这种选择所蕴含的创新精神,是其他国家应该借鉴和效仿的。正如乔舒亚·库珀·雷默所说:“当我们说中国模式可以被其他国家所效仿时,我们必须分外谨慎。我说的可以为别国效仿,并非指中国的经济或政治模式可以被别国复制,我的意思是,中国的创新及按照自身特点和想法寻求发展的模式,值得其他国家仿效。这一点对于任何国家都至关重要,而且也唯有如此别无他途。”[②]

综上所述,对中国模式可以简要概括为:中国模式是改革开放之后所形成的、不同于世界上其他国家发展道路而又适合中国具体国情的中国特色社会主义道路。一党主导、多党合作的政治领导体制,国有经济为主体、其他多种经济成分融合共存的市场经济体制,独立自主、务实灵活的和平外交体制是中国模式的主要特征。如果从生态文明的视角来分析,中国模式不仅是改革开放这一时代发展成果的呈现,也是中国短期内经济社会发展的反映,从根本上来审视,中国模式是中国历史发展之必然,是现实性与历史性的有机统一。

第三节　中国模式的历史渊源

中国模式虽然是当今社会的概念,是西方社会透视中国的一个缩影,但是这仅是表面现象,如果把中国模式放在中国传统社会历史发展过程大背景下来审视,就可以发现中国模式有其深刻的历史渊源,与中国传统社会的政治体制、经济发展方式、文化传统密切相连。英国历史学家汤因比在20世纪70年代就说过这样一段话:“西方观察者不应低估这样一种可能性:中国有可能自觉地把西方更灵活、也更激烈的火力与自身保守的、稳定的传统文化融为一炉。如果这种有意识、有节制地进行的恰当融合取得成功,其结果可能为人类的文明提

① 黄亚生:《“中国模式”到底有多独特?》,中信出版社2011年版,“自序”。

② 转引自陈曙光:《中国模式:确定性与不确定性——兼评西方话语中的“中国模式”观》,《教学与研究》2014年第2期。

供一个全新的文化起点。”①中国现在的发展印证了汤因比的预言，中国模式恰恰是中国的传统文化与西方工业文明“恰当融合”的结果。当然，汤因比是从中国传统文化的角度来预测中国的发展。实际上，现代的中国模式不仅与传统文化密切联系，而且深受传统社会长期以来形成的比较稳定的政治体制、经济模式的影响。一种模式的形成，既有短期的现实条件，也有长期的历史渊源。这主要包括政治传统、经济传统、文化传统等诸多因素。中国模式的历史必然性，主要体现在三个层面：皇权与相权博弈的政治传统、农工商共生的经济传统、儒释道互补的文化传统。

一、皇权与相权博弈的政治传统

中国五千多年的政治传统，大致分为两类：禅让制和世袭制。禅让制是选贤任能，不考量血统。世袭制是血统传承，家族之内考量贤能。夏朝之前是禅让制，其后是世袭制。世袭制是中国政治传统的主干。世袭制在发展过程中出现了两种主要方式：嫡长子继位与兄终弟及。从秦朝开始直至清朝结束，中国整体上是“大一统”的社会。尽管其间有分裂，如魏晋南北朝时期等，但“大一统”的局面占据中国历史发展的主流。在“大一统”的模式下，改换王朝一般靠暴力手段实现。这种王朝更迭从根源上有其合法性和合理性，即“天命靡常，唯德是辅”（《尚书·多士》），“皇天无亲，唯德是辅”（《左传·僖公五年》）。一个王朝被另一王朝所取代，是天的选择。由此，依靠暴力手段推翻旧王朝建立新王朝被神圣化，“打天下”必然“坐天下”也得到当时整个社会的认可。中国君主专制主义在政治制度上表现有二：一是帝位终身制与皇统世袭制。帝位终身制，就是帝王一旦登极，便终身为皇帝，没有任期的限制。它贯穿着宗法家长制的原则，体现了皇权的不可让渡性。皇统世袭制就是把帝位视作皇帝一家一姓的私产，父子相传。其特点是直截了当地依法延传继承，他姓弗替，表明皇权不可外移。二是皇权没有约束，皇权不受监督。中国皇帝从决策到行使立法、行政、司法权，无不表现出独断性与随意性。② 第一点没有疑问，皇权属于皇家私权，不可让渡他人。第二点还需要商榷。从总体趋势来看，皇权并不是独断和随意，而是受到制度的监督和制约。王朝建立之后，政治权力一般分为两部分：皇权与相权。皇权传承主要依靠嫡长子继位或兄终弟及。这种传承方式主要依

① ［英］阿诺德·汤因比：《历史研究》，刘北成、郭小凌译，上海人民出版社 2000 年版，第 345 页。
② 参见白钢：《中国政治制度通史》第 1 卷，人民出版社 1996 年版，第 37～39 页。

据血统,但在特殊时期还要考量继承者的贤能。比如,清朝康熙帝传位于庶出的第四子胤禛等。皇权确立之后,相权便随之而来。相权属于官僚集团,这个集团的成员除了具有皇家血统或拟制血统(如姻亲)的皇室成员或皇亲国戚之外,其他成员多是经过既定制度从社会上层层选拔或推荐上来的,而且这部分人员是当时官僚集团的主要力量。相权的设置,自古有之。《尚书·皋陶谟》云:"予违汝弼,汝无面从,退有后言,钦四邻。"《尚书大传》注曰:"古者天子必有四邻,前曰疑,后曰丞,左曰辅,右曰弼。天子有问无以对责之疑,可志而不志责之丞,可正而不正责之辅,可扬而不扬责之弼。""四邻"就是上古天子的辅助大臣,而且分工不同,各负其责,可以说是"相权"的雏形。根据钱穆先生的考证,从汉代开始,中央政府与地方政府的主要组成人员是读书人,组成"士人政府"。[①] 相权在皇权的主导下运行,但具体治国理政并不是完全听命于皇权,或者成为皇权的附庸,而是两者之间存在博弈。之所以存在博弈,一方面是因为皇权位居高位,属于决策层面,具体执行还必须依靠相权,相权是皇权在实践中得以有效实施的根本保证;另一方面是因为相权的权力来源于皇权,没有皇权,相权也就不存在。皇权保证了相权权力的合法性。皇权与相权自从确立以来,就相辅相成,不可分割,而且在运行过程中相互监督、相互制约,处于博弈的状态。博弈所带来的后果,是皇权与相权在运行过程中实现相对平衡,使两者的权力都得到有效制约,不至于走向极端:皇帝专权或大臣专权。从宏观上看,这种皇权与相权并存的政治传统对传统社会治理的主要贡献是:在权力运作上,确立了集体分权的模式,主导了中国"大一统"格局的形成。

(一)在权力运作上,确立了集体分权的模式

皇权与相权博弈是一种比较典型的集体分权制度,不是君主专制制度。皇权与相权分别属于不同的权力集团,都不是孤立的个人。皇权根植血统,传承靠世袭,皇帝是皇室家族选出的代理人,代表家族,秉承上天,治理天下。在行使权力的过程中,必然要考虑皇族的利益以及天下人的利益,核心点在于如何使皇室家族利益与公众利益实现平衡;从根本上讲,皇族利益与公众利益任何一方过于强势,都不利于皇权的长期稳定。在具体实施层面,由于血缘关系,皇帝往往偏重于前者,保持皇室家族的根本利益是其首要职责。对于公众利益,

① 参见钱穆:《国史大纲》,商务印书馆2010年版,"引论"。钱穆认为,从秦汉以来直到清朝结束,在政治上不是简单的"专制"传统,汉代以降的政府既不是贵族政府,也非军人政府,又非商人政府,而是"崇尚文治"的"士人政府"。

往往通过相权实现。

一般而言，皇权集团基本比较固定，都是以皇帝为首的皇室成员或皇亲国戚，以血统、姻亲为主，流动性不是很大，选拔范围也比较狭窄。相权集团则不然，主要成员来自五湖四海，是不同地区、不同民族的代言人，而且随着职务的变迁可以在中央与地方上下流动。其流动性比较强，选拔范围比较广泛，可以说，代表了不同的阶级或者阶层。

为了保证社会精英进入政治体制，传统社会形成了比较成熟的人才选拔制度。上古时期，对平民百姓的选拔，主要实行"先论后使"的人才试用制度。《礼记·王制》曰："大乐正论造士之秀者，以告于王，而升诸司马，曰进士。司马辨论官材，论进士之贤者，以告于王而定其论。论定然后官之，任官然后爵之，位定然后禄之。"提拔平民做官，必须先对他的品德、能力进行考察，合格后再任用。刚开始，先让他干一些具体的事务，看他是否具有办事能力，试用合格再根据才能大小确定官位；然后根据官位大小，再给以相应的薪俸。这种选拔人才的方式，即便到了今天仍然具有借鉴意义。这也是我国最早的"先论后使"的人才选拔任用制度。从秦汉至南北朝，人才选拔以"举荐选拔"为主，包括汉代的"察举""征辟"和魏晋南北朝的"九品中正制"。隋唐至清朝终结，科举制度存在1300余年。尽管科举制度因八股文体饱受诟病，但并不能抹杀其在人才选拔上的科学性。"科举考试制度是封建时代官员选拔方式上的重大进步，具有一定程度的开放性和竞争性，对近代西方的文官考试制度形成，曾经产生过一定的影响。"[①]孙中山在《五权宪法》中也说："英国的考试制度就是学我们中国的。中国的考试制度是世界最好的制度。现在各国的考试制度亦都是学英国的。"[②]汤因比认为，中国传统社会的政治体制是能力主义体制（Meritocracy），主要根源在于科举制。"在这种制度下，通过告示竞争选用人材……实际上现代英国的官吏制度，是仿照帝制中国的官吏制度而建立的。同罗马制相比较，中国的这种制度取得了很大成功。约在两千年的时间里，或大或小，它成了统一中国和巩固秩序的支柱。"[③]不仅如此，作为官僚政治主干力量的士大夫，职务上不能世袭，不仅能上能下，也能够能进能出，这就从根本上建立了优胜劣汰的人才竞争

---

① 白钢：《中国政治制度通史》第1卷，人民出版社1996年版，第54页。

② 孙中山：《五权宪法》，《孙中山选集》（下），人民出版社2011年版，第514页。

③ [英]阿·汤因比、[日]池田大作：《展望二十一世纪——汤因比与池田大作对话录》，荀春生等译，国际文化出版公司1985年版，第275页。

机制，使官僚体系能够及时补充新鲜血液，吸收新生力量。“但在中国，士大夫的身份仅限本人一代，子嗣不能世袭，也就是说，是士大夫与否只是个人的问题，而不是家族和宗族全体的问题。同一家族和宗族之内，士大夫身份和庶民身份混杂一处，是极普通的的事。”①这种比较科学而且又相对成熟的人才选拔制度，保证了全国各地人才在中央和地方之间正常有序合理流动。这种动态的格局，可以使相权的运行及时获取信息资源，沟通上下，交通四方，了解民情，反映民意，这在一定程度上能够使中央的决策更契合地区广大、民族众多的实际，制定政策时能够坚持最大公约数原则。由此，皇权与相权都不是单独的个体，都是某一群体利益的代表。皇权代表皇室家族，相权则是全国最广大百姓群体利益的代表。由于所代表的群体不完全相同，在公共权力运行上，皇权与相权是集体分权的模式。这种模式既有皇权与相权之间的权力划分，也有各自内部之间权力的划分，比如皇权内部的后宫干政、相权内部的权臣争斗等。由此导致集体分权不是一劳永逸、一成不变，而是在不断变化的过程中实现动态平衡。

(二)集体分权模式主导了中国“大一统”格局的形成

从效果上来看，这种集体分权模式是中国“大一统”格局延续的主要原因。中国“大一统”格局长期处于相对稳定的局面，是相对稳定的皇权与不断变动的相权在博弈中趋于平衡的结果。皇权一旦确立，相对比较稳定，代理人的更替从根本上不会动摇皇室家族的利益。以相权为核心的官僚体制中的多数人员来自全国各地，也是中央与地方政府的骨干力量。而且，地方政府的主要长官不能由本地人任职，在实践中就形成了“中央政府具有全国性而地方政府具有开放性”的政治体制。这种政治体制体现了不同利益群体的诉求，在实践层面上往往充满变数：或屈从于皇权，或与皇权对抗，或僭越皇权，处在不断变动的状态。皇权的稳定性与相权的变动性博弈的最终结果是双方妥协，处于相对稳定的平衡状态，从而主导了“天下分久必合”的格局。因为“分久必合”符合皇权与相权的根本利益，“大一统”的格局既有利于皇权的治理，也能够以相权的形

① [日]沟口雄三：《中国的历史脉动》，乔志航等译，生活·读书·新知三联书店2014年版，第345页。

式保证不同群体的根本利益。这也是中国长期处在“大一统”格局下的主要原因。[①]

简言之，皇权与相权博弈的政治传统，是不同利益群体集体划分权力的结果，也是传统社会比较成熟、稳定的政治管理模式，主导了中国“大一统”格局的稳定延续。这种模式是民主而不是专制，是公众意志协商运作的有效形式。[②]当然，钱穆提出的“平铺社会”，并不是现代意义上的民主社会，但是其中不乏民主因素。比如，皇权与相权的相互监督制约、畅通不同群体利益诉求渠道等，这也是民主社会所不可缺少的。在保证皇权稳定不变的前提下，通过相权与皇权的博弈平衡各方的利益，从而保证整个社会稳定有序向前发展，是传统社会政治体制有效运行的基础和保证。

二、农工商共生的经济传统

农业、工业和商业并存是传统社会的经济传统。这种经济传统的中心是农业，工业、商业都是在农业这个基础上衍生而来的，而农业的基础是土地，土地制度从根本上主导了传统社会经济的发展。纵观传统社会的土地制度，最明显的特点就是土地可以自由流动。这种自由流动的根本原因在于传统社会的经济制度是以私有制为基础的市场经济。市场经济并非现代制度，而是古已有之。有学者对此专门进行了分析：

> 中国历史与欧洲的发展最主要的差别之一，就是私有财产制在中国发生极早。重要的经济财货分别由为数众多的个人与家庭所占有，他们对于这些经济资源有充分的使用权与处分权，于是形成了众多的小生产单位。这众多的经济单元，在既有的制约之下作最合适的选择，以获取最大的经济利益。而每一个时点上总的经济状况，就是这些众多经济单元分别进行选择以后所达成的一般均衡。而在时间过程上的经济发展，就是在天然与技术的制约条件发生变化后，这些众多经济单元调整他们的选择而形成的

① 钱穆认为，这种政治体制的设计有利于中央与地方两级政府都具有开放性与包容性，因为各地都有进入中央的名额，各地人员都可以进入中央任职，地方政府的主要长官必须使用外地人来担任。这就可以做到各地方声教相通，风气相移，不致隔绝与分离。参见钱穆：《中国历代政治得失》，生活·读书·新知三联书店2005年版，第29～31页。

② 钱穆认为，中国传统政治造成了社会各阶层一天天趋于平等，中国社会自宋以下，就造成了一个平铺的社会。这种平铺的社会就是平等的社会。参见钱穆：《中国历代政治得失》，生活·读书·新知三联书店2005年版，第155～156页。

后果。换言之，中国很早就已经形成了一个市场经济。马克思经济史观所造成的重大误解之一是：市场经济是现代的经济制度。其实不然，市场经济并不限于19世纪或20世纪这个时代，也不以民主的政治制度为先决条件。只要私有制度发生，经济财货的所有权分散在众多的单元中，就会形成市场经济。可以有古代的市场经济，也可以有现代的市场经济。两者之间的主要区别是技术水平高低不同，古代的市场经济没有机器生产，没有飞机作为交通工具，没有电脑作为资讯设备，没有完备的会计制度，没有银行与股票买卖制度。但是这些经济单元在决策时所根据的基本原则却是相同的——在既有的制约下寻求最大的经济利益……事实上，从战国时期开始，中国经济已是一个市场经济。每个人或每个家庭自己独立地做决定，他们有相当大的选择面。很多经济上的现象与动向，都是众人独立选择所形成的后果。[①]

在市场经济的框架下，获取经济利益的最大化成为发展的动力，而这一切又必须以土地私有制基础上的经济私有制度为基础。在传统社会，土地制度一直是处在私有制与国有制共存的状态。私有制可以保证土地自由买卖，在经济领域中自由流动，追求经济利益的最大化；国有制主要职责是保证政权的稳定，追求政治利益的最大化。从秦汉开始，中国的土地制度无论是汉代的耕地私有制、非耕地国有制，还是北魏以来的均田制，土地均可以自由买卖或者转租，或者说土地可以自由流动。[②] 农民对自己的土地或者承租的国家的土地，可以自由买卖或者转租。“直到清代，都是容许田亩自由买卖，自由兼并。”[③]“唐代后期，均田制无形消灭后，自此历五季以至宋、元、明诸代，土地私有，遂成为不可动摇之制度。虽除民有之土地外，尚有一部分之系官田土，或为职田，或为屯田或营田，或称官庄或省庄或皇庄；然无论其名称如何，要皆以征收佃租为目的。从事于耕作之农民，除一部分自耕农外，不为私人地主之佃户，即为系官田之佃户。在此相对关系下，土地之移转，除一小部分之系官田外，其权不操于国家而操于私人；今日为有田之自耕农，明日即可变为佃耕之佃户，甚至变为无田可佃之浮民。宋以后土地与农民关系变化之现象，大抵如是。”[④]这种土地制度使农

---

① 赵冈、陈钟毅：《中国经济制度史论》，新星出版社2006年版，第2～3页。
② 参见钱穆：《中国历代政治得失》，生活·读书·新知三联书店2005年版，第52～56页。
③ 钱穆：《中国历代政治得失》，生活·读书·新知三联书店2005年版，第56页。
④ 李剑农：《中国古代经济史稿》，武汉大学出版社2006年版，第721页。

民的人身是自由的，完全可以根据个人意愿或者社会需要，在手工业、商业与农业之间自由流动。在传统社会，对手工业、商业，总体上是控制的。节制资本，让资本有序并且在可控范围内发展是国家政策的主调。土地自由买卖，为劳动力在经济领域自由流动创造了条件，在客观上为手工业、商业的发展提供了丰富的劳动力资源；节制资本，让手工业、商业在一定限度内发展，不至于过度膨胀，从而影响农业。三者之间的紧密联系是以农村劳动力自由流动为纽带。这样，就形成了以农业为核心，农业、手工业和商业并存共生的格局。国家重视农业，通过提高农业的地位，可以在客观上抑制手工业与商业的发展。农业是国家的基础，而手工业、商业只是补充。这是因为处于基础地位的农业可以为国家提供相对稳定的税收以及建设所需的劳动力，从根本上保证国家政权的正常运转。一方面，手工业、商业由于依赖劳动力，从根源上仍然受到农业的制约。而且，手工业、商业的原始资料大部分来源于农业，这在一定程度上也会受农业的影响。另一方面，手工业与商业也会反哺农业。因为原材料、劳动力来自农业，手工业、商业的繁荣会带动农业的发展。由此，便形成了以农业为核心、手工业和商业为辅助的经济传统，这种经济传统有利于农业基础地位的稳定，从根本上保证了国家政权的稳定。

三、儒释道互补的文化传统

传统文化是不断变化与发展的文化，是历时性与共时性的统一，既使本土文化不断更新转换、充满活力，又能与传入的异域文化互补共生、为我所用。

从纵向上来看，传统文化经历了上古时期的宗教文化、先秦时期的人文文化和先秦之后的理性文化等三个主要发展阶段。上古时期的“宗教文化”是神灵等超自然力量主导，人处于被动地位，整个人类社会浸润在神秘的宗教氛围之中。商朝最为典型，出现了以“上帝”为“至上神”，天神、地示、人鬼为辅助的宗教信仰系统，神灵主宰人间及超人间的一切事务。这一时期的文化既是神秘的，也是混沌的，处于整个中华文化的蒙昧时期。先秦时期的人文文化形成于轴心文明时期，主要特点是神灵的地位在下降，人的地位在上升，道术为天下裂，形成了儒家、道家、法家、墨家、阴阳家等诸子百家，从不同视角探讨人与神、人与自然、人与社会、人与人的关系。其中，儒家最为典型。儒家滥觞于周代的人文气质，“敬鬼神而远之”，“子不语怪力乱神”，从关注神灵转为关注现实社会、探讨人生价值。这一时期的文化既有神秘主义氤氲，又有人文主义色彩，多种思想碰撞、交织，针砭批判并不排斥借鉴、汲取，赞从附和也不放弃扬弃、推进，使中华文化逐渐从蒙昧时代向人文初显的理性时代过渡。先秦之后的理性文化，经历了两汉经学兴盛、魏晋南北朝玄学流行、隋唐儒释道并立、宋明理学勃兴等不同历史时期。在人与神之间的关系上，坚持以人为主，基本摆脱了唯神灵是从的羁绊，神灵等超自然力量逐渐定格为“为人所用”的辅助地位。在本土文化之间、本土文化与外来文化的关系上，形成了主流层面一元主导、社会层面多元共存的文化发展格局。

从横向来看，传统文化是以儒释道为主干、其他本土文化与外来文化为补充、多元并存的复合型文化。

其一，儒家文化占据主导地位。从汉代“罢黜百家，独尊儒术”以来，直至清朝终结，儒家文化始终与皇权紧密结合，在传统文化中一枝独秀、独领风骚。尽管这期间有所变化，比如唐朝时期的儒释道并尊，但从整个传统社会的历史来看，这并不影响儒家文化为主导的格局。

其二，道家文化和佛家文化始终处于辅翼地位。道家文化土生土长，从根源上与儒家文化同根同源，两者互补性较强。佛家文化是外来文化，自传入中国以后，不断与儒家文化、道家文化等本土文化相碰撞、融合，在中原地区逐渐本土化，以禅宗最为典型。从宏观上来看，无论是本土的道家文化还是被中国化的佛家文化，在实践中都与儒家文化相互融通，相互借鉴，共存共生。儒家文化服务于政治层面，位居主流；道家文化、佛家文化则处于辅助地位。具体来看，儒家强调修齐治平，以天下为己任，为社稷出力，为苍生负责，积极入世，敢于担当。佛家强调因果报应、舍得放下、积德行善、离苦得乐。道家强调修身养性、逍遥自在、不为物役。儒释道并行不悖，共融共生。在社会治理层面，儒家始终占据主导地位，释道处于辅助地位。在民众生活层面上，儒释道三者并重，不同时期对儒释道的需求会有不同。一般而言，年轻人看重儒家，积极入世，考取功名，建功立业，青史留名。中年人看重佛家，人生坎坷，命运多舛，以求精神慰藉。老年人或看重道家，养身健体，以求长寿延年；或看重佛家，以求福报轮回，灵魂得救。从整个社会来看，儒释道各守其责，各居其位，共同服务于国家，服务于社会，服务于民众。

其三，其他本土文化与外来文化处于补充地位。其他本土文化主要是指中原地区之外的边疆地区少数民族的文化。这种本土文化在当地占据主流，辐射面、影响力相对主流文化都比较小。外来文化主要是指以基督教为代表除佛教之外的其他异域文化。这些异域文化传入中国之后，虽然曾在不同时期有所反响甚至引起社会关注，如基督教文化所引起的明朝万历年间的南京教案、清初的“礼仪之争”，但从整个传统文化的历史过程来看，这些异域文化都难以与儒释道主干文化相抗衡。事实上，这些本土文化与外来的异域文化，无论是影响力还是渗透力，都难以与儒释道主干文化相提并论，只能担当补充的角色。

四、“一元主导、多元共生”的生态意蕴

如果从生态的角度来审视，皇权与相权博弈的政治传统、农工商共生的经济传统、儒释道互补的文化传统，在一定程度上都蕴藏着“一元主导、多元共生”的生态意蕴。

（一）一元主导：决定发展的走向

无论是皇权与相权博弈的政治传统、农工商共生的经济传统，还是儒释道互补的文化传统，尽管每一个传统都有多种元素，如皇权与相权，农业、手工业和商业等，但这些因素中都会有某一种因素占据主导地位，并在一定程度上决定了这一传统发展的主要方向。从政治传统来看，皇权与相权相比，皇权为主导，有了皇权才有相权，王朝采取何种政权运作机制，在某种程度上取决于皇权而不是相权。从秦朝开始，直至清朝结束，如果从宏观上来看，整个传统社会的政治体制始终是秦朝制度的沿袭。清人恽敬曾说：“秦，古今之界也。自秦以前，朝野上下所行者皆三代之制也，自秦以后朝野所行者皆非三代之制也。”[①]著名历史学家夏曾佑也持相同的观点：“自秦以来，垂二千年。虽百王代兴，时有改革，然观其大义，不甚悬殊。”[②]而在秦制确立中，皇权起了非常关键的作用。再如，赵匡胤有鉴于唐末五代武臣拥兵自重、谋权篡位，“由是大重儒者”[③]，对儒者采取宽容和保护政策，并立下誓碑，规定“不得杀士大夫，及上书言事人”[④]。对此，王夫之评论说：“自太祖勒不杀士大夫之誓以诏子孙，终宋之世，文臣无殴刀之辟。”[⑤]因此，宋朝重视文官制度是皇权权衡利弊的结果。

从经济传统来看，农工商虽然是并存共生，但起主导作用的仍然是农业，而

① 恽敬：《大云山房文稿初集》卷一《三代因革论四》，民国上海中华书局校刊本。

② 夏曾佑：《中国古代史》下册，团结出版社 2006 年版，第 257 页。

③ 脱脱等：《宋史》卷三《本纪·太祖三》，中华书局 1977 年版，第 50 页。

④ 潘永因编：《宋稗类钞》卷一《君范》，书目文献出版社 1985 年版，第 1 页。

⑤ 王夫之：《宋论》卷一《太祖》，《船山全书》第 11 册，岳麓书社 1992 年版，第 24～25 页。

不是手工业或商业,几千年的传统社会始终是农业社会,这一点是没有争议的。从文化传统来看,儒释道共生共存,是传统文化的主干,但是占据核心地位的仍然是儒家文化。自从汉代“罢黜百家,独尊儒术”之后,儒家文化成为传统社会的主流,儒家思想成为社会的主流价值观,决定和影响着整个传统社会文化的发展走向。“儒学是中华民族文化的主干和底色,是各民族结为一体的最有力量的文化纽带,是中华民族的文化精神之魂。”[①]儒家思想激励人们修齐治平、积极入世,敢于担当,从而成为整个社会发展的精神动力。正如舒大刚所说:“儒家以圣贤为导师,以《六经》为经典,以‘仁义’为宗旨,以‘明教化’‘利天下’为目的,从而树立起中国最早的,也是影响最大的‘教育为先’‘人文化成’的传统。儒家诞生后,对中国历史乃至世界文明起到过重要的推动作用,成为中国甚至东方各国文化的灵魂和主干,也成为人类文明的重要内容。两千多年来,儒学是引导中国文化走向辉煌的指南北斗,是铸造中国文化特质的规矩准绳,促成了中国人特有的世界观、价值观和思维方式的形成,成为维系东方第一大国的民族团结和国家统一的精神力量。”[②]与儒家不同的是,道家和佛家作为辅助,以缓解人们在入世过程中出现的社会压力,从精神、心理等层面给予安抚和解脱。儒释道同为一体,共同为整个社会的发展服务。

(二)多元共生:和谐发展的动力

“一花独放不是春,万紫千红春满园。”无论是宇宙、自然界还是人类社会,不同星球、不同物种、不同文化的存在,才是丰富的、有活力的。在生态环境里,单一的物种是不能长期存在的,任何物种都要直接或间接地获得其他物种的帮助,或者获取其他物种提供的给养,比如生物链中的物种。一旦某一个物种消失或者发生突变,其他物种都会或多或少受到影响。不仅是自然界,社会的发展也是如此。无论是政治、经济还是文化,都会包含不同因素,只有多元,才能丰富,从长远来看才能共存共生。皇权没有相权的辅助,只能是纸上谈兵,很难落到实处;如果失去相权的监督和制约,皇权很容易唯我独尊、独断专行,走向覆灭。中国虽然是农业社会,但如果没有手工业和商业,农业也很难健康发展。儒家文化虽然占据主流,但如果没有道家文化、佛教文化的激发,也不会产生后期的程朱理学、阳明心学。因此,多元因素会相互影响、相互促进,共生共存、共同提高,从而更具有生机和活力。

① 牟钟鉴:《新仁学构想——爱的追寻》,人民出版社 2013 年版,第 205 页。

② 颜炳罡:《人伦日用即道:颜炳罡说儒》,孔学堂书局有限公司 2014 年版,“总序”第 5 页。

第四节　中国模式的未来走向

中国模式有其深刻的历史渊源，根植于传统社会所形成的政治、经济、文化等特定模式，这种模式提供的生态理念就是“一元主导、多元共生”。随着清政府的倒台、传统社会的终结，古老的中国开始步入新的历史时期。

一、从“磨合阵痛”到正式确立

从民国至改革开放，六十多年的历史，可以视为中国模式正式确立之前的“磨合阵痛”期。在这期间，几千年的中国传统文明与现代西方文明的碰撞达到了顶峰，传统社会的政治、经济、文化等传统注入了新的元素，发生了深刻变化：马克思主义传入并与中国具体实际相结合，把中国共产党推到历史潮头，当仁不让地成为领导力量；以土地为核心的经济制度历经多次变革，最终形成了以公有制为主体的社会主义经济制度；以五四运动为标志，西方文明东渐并日益盛行，使中国文化发生了翻天覆地的变化，传统文化的“东风”逐步让位于“西风”，在“文化大革命”之后更是达到了顶峰。需要指出的是，从新中国建立至改革开放前的三十年，无论是政治体制、经济制度还是文化体制等，都深受苏联的影响，带有鲜明的无产阶级革命的烙印。由于意识形态的尖锐对立，这期间的文化教育包括学科设置等，都是以苏联为参照，对欧美等西方文化多是带有批判的态度，当时的“西风”不是欧美等西方资本主义国家的文化，而是以苏联为代表的社会主义国家的文化。这段时期是新中国成立之后对中国发展道路的摸索时期，积累了经验。“中国模式对中国发展本身的意义更不容忽视。中国模式尽管指的是改革开放的经验，但也应当看到，如果不理解改革开放前 30 年的历史，就很难甚至不能理解改革开放 30 年的成就。前 30 年的发展经历了一些曲折，但也为后 30 年积累了非常丰富的经验。”[①]具体来讲，这一时期的探索，有成功的喜悦（人民民主专政政权巩固，国民经济体系确立），也有失败的伤痛（“大跃进”“文化大革命”等），为中国模式的最终确立积累了经验，形成了共识：

其一，只有中国共产党才能救中国，历史选择了共产党，并确定了共产党的执政地位，这一点在任何时候都不能动摇。“九十多年来，我们党紧紧依靠人

① 郑永年：《国际发展格局中的中国模式》，《中国社会科学》2009 年第 5 期。

民，把马克思主义基本原理同中国实际和时代特征结合起来，独立自主走自己的路，历经千辛万苦，付出各种代价，取得革命建设改革伟大胜利，开创和发展了中国特色社会主义，从根本上改变了中国人民和中华民族的前途命运。”①

其二，社会主义道路没有放之四海而皆准、统一的模式，也不是一成不变、一劳永逸的，盲目套搬他国的模式往往会“水土不服”，只有与本国实际相结合，不断在实践中探索创新，才能使社会主义具有生机和活力，才能从根本上更契合中华民族的根本利益。

其三，世界文明成果为人类创造，也为人类共享，社会主义、资本主义只是发展道路、执政理念的不同，在具体实践层面可以相互借鉴、相互促进、共同提高。这也符合世界多样性、共生性的自然规律。开放、对话、合作，才能实现共赢；故步自封、盲目排斥不符合世界的潮流，也不利于本国的发展。

正是基于上述认识，中共十一届三中全会开启了改革开放、走中国特色社会主义道路的新模式。经过四十多年的实践，改革开放取得巨大成功，大国崛起，世界瞩目，中国模式得到普遍认可。

二、中国模式目前之困境

中国模式自从受到国际关注之后，赞成者有之，反对者亦有之。从宏观上来看，中国模式面临的困境主要有两个方面：

一方面，从外部环境来看，国际社会褒贬不一，实质是两种不同意识形态碰撞的延续。国际社会对中国模式的看法并非一致。无论是赞成者还是反对者，都必须承认这个现实：在中国共产党的领导下，在社会主义制度的框架内，人口众多的发展中大国在短期内实现了超常规发展，成为世界强国。这个事实彰显了中国模式的独特性和生命力。中国模式既不同于已经终结的苏联模式，也不同于目前占世界主流的西方模式（包括美国模式和欧洲模式），而是中国立足本国国情，借鉴世界发达国家先进经验，创新发展出来的一种新型模式。之所以受到西方社会的部分质疑，主要原因在于这种模式是对目前西方流行的、以“自由民主”为核心的国际秩序的挑战。“然而，在很多方面，外国的观察家推动了中国将会成为西方的替代的思想。他们认为，中国思想和实践的形成可能重构

① 胡锦涛：《坚定不移沿着中国特色社会主义道路前进　为全面建成小康社会而奋斗——在中国共产党第十八次全国代表大会上的报告》，本书编写组编著：《十八大报告辅导读本》，人民出版社 2012 年版，第 10 页。

全球的权力关系，从而削弱美国在东亚和非洲的地位，最终挑战全球秩序的（自由民主）政治和（新自由主义）经济基础。简言之，（新）自由主义发展模式正处在威胁之中。”[①]改革开放以来，中国在政治、经济等方面的改革，并没有按照西方的模式亦步亦趋，而是结合本国国情对西方模式进行了“扬弃”，这就远远超出了西方对中国的预期。而且，随着中国的日益崛起，西方国家开始有针对性地对中国进行舆论围攻。“20世纪80年代初期，在中国刚刚开始改革开放的时候，西方社会对中国是一片赞扬之声，认为改革开放会使中国很快演变成为另一个西方式国家。但当他们最终意识到中国不可能成为另外一个‘他们’的时候，西方就从20世纪90年代初开始掀起了一波又一波的‘中国威胁论’。从‘中国军事威胁论’到‘中国经济威胁论’再到‘中国政治不确定论’等等，循环反复，从未间断过。当然，跟随着各种威胁论的是各种应对中国的策论，‘围堵’、‘遏制’、‘抗衡’、‘对冲’和‘接触’等等，不一而足。当他们意识到中国的崛起不可遏制和围堵，意识到中国事实上已经崛起的时候，西方又抛出了‘大国责任论’和‘利益相关者’论等等。”[②]有学者认为，“‘中国模式’的基本特点主要是两方面：一是强势政府，它维持了社会秩序和经济发展所需的政治稳定；二是竞争性的市场经济，它激发了社会成员的经济竞争积极性。从发展政治学的角度来说，一个后发展国家的体制，只要坚持这两个方面，就自然而然展示为一种新权威主义的现代化路径。所谓新权威主义，就是具有现代化导向的开明的威权政治与现代市场经济相结合的发展模式。它区别于多元民主体制，也区别于中国改革开放以前的全能主义计划经济体制”[③]。很显然，这种模式在意识形态方面与西方的自由民主在本质上是不同的，由此而引发的质疑也在情理之中。

另一方面，从自身来看，中国模式处在不断发展变化的过程中，需要在动态中加以调整完善。每一个时期的使命不同，重点不同，处于不断变化的状态，这就使中国模式不是一成不变、一劳永逸的，而是根据国际国内局势及时加以调整和完善。这在客观上使中国模式具有很大的“不确定性”，考验着执政者的智慧。中国模式还是一个发展中的新生事物，不是一成不变的固定模式；还存在这样那样的问题，不是完美无缺的理想模式；具有很大的开放性，不排斥其他发

---

① [英]肖恩·布雷斯林：《“中国模式”与全球危机：从弗里德里希·李斯特到中国治理模式》，冯瑾编译，《当代世界与社会主义》2012年第1期。

② 郑永年：《国际发展格局中的中国模式》，《中国社会科学》2009年第5期。

③ 萧功秦：《“中国模式”应对经济下行的四个条件》，《环球时报》2016年2月24日。

展模式的成功经验,不是不可移易的封闭模式。[①]

简言之,“国际社会的质疑”和“自身发展的变动”是中国模式目前存在的两大困境,这既是挑战也是机遇。为什么是机遇呢?因为国际社会的质疑也从另一个侧面体现出中国模式的独特性与不可替代性,为其他国家提供了不同于欧美模式的新的发展模式。欧美模式已流行多年,优势与弊端同在,对发展中国家而言,一味步西方后尘,成功者有之,失败者亦有之。在这种形势下,如果中国模式继续保持持续、稳定、刚健的发展趋势,势必引领世界发展的潮流,超越欧美模式也未可知。诚然,这个目标并非中国所期冀,也不是一日之功。在未来的进程中,中国不仅要借鉴西方模式的先进经验,还要注意从传统社会中汲取智慧,以保持持续、健康、稳健的发展态势。

三、中国模式发展趋势

从借鉴传统社会的执政智慧而言,中国模式在未来的发展应牢固树立“一元主导、多元共生”的理念。“一元主导”,意即事物发展必须有核心力量,主导事物发展的方向和趋势;“多元共生”,意即无论是事物的内部结构还是外部生存环境,都有多种因素或多种力量存在,这些因素或力量相互联系,构成一个系统,相辅相成,共生共荣。具体来说,政治上,要突出“一党执政,多党参政”;经济上,要突出“国有为基,多元共存”;文化上,要突出“安身立命,和谐包容”。

(一)政治上,突出“一党执政,多党参政”

“一党执政,多党参政”,就是在坚持中国共产党领导地位不动摇的前提下,充分发挥各民主党派参政议政作用,群策群力,共商国是。这种模式的根源,与“皇权与相权博弈的政治传统”有关。“打天下”是为了“坐天下”,如何把天下治理好,就必须采取不同于“打天下”的方式。陆贾曾劝诫刘邦:“居马上得之,宁可以马上治之乎?且汤武逆取而以顺守之,文武并用,长久之术也。”(《史记·郦生陆贾列传》)历代执政者都深知此理。中国共产党带领人民打天下,建立了新中国,现在带领人民治天下,为公众谋利益,更好地发展中国。这一点与过去皇权不同,皇权代表一家之私,共产党则代表天下之公,不可同日而语。但是,从政权稳定性上来看,却又有相似性。为了保证人民政权的稳定,可以借鉴皇

① 参见陈曙光:《中国模式:确定性与不确定性——兼评西方话语中的“中国模式”观》,《教学与研究》2014年第2期。

权与相权博弈的智慧，在执政决策、选人用人方面探索完善新机制，坚持分权与集权相结合，畅通人才进出选拔渠道，提升执政能力。

在执政决策层面，深化完善协商民主模式。中共十八大报告首次提出“健全社会主义协商民主制度”①，十八届三中全会进一步强调，要“构建程序合理、环节完善的协商民主体系”②。协商民主的实质，就是要实现和推进公民有序的政治参与。这也是集体分权的体现。中共内部按照规则和程序逐级分权，与其他民主党派或社会团体共商国是，按照程序听取他们的意见，也是一种变相的分权。协商的过程，既是相互磋商、征求意见、强化沟通、增进了解、增强互信的过程，也是国是公开、加强监督的过程。这种方式有利于客观全面地了解情况，听取各方意见，增强决策的透明度和公信力，更能体现公众利益和根本诉求，也符合中国实际。不过，需要注意的是，无论“与谁协商”“协商什么”还是“如何协商”，都应突出中国共产党的主导性、民主党派的参与性以及多方地位的平等性。没有主导性，协商民主就很难把握住方向；没有参与性，协商民主就会失去实质；没有平等性，协商民主就不会在正常的轨道上运行。主导性、参与性与平等性是相辅相成、相得益彰、密不可分。

在人才选拔任用层面，探索完善考选与遴选相结合的选人用人机制。传统社会“任人唯贤”“不拘一格降人才”，科举制和推选制（比如举孝廉等）虽有弊端，但从整体上能够有效保证人才选拔的公正性，吸纳不同地区、不同民族、不同层次的人才进入官僚体系，使管理体制不断吐故纳新，保持生机与活力。在公务员选拔方面，我国目前主要有三种渠道：统一考试、选调、遴选。这三种渠道与传统社会的人才选拔在本质上是一致的，都是通过公开渠道不拘一格选拔人才。统一考试与选调的优势不容怀疑，但也存在问题，主要是很难掌握考取者的实际工作能力。比如，进入体制之后，有些人很难适应工作。“侧重对参与者的业务能力和知识水平的考核，而对于参与者在实际工作中的工作成绩、管理能力、协调能力、个人品德则无法全面地体现出来。对于要求用德能勤绩考

---

① 胡锦涛：《坚定不移沿着中国特色社会主义道路前进　为全面建成小康社会而奋斗——在中国共产党第十八次全国代表大会上的报告》，本书编写组编著：《十八大报告辅导读本》，人民出版社2012年版，第26页。

② 《中共中央关于全面深化改革若干重大问题的决定》，《中国共产党第十八届中央委员会第三次全体会议文件汇编》，人民出版社2013年版，第48页。

察干部、着重于综合素质的评价标准来看，单纯采用考任制显然也是不合适的。”[①]传统社会则不然，传统社会的“先论后使”“科举制”“征辟”等，理论基础深受儒家“修齐治平”思想的教育熏陶，修身是每一个人的基本功，进入体制内之前，都是社会上的一员，边读书，边生活，边工作，为人处世、实际工作能力都有基础。一旦进入体制，并没有现代社会从校门进入“衙门”的不适。换言之，统一考试与选调突出了人才选拔的公平、公正、公开，但从一定程度上忽视了对人才实际工作能力的考察。为此，中共十八大报告提出：“优化领导班子配备和干部队伍结构，注重从基层一线培养选拔干部，拓宽社会优秀人才进入党政干部队伍渠道。”[②]中组部 2009 年印发的《关于注重从基层和生产一线选拔党政领导机关干部的意见》（中组发〔2009〕2 号）则明确提出：“各级党政领导机关要有计划地面向下级机关公务员进行公开遴选。”遴选制注重公务人员的实际工作能力，畅通了基层公务人员上升的渠道，弥补了公开考试、选调的不足。公开考试、选调、遴选的重点不同，应汲取传统社会选人用人上的经验，发挥优势，克服不足。具体来说，公开考试应侧重于基层岗位或专业岗位，以专业技术人员为重点，吸纳专业人才；选调应面对基层，以培养后备干部为重点，吸纳德才兼备、以德为主的人才；遴选应侧重于基层或下级机关，以满足上级机关需要为重点，吸纳各种人才。

（二）经济上，突出“国有为基，多元共存”

传统社会的经济制度以私有制为基础，不过，皇权所占有的土地，除了分封给皇亲国戚、王公大臣之外，还有一部分土地为皇帝或者国家掌控，这部分土地就具有“公有”或“国有”的性质。这些土地所带来的收益主要是以备国家不时之需或作其他用途。我国目前实行的是公有制为主体、多种所有制经济共同发展的基本经济制度，土地归国家或集体所有。这一点与传统社会的经济制度有着本质的区别。而且，国有经济在国民经济体系中占主导地位，在经济发展的危机关头能够发挥至关重要的调控作用。这一点既与传统社会不同，也与其他国家迥异。“中国的混合型或者复合型所有制已经形成，并且得到宪法和法律

① 侯晋雄：《公开遴选与完善基层公务员培养选拔机制研究》，《重庆理工大学学报》（社会科学）2014 年第 8 期。

② 胡锦涛：《坚定不移沿着中国特色社会主义道路前进　为全面建成小康社会而奋斗——在中国共产党第十八次全国代表大会上的报告》，本书编写组编著：《十八大报告辅导读本》，人民出版社 2012 年版，第 53 页。

的保护。这种所有制结构应当不会轻易改变。这种混合型经济在应付金融危机过程中显示出其优势。国有部门已经成为中国政府强有力的经济杠杆，成为其应付危机的政策工具。西方多数政府只有金融工具而无经济杠杆，而中国政府两者皆有。”[①]毋庸讳言，这也是我国经济制度的独特优势。就土地层面而言，尽管农村土地属于集体所有，不能像传统社会那样自由买卖，但在一定范围内农村土地可以自由流转。中共十八届五中全会通过的《中共中央关于制定国民经济和社会发展第十三个五年规划的建议》提出，要稳定农村土地承包关系，完善土地所有权、承包权、经营权分置办法，依法推进土地经营权有序流转，构建培育新型农业经营主体的政策体系。[②] 土地所有权、承包权和经营权的“三权分置”，使农民可以把承包的土地，按照市场经济规律依法转让经营权，以此获取收益，同时也能够促进现有土地实现效益的最大化。“截至 2015 年年底，全国家庭承包经营耕地流转面积 4.43 亿亩，占比达 33.3%。实行集体所有权、农户承包权和土地经营权‘三权分置’，是对农村土地产权的丰富和细分，新的制度安排坚持了农村土地集体所有，强化了对农户土地承包权的保护，顺应了土地要素合理流转、提升农业经营规模效益和竞争力的需要。可以说，‘三权分置’创新了农村土地集体所有制的有效实现形式，在中国特色农村土地制度演进史上翻开了新的一页。”[③]因此，在今后的经济发展过程中，应保持国有经济的主导地位，增强国有经济的调控能力和化解风险的能力，在此基础上充分发挥其他经济成分的积极性、主动性和创造性，降低门槛，完善服务，强化监管，使多种经济成分在市场经济体制下自由发展。同时，积极完善农村土地的“三权分置”制度，保证经营权的自由合理流动，实现经济效益、社会效益最大化，提高农民的收益。

(三)文化上，突出“安身立命，和谐包容”

任何民族都有自己的文化，而文化的功能在于塑造民族的性格、凝聚民族精神，对个人而言就是“安身立命”。“对于一个民族或国家来说，文化传统是经过长期斗争与融合积淀下来的民族个性、民族精神，是寄寓民族力量的母体。这些文化传统，意味着我们的历史、社会、文化意识。没有这样的意识，我们也就无法理解我们自身的存在意义。也就是说，一个民族在自我定义的过程中，

① 郑永年：《国际发展格局中的中国模式》，《中国社会科学》2009 年第 5 期。

② 参见《中共中央关于制定国民经济和社会发展第十三个五年规划的建议》，人民出版社 2015 年版，第 14 页。

③ 韩长赋：《土地“三权分置”是中国农村改革的又一次重大创新》，《光明日报》2016 年 1 月 26 日。

根本不可能把活生生的文化传统完全逐出门外。”①

首先，正视马克思主义、西方文化和传统文化共存互补的格局。自新中国成立以来，马克思主义、西方文化占据中国文化的主导地位。两者或此消彼长，或齐头并进，一直都处于舞台的中心位置。需要说明的是，此“马克思主义”是中国化的马克思主义，是经历了两次历史性飞跃（毛泽东思想和中国特色社会主义理论体系）的马克思主义。② 从这个角度来看，中国化的马克思主义是中国共产党执政的理论基础，扎根于执政层面，重点在于如何治国理政，带有鲜明的政治性。1840年以来，西风日益迅猛，西方文化影响到中国社会的方方面面。与此形成鲜明对照的是，传统文化在“德先生”“赛先生”来了之后，便从台前走向了幕后。尤其是经历了“文化大革命”的戕害与压制，传统文化与“封建糟粕”绑在一起，在改革开放之前被彻底边缘化。改革开放之后，传统文化有所复苏。进入21世纪以来，传统文化逐渐从边缘化的阴影中走出来，重新回到人们的视野，正逐步向中心舞台靠近。目前，马克思主义、西方文化与传统文化在中国这块土地上共存共生，是不容忽视也不能回避的事实。

其次，厘清儒释道三者的关系及其传承的主体。传统文化是以儒释道为主干的文化，传统文化的复兴不仅是儒家文化的复兴，也是道家文化、佛家文化的复兴。但是，无论是追求主旨、传播方式还是社会功能，儒释道都有明显差异。以谁为主？以谁为辅？传承什么？创新什么？……这些都是传统文化复兴不得不面对的课题。当然，传统文化的核心是儒家文化，这是不容否认的事实。儒家文化对中华民族品格的塑造具有不可替代的历史地位，传统文化的复兴必须包含儒家文化的复兴。“一个民族的存在，从根本上说就是一个文化传统的存在。任何一个民族如果没有属于自己的文化传统，也就丧失了这个民族的特质。作为一个大国来讲，没有自己的文化传统，其发展便没有根基，没有底气，或者说缺乏来自文化的发展后劲。今天中国的和平崛起离不开思想崛起，而思想的崛起离不开对本土优秀文化的复兴，尤其离不开铸造中华民族民族特质的儒家文化的复兴。只有立足于自己民族文化基础上的思想崛起，才是立于不败

---

① 余仕麟、余彦：《复兴儒学的根本意义：寻回民族魂》，《西南民族大学学报》（人文社会科学版）2015年第12期。

② 李洪峰认为，马克思主义在中国经历了两次历史性飞跃：第一次历史性飞跃创立了毛泽东思想，第二次历史性飞跃创立了中国特色社会主义理论体系。参见李洪峰：《习近平治国理政思想：马克思主义中国化新境界》，《邓小平研究》2016年第1期。

之地的真正意义上的崛起。”[①]

生态的基本思想是多元、互补、和谐、共生。在文化上，应该借鉴这些思想，从以下五个方面积极探索。

第一，主流价值突出主导性。马克思主义传入中国后，经过中国共产党人的艰难探索，历经新中国成立之前的民族自救、新中国成立初期的社会主义建设探索和改革开放时期中国特色社会主义的确立与发展，尤其是道路自信、理论自信、制度自信和文化自信的中国模式逐渐被国际社会认可，中国化的马克思主义日益成熟，成为中国社会主流文化的核心。在坚持马克思主义主导地位的前提下，以中华优秀传统文化为辅翼，以倡导社会主义核心价值观为突破口，运用传统文化的修齐治平、尊时守位、知常达变、开物成务、建功立业等独特的思想理念，丰富、拓展、深化、推进马克思主义中国化，使马克思主义与传统文化紧密结合、互助并进，共同内化为中国共产党执政的理论根基和精神命脉，成为社会主义文化的中流砥柱。

第二，社会文化突出共生性。多元化的社会必然要求多样性的文化与其相适应。无论是优秀传统文化还是优秀西方文化，都可以是社会主义文化的组成部分，各有各的不同，各有各的优势，既不能西风彻底压倒东风，也不能东风彻底压倒西风。双方都应具有宽广的胸怀、平和的心态，在爱国依法守规的前提下，根据时代发展和社会需要，适时适度地传播与发展，相互借鉴，和谐共生，共同为社会服务。那种矫枉必先过正、彻底清算的做法已经被历史证明不足取，在现实社会也行不通。未来的世界，既不是东风的世界，也不是西风的世界，而是东西风共存互补、和风盛行的世界。

第三，内部传承突出层次性。一方面，应深入挖掘儒家文化精髓，充分认识儒家文化的丰富内涵。儒释道文化构成传统文化的主干，但长期以来儒家文化才是传统文化的代表和主流。如果把传统文化比喻成一只鸟的话，儒释道文化的关系则是“一体两翼”，儒家文化是鸟的躯干，是体；道家文化、佛家文化则是鸟的两个翅膀。没有儒家文化这一本体，道家文化、佛家文化将不复存在；没有道家文化、佛家文化这两个翅膀，儒家文化将不能展翅高空。三者相辅相成、共生共存，但是儒家文化的重要地位不能动摇。在创造性转化、创新性发展过程中，应把儒家文化作为重要方向。另一方面，应有的放矢，传承精华。儒释道文

① 余仕麟、余彦：《复兴儒学的根本意义：寻回民族魂》，《西南民族大学学报》(人文社会科学版)2015年第12期。

化浩如烟海、博大精深，既有普适性，也有局限性，不能不加鉴别、视为圭臬，盲目承袭。在传承过程中，应厘清儒释道文化的具体内容，去伪存真，去粗取精，传承真精神。

第四，学术研究突出现实性。知识分子是传统文化复兴的先行者和推动者，学术研究承担着思想引领的职责。对传统文化的研究，应坚持经世致用，突出问题意识，解决现实问题。一是传统文化的传播普及研究。根据社会需要、民众需求，有计划、有系统地对传统文化的普及应用进行研究，针对现实，切中肯綮，为政府和相关部门出谋划策，谋求传统文化落地生根的新思路、新举措，当好参谋和助手。二是传统文化的教育研究。传统文化的复兴必须全方位、多层次地纳入国民教育序列。如何在现行的西式教育的模式下融入传统文化并确保成效，这是亟待解决而且必须解决的一大难题。这需要学者、相关部门、有识之士等沉下心来，冷静思考，拿出对策。需要注意的是，要按照国民教育、职业教育、社会教育等序列，根据不同的领域，针对不同的对象，规划不同的内容，区别对待，分类进行，有的放矢，切忌等同划一、平均用力。

第五，社会普及突出大众性。新中国成立以来，传统文化的学术研究一直在延续，并没有彻底断裂。割断的是传统文化在民间的普及与传播。近年来，山东等地积极倡导并推行以圣贤教育、社会教化为宗旨，以儒学经典为内容，以道德讲堂、道德学校、书院等为依托的“大众儒学”“生活儒学”进农村、进社区、进机关，把传统文化融入百姓生活，成为“日用之学”，受到社会普遍关注。事实证明，要实现传统文化的复兴，就必须让传统文化得到基层民众的认可、接受、践行和弘扬。否则，传统文化只能是“象牙塔”里的“阳春白雪”，曲高和寡，缺乏生命力。这种关注“草根”、立足基层的做法，既是传统文化接地气、植根民众的直接体现，也是实现传统文化全面复兴的必然途径。

结　语

从宗教生态学之视角阐释《论语》中的生态文明思想，既是运用现代宗教学、生态学的理论解读《论语》生态文明思想的粗浅尝试，也是在借鉴先哲智慧、学界同人研究成果的基础上，对现有研究的进一步深化和拓展。经过以上诸章粗浅分析，可以形成以下初步结论。

一、从学科意义上看，宗教生态学亟待建立

宗教学自20世纪初期传入中国，但真正发展、形成规模则是在改革开放之后。“中国宗教学的形成是20世纪中国现代学术史上的一个重要突破，但宗教学真正系统化、专业化全面发展，则是1978年以来中国改革开放的产物与成果。”[①]1996年，国家有关部门把宗教学正式列为哲学的一个分支学科。在“宗教学”的框架下，宗教学理论、宗教文化学、宗教哲学、宗教史学、宗教心理学、宗教人类学、宗教社会学、民族宗教学[②]等作为宗教学的分支受到学界普遍关注，并已初具规模。与此形成鲜明对照的是，宗教生态学作为宗教学的一个分支，至今没有引起学界的重视，其原因是多方面的。一方面是受国外研究的影响。对宗教生态学的研究，国外学界也关注甚少，并没有形成专门的学科。另一方面，也是受到时代的限制。因为生态问题真正受到世界的普遍关注，是在20世纪末期，在中国，基本上是21世纪之后。从生态的角度研究宗教当然会受到时代的影响。但是，现在已今非昔比，无论是世界还是中国，无论是单位还是个

① 卓新平主编：《中国宗教学30年（1978—2008）》，中国社会科学出版社2008年版，“序言”第1页。

② 参见牟钟鉴主编：《民族宗教学导论》，宗教文化出版社2009年版。

人，关注生态、注重对环境的保护，已经形成共识。人们已经清醒地认识到，与生态环境和谐相处、共存共生是人类发展之根本出路。而且，进入 21 世纪以来，学界已经开始从生态的视角去研究宗教，尽管寥若晨星，但星星之火，可以燎原。可以肯定的是，从生态的角度研究宗教必将成为宗教研究一个重要方面。为此，宗教研究应顺应时代潮流，运用生态学和宗教学的理论，建立宗教生态学。本书虽然对宗教生态学的内涵、理念等进行了阐述，但毕竟是初步尝试，仍不够系统和深入，相关内容仍值得进一步挖掘和研讨。

二、从文本意义上看，《论语》具有宗教元典之性质

20 世纪以来，西学的传入、以儒学为核心的传统文化的衰落，使国人对中国固有的本土文化丧失了自信，西风完全压倒了东风。在宗教研究方面，学界多是以西方学者马首是瞻，亦步亦趋，鲜有质疑。而对中国宗教的认识，西方学者不乏失之公允，如认为“中国是一个没有宗教的国家”①，“中国宗教是个大杂烩”②等，主要原因是他们以西式的学术眼光来审视中国宗教，以西方高度制度化的基督教为模式看待中国宗教。“以西方高度制度化的基督教为模式看中国宗教。其背后是单线进化论，认为基督教是人类宗教发展的最高阶段和最后归宿，不承认宗教的多样性之间是平等的，各有自己的发展道路和独特价值，认为多神多教混合并存是庞杂不精的表现。”③牟钟鉴认为，世界文明中有四大主流模式：一是以基督教为底色的欧美模式，二是以伊斯兰教为覆盖的阿拉伯模式，三是以印度教为主导的印度模式，四是以儒学为底色、儒道互补为基脉、儒佛道三教合流为核心的中国模式。④ 儒学是中国宗教信仰的底色，而作为儒学的经典《论语》具有宗教元典的特质也是应有之义。如果从宗教的角度来审视，《论语》不仅具有文学、哲学、史学的性质，而且也具有宗教性质。无论是社会作用、经典传承、传播范围，还是论述宗教的必备要素祭祀活动，《论语》都发挥了宗教元典的功能，这也是客观事实。审视和诠释《论语》的宗教价值，亦应为中国宗教研究所重视。

---

① 参见[美]杨庆堃：《中国社会中的宗教：宗教的现代社会功能及其历史因素之研究》，范丽珠等译，上海人民出版社 2007 年版。

② 参见[英]尼尼安・斯马特：《世界宗教》，高师宁等译，北京大学出版社 2004 年版。

③ 牟钟鉴：《当代中国特色宗教理论探讨》，甘肃民族出版社 2013 年版，第 207 页。

④ 参见牟钟鉴：《探索与反思——我的学术之路》，《西北民族大学学报》（哲学社会科学版）2013 年第 4 期。

三、从实践意义上看，《论语》的生态文明思想需要重新审视

从目前来看，生态文明思想研究主要限定在人与生态环境的关系上，主旨在于要求人们重视和保护自然环境。需要注意的是，人与自然环境的关系只是生态文明的一个重要的方面，但不是全部，还应该包括人与家族的关系、人与社会的关系。从根本上来看，人与自然环境的关系最终要受到人与家族、人与社会关系的制约和影响。《论语》里的生态文明思想不仅包括人与自然环境的“万物一体”，主张“人天相通”“人物相类”“人时相应”“取之有度”，还包括个体与家族的“法祖齐家”、个体与社会的“和合共生”，提倡“报本反始”“尊重”“平等”“包容”“关爱”。其内容丰富，意蕴深远，能够为生态文明建设提供参考和借鉴，需要学界重新审视和研讨。另外，需要指出的是，在人与自然的关系上，既要反对人类中心主义、人类对万物的主导地位不可动摇，也要反对绝对的生物平等、把世界上一切物种放在与人类平等的地位。前者已经被历史证明不足取，后者是典型的理想主义，在现实世界也难以做到。生态文明的主旨在于人能够重视自然，做到与自然和谐相处、共存共生，要保持世界万物的多样性，更要保证人类的持续发展。假如没有人类，这个世界就没有任何意义。正如美国当代哲学家和神学家蒂利希所说：“没有世界的自我是空的，没有自我的世界是死的。”[①]不能从一个极端走向另一个极端，绝对的生物平等是不现实的，也是行不通的。

四、从历史渊源上看，中国模式是传统社会治理模式之发展创新

一种模式的形成，既有短期的现实条件，也有长期的历史渊源。中国模式虽然是对改革开放之后的中国发展模式的概括，是当代社会的产物，但与传统社会的政治、经济、文化一脉相承，是“皇权与相权博弈”的政治传统、“农工商共生”的经济传统、“儒释道互补”的文化传统在现代社会发展的必然与创新。这一点不容忽视。不仅如此，历史传统所蕴藏的“一元主导、多元共生”的生态理念对中国模式未来的发展有深刻的影响。具体来说，在政治上，要突出“一党执政，多党参政”；经济上，要突出“国有为基，多元共存”；文化上，要突出“安身立命，和谐包容”。唯有如此，中国模式才能更具有生机与活力。

---

① [美]蒂利希：《存在与上帝》，刘小枫主编：《20世纪西方宗教哲学文选》，杨德友、董友等译，上海三联书店1991年版，第827页。

参考文献

一、经典著作

《邓小平文选》第2卷，人民出版社1994年版。

《列宁全集》第2卷，人民出版社2013年版。

《马克思恩格斯全集》第3卷，人民出版社2002年版。

《马克思恩格斯全集》第42卷，人民出版社1979年版。

《马克思恩格斯选集》第1卷，人民出版社2012年版。

《马克思恩格斯选集》第3卷，人民出版社2012年版。

二、基本古籍

《十三经注疏》整理委员会整理：《十三经注疏》（标点本），北京大学出版社1999年版。

班固：《汉书》，中华书局1962年版。

陈澧：《东塾读书记》，钟旭元、魏达纯校点，上海古籍出版社2012年版。

程颢、程颐：《二程集》，王孝鱼点校，中华书局2006年版。

程颢、程颐：《二程遗书》，潘富恩导读，上海古籍出版社2000年版。

程树德：《论语集释》，程俊英、蒋见元点校，中华书局1990年版。

戴望注：《戴氏注论语小疏》，郭晓东校疏，华东师范大学出版社2014年版。

范晔：《后汉书》，中华书局1965年版。

韩愈、李翱：《论语笔解》，中华书局1991年版。

皇侃：《论语义疏》，高尚榘校点，中华书局2013年版。

黄式三:《论语后案》,张涅、韩岚点校,凤凰出版社2008年版。

刘宝楠:《论语正义》,高流水点校,中华书局1990年版。

柳宗元:《柳河东集》,上海古籍出版社2008年版。

楼宇烈主撰:《荀子新注》,中华书局2018年版。

陆德明:《经典释文》,张一弓点校,上海古籍出版社2012年版。

蕅益大师:《四书蕅益解》,江谦注,雷雪敏点校,中国水利水电出版社2012年版。

阮元校刻:《十三经注疏》,方向东点校,中华书局2021年版。

司马迁:《史记》,中华书局1959年版。

苏舆:《春秋繁露义征》,钟哲点校,中华书局1992年版。

王阳明:《王阳明全集》,吴光等编校,浙江古籍出版社2010年版。

严可均辑:《全梁文》,商务印书馆1999年版。

严灵峰编:《无求备斋论语集成》,台北艺文印书馆1967年版。

杨伯峻译注:《论语译注》,中华书局1980年版。

张居正讲评:《论语别裁》,陕西师范大学出版社2007年版。

张栻:《张栻集》,杨世文点校,中华书局2015年版。

朱熹:《四书章句集注》,中华书局2011年版。

朱彝尊:《经义考》,中华书局1998年版。

三、近人著作

安德义:《论语解读》,中华书局2010年版。

白钢:《中国政治制度通史》第1卷,人民出版社1996年版。

陈顾远:《中国法制史》,商务印书馆1934年版。

陈来:《古代思想文化的世界:春秋时代的宗教、伦理与社会思想》,生活·读书·新知三联书店2009年版。

陈来:《古代宗教与伦理:儒家思想的根源》,生活·读书·新知三联书店2009年版。

陈来:《中国近世思想史研究》,生活·读书·新知三联书店2010年版。

陈荣富:《宗教礼仪与文化》,新华出版社1993年版。

陈晓毅:《中国式宗教生态:青岩宗教多样性个案研究》,社会科学文献出版社2008年版。

陈炎等:《儒、释、道的生态智慧与艺术诉求》,人民文学出版社 2012 年版。

陈业新:《儒家生态意识与中国古代环境保护研究》,上海交通大学出版社 2012 年版。

程静宇:《中国传统中和思想》,社会科学文献出版社 2010 年版。

单承彬:《论语源流考述》,吉林人民出版社 2002 年版。

丁山:《中国古代宗教与神话考》,上海书店出版社 2011 年版。

杜小安:《基督教与中国文化的融合》,中华书局 2010 年版。

段德智:《宗教学》,人民出版社 2010 年版。

方骥龄:《论语新诠》,台湾中华书局 1977 年版。

冯友兰:《哲学的精神》,陕西师范大学出版社 2008 年版。

冯友兰:《中国哲学简史》,新世界出版社 2004 年版。

傅佩荣:《儒道天论发微》,中华书局 2010 年版。

高瑞泉:《中国现代精神传统:中国的现代性观念谱系》,上海古籍出版社 2005 年版。

高尚榘主编:《论语歧解辑录》,中华书局 2011 年版。

高文:《汉碑集释》,河南大学出版社 1985 年版。

郭沫若:《青铜时代》,中国人民大学出版社 2005 年版。

郭齐勇主编:《儒家伦理争鸣集:以"亲亲相隐"为中心》,湖北教育出版社 2004 年版。

韩仲民:《中国书籍编纂史稿》,中国书籍出版社 1988 年版。

贺麟:《文化与人生》,商务印书馆 1988 年版。

胡伟希:《20 世纪西方哲学东渐史:中国本土文化视野下的西方哲学》,首都师范大学出版社 2007 年版。

黄亚生:《"中国模式"到底有多独特?》,中信出版社 2011 年版。

贾庆超:《四书精华解读》,齐鲁书社 2009 年版。

蒋国保、周亚洲编:《生命理想与文化类型:方东美新儒学论著辑要》,中国广播电视出版社 1992 年版。

金泽:《宗教人类学导论》,宗教文化出版社 2001 年版。

乐爱国:《道教生态学》,社会科学文献出版社 2005 年版。

李炳南:《论语讲要》,长江文艺出版社 2011 年版。

李晨阳:《道与西方的相遇:中西比较哲学重要问题研究》,中国人民大学出版社 2005 年版。

李剑农:《中国古代经济史稿》,武汉大学出版社 2006 年版。

李零:《丧家狗:我读〈论语〉》,山西人民出版社 2007 年版。

李明滨:《中国文化在俄罗斯》,新华出版社 1993 年版。

李申:《宗教论》第 1 卷,中国社会科学出版社 2006 年版。

李世雁:《走向生态纪元》,辽宁人民出版社 2004 年版。

李泽厚:《历史本体论·己卯五说》,生活·读书·新知三联书店 2008 年版。

李泽厚:《论语今读》,生活·读书·新知三联书店 2008 年版。

李泽厚:《人类学历史本体论》,天津社会科学院出版社 2008 年版。

李泽厚:《实用理性与乐感文化》,生活·读书·新知三联书店 2008 年版。

李泽厚:《新版中国古代思想史论》,天津社会科学院出版社 2008 年版。

梁启超:《梁启超中国近三百年学术史》,吉林人民出版社 2013 年版。

梁启超:《清代学术概论》,东方出版社 1996 年版。

梁漱溟:《梁漱溟全集》,山东人民出版社 2005 年版。

林文雄主编:《生态学》,科学出版社 2007 年版。

林振衡:《论语新编》,群言出版社 2006 年版。

刘湘溶:《生态文明论》,湖南教育出版社 1999 年版。

楼宇烈:《中国的品格》,南海出版公司 2009 年版。

吕大吉:《西方宗教学说史》,中国社会科学出版社 1994 年版。

吕大吉:《宗教学通论》,中国社会科学出版社 1989 年版。

吕大吉:《宗教学通论新编》,中国社会科学出版社 1998 年版。

马西沙主编:《当代中国宗教研究精选丛书·民间宗教卷》,民族出版社 2008 年版。

毛礼锐、沈灌群主编:《中国教育通史》第 2 卷,山东教育出版社 1986 年版。

牟钟鉴、张践:《中国宗教通史》,社会科学文献出版社 2003 年版。

牟钟鉴:《当代中国特色宗教理论探讨》,甘肃民族出版社 2013 年版。

牟钟鉴:《当代中国特色宗教学十二论》,人民出版社 2018 年版。

牟钟鉴:《新仁学构想——爱的追寻》,人民出版社 2013 年版。

牟钟鉴:《中国宗教与中国文化(卷三):宗教·文艺·民俗》,中国社会科学出版社 2005 年版。

牟钟鉴主编:《民族宗教学导论》,宗教文化出版社 2008 年版。

牟宗三:《中国哲学的特质》,吉林出版集团有限责任公司 2010 年版。

庞朴:《中国文化十一讲》,中华书局 2008 年版。

彭国翔:《儒家传统:宗教与人文主义之间》,北京大学出版社 2007 年版。

钱穆:《国史大纲》,商务印书馆 2010 年版。

钱穆:《论语新解》,生活·读书·新知三联书店 2002 年版。

钱穆:《中国历代政治得失》,生活·读书·新知三联书店 2005 年版。

钱逊:《〈论语〉讲义》,人民出版社 2012 年版。

钱逊:《先秦儒学》,辽宁教育出版社 1991 年版。

乔清举:《儒家生态思想通论》,北京大学出版社 2013 年版。

任继愈:《任继愈宗教论集》,中国社会科学出版社 2010 年版。

苏秉琦:《华人·龙的传人·中国人》,辽宁大学出版社 1994 年版。

孙力:《伊斯兰生态文化与西北回族社会可持续发展》,宁夏人民出版社 2006 年版。

孙钦善:《论语本解》,生活·读书·新知三联书店 2013 年版。

孙亦平主编:《西方宗教学名著提要》,江西人民出版社 2002 年版。

孙振钧、周东兴主编:《生态学研究方法》,科学出版社 2010 年版。

唐代兴:《生态化综合:一种新的世界观》,中央编译出版社 2015 年版。

唐君毅:《中国文化之精神价值》,广西师范大学出版社 2005 年版。

唐明贵、刘伟:《论语研探》,中国社会科学出版社 2014 年版。

王人恩编著:《古代家训精华》,甘肃教育出版社 1997 年版。

王孺童:《孺童讲论语》,花山文艺出版社 2007 年版。

王晓朝:《宗教学基础十五讲》,北京大学出版社 2003 年版。

王缁尘:《四书读本》,中国书店 1986 年版。

吴林伯:《论语发微》,文化艺术出版社 1989 年版。

谢保成、赵俊:《中国隋唐五代思想史》,人民出版社 1994 年版。

徐复观:《中国人性论史》,华东师范大学出版社 2005 年版。

颜炳罡:《人伦日用即道:颜炳罡说儒》,孔学堂书局有限公司 2014 年版。

杨朝明、宋立林主编:《孔子家语通解》,齐鲁书社 2013 年版。

杨朝明主编:《论语诠解》,山东友谊出版社 2013 年版。

杨焕英编著:《孔子思想在国外的传播与影响》,教育科学出版社 1987 年版。

杨向奎:《中国古代社会与古代思想研究》,上海人民出版社 1962 年版。

易玄:《谶纬神学与古代社会预言》,巴蜀书社 1999 年版。

余敦康:《何晏王弼玄学新探》,方志出版社 2007 年版。

余敦康:《中国宗教与中国文化(卷二):宗教·哲学·伦理》,中国社会科学出版社 2005 年版。

余谋昌:《生态哲学》,陕西人民教育出版社 2000 年版。

张岱年:《张岱年文集》第 3 卷,清华大学出版社 1992 年版。

张岱年:《中国哲学大纲》,江苏教育出版社 2005 年版。

张东荪:《理性与民主》,岳麓书社 2010 年版。

张光直:《中国青铜时代》(二集),生活·读书·新知三联书店 1990 年版。

张心澂编著:《伪书通考》,上海书店出版社 1998 年版。

张云飞:《天人合一:儒学与生态环境》,四川人民出版社 1995 年版。

张正春等:《中国生态学》,兰州大学出版社 2003 年版。

张志刚:《宗教学是什么》,北京大学出版社 2002 年版。

张志刚主编:《宗教研究指要》,北京大学出版社 2005 年版。

赵冈、陈钟毅:《中国经济制度史论》,新星出版社 2006 年版。

赵又春:《我读〈论语〉》,岳麓书社 2005 年版。

卓新平主编:《中国宗教学 30 年(1978—2008)》,中国社会科学出版社 2008 年版。

四、译著

[奥]施米特:《比较宗教史》,肖师毅、陈祥春译,辅仁书局 1948 年版。

[德]鲁道夫·奥托:《论"神圣"》,成穷、周邦宪译,四川人民出版社 1995 年版。

[德]路德维希·费尔巴哈:《费尔巴哈哲学著作选集》下卷,荣震华等译,商务印书馆 1984 年版。

[德]伊曼努尔·康德:《康德论上帝与宗教》,李秋零编译,中国人民大学出版社 2004 年版。

[法]爱弥尔·涂尔干:《宗教生活的基本形式》,渠东、汲喆译,上海人民出版社 2006 年版。

[法]马塞尔·莫斯、昂利·于贝尔:《巫术的一般理论　献祭的性质与功

能》，杨渝东等译，广西师范大学出版社 2007 年版。

[古希腊]亚里士多德：《政治学》，吴寿彭译，商务印书馆 1997 年版。

[加拿大]威尔弗雷德·坎特韦尔·史密斯：《宗教的意义与终结》，董江阳译，中国人民大学出版社 2005 年版。

[美]J.M.英格：《宗教的科学研究》，金泽等译，中国社会科学出版社 2009 年版。

[美]安乐哲、罗思文：《〈论语〉的哲学诠释：比较哲学的视域》，余谨译，中国社会科学出版社 2003 年版。

[美]安乐哲：《儒家角色伦理学：一套特色伦理学词汇》，[美]孟巍隆译，山东人民出版社 2017 年版。

[美]安乐哲等主编：《儒学与生态》，彭国翔、张容南译，江苏教育出版社 2008 年版。

[美]杜维明：《论儒学的宗教性：对〈中庸〉的现代诠释》，段德智译，武汉大学出版社 1999 年版。

[美]杜维明：《儒教》，陈静译，上海古籍出版社 2008 年版。

[美]赫伯特·芬格莱特：《孔子：即凡而圣》，彭国翔、张华译，江苏人民出版社 2002 年版。

[美]霍尔姆斯·罗尔斯顿：《环境伦理学：大自然的价值以及人对大自然的义务》，杨通进译，中国社会出版社 2000 年版。

[美]林恩·马古利斯：《生物共生的行星：进化的新景观》，易凡译，上海科学技术出版社 2009 年版。

[美]乔治·桑塔亚纳：《宗教中的理性》，犹家仲译，北京大学出版社 2008 年版。

[美]塞·诺·克雷默编：《世界古代神话》，魏庆征译，华夏出版社 1989 年版。

[美]泰勒：《尊重自然：一种环境伦理学理论》，雷毅等译，首都师范大学出版社 2010 年版。

[美]唐纳德·沃斯特：《自然的经济体系：生态思想史》，侯文蕙译，商务印书馆 1999 年版。

[美]威廉·詹姆斯：《宗教经验种种》，尚新建译，华夏出版社 2005 年版。

[美]萧公权：《近代中国与新世界：康有为变法与大同思想研究》，汪荣祖

译，江苏人民出版社2007年版。

[美]杨庆堃:《中国社会中的宗教:宗教的现代社会功能及其历史因素之研究》，范丽珠等译，上海人民出版社2007年版。

[美]兹比格涅夫·布热津斯基:《大失控与大混乱》，潘嘉玢、刘瑞祥译，中国社会科学出版社1994年版。

[日]沟口雄三:《中国的历史脉动》，乔志航等译，生活·读书·新知三联书店2014年版。

[日]梅棹忠夫:《文明的生态史观——梅棹忠夫文集》，王子今译，上海三联书店1988年版。

[英]J.G.弗雷泽:《金枝:巫术与宗教之研究》，汪培基等译，商务印书馆2012年版。

[英]阿·汤因比、[日]池田大作:《展望21世纪:汤因比与池田大作对话录》，荀春生等译，国际文化出版公司1985年版。

[英]阿诺德·汤因比:《历史研究》，刘北成、郭小凌译，上海人民出版社2000年版。

[英]阿诺德·约瑟夫·汤因比、G.R.厄本:《汤因比论汤因比:汤因比与厄本对话录》，王少如、沈晓红译，上海三联书店1997年版。

[英]爱德华·泰勒:《原始文化》，连树声译，上海文艺出版社1992年版。

[英]马林诺夫斯基:《巫术科学宗教与神话》，李安宅译，中国民间文艺出版社1986年版。

[英]马凌诺斯基:《文化论》，费孝通译，华夏出版社2002年版。

[英]麦克斯·缪勒:《宗教的起源与发展》，金泽译，上海人民出版社2010年版。

[英]麦克斯·缪勒:《宗教学导论》，陈观胜、李培茱译，上海人民出版社2010年版。

[英]尼尼安·斯马特:《世界宗教》，高师宁等译，北京大学出版社2004年版。

五、期刊论文

白彤东:《灵长类动物学家与儒家》，《哲学研究》2012年第1期。

曹得宝:《习近平生态文明思想与儒家生态智慧》，《中华环境》2021年第6期。

曾青、任晓霏:《〈论语〉在日本的传播与影响研究》,《大众文艺》2020 年第 10 期。

陈来:《仁学本体论》,《文史哲》2014 年第 4 期。

陈来:《儒家“礼”的观念与现代世界》,《孔子研究》2001 年第 1 期。

陈曙光:《中国模式:确定性与不确定性——兼评西方话语中的“中国模式”观》,《教学与研究》2014 年第 2 期。

陈天庆:《试论“君子三畏”——孔子天命思想的存在意义》,《江苏社会科学》2009 年第 1 期。

单承彬:《〈论语〉郑义举隅》,《齐鲁学刊》2001 年第 3 期。

单纯:《宗教:定义层面的反思》,《科学与无神论》2003 年第 4 期。

丁建华:《论先秦儒家“时”范畴的生态意义》,《云南社会科学》2012 年第 2 期。

丁为祥:《命与天命:儒家天人关系的双重视角》,《中国哲学史》2007 年第 4 期。

段德智:《作为一种文化形态与一种意识形态的宗教——对我国宗教本质属性争论的一个反思》,《马克思主义与现实》2013 年第 4 期。

方德志:《基于“仁爱”德性的儒家伦理构成之现代阐释——以道德情感主义的视角》,《华中科技大学学报》(社会科学版)2011 年第 6 期。

方克立:《“天人合一”与中国古代的生态智慧》,《社会科学战线》2003 年第 4 期。

冯天瑜:《宗法文化刍议》,《中原文化研究》2013 年第 6 期。

高晨阳:《论“天人合一”观的基本意蕴及价值——兼评两种对立的学术观点》,《哲学研究》1995 年第 6 期。

高建:《“中国模式”的争论与思考》,《政治学研究》2011 年第 3 期。

高培华:《第一部私学经典的诞生——〈论语〉编纂新探》,《河南大学学报》(社会科学版)2011 年第 5 期。

谷树忠、胡咏君、周洪:《生态文明建设的科学内涵与基本路径》,《资源科学》2013 年第 1 期。

顾犇:《〈论语〉在海外的传播》,《北京图书馆馆刊》1999 年第 2 期。

郭沂:《再论原始〈论语〉及其在西汉以前的流传》,《中国哲学史》1996 年第 4 期。

韩焕忠:《蕅益智旭对〈论语〉的佛学解读》,《原道》2019 年第 2 期。

韩晓燕:《从〈孔子家语〉看孔子的生态伦理思想》,《郑州航空工业管理学院学报》(社会科学版)2008 年第 4 期。

侯步云:《论孔子的交友之道》,《西北大学学报》(哲学社会科学版)2008 年第 3 期。

侯晋雄:《公开遴选与完善基层公务员培养选拔机制研究》,《重庆理工大学学报》(社会科学)2014 年第 8 期。

郇庆治:《推进生态文明建设的十大理论与实践问题》,《北京行政学院学报》2014 年第 4 期。

黄立振:《〈论语〉源流及其注释版本初探》,《孔子研究》1987 年第 2 期。

贾庆超:《曾子领纂〈论语〉说》,《东岳论丛》2003 年第 1 期。

赖品超:《宗教与生态关怀》,《江海学刊》2002 年第 3 期。

李洪峰:《习近平治国理政思想:马克思主义中国化新境界》,《邓小平研究》2016 年第 1 期。

李景林:《儒家的祭丧理论与终极关怀》,《中国社会科学》2004 年第 2 期。

梁卫霞:《基督教生态伦理的理论基础和精神资源》,《学习与探索》2011 年第 1 期。

林进平、刘卓红:《宗教何以可能——从〈单纯理性限度内的宗教〉看康德的宗教观》,《世界宗教研究》2003 年第 4 期。

林玮生:《“乐感文化”与“罪感文化”的神话学解读》,《社会科学研究》2009 年第 6 期。

林晓希:《近三十年来“天人合一”问题研究综述》,《燕山大学学报》(哲学社会科学版)2014 年第 4 期。

刘伟:《“绝地天通”:中国古代原始宗教的国家宗教转向》,《深圳大学学报》(人文社会科学版)2021 年第 6 期。

刘伟:《〈创世纪〉前三章文本分析》,《吕梁高等专科学校学报》2010 年第 3 期。

刘伟:《〈论语〉中的“祭祀”意蕴探微》,《世界宗教文化》2018 年第 5 期。

刘伟:《〈论语·尧曰〉结构与意蕴探微》,《山东社会科学》2021 年第 2 期。

刘伟:《〈学而〉篇意蕴探微》,《孔子研究》2017 年第 6 期。

刘伟:《汉民族宗教信仰品格:“形散”而“神聚”》,《聊城大学学报》(社会科学版)2012 年第 6 期。

刘伟:《孔子弟子与〈论语〉编纂探微》,《云梦学刊》2018 年第 6 期。

刘伟:《孟子的宗教生态思想——从宗教生态学之视角》,《孔子研究》2015 年第 5 期。

刘伟:《浅析“乐感文化”的主要特征》,《世界宗教文化》2015 年第 1 期。

刘伟:《浅析“宗教”》,《世界宗教文化》2011 年第 4 期。

刘伟:《身份认同:〈论语〉中的祭祀认知问题》,《孔子研究》2019 年第 2 期。

刘伟:《试析历史上我国北方萨满教信仰群体宗教信仰的特点及成因》,《理论月刊》2010 年第 1 期。

刘伟:《宗教生态学刍议》,《世界宗教文化》2019 年第 6 期。

刘湘溶:《生态伦理学论纲》,《江汉论坛》1991 年第 6 期。

刘振宁、马益英:《青岩多元同构格局的学理价值探析——基于宗教多样性的维度》,《贵州大学学报》(社会科学版)2011 年第 5 期。

逯雪梅:《从“乐”看〈论语〉的生态思想》,《齐齐哈尔大学学报》(哲学社会科学版)2006 年第 3 期。

罗顺元:《儒家生态思想的特点及价值》,《社会科学家》2009 年第 5 期。

吕大吉:《宗教是一种社会文化形式》,《社会科学战线》2007 年第 6 期。

蒙培元、张斯珉:《儒家生态哲学体系的探索与建构——评〈儒家生态思想通论〉》,《新乡学院学报》2015 年第 5 期。

蒙培元:《〈周易〉哲学的生命意义》,《周易研究》2014 年第 4 期。

蒙培元:《孔子天人之学的生态意义》,《中国哲学史》2002 年第 2 期。

蒙培元:《仁学的生态意义与价值》,《中国哲学史》2007 年第 1 期。

蒙培元:《生的哲学——中国哲学的基本特征》,《北京大学学报》(哲学社会科学版)2010 年第 6 期。

蒙培元:《再谈中国生态哲学的几个问题》,《鄱阳湖学刊》2016 年第 5 期。

牟钟鉴:《宗教生态论》,《世界宗教文化》2012 年第 1 期。

牛鸿恩:《〈论语〉的释名现在可以论定了——〈郭店竹简·性自命出〉的“仑会”即〈论语〉之“论”含义》,《长江学术》2007 年第 1 期。

牛鹏涛:《简帛〈五行〉与〈论语〉“贤贤易色”新释》,《孔子研究》2013 年第 5 期。

庞朴:《中庸“平议”》,《中国社会科学》1980 年第 1 期。

朋星:《〈论语〉书名之谜》,《孔子研究》1989 年第 1 期。

齐姜红:《孔孟儒家的生态伦理思想》,《管子学刊》2008 年第 1 期。

秦宣:《"中国模式"之概念辨析》,《前线》2010 年第 2 期。

任婵媛:《儒家思想与当今的生态环境问题》,《才智》2008 年第 2 期。

任继愈:《论儒教的形成》,《中国社会科学》1980 年第 1 期。

任继愈:《儒教的再评价》,《社会科学战线》1982 年第 2 期。

任振镐:《〈论语〉及其注释书在韩国古代的发展经过》,《南京师大学报》(社会科学版)1998 年第 1 期。

色音:《萨满教与北方少数民族的环保意识》,《黑龙江民族丛刊》1999 年第 2 期。

唐凯麟:《试论道德价值的生成——公民道德建设中的一个基本的理论问题》,《伦理学研究》2004 年第 5 期。

涂平荣:《孔子的生态伦理思想探微》,《江西社会科学》2008 年第 10 期。

汪维藩:《学者论宗教——从钱学森的一封信谈起》,《金陵神学志》2009 年第 4 期。

王皓月:《由宗教学期刊看近十年宗教学"三大体系"建设》,《世界宗教研究》2020 年第 5 期。

王家骅:《日本的早期儒学及其特征》,《日本研究》1989 年第 4 期。

王磊:《先秦时期的交友之道》,《伦理学研究》2009 年第 5 期。

王群丽:《论孔子的出仕观》,《孔子研究》2006 年第 2 期。

王铁:《试论〈论语〉的结集与版本变迁诸问题》,《孔子研究》1989 年第 3 期。

王曰美:《殷周之际德治思想构建的主体性探析》,《道德与文明》2014 年第 1 期。

王正平:《"天人调谐":中国传统的生态伦理智慧》,《自然辩证法研究》1995 年第 12 期。

魏德东:《佛教的生态观》,《中国社会科学》1999 年第 5 期。

吴福友:《"神圣"之永恒魅力——对〈论神圣〉一书的解读》,《宗教学研究》2005 年第 2 期。

吴龙辉:《〈论语〉的历史真相》,《湖南大学学报》(社会科学版)2008 年第 5 期。

吴言生:《深层生态学与佛教生态观的内涵及其现实意义》,《中国宗教》

2006 年第 6 期。

向世陵:《儒家“安身立命”思想发微》,《社会科学战线》2010 年第 4 期。

萧功秦:《新权威主义 2.0》,《中国企业家》2014 年第 1 期。

肖巍:《“天人合一”并没有改善中国古代环境状况》,《哲学研究》2004 年第 4 期。

谢清果:《生态学研究的道教视角——兼评乐爱国的〈道教生态学〉》,《宗教学研究》2006 年第 1 期。

徐春根:《论中国“天人合一”思想的内在逻辑前景》,《自然辩证法研究》2007 年第 2 期。

徐文俊、林进平:《康德对宗教合理性基础的批判与建构》,《哲学研究》2001 年第 3 期。

徐仪明:《论儒家早期情感心理的教化作用及其重要意义》,《孔子研究》2011 年第 6 期。

杨豹:《孔子与柏拉图人际关系的比较》,《孔子研究》2009 年第 6 期。

叶小文:《当前我国的宗教问题——关于宗教五性的再探讨》,《世界宗教文化》1997 年第 1 期。

余谋昌:《东方传统思想中有关生态伦理的论述》,《哲学动态》1994 年第 2 期。

余仕麟、余彦:《复兴儒学的根本意义:寻回民族魂》,《西南民族大学学报》(人文社会科学版)2015 年第 12 期。

余卫国:《中国知识分子的理想人格——〈论语〉理想人格新论》,《学术论坛》2005 年第 3 期。

俞可平:《科学发展观与生态文明》,《马克思主义与现实》2005 年第 4 期。

俞黎媛:《闽台地区神灵崇拜的生态学分析》,《福建师范大学学报》(哲学社会科学版)2008 年第 3 期。

禹菲:《何晏〈论语集解〉“儒玄并综”的学术特色》,《中国哲学史》2020 年第 5 期。

张建国、王绪琴:《孔子仁学思想对现代生态伦理的建构及其意义》,《自然辩证法通讯》2009 年第 6 期。

张世英:《“天人合一”与“主客二分”》,《哲学研究》1991 年第 1 期。

张世英:《道德与宗教》,《江苏社会科学》2005 年第 2 期。

张守东:《论孔子的天命观》,《中国政法大学学报》2008 年第 1 期。

张信:《论〈论语〉的主要作者》,《内蒙古师范大学学报》(哲学社会科学版)2002 年第 5 期。

张友庭:《宗教的神秘观念及其非理性因素——奥托与他的〈论神圣〉》,《西北民族研究》2009 年第 3 期。

张志刚:《"儒教之争"反思——从争论线索、焦点问题到方法论探讨》,《文史哲》2015 年第 3 期。

赵法生:《孔子的天命观与超越形态》,《清华大学学报》(哲学社会科学版)2011 年第 6 期。

赵法生:《论孔子的信仰》,《世界宗教研究》2010 年第 4 期。

赵复三:《究竟怎样认识宗教的本质》,《中国社会科学》1986 年第 3 期。

赵光辉:《"天人合一"生态阐释的回眸与省思》,《齐鲁学刊》2022 年第 4 期。

赵士林:《略论"情本体"》,《哲学动态》2011 年第 1 期。

赵贞信:《〈论语〉究竟是谁编纂的》,《北京师范大学学报》(社会科学版)1961 年第 4 期。

赵志毅:《宗教本质新论》,《世界宗教研究》1995 年第 4 期。

郑丹凤:《海外学者对儒家生态思想的研究》,《鄱阳湖学刊》2010 年第 2 期。

郑永年:《国际发展格局中的中国模式》,《中国社会科学》2009 年第 5 期。

周桂钿:《释"天人合一"——兼论传统价值观的现代意义及其现代转换》,《山东社会科学》2002 年第 1 期。

[俄]克拉斯尼科夫:《宗教生态学》,李国海译,《现代外国哲学社会科学文摘》1999 年第 10 期。

[美]杜维明:《存有的连续性:中国人的自然观》,刘诺亚译,《世界哲学》2004 年第 1 期。

[美]林恩·怀特:《我们生态危机的历史根源》,刘清江译,《比较政治学研究》2016 年第 1 期。

[日]吉田贤抗:《日本关于〈论语〉撰者与编纂方式的研究与〈论语〉的注释工作》,伯骅摘译,《孔子研究》1988 年第 1 期。

[匈]科尔奈:《科尔奈:根本没有"中国模式"》,《社会观察》2010 年第 12 期。

[英]肖恩·布雷斯林:《"中国模式"与全球危机:从弗里德里希·李斯特到中国治理模式》,冯瑾编译,《当代世界与社会主义》2012 年第 1 期。

六、报纸文章

韩长赋:《土地“三权分置”是中国农村改革的又一次重大创新》,《光明日报》2016 年 1 月 26 日。

刘伟:《骨气和底气:继续引领儒学创造性转化与创新性发展》,《中国社会科学报》2021 年 7 月 20 日。

任蜜林:《西汉论语学传承与〈论语〉纬》,《中国社会科学报》2014 年 12 月 1 日。

萧功秦:《“中国模式”应对经济下行的四个条件》,《环球时报》2016 年 2 月 24 日。

郑文丰:《生态文明的基石:人对大自然的敬畏之心》,《贵阳日报》2009 年 8 月26 日。

后　记

日照冬日，阳光洒于书案，茶香扑鼻入心。忽然想起读博期间在北大参加学术会议时，有位老先生说，文科学者应在五六十岁之后出学术著作，方能有真知灼见。当时不以为意，没有想到，知天命之年第一部学术著作得以出版，不知是天意否？

学术探究，仁者见仁，智者见智。这既是经典深邃思想之彰显，也是学术争鸣魅力之所在。本书是我对宗教生态学以及《论语》文本中的生态文明思想粗浅思考之总结，不很成熟，仅是一家之言。如果说对目前相关研究能有所裨益的话，大致可以归结为两点：其一，对“宗教”和“宗教生态学”之概念提出了新见解。关于“宗教”的定义如同世间宗教一样，不胜枚举，难以形成统一的定论。2011 年，笔者在《世界宗教文化》第 4 期发表了《浅析“宗教”》一文，从“宗教是一种特定的社会现象”的角度来定义宗教。在本书中，笔者又对此进行了简要修正，给“宗教”下的定义是：“宗教是指特定的群体在特定的历史时期，为了特定的目的，对虚拟世界的超自然力和现实世界中的物体或现象，进行信仰和膜拜的一种特定的社会现象。”《周易・系辞下》云：“有天道焉，有人道焉，有地道焉，兼三材而两之。”人与天地并参，共同构成了这个多元而又生机盎然的现实世界。现实世界就是人的世界。如果没有人，这个世界也就没有任何价值与意义。任何具体宗教的产生、发展乃至消亡，无不与人间烟火息息相关，关注的核心是人的“生”“死”问题。宗教的存在，让信仰者不仅活着有所依靠（即“生之所依”），而且死后灵魂有所归属（即“死之所归”），这是宗教独特的功用，任何宗教概莫能外。宗教生态学是借用生态学的理论来研究宗教，是一门交叉学科。自从赫尔特克兰茨提出“宗教生态学”以来，虽然在学界引起关注，但鲜有学者对“宗教生态学”的概念及其理论基础做更为深入的探究。基于此，我从人文社会科学之视角为“宗教生态学”下了定义，提出了宗教生态学研究所遵循的基本理论和原则。我认为：宗教生态学是借鉴现代生态学的基本理论和原则，对宗教系统的生成与变化、宗教系统与周围环境的互动状况、具体宗教之间互动共存、个体与宗教组织的关系以及宗教中的生态思想等进行全方位、多角度、深层次研究的一门交叉学科。① 其二，对中国模式有新的思考。世事洞察皆学问，人情练达即文章。学以致用、关注现实是中国古人做学问的最终指向。作为无用之大用的哲学，其活力的源泉就在于对社会现实有穿透力的洞察。当今世界正面临“百年未有之大变局”，中国模式无疑是最亮丽的风景。究其根源，在于以《论语》所蕴含的思想价值为底色所形成的“皇权与相权博弈的政治传统”“农工商共生的经济传统”“儒释道互补的文化传统”。因此，“一元主导、多元共生”的生态理念也必然影响乃至决定中国模式的未来发展。

有读者就“庄周梦蝶”向霍金提问：“我们如何知道我们是生活在梦里还是真实存在?”霍金则回答说：“我们不知道，也许也无法知道！这个问题至少要等到我们开始深刻地了解意识和宇宙时才可知。我们必须要孜孜不倦地探索关于存在的基本命题，只有这样，我们也许才会知道蝴蝶（或宇宙）是真实存在，还是只存在于我们的梦里。”其实，人生如梦，梦如人生。在中国哲学的语境中，所谓的“存在”是不是真实的存在并不重要，关键是如何在“此在”中获得对“终极存在”的认知和理解，实现个体所追求的理想价值。“物之不齐，物之情也。”（《孟子·滕文公上》）敝帚自珍，拙见自守。所谓的“思考”与“创见”，权当人生一笑。

最后，感谢牟钟鉴先生欣然作序，奖掖后进之情令人感佩！感谢导师赵士林教授引导我走上学术之路，侠道古肠让我受益终生！感谢中国社会科学院世界宗教研究所金泽研究员、郑筱筠研究员、周广荣研究员以及中央民族大学何其敏教授、刘成有教授、谢路军教授、游斌教授等诸多学界师友，正是他们的大力支持与无私帮助坚定了我在宗教研究学术道路上走下去的信心！

古语云：“大疫不过三。”新冠肆虐近三年，已成强弩之末。《诗》云：“雨雪瀌瀌，见晛日消。”但愿一阳复始时，云开疫霾散，国泰民安，岁月静好！

是为记。

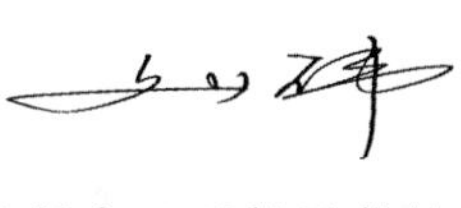

壬寅年冬于曲师大日照校区教授花园

① 参见拙文《宗教生态学刍议》（《世界宗教文化》2019 年第 6 期）、《孟子的宗教生态思想——从宗教生态学之视角》（《孔子研究》2015 年第 5 期）。